本书内容主要为国家社科基金项目“权利、合作与市场化：城市物业管理问题研究”（07BJY056）成果
2015年湖北省学术著作出版专项资金资助项目

经济与管理研究文库

权利、合作与市场化

——城市物业管理问题研究

■ 刘圣欢 著

華中師範大學出版社

新出图证（鄂）字10号

图书在版编目（CIP）数据

权利、合作与市场化——城市物业管理问题研究/刘圣欢著. —武汉：华中师范大学出版社，2015.5

(经济与管理研究文库)

ISBN 978-7-5622-6961-8

Ⅰ.①权… Ⅱ.①刘… Ⅲ.①物业管理—研究 Ⅳ.①F293.33

中国版本图书馆CIP数据核字（2015）第079034号

权利、合作与市场化

——城市物业管理问题研究

责任编辑：骆　宏　　责任校对：王　胜　　封面设计：甘　英　胡　灿

编辑室：学术出版中心　　电话：027－67863220

出版发行：华中师范大学出版社有限责任公司

社址：湖北省武汉市洪山区珞喻路152号　　邮编：430079

电话：027－67863426（发行部）　　传真：027－67863291

网址：http://www.ccnupress.com　　电子信箱：hscbs@public.wh.hb.cn

印刷：湖北恒泰印务有限公司　　督印：王兴平

开本：710mm×1000mm　1/16　　印张：27.5

字数：450千字　　版次：2015年5月第1版

印次：2015年5月第1次印刷　　定价：68.00元

欢迎上网查询、购书

目　　录

第1章　绪　　论

1.1 引　　言

在交易成本为零时，完全开放的竞争性市场是有效率的。因为竞争性市场会将产品成本保持在一个适当低的水平上，并且把物品分配给那些拥有最高边际价值的人。在有效率的市场中，经济效率和财政平衡[①]的二元目标都能够实现。然而，现实中的交易成本客观存在。人们不仅需要界定交易对象的产权，而且还要支付信息成本，并为交易价格的确立付出时间和精力。将交易成本和生产成本进行综合分析的时候，一些先前被错误理解或被认为是无效率的制度安排或许会被给予比较积极的评价（Willamson，1985）。新制度经济学家关于交易成本的存在可能对制度评价产生不同影响的论断，实际上是在提示我们，制度的功效在一定程度上取决于制度实施的环境。同样一项制度在不同的国家、不同的地区，甚或不同的群体中实施会有不同的效果，而不同的制度在不同国家、不同地区、不同人群中间实施或许会产生相近的效果。制度虽不是万能的，但与环境相适应的制度产生的效果是巨大的，正如制度经济学家所言：制度至关重要。

我们可以列出诸如由文化、传统和知识等要素所构成的制度环境，但我们往往忽视了人的本性在制度环境中所扮演的角色。当制度作为集体行动抑制、

① 财政平衡是指享受的收益与所支付的成本之间的平衡。奥尔森（Olsen，1965）首次使用了这一术语。

解放和扩张个体行动（康芒斯，1962）的一种工具时，该工具的使用效果显然与其作用的对象有直接关系，正如刀斧作用于不同材质的对象时产生不同的效果一样。个人作为制度的作用对象，其特征尤其是人的本性对制度的效果会产生影响。人的本性是人的思想和行为的起点，它在一定程度上甚至在很大程度上支配、控制着人的思想和行为。从这个角度看，制度作为引导社会中人的行为的一种工具，似乎与人的本性扮演着相同的角色。制度是集体性的，而本性是个体性的。当集体制度意向与个人本性意愿一致时，本性将驱使个人的思想、行为接受或极力推荐这样的制度。与本性相一致的制度是实施成本较小的制度，相反则会遭遇较高甚至很高的交易成本。

人类生活丰富多彩。丰富多彩的生活表象，在一定程度上映射了人的本性，同时又在更大程度上掩饰了人的本性。任何一种与人的行为相关的理论，包括哲学、政治学、社会学、经济学、教育学、语言文学等社会科学理论，甚或生物学等自然科学理论，都基于人的本性假定或人的行为假定。如果假定“性本善”，那么其推论便形成了一种基于“性本善”的理论；相反，其推论便是基于“性本恶”的理论。对本善者而言，某种制度是合适的；而对本恶者而言，另一种制度或许更为合适。

制度作为人类交互作用的产物，是保证人类集体或社会活动有效性的一种工具。对自利的个人而言，即使不存在一般意义上的制度，武力或许便成为人们交互过程中一种常见的或隐含的“制度”。今天的制度在很大程度上（并非全部）以文明的方式取代了武力，协商已成为国际事务交往或解决争端的一种常见方式，一系列的国际组织和公约已经相继出现。然而，这些进展并不能说明个人利益与集体利益之间、国家与国家利益之间已具有完全一致性，相反，它似乎彰显着一定程度的利益对抗。在奥尔森看来，“除非集体内个人的人数相当少，或者存在强制，或者存在某些特别的手段使个人参与他们共有利益的行动中，理性的自利的个人将不会采取行动以取得他们共有的或集体的利益”（Olson，1965）。而奥尔森所怀疑的传统观点却认为，形成集体的目的在于增进其共同利益，集体规模越大，效率越高。在亚里士多德（1965）看来：“人类无论个别而言或合为城邦的集体而言，都应就具备善性而又配以那些足以佐成善行善政的必需事物，从而立身立国以营善德的生活。”这个观点虽然是古代思想家的一种个人与集体目标的理想，但它本身并没有说明个人与集体目标的完全一致。它似乎在提示我们，集体目标与少数人的目标很可能并不一致。到了20

世纪中期，社会科学家充分认识到，个人目标与集体目标之间的关系或许存在着根本性的冲突。

今天的生物学知识已明确告诉我们：人类的主要行为由遗传所引导(Wilson，1975)。道金斯通过《自私的基因》(2012)阐述了人类自私的生物学本源。如果自私是人的生物性遗传，那么，从源头上改变人的自私几乎是不可能的。当然，自私并不是绝对的“恶”，有些理论家看来，自私是人类社会发展的动因，是繁荣的前提（曼德维尔，2002)。真正的问题是，如何协调自私所引发的冲突？如何实现自利者共有财富的最大化？阿克塞尔罗德通过著名的计算机竞赛实验给出了自利者之间合作的对策（阿克塞尔罗德，2007)，并进一步地认识到了合作的复杂性（阿克塞尔罗德，2008)。

亚里士多德（1965）指出：“思想为人们行为的先导。”基因或许在一定程度上决定着人的思想，但环境包括文化、制度以及人的知识无疑将影响人的思维方式。如果将合作作为一个有益于参与者的目标，除了运用制度工具以外，重视文化和知识的普及、扩充将有益于目标的实现。已有的文化和知识在一定程度上形成了制度环境，当制度欲影响人们的行为时，制度与文化和知识的融合是必要的。文化、知识和制度构成了人们思想和行为的约束结构。由于文化、知识的不同，不同个人的思想不会完全一致。当个人之间存在思想差异时，如果人们的思想志趣（目的）相一致，那么仅存在思维节奏或路径上的差异。显然，调整思想志趣的制度和思维路径的制度也会有所不同。

自住房商品化、市场化以来，在我国城镇特定区位上的不可移动的同一住宅区，为不同单位、不同职业的城镇居民、进城农民提供了栖居的场所，进而形成了以住房为纽带的业主群体。换言之，无论你的职业是什么、你的职位有多高、你的收入有多少，在住房作为一种商品可以自由买卖的制度下，如果你购买了某一住宅区内的房屋，你便和其他购买者形成了一个以不可移动的物业为纽带的业主集体。这个集体具有共同拥有住宅区各类物业的权利，同时具有维护住宅区内各类物业的责任。在这个集体里，既有业主个人的权益，也有业主集体的权益，而个人权益与集体权益之间的冲突也时常显现。由于业主个人权益源自其所购物业的产权，又依赖于物业服务交易的质量和业主间的财政平衡，于是，业主个人的权益便成了出售物业的开发商、提供物业服务的物业公司和购买物业及其服务的其他业主的行为的函数。在开发商、物业公司和业主之间，他们的权益分布有可能通过市场，也有可能通过业主的集体行动得以完成。市场和集体行动的结果便是他们之间的权益分布结果。我们期望这个结果是效率的，也是公平的。于是，我们期望市场和集体行动是有效的，同时也是公平的。有效而公平的市场和集体行动需要合适的机制和制度保障。在缺乏合适的机制和制度保障的情形下，市场和集体行动的效率和公平难以实现。我们进一步期望有合适的机制、制度和适宜的实施方式来协调物业相关者的市场或集体行为，以提高市场效率，同时促进业主集体行为的公平，最终实现物业相关者的权益均衡。

1.2　研究的基本框架和主要内容

当前，城市住宅区物业管理中不断涌现的矛盾、纠纷，已严重影响了物业服务的市场效率、业主的日常生活以及和谐社区的建设。对城市物业管理研究者而言，分析原因，寻找对策，已成为其一项重要的社会责任。有些学者已进行了前瞻性研究，如早期的由高秉坤（1999）等主编的物业管理系列丛书、王世联（1999）编著的《物业管理》、曹振良（2003）的《房地产经济学通论》和刘洪玉（1995）的《房地产开发经营与管理》等，对物业管理中可能出现的认识问题、服务质量和价格问题进行了分析和讨论。有些学者对物业管理现实问题进行了分析，如黄安永（2002）讨论了物业管理服务的公共属性和收费难问题；毛寿龙（2005）分析了物业管理服务“乱收费”的原因；谭善勇（2001）和刘少文（2001）等分别著有《物业管理市场——理论与实务》和《物业管理实务》，给出了物业管理事务的处理方法。随着物业管理问题的社会化，人大代表、政府官员和法律专家纷纷加入了分析行列。《物业管理条例》于2003年9月1日正式施行。物权法起草小组通过对建筑物区分所有权问题的激烈争辩，草拟了住宅小区建筑物区分所有权的框架性条款。2006年初，在中国人民大学和谐社区发展中心举办的“物业管理现状中的焦点问题与对策”研讨会上，专家学者、业主、律师、消费协会成员等就物业管理中的众多具体问题展开了激烈讨论，分别从法规完善、业主维权、质量评定和加强管理等方面提出了对策建议。

我们经过调研发现，当物业产权模糊或物业权益分布结果不能被大众接受时，物业管理纠纷就会出现。在缺乏适当的机制或适宜的制度进行及时的纠纷协调时，物业管理问题也就显现了。对于分单元出售的建筑物而言，物业产权在实物中难以区分的状态又增加了对问题的认识和处置的难度。图1-1是以物业相关交易为主线的城市物业管理问题形成过程示意图。

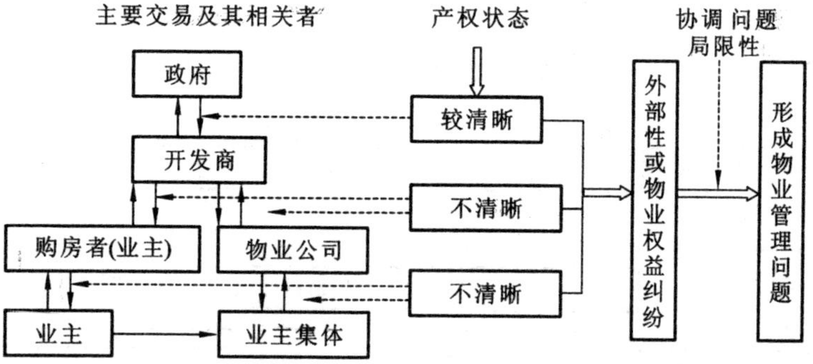

图 1-1　城市物业管理问题形成过程示意图

在图 1-1 中，给出了物业管理相关的政府、开发商、物业公司、业主和业主集体之间的主要交易。除此之外，还有政府相关部门与开发商、物业公司、业主和业主集体之间的交易，居民委员会与物业公司、业主委员会之间的交易等。除了产权影响了交易以外，交易相关者之间的合作和业主集体行动的困难，也影响着交易。因此，从交易的角度看，引发物业管理问题的要素是产权、合作和集体行动。当然，相关的机制和制度安排会影响着交易的每一个环节。产权不清、合作和集体行动困难，以及相关机制和制度局限，成为物业管理问题的前置性问题（或原因）。产权不清晰会导致认识偏差、外部性和权益纠纷出现，进而引发物业管理问题。在物业产权的合约转移阶段，如果没有清晰界定所售物业的产权，开发商和购房者在交易内涵上会出现认识偏差。在此阶段，开发商其实并不清楚购房者所需要的、所认识的房屋和物业管理服务是什么，而购房者却认为开发商已经领会了他的意图，并会在后期满足他的要求。在进行物业和物业管理服务的实物转移后，已成为业主的购房者明显感到了实际接受的产品和服务与其原先的认识存在偏差。如果合约上清晰界定了交易双方的权利和责任，交易双方就可以依据合约自我纠正实物与合约上的偏差。当合约没有清晰界定相关的产权时，市场失灵就会出现，交易双方并不能通过市场解决他们之间的分歧，交易纠纷就会社会化。市场失灵的另一个原因，涉及物业管理过程中的服务属性和业主集体行动问题。小区的物业管理服务是一种服务性商品，并不是完全的私人物品，而是一种集体物品，甚至有公共物品属性。集体物品的需求主体是业主集体，集体需求的决策是业主集体决策。集体决策的困难也会导致物业服务交易问题社会化。

基于上述认识，本研究采用了如图 1-2 所示的技术路线。

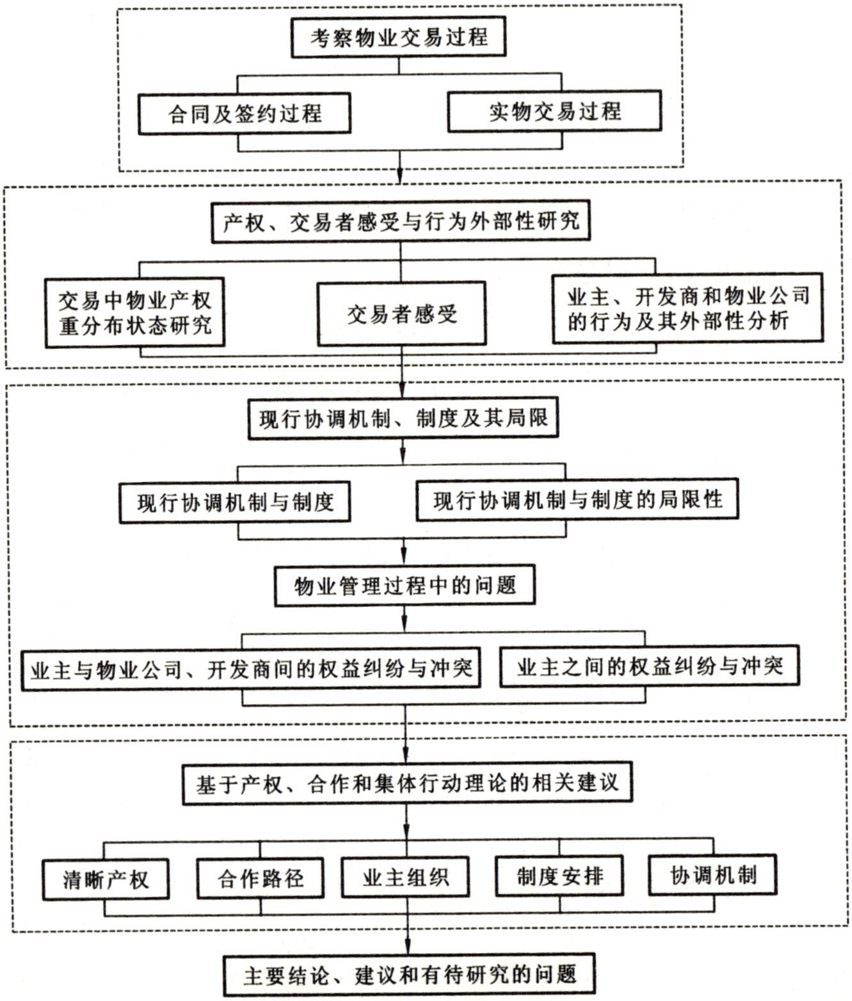

图 1-2　研究的技术路线

本研究的工作程序如下：

(1) 实地调查。通过对业主的实地调查，全面了解并掌握作为业主的购房者在接收房屋和入住以后对房屋交易的感受，包括对房屋质量、开发商主导的物业服务和物业维修服务等方面的感受，广泛收集业主反映的物业管理问题和亟待解决的具有普遍性的问题。通过对物业公司的实地调查，了解并掌握物业公司对房屋交易以及物业管理服务的看法、意见和建议，重点关注物业公司对物业管理问题的认识和看法，以及他们对开发商和业主的期望。

(2) 汇总并分析调查结果。在实地调查基础上，汇总调查结果，找出重点问题及其相关者。分析前期物业管理服务过程中业主、开发商和物业公司等各方的行为、相互感知、影响及其结果，以及该阶段开发商、物业公司和业主实际拥有的权益状态及其相互关系，进一步分析业主与开发商和物业公司之间存在纠纷和冲突的原因。

(3) 以物业相关交易为研究对象，考察交易中的产权重分布状态。重点考察开发商的整体物业产权向业主个人和业主集体的产权转移过程及产权重分布状态。从理论上讲，当开发商将整体物业分拆出售时，分拆后的物业产权之和应等于整体物业产权。而现实中很可能是另一种状态。本研究通过分析一系列的合同、约定和相关的制度安排展现物业产权分布的现实状态。

(4) 建立物业相关者的权益关系模型。基于产权和外部性的关系分析，解析物业相关者的权益关系，揭示物业管理相关者之间的冲突或纠纷的形成机制，给出通过清晰产权或建立新的产权抑制或消除产权行使过程中的外部性问题的思路。

(5) 分析现行制度包括法规、政策等对业主与开发商、物业公司以及业主间的权益关系协调作用及其局限性。从效率和公平的角度，尝试性地给出清晰物业产权的具体建议。

(6) 考察并分析物业管理过程中主要相关者，如业主、开发商、物业公司、政府相关管理部门或居民委员会等个体或组织间的合作状态，包括合作中存在的问题和可供借鉴的合作路径；借助经济学理论模型（主要是博弈论）分析物业管理参与主体间的合作机制。

(7) 分析业主集体行动。研究业主个人和业主集体在物业管理服务过程中的角色和行为现状，分析业主特征、开发商和物业公司对业主集体行动的影响，以及业主集体行动过程中存在的问题与原因。

(8) 以市场为导向给出业主组织和相关的制度安排。

(9) 建立投票规则与业主间的权益关系模型，为业主投票规则选择提供理论依据。

(10) 以市场为导向构建物业相关者的权益关系协调机制。

本书的内容安排如下：

(1) 绪论。阐明研究的总体框架、基本思路、技术路线、工作程序和主要内容。

(2) 基本理论。论述研究所涉及的个人以及集体的行为理论，包括相关的经济理论、传统文化以及政治学和社会学的相关理论。

(3) 物业管理市场化的前因后果。分析住房商品化与物业管理市场化间的关系，概述物业管理的成就。

(4) 物业管理问题调查的内容与结果。分别给出普遍存在的问题以及业主、物业公司最为关注或最期望解决的问题序列，分析这些问题所涉及的主要相关者及其可能的诱因。

(5) 物业管理相关交易与权益分布。主要考察政府与开发商之间的交易、开发商与购房者（业主）之间的交易、开发商与物业公司之间的交易和物业公司与业主之间的交易等，分析每一项交易中的权益分布状态，得出了在主要交易（如开发商与购房者的交易）中存在产权不清晰的结论。

(6) 物业管理相关者权益关系模型。通过产权与外部性的关系分析，建立物业相关者权益关系模型。提出通过清晰产权或建立新的产权抑制或消除产权行使过程中的外部性问题的思路。

(7) 物业管理相关交易的产权安排。以抑制或消除产权行使过程中的外部性问题为目标，提出具体的产权安排建议。包括政府与开发商之间的产权安排、开发商与购房者（业主）之间的产权安排、开发商与物业公司之间的权属安排、物业公司与业主之间的权属安排、业主相互间的权属安排、政府与物业公司之间的权属安排、政府与业主和业主组织之间的权属安排等。

(8) 物业管理中的合作。主要考察并分析物业管理过程中主要相关者如业主、开发商、物业公司、政府相关管理部门或居民委员会等个体或组织间的合作状态、合作中存在的问题和可供借鉴的合作路径。

(9) 业主集体行动。分析了业主特征、开发商和物业公司对业主集体行动的影响，以及业主集体行动过程中存在的问题和可能性。

(10) 业主组织与相关制度安排。业主组织是业主集体行动的重要保障机构。而业主组织能否有效运作涉及一系列的制度安排。考察了业主组织的相关制度安排，从效率与公平的角度，给出了完善业主组织及其运作的制度建议，包括业主的制度确认、首次业主大会的制度安排和业主委员会的职权安排等。

(11) 业主间的权益关系。一方面，业主的权益反映在投票权方面；另一方面，投票作为集体决策或行动的一种方式，又直接影响着每一位业主的权益。考察了投票规则水平对业主间财富转移的影响，建立了投票规则与业主权益关系模型。

(12) 物业管理市场化的协调机制。以市场化为导向，建立开发商、物业公司与业主之间的权益关系协调机制、业主与业主之间的权益关系协调机制、业主委员会与居民委员会之间的协调机制和小区物业管理与社区管理间的整合机制等。

第2章　基本理论

2.1　个人行为假定

一切社会科学的理论化都建立在人类行为概念的基础之上（诺斯，2008）。社会科学中几乎所有的理论都隐含着对社会人是理性的还是非理性的假定。[①] 假定所涉及的主要内容有：人是自私（理性）的还是唯意志主义（非理性）的；人对待世界的态度是纯粹工具性（理性）的还是规范和道德（非理性）的；人是根据效用最大化行动（理性）还是被感情和无意识的欲望所支配（非理性）（Alexander,1987）。

研究城市物业管理问题，必须关注其中的人或组织的行为。米歇尔(Michael C）和詹森（Jensen）等认为，要理解组织如何运作，无论是私人部门中的盈利性企业、非营利性组织，还是为公共利益服务的政府机构，最根本的还是要理解人类行为。管理者、科学家、政策制定者乃至社会平民之间对各项政策的理解之所以存在分歧，正是由于他们在人性的看法中存在着广泛的差异(Michael C et al,1994)。

经济学关于人类行为的假定是所谓的“经济人”假定。经济学界普遍认为“经济人”是亚当·斯密世界里的核心概念。虽然斯密本人并没有明确使用过“经济人”概念，而在斯密以前也曾有过“经济人”思想的某些萌芽[②]，但斯密第一个将人类欲望、动机等本能因素引入了经济分析领域，并与收益/成本分析

---

① 不同学科或同一学科内的不同理论的区别主要源于对行为人行为的不同假设。

② 如1720年，孟德维尔在《蜜蜂的寓言》一书当中以蜜蜂和蜂巢的关系为喻揭示人与社会的关系，认为人们以自利为动机所进行的活动要比他们以非利己目的所进行的活动更能促进公共利益。

相结合，第一次较完整地研究了市场经济和人类行为的关系。斯密认为“自利”是“经济人”的本性，是每个人从事经济活动的动机。“经济人”假设的基本内涵包括：第一，人是自利的，追求个人利益是人的本性；第二，人是有理性的，他以最小的投入来满足自己的最大需求，实现个人利益最大化；第三，对个人利益的追逐，客观上满足了他人和社会的利益。

西蒙对“经济人”假定中完全信息和理性展开了批判。西蒙（1955）认为，完全理性的“经济人”假设有两个缺陷：一是人不可能是完全理性的，人们很难对每个行为将要产生的结果具有完全的了解和正确的预测，相反，人们常常要在缺乏完全信息的情况下，在一定程度上根据主观判断进行决策；其二，决策过程中不可能列出每一个可能的方案，人们所做的决策只能从已有的备选方案中选择最好的。西蒙指出，在符合要求的选择中，“要求”和“标准”本身也是决策者所处的环境的一个组成部分，因而标准并不是给定的。人们在决定过程中寻找的并非是“最大”或“最优”标准，而只是“满意”标准。在诺思看来，人的有限性包括两个方面含义：一是环境是复杂的，在非个人交换形式中，人们面临的是一个复杂的、不确定的世界，而且交易越多，不确定性就越大，信息也就越不完全；二是人对环境的计算能力和认识能力是有限的，人不可能无所不知（卢现祥，2004）。西蒙的“有限理性”是对“完全理性”的最权威的修正，但是西蒙的批评与其说是否定了经济学的理性主义，不如说是发展了经济学的理性主义。“有限理性”是更为贴近现实的理性，它弥补了“完全理性”下的经济理性之不足，更加明确了经济分析中应注意理性与非理性的界限。

新制度经济学家完善了新古典经济理论和理性选择模型。他们认为人的理性是有限的，而不是完全的。阿罗认为有限理性就是有意识的理性，但这种理性又是有限的（Arrow，1951）。威廉姆森直接认定个人是具有有限理性，且有机会主义行为倾向的（Williamson，1979）。新制度经济学保留了新古典经济学的三个要素：稳定性偏好、理性选择模型和均衡分析方法。

新制度经济学以有限理性作为分析前提，重点分析了以产权交换为核心的交易成本。新制度经济学的交易成本分析所建构的“理性选择”理论，“主要集中于微观领域，并没有在宏观层面上对影响交易成本发生的主体行为进行专门的研究”[①]，同时，新制度经济学并没有在自己的理论中放弃效用最大化原则，并且对于行为偏好的解说也是含糊于契约理论之中，因而其理论模型可以高度

① 参见何大安：《投资选择的交易成本》，《经济研究》，2003 年第 12 期。

概括为“有限理性＋效用最大化”。新制度经济学将信息和环境的不确定性引入经济分析，可谓是将经济研究由黑板推向现实迈进了一大步，但这并不说明它在解释现实方面那么完美无缺，尤其是对金融市场中的投资选择行为。

行为经济学关于人类选择行为的分析，同样是以边沁的功利主义哲学为基础的，这个基础与新古典经济学的区别在于，以“自然人快乐”取代了“利益最大化”。不过，这里的“自然人快乐”不是简单意指人对快乐和痛苦的经验感受，而是蕴含着人从功利原则出发对随机性事件之决策取舍的更宽泛的哲学含义。行为经济学家认为，功利在性质上可划分为以效用最大化为内容的“决策性功利”和以“自然人快乐”为内容的“体验性功利”。正是由于放宽了经济分析中“功利”的范围，行为经济学才有可能以此立论来批评传统经济学将“功利最大化”等同于“效用最大化”的传统理念。行为经济学关于不确定性条件下风险决策的研究，是以“体验性功利”为基础，以偏差分析为基本工具，强调认知局限，从而创立了以非理性选择为中心内容的展望理论。因此可以把行为经济学选择理论中所蕴含的“非理性投资”模型，概要理解成为“认知局限＋偏差行为”模型。

自马歇尔以后的经济学研究中有一个不时显现的传统，其要点就是从实体角度去理解“经济人”思想，然后加以否定和批判，而不再去思考“经济人”思想的基本含义和内在逻辑；与此相伴的另一个具有极强生命力的传统就是从功能方法论角度去理解“经济人”思想。无论对“经济人”思想做实体描述性理解的人如何讽刺和批判，“经济人”思想还是留存了下来，并以新的姿态和新研究领域的开拓为凭借，呈现出旺盛的生命力，并与其他领域如心理学、社会学、政治学的人性假设相互映照。

诺贝尔经济学奖得主阿马蒂亚·森（2000）认为“现代经济学把亚当·斯密关于人类行为的看法狭隘化了，从而铸就了当代经济理论上的一个主要缺陷，经济学的贫困化主要由于经济学与伦理学的分离造成的”，他指出了经济学与伦理学同源的思想，认为要把经济学放归回“关注真实的人”。经济学中的帕累托最优，由于没有伦理学的处理，在简单的自利动机或人类行为假设之下，实际上是一种“乌托邦式”的最优①，如果不分享富人的奢侈，穷人就无法快乐自在，那么，随着一些人的极度贫困和另一些人的极度奢侈，这种社会状态也可

① 当不减少其他人的效用就无法增加任何一个人的效用时，这种社会状态被称为帕累托最优。

以被称为帕累托最优，“在伦理学的研究中，人这一概念具有不可约减的‘二元性’。我们可以就一个人的主观能动方面来看这个人，认识和关注他或她建立目标、承担义务、实现价值等的能力；我们也可以就福利方面来看这个人，这方面也需要引起我们注意。但是，这一‘两面性’在纯粹自利动机的模型中却完全消失了，在那里，一个人的主观能动完全出自他或她对自己福利的考虑。不过，一旦自利这一束缚被解除，我们就可以看到一个一个无可争议的事实，即个人主观能动不是——至少不完全是——由他或她的个人福利来启动的”①。阿马蒂亚·森的贡献在于承认经济学在研究世界的经济现象和经济问题时需要人类“自利”普遍性的假设，以追求最大化的目标来解释和预测经济生活，但是应该加入伦理的内容，承认人类行为动机的多样性，使人性假设最为逼近真实的经济与社会发展。

2.2 家庭和儒家文化

文化是人类世代积累演进而成的具有自律性的制度。它跨越时代，没有偏见，公平对人，具有低成本、超时空的扩张能力。文化对人的影响，通过个人自律而得到了最终实现。无论个人以什么方式、面貌在何时何地出现，文化传统都会在其内部作用，直接影响着他的思维和行为。

儒家文化中以“克己”和“宽恕”为核心的为人处世之道，强调个人自律和对他人宽恕，具有跨越时代的现实性。每个朝代的君王或许有不同偏好，但大多都追求国家繁荣富强和人民安居乐业。乾隆帝在每年的元旦用朱笔书写“风调雨顺，五谷丰登，国泰民安，天下太平”以表新年期盼。乾隆帝的期盼和今天和谐社会的建设目标虽不可同日而语，但“国泰民安，天下太平”仍是和谐的一项重要内容。儒家的处世之道不仅给出了个人的行为准则，而且指出了“国泰民安，天下太平”的一条路径，即通过“克己”与“宽恕”形成的自律路径。

家庭是社会的组成单元，是介于社会与个体之间的“人性缓冲器”，也是儒家伦理的核心。中国的家庭教育普遍遵循了儒家的伦理思想。认为在每一个家庭里，具有亲缘关系的父、母、兄、弟、姐、妹以及相关的人，要相互关照，

① 阿马蒂亚·森：《伦理学与经济学》，商务印书馆2000年版，第35页。

共度时艰，和睦相处。家庭成员之间的关系多以儒学的“孝悌”来维系。《论语·学而》云：“君子务本，本立而道生。孝悌也者，其为仁之本与。”即每一个有道德的人都要专心致力于“本”，本就是孝悌。本立而道理才能现，此乃为仁之本。孔子认为，孝悌是仁之本，即每一个有道德的人在家庭圈中要做到孝顺父母，敬爱兄长。《论语·学而》中引曾子的话“慎终追远，民德归厚矣!”表达儒家将对祖先的崇敬作为了建立道德社会的基础。一个在家庭中不能守孝悌规矩者，不是一个合格的家庭成员，也不会成为一个优秀的社会成员。一个有益于社会、有益于国家、有益于天下的人，必然是“守孝悌”的人，是一个“克己”的人。“克己”是步入“仁”境的阶梯，《颜渊》云：“克己复礼为仁，一日克己复礼，天下归仁焉。为仁由己，而由人乎哉?”儒家文化认为，天下或整个人类社会是否达到“仁”之境界，关键在于个人的行为，在于个人对自己行为的约束。换言之，仁由自己所为而得到，并不是由别人督促所得到。个人行为或约束的标准是“孝悌”和“仁爱”。“弟子入则孝，出则悌，谨而信，泛爱众，而亲仁。”即年轻人回到家里要孝顺父母，出门对兄弟要悌，谨慎小心而守信用，热爱众生而亲仁。“孝悌”和“仁爱”相当于规则，它们是儒家所给出的个人行为处世的规则。儒家前辈已经深知，规则不能不清晰。不清晰的规则人们难以遵守，也不易评判。于是，在何谓“孝悌”问题上，儒家文化做了进一步的解释：对父母仅能养，不可谓孝；孝的含义是既能养父母，还要尊敬父母。《论语·为政》云：“子游问孝。子曰：今之孝者，是谓能养，至于犬马，皆能有养。不敬，仍以别乎?”孔子观点很明确，能够养活父母是不够的，重要的是尊敬。如果只养活父母而对父母不敬，那么与养犬马有什么区别呢？孔子认为，侍奉父母一定要和颜悦色。《礼记·祭义》云：“孝子之有深爱者必有和气，有和气者必有愉色，有愉色者必有婉容。”为了进一步阐述何谓孝，儒家文化的另一代表人物孟子给出了反例：“世俗所谓不孝者五：惰其四肢，不顾父母之养，一不孝也；博弈好饮酒，不顾父母之养，二不孝也；好货财，私妻子，不顾父母之养，三不孝也；从耳目之欲，以为父母戮，四不孝也；好勇斗以危父母，五不孝也。”(《孟子·离娄下》)孟子认为，懒惰、赌博、酗酒、贪财、贪图享受和打架斗殴以影响到父母者均为不孝之人；勤劳、苦干、廉洁、善良以奉养父母方为孝。

儒家文化以家庭之孝为核心给出了人类社会的伦理规则。阿马蒂亚·森似乎也注意到了这一点。他认为，家庭作为一个最基本的社会单元，给出了最为基本的社会伦理。中国社会的一个重要特点是“家本位”和“家国同构”，家庭与传统社会和传统思想文化有着极为广泛的历史联系。《孟子·梁惠王上》云：“老吾老以及人之老，幼吾幼以及人之幼。”《礼记·礼运篇》云：“故人不独亲其亲，不独子其子。使老有所终，壮有所用，幼有所长，矜寡孤独废疾者，皆有所养。”儒家的社会伦理学说要求人们不仅尊重爱护奉养自己的老人，抚养爱护自己的子女，而且要把别人的老人、别人的子女当作自己的老人、自己的子女一样爱护、奉养和抚养，要求人们“不独亲其亲，不独子其子”。当然，这是一种社会理想，但它确实是儒家对社会道德的要求，也是儒家社会伦理的主张。儒家文化中具体的社会规则涉及了上下级关系、亲朋关系、个人与他人关系等方面。儒家认为，对待上司，要豁出性命；对待朋友，要讲求信用；对待他人，要以爱敬处之。《论语·学而》云：“事君，能致其身；与朋友交，言而有信。”又云：“谨而信，汎爱众，而亲仁。”人生最重要的是待人谨慎讲信用，热爱众生，用亲仁的态度去对待他们。《论语·为政》云：“人而无信，不知其可也。大车无輗，小车无軏，其何以行之哉?”如果一个人没有信用，就如大车子没有安横木的輗，小车子没有安横木的軏，是不能行走的。《论语·卫灵公》记载：孔子说“言忠信，行笃敬，虽蛮貊之邦，行矣。言不忠信，行不笃敬，虽州里，行乎哉?”孔子认为，对人恭敬，言语忠诚有信，即使在异国他乡，也行得通；反之，如果言语行动不忠信，不笃敬，虽在家乡故里，也行不通。《论语·学而》记载：“子禽问于子贡曰：‘夫子至于是邦也，必闻其政，求之与？抑与之与?’子贡曰：‘夫子温、良、恭、俭、让以得之。’”谦恭，成了孔子推崇的一种为人处世的态度，也是其为政的主张。在当今社会里，谦恭或许已被称为“低调”，它仍是当今成功人士包括政治人物、商界人物和社会贤达的行为原则。在待人方面，孔子强调，要严于律已，宽恕待人。“躬自厚而薄责于人，则远怨矣。”(《论语·卫灵公》)“夫子之道，忠恕而已矣。”(《论语·里仁》)孔子认为，个人要对自己严格要求，即使别人不能理解，也不要怨恨别人，应以自己的行为去改变别人的看法。“人不知而不愠，不亦君子乎?”(见《学而》)“不患人之不己知，患不知人也。”“君子求诸己，小人求诸人”的意思是，有崇高道德的人只会严格要求自己，只有小人才去要求别人。进一步认为，“己所不欲，勿施于人”，自己希望得到的，也要替别人考虑，“己欲立而立人，己欲达而达人”，“君子成人之美，不成人之恶，小人反是”(《颜渊篇》)。在人际关系处理上，遵循“子绝四：毋意、毋必、毋固、毋我”(《子罕》)。即不凭空揣测、不绝对肯定、不固执己见、不唯我独是，但要坚持真理，择善而从之。《卫灵公》云“当仁，不让于师”，“君子贞而不谅”。

在儒家看来，家庭关系是社会关系的核心元素。儒家从家庭中的亲缘关系推导出了“五伦”（君臣、父子、夫妇、兄弟、朋友），其中“君臣”类比于“父子”，叫做“事君如事父”、“爱民如子”；“朋友”类比于“兄弟”，叫做“称兄道弟的朋友”。儒家在社会道德方面表现出一种浩然正气，表现出对家庭、社会、父母、朋友等各方面强烈的责任心。在儒家看来，社会无异于一个大“家”，当个人把小家庭中的孝悌规则推及社会时，社会大家庭也就和睦了。相对于个人自由主义和集体主义，以家庭为本的儒家伦理观可以纠正个人主义的缺失，避免个人主义弊端以及集体主义的危险，在强调认同、归属和团结等概念时，也不会落入社群、族群一样的空疏。

由于儒家强调文化类的制度和个人自律，而不主张使用需要他律性的制度，故没有强调他人在规则执行中的作用，没有给出完整的规则或制度执行体系。最早的儒家学者甚至反对政府控制。孔子强调要依靠道德示范和非正式的习俗进行治理，而不能强制处罚。孟子进一步反对国家对经济的干预，认为政府不应该固定物品的交换价格，税收超过10%的水平就为“不公”，只有最低的赋税才会产生令人满意的经济效果，只有善待农事、轻赋税，人民生活才能繁荣富足。

儒家的主张建立在个人自律基础之上。如果个人完全接受儒家思想并按其行动，个人生活和社会生活都会处于一种理想的和谐境界，社会治理的公共成本会很低。问题是：个人是否按儒家思想完全自律呢？所谓“克己”，在一定程度上意味着个人的行动与意识，或个人身体的一部分与另一部分，或情感的一方面与另一方面要进行征战。这个过程，外人见不着，但个人能感知。由于征战的对抗性，其结果并不唯一。一旦个人内部征战的结果偏离了儒家的期望，甚或与之对立，儒家通过“克己”而达成的愿景就不会出现。儒家或许会认为，社会会自动对偏离者实施报复，或通过进一步的讲道理，偏离者会回归正轨。即便如此，这也是一个过程，甚至是一个较长的过程。在这个过程中，不仅偏离者本人偏离了，而且他有可能成为另一些正在征战者的仿效对象，从而加速他人的偏离速度。征战结果的不确定性甚或偏离向儒家思想提出了挑战，社会发展过程也证实了这个过程的存在。后来的人们特别是统治者，已经不能忍受偏离者回归的漫长过程以及有可能带来的更多的偏离，他们需要他律制度，以便及时制止个人行为的偏离。

儒家文化中是否暗含了个人自利的假定？如果儒家认为个人本性利他，似乎不会提倡“克己”。只有儒家认为个人本性利己，而利己有可能损人，儒家才会提倡“克己”。儒家也可能认为个人本性为中性但不稳定，故要提倡“克己”以防个人自利而影响社会和谐。

按儒家学说主张，中国人的社会和生活是在家庭基础上构建的，家庭关系支配着国人的社会生活形态。在城市住宅小区中，家庭是核心单元，生活在其中的业主，不仅仅是单个的个人，而是家庭单元的一分子，大多是受传统儒家文化影响的中国人。大多数国人以家庭利益为核心，他们会认为家庭利益大于个人利益。他们具有很强的家庭意识和家庭荣誉，乃至家族意识和家族荣誉。在一定程度上讲，中国的个体是在为家庭生活、家庭兴旺、家族声誉而工作。虽然儒家文化未能完全解决社会发展中的人性偏离问题，但有关家庭和社会关系的论述以及个人自律与社会发展关系的观点，仍是许多国人自觉遵守的行为潜规则，也是对个人行为进行评价的社会标准。因此，儒家文化对个人行为的影响是显而易见的，也是不容忽视的。

2.3 产权与交易成本

马克思是第一位有产权理论的社会科学家[①]，他以所有制和所有权理论解释了产权关系及其运动。马克思所给出的产权（所有权）定义是：一种以私人间的排他性来界定“所有”的、可以进行市场交易的，并在交易过程中不断增值的财产权。马克思的产权定义具有五个方面的含义：第一，产权等同于所有权；第二，产权属于上层建筑法权性质的权利，对应于所有制而有别于所有制；第三，产权是指排他性的、可交易的，具有资本属性的权利；第四，产权是动态的生产关系再生产过程中存在的权利；第五，产权是广义的，包含一系列关于资产权利在内的权利束。

在现实生活中，产权运动的复杂性使得人们对其认识并未统一。近20年来的西方经济学论著中，一提产权理论，几乎都要谈“科斯定理”[②]，以及产权学派和新制度经济学派的产权理论。产权学派主要致力于产权、激励和经济行为

---

① S. 佩乔维奇，《马克思、产权学派和社会演变过程》，见J. C. 伍德编《卡尔 马克思经济学》第四卷，伦敦，克鲁姆 赫尔姆出版公司，1988年版，第240页。

② “科斯定律”这个词是由诺贝尔奖获得者芝加哥大学教授斯蒂格勒在1966年出版的《价格论》中首次提出和使用的。他依据科斯教授于1960年发表的开拓性论文《社会成本问题》（The Problem of Social Cost）中所指出的“交易费用为零时，最终结果与法律制度无关”的结论。

的关系研究（Furubotn et al，1974），他们探讨了不同的产权结构对收益—报酬制度及资源配置的影响以及权利在经济交易中的作用（Alchain，1950，1965，1969；Demsetz，1967）。新制度经济学的核心理论是产权理论和交易成本理论，它对新古典经济学的最重要的扩展是增加了产权结构和交易成本约束。扩展后的分析方法被广泛应用于分析传统的市场交易、组织内部的交易和各种各样的经济体系内的交易。新制度经济学中的产权理论所关注的是权利分配对效率的影响。20世纪60年代初，科斯在《社会成本问题》一文中，提出了权利界定和权利安排在经济交易中的重要性，从而引起了众多经济学者对产权问题的重新与广泛的关注。阿尔钦、登姆塞茨和张五常等人随后的研究给出了更为丰富的产权空间。

西方学者对产权问题广泛关注的一个直接后果是使产权定义多样化，产权概念也变成了一个难以理解的概念（Bromley，1988，1991；Libecap，2004；Ryan，1998）。当一些学者交互使用所有权、财产和产权，而另一些学者将所有权作为一系列依附于所有者财产系列用途的特别权利时，便存在术语使用上的混乱。

《牛津法律大词典》的解释是：产权亦称财产所有权，是指存在于任何客体之中或之上的完全权利。它包括占有权、使用权、出借权、转让权、用尽权、消费权和其他与财产有关的权利[①]。佩乔维奇等人详尽阐述了产权即所有权的观点。《新大不列颠百科全书》中分别定义了产权（property）和所有权(ownership)，认为两者具有不同的含义。产权是“政府所认可的或者规定的个人与客体之间的关系”[②]。产权即物权，它有别于所有权，具有比所有权更宽泛的内容。这种观点是许多法学家和法经济学家的观点。巴塞尔认为产权不仅包括人对物的权利，而且是一个更广泛的人的各类权利的集合，是一种人与人之间的关系。阿尔钦的定义是：产权是一个社会所实施的选择一种经济品的使用的权利[③]。登姆塞茨认为：产权是一种社会工具，包括一个人或其他人收益或受损的权利。产权的重要性在于事实上它们能帮助一个人形成他与其他人进行交易时的合理预期。其主要功能之一是引导人们实现将外部性较大地内在化的

---

① David Me Walker，《牛津法律大词典》（中译本），光明日报出版社，1988年版，第729页。

② 《新大不列颠百科全书》（英文版）第15版，Encycropxdia Britannica，Inc.，第26卷，第175页。

③ A. A. 阿尔钦，《产权：一个经典注释》，见《财产权利与制度变迁》，上海三联书店，1994年版，第166页。

激励[①]。张五常认为：一个产权的基本内容包括行动团体对资源的使用权、转让权以及收入的享用权[②]。

当很难给产权一个统一、全面而具有精确解释的定义时，人们根据研究需要从特定角度对产权给出不一致的解释也是可以理解的。不同学者关于产权概念的不同认识，一方面源于他们对产权范畴本身的理解不同；另一方面也是更为重要的是，他们在讨论产权时给出了不同的前提条件。虽然存在不同的产权定义，但对产权认识的共性是存在的。第一，产权是一种权利，并且是一种排他性的权利。第二，产权是规定人们相互行为关系的一种规则，并且是社会的基础性规则。第三，产权是一组权利束，它可以分解为多种权利并统一呈现出一种结构形态。

从实用观点出发，产权方法的中心任务是要表明产权的内容如何以特定的和可以预期的方式去影响资源的配置与使用。由于对预期方式缺乏把握，故不可能有确定的产权安排与经济活动水平和特征之间的关系式出现。然而，这并不重要，重要的是产权与经济选择之间的系统关系确实存在。交易和生产中都包含着合约安排，它们对完成物品和服务的交换并不重要，重要的是它们允许产权束存在。当其他条件不变时，任何物品的交换价值都取决于交易中所包含的权利束。例如，一个人对一栋房屋的产权束中包含有排斥在它附近建设化工厂的权利，该房屋的交换价值就较大。资源中所包含的产权必然进入决策者的效用函数，一般的财产关系制度的变迁必然影响着人们的行为方式。通过对行为的这种效应，产权安排会影响资源的配置、产出的构成和收入的分配等等[③]。阿尔钦明确指出：在本质上，经济学是对稀缺资源产权的研究，一个社会中稀缺资源的配置就是对使用资源权利的安排，经济学的问题，或价格如何确定的问题，实质上是产权应如何界定与交换应采取怎样的形式的问题[④]。

交易成本，也称交易费用（transaction cost），是新制度经济学中的一个核心概念。交易成本理论是新制度经济学的另一个核心理论。新制度经济学的开

---

① H. 登姆赛茨：《关于产权的经济理论》，见《财产权利与制度变迁》，上海三联书店，1994年版，第97页。

② Steven N. S. Cheung, The Structure of a Contract and the Theory of a Non-Exclucsive Resource, J. Law Econ., April 1969, 12.

③ E. G. 菲吕博腾、S. 配杰威齐，《产权与经济理论：近期文献的一个综述》，见《财产权利与制度变迁》，上海三联书店，1994年版，第205页。

④ A. A. 阿尔钦，《产权：一个经典注释》，见《财产权利与制度变迁》，上海三联书店，1994年版。

创者科斯教授在《企业的性质》一文的开篇以简单而惊人的语句表述了他的发现：如果价格机制能够有效地配置资源，那么企业为什么会存在？为了回答这一问题，科斯认为“创建企业成为有利可图的主要原因似乎在于：存在着利用价格机制的成本”（Coase，1937）。这一成本可以归纳为许多因素：发现价格的成本以及谈判和签订合同的成本。

最早使用“交易成本”术语的是埃罗，他声称“市场失灵并不是绝对的；最好能考虑一个更广泛的范畴——交易成本的范畴，交易成本通常妨碍——在特殊情况下则阻止了——市场的形成”。这种成本就是“利用经济制度的成本”（Arrow，1969）。威廉姆森也把交易成本归结为利用经济制度的成本。他认为，交易成本相当于物理学中的“摩擦”，交易成本的存在取决于三个因素——受限制的理性思考、机会主义以及资产特殊性（威廉姆森，1985）。按威廉姆森的见解，如果上述三个因素不同时出现，交易成本就不会存在。诺思认为交易成本由产权转让过程中两个阶段的费用组成，第一阶段包括交换没发生时界定和管理独占权的费用；第二阶段是就权利交换和转让的契约进行谈判和行使而引起的费用（诺思，1994）。还有学者进一步指出：有四个主要变量决定着交易费用的多少，一是在交换中衡量物品和服务的价值属性或代理人绩效的费用；二是市场规模；三是实施；四是意识形态（詹姆斯等，2000）。思拉恩·埃格特森认为：交易成本是个人交换他对于经济资产的所有权和确立他们的排他性权利的费用（思拉恩·埃格特森，1996）。交易成本包括事前准备合同和事后监督及强制合同执行的费用，与生产费用不同，是履行一个合同的费用（Matthew，1986）。由于交易与信息相关联，交易成本在一定程度上与索取有关交易的信息费用相联系。在完全信息假定下，信息无需成本，所有经济当事人都知道欺骗与偷窃的后果，交易的最后结果是确定的。现实世界中，信息是有成本的，交易费用时刻存在着。埃莉诺 奥斯特罗姆将交易成本分为信息搜寻成本、协调成本和策略成本，并认为契约不确定性决定了交易成本，而信息不对称是契约不确定性的源泉（埃莉诺 奥斯特罗姆，2000）。

至今为止，交易成本已成为一个非常宽泛、尚未形成共识的概念。然而，对交易成本概念的学术争论，丝毫没有影响交易成本在现实生活中的客观存在性。对古典经济分析中忽略的这一部分成本的考察及其对经济发展影响的研究，是对古典经济理论的重要发展。本书接受张五常有关交易成本的观点，即交易成本是所有在鲁宾逊·克鲁索经济中不可能存在的成本，不仅包括形成和执行合约的成本（包括搜寻市场交易信息的成本），而且还包括界定和监察专有权利的成本（包括颁布法律这类制度安排的成本），是直接用于产品生产以外的所有耗散（张五常，2000）。尽管科斯就该定义提出了看法，认为如此定义会引发“某种混乱”[①]。作者认为，该定义虽不甚清晰，但对交易成本的定性是可以接受的。

谈产权和交易成本，离不开科斯定理。科斯定理神奇而又模糊的解释力，吸引了众多经济学家的注意。诺贝经济学奖获得者、芝加哥大学教授斯蒂格勒在1966年出版的《价格理论》一书中首次使用了“科斯定理”一词。在该书中，其内容被概括为：“在完全竞争条件下，私人成本将等于社会成本”(Stigler，1966)。由于科斯本人并没有对科斯定理做一般性的定义，如何理解科斯定理已成为近年来的一个时髦问题。关于科斯定理的正确、错误，还是同义反复的争论一直在持续。考特将争论结果归纳为三种观点，并在《新帕尔格雷夫经济学大词典》中作为对“科斯定理”词条的三种解释：第一，从效率的角度看，只要法定权利可以自由交换，那么它们的初始配置便无关紧要；第二，从效率的角度看，只要交易的成本为零，那么法定权利的初始配置便无关紧要；第三，从效率的角度看，只要法定权利可在完全竞争[②]性市场上交换，那么它们的初始配置便无关紧要。这三种解释实质上都在说明如何保证法律的效率。罗伯特·考特和托马斯·尤伦在合著的《法和经济学》(1994）一书中给出了规范的科斯定理和实证的科斯定理[③]。美国斯坦福大学保罗·密尔格罗姆教授于1992年在与约翰·罗伯特合写的《经济、组织和管理》一书中从组织理论角度给出的科斯定理是：如果谈判各方达成一个对他们来说是有效的协议，如果他们的偏好不陷落于财富效应，那么，他们一致同意从事的创造价值的活动，将不取决于谈判开始时各方讨价还价的能力，也不取决于每一方拥有什么资产。相反，仅有效率单独决定活动选择，其他因素只能决定成本和收益如何分配(Milgrom et al，1992)。他们认为，科斯定理是研究企业和其他经济组织的交易成本的基础。张五常（2000）说：“如果科斯必须有一个定理，那么，我将他概

---

① 见科斯对张五常《关于新制度经济学》一文的评论（科斯等，1999）。

② 完全竞争的条件包括存在许多买者和卖者，没有外部效应，市场参与者拥有关于价格和质量的全部信息，零交易成本。

③ 规范的科斯定理——建立法律以消除私人协议的障碍；实证的科斯定理——当权利冲突双方能够一起谈判并通过合作解决其争端时，无论法律的基本规则是什么，他们的行为都将有效率。

括为以下三种说法。第一种是他在 1959 年‘关于联邦通讯委员会’的论文中出现的……‘产权的界定是市场交易的必要前提’，这是标准意义上的科斯定理。……科斯定理的第二种说法，有时被称作无关性定理，是从科斯的《社会成本问题》中引申出来的。其表述如下：如果产权被明确界定，且所有的交易成本为零，那么资源的利用效率与谁拥有产权无关。科斯定理的第二种表述声称，如果权利能被清晰地界定，并且交易成本为零，那么，帕累托条件（或经济效率）将能够实现。”

科斯本人始终未对科斯定理下定义，这或许与没有哪一个定义能概括他丰富而又复杂的思想有关。科斯在对张五常论文《关于新制度经济学》的评述（科斯等，1999）中，也就张五常所论及的科斯定理谈了看法。他首先表明，对他来说，使这个命题具体化是乏味的，而它所表现的冲突就更加复杂了。他认为，科斯定理与经济学所通常使用的命题一样是可以信赖的。“既然它仅仅是经济学中最著名的定理之一，即在一个私有的自由经济中，资源将被应用到使其产品具有最大价值的地方。”这个命题的转换性表述是：权利将由那些认为他们最有价值的人获得。该命题的假定是：权利安排没有成本。“一旦采用了交易成本解释……如果我们能够理解在经济制度中所发生的事情，整个问题的性质就变化了。……无论交易成本有多大，它们的存在总是导致希望能够采用降低交易成本的交易制度，不管这种减少的数量何时会超过采用另一种交易制度所遭受的损失。”

尽管科斯定理是在交易成本为零假定下给出的结论，但其真正意义则在于提示人们离开交易成本为零的世界。任何表面化的解释与批判都有可能使我们的认识偏离现实的客观存在。科斯自己也认为，交易成本概念是他一生的主要贡献。威廉姆森等人以此为基础发展了“交易成本经济学”。

至于科斯定理的规范性含义，我们倾向于认为：要有清晰的产权以及自由的与低成本的交易。如果对一项资产没有明确的产权安排，那么就没有人有保护和增加资产价值的激励。如果资产的产权不能进行自由交易，那么资产将不能流动到使其具有最大价值的人手中，资源的有效配置将不会出现。在交易成本存在的现实世界中，资产价值最大化的产权转让协议难以实现，至多也不过是某种约束效率，低交易成本便成为现实世界有效率结构的一个必要条件。另一方面，由于交易成本的存在，产权的事前分配是重要的。至于如何进行产权分配，以分配成本最低作为选择标准或许是合适的。

2.4 外部性

同产权概念一样，外部性概念也是一个有争议的概念。自庇古在社会和私人纯产品的差异分析中隐含了外部性概念（Pigou，1960）以后，许多学者在20世纪50～70年代展开了对外部性问题的集中研究（Meade，1952；Scitovsky，1954；Coase，1959，1960；Davis et al，1962；Buchanan et al，1962；Baumol，1964；Alchian，1965；Buchanan et al，1965；Demsetz，1967，1971）。自科斯的《联邦通讯委员会》（Coase，1959）发表以来，产权与外部性之间的关联一直是经济学家讨论的话题，然而，这种关联的结构和传动机制是什么，迄今未见详尽的论述。

大多数新制度经济学家认为产权与外部性之间具有广泛联系。有人认为外部性与产权之间具有因果关系。德姆塞茨（Demsetz）在其著名的《关于产权的理论》（1967）一文中用例证证明了这种关系。合约经济学家的研究结果则表明，在合约不完全时外部性会出现（Grossman et al，1986；Hart et al，1990）。巴泽尔（1997）[89,159]认为，由于产权的完全界定需要很高成本，故产权永远不会是完全界定的。循着这个思路，安东尼（Antonio，2007）认为，资源用途的不完全产权导致了外部性的出现。这些论断给出了产权为“因”、外部性为“果”的产权与外部性之间的因果关系①。

当一个人的行为产生外部性以后，思考他是否有权实施该外部性是科斯采用市场方式解决外部性问题的一个必要前提②。科斯在《社会成本问题》（Coase，1960）一文中运用案例反复论证的一个观点是，通过界定产权而不是通过对施害者的处罚或许能更好地解决外部性问题。科斯外部性问题的解决方案中似乎暗含了该问题的原因——产权不清晰，而其解决结果似乎又表明：外部性引致了新的产权安排。

对先前已经论及的许多经济活动的外部性（Buchanan et al，1962；Mishan，

---

① 同时，安东尼等也认识到产权与外部性的关系似乎并不如此简单，而具有一种复杂的共同演进的关系。

② 在外部性出现以后，或许会存在一个新的产权安排问题。如果不采用市场方式解决外部性问题，而是由政府对施害者直接进行处罚，则意味着行为者一开始便没有实施外部性的权利，因此，也不会有新的产权出现。

1965）和众多外部性的分类（Smith,1969;Meade,1952），张五常认为，相关理论太多只会造成混乱，“如果‘外部性’限于那些经济上很重要，但其行为权利没有清晰界定，因而并不在市场上交易的效应，那么，它就非常模糊不清了”。所以，“我打算完全放弃这个概念”（Cheung，1970）。

然而，张五常的看法并没有影响其他经济学家对外部性问题的探究。一批经济学家依然在探讨外部性问题以及产权与外部性的关系（Mishan，1965；Dahlman，1979；Dennis et al，1980；Greenwald et al，1986；Drazen，1990；Ayres et al，1998；Demsetz，2002），还有一批经济学家从产权（包括企业产权）的不完全角度分析了产权与外部性的关系（Grossman et al，1986；Ball，1987；Hart et al，1990；巴泽尔，1997；Antonio et al，2007）。

当然，在产权与外部性的概念没有共识的情况下，众多的产权或外部性文献的结论只能是各抒已见。各家之言的冲突、叠合使产权和外部性的关系更为复杂。为了解释或解决现实中的产权纠纷或冲突，我们需要更为清晰的产权与外部性之间的关系模型。

2.5 集体行动理论

西方经济理论假定个人按照理性行为以最大化其利益。在这样的假定下，个人利益与集体利益之间会产生冲突，在某些情况下会产生必然的冲突。对于这个必然的冲突，经济学家称其为“搭便车”、“集体行动问题”或“囚徒困境”，并就该问题进行了充分的研究。

在某些经济学家看来，尽管一个集团拥有共同利益，但它的成员也未必采取集体行动，必须解决“搭便车”或“集体行动问题”（史蒂文斯，1999）[124]。奥尔森（Olson，1965）认为“除非集体内人数相当少，或者存在强制，或者存在某些特别的手段使个人参与他们共有利益的行动中，理性的、自利的个人将不会采取行动以取得他们共有的或集体的利益”。他的集体行动观点，现在已成为了众所周知的“零贡献命题”（Ostrom，2000）。奥尔森所怀疑的传统观点却认为，形成集体的目的在于增进共同利益，集体规模越大，效率越高；如果存在共同利益，小规模未必就好。奥尔森把传统观点倒了过来，认为集体越大，个人提供集体物品的消极性越强，“搭便车”的潜能也就越大。“集体越大，离集体物品的最优供给越远，甚至获得最低限度集体物品的可能性都极低。简言之，集体越大，推进其共同利益的可能性越小。”（Olson，1965）原因有二：一是因为集体内成员数目越大，其组织成本越高；二是因为许多集体行动的收益是不排他和不可分的。在集体能得到净收益之前，必须跨越“组织成本”这道门槛。如果他或她能在其他人参与的集体行为中“搭便车”，那么，不参与集体行动将是更好的选择。

在奥尔森的著作出版以后，哈丁（Hardin，1971）的研究表明：对那些个人贡献影响不显著的潜在集团而言，“集体行动问题”的逻辑与“囚徒困境”相同。在一个集团中，当个人的贡献对集团具有显著影响时，结果就不那么清楚了。哈丁的研究结论为人们重新思考奥尔森的逻辑提出了激励。泰勒（Taylor，1987）和哈丁（Hardin，1982）对奥尔森关于集团规模在提供公共物品上的负效应描述给出了质疑。哈丁认为，分歧不在于集团规模的扩大而引起的组织成本的上升方面，而在于集团规模扩大过程中会出现一些变化的事情（Hardin，1982）。例如，在存在“拥挤”时，人数增多，各成员所得会减少。有意思的是，自哈丁之后，“囚徒困境”以及其他的社会困境，已被看作“集体行动问题”的标准表示法（Lichbach，1996）。

虽然奥尔森强调了大集体中激励的重要性，然而，更一般化的问题或许涉及信息和机会主义。由于信息的不完全性，过高的信息成本将阻止大集体的合作（组织问题）。人们并不清楚集体的真实行动情况和净利的分配情况（激励问题），对集体行动监控的任务和政策的贡献容易被淹没（“搭便车”问题）。依据个人理性假定，个人会为了自己的利益去发现并把握机会以分享（他们自己的公共领域）共有或集体资源。于是，对这类个人活动的监管就变成了一个组织的责任，从而加大了集体的运营或组织成本①。在一个集体中，尤其在一个大集体中，奥尔森的集体行动或不行动的逻辑的背面是寻租的逻辑，即通过机会主义行为（behaviour）寻求或征用经济“租（rent）”的价值。一个特别利益集团寻租行为的特征性结果是：一个有限的、可识别的数目的个人得到了大量的好处，而分摊或称“强加”在大量不可识别的公众身上的成本却很小。对公众中的每一个人而言，由于其个人损失微乎其微，故他或她没有激励去代表后者的利益或存在动员其他人去维护后者的利益（Olson，1965，1982，2000；

① 在计划经济时期，大多的生产队都会在谷物成熟季节安排专人日夜守护以防个人偷窃集体的谷物。而在分田到户以后，家庭并没有为防谷物的被盗而去看守，盗窃事件却几乎没有发生。

Pennington，2000)。也许寻租小组成员的所得比大量的公众的全部损失要少，但以此为由对寻租行为进行效率性的劝阻似乎是可笑的。当选民必须监测政客和国营部门官僚的行动时，寻租问题或许也是一个非常复杂的混合物。假定通过政府向经济和社会生活进行了大量的投入，要获取投入及其结果的相关准确信息的费用也非常之高，公众很少有监测各种各样的利益集团对他们进行剥削的机会（Tullock，1989，1993)。

沿着哈丁和奥尔森的分析，今天的许多学者使用博弈论的收益矩阵讨论了集体行动可能的结果。许多政治学和社会学的研究者注意到了人们在社会中的现实行为与理性的集体行动理论之间存在差异，有许多的人在通过投票进行集体决定，有许多的人在如实缴税，还有许多的人加入了志愿者协会，等等。大量的调查结果已显示，不同年龄的个体和志愿者组织，他们以合作的方式共同获取着贸易的好处、提供共有风险防护、创建并强制执行着保护自然资源的规则（Ostrom，2000)。为了解释这些社会现象，在大多数经济学家①认为个人决定模型要求存在“客观的”成本和收益的情况下，运用范例的社会学家则认为模型要真正基于主观期望效用的心理模式之上。奥普（Opp，1986，1988）认为，主观模型不是重复的，因为测量态度的全面、可靠的技术已经存在。相对于“客观的”成本和收益模型，主观效用模型似乎更具有现实解释力。

集体行动和制裁系统的一般化问题已被赫卡索思（Heckathorn，1988，1990，1991）在一个出自奥利夫（Oliver，1980）和柯尔曼（Coleman，1988）的一个正式的复杂模型里讨论过。赫卡索思特意考察了存在一个外部的（external）中心代理人或机构在小组内施行集体制裁的情形。在该情形下，只要任何一个小组成员有背叛（defect）行为，小组内的全体成员都要收到惩罚。结果表明，来自外部的集体制裁对集体行动是有效率的，如果缺乏这样的制裁系统，小组内的成员将选择背叛而不是合作。问题在于：这种来自外部的制裁是否会导致小组内成员在彼此间再实施内部制裁以强迫小组内的他人合作？或者，是否会导致小组内的成员联合起来强力反抗或抵制外部的中心代理人？

大量的集体行动模型基于这样一个假定：每个人的行动倾向是已经行动的其他人人数的直接函数。其中最具影响的是格兰诺维特（Granovetter，1978）

① 也存在理性选择模型的批评者（Gamson，1990)。

的模型。格兰诺维特使用了恒定的集团规模，并认为每个人在参与集体行动之前会考虑已参与者的数目，从而形成个人是否参与集体行动的一个临界点或门槛（thresholds)。对热切参与的人而言，这个门槛为0%；对不会参与者而言，这个门槛为100%。基于阿克洛夫（Akerlof，1980）社会习惯模型和谢林(Schelling，1978）分离挑选模型，奈勒（Naylor，1990）发现了一个从参与者的纯粹数量上预言集体行为的一个不同取向模型。该模型认为，个体从“与参与人数呈比例”的参与中获取了一些基于名誉的好处（非原生的制裁)。同时认为，如果小组成员是同质的，唯一稳定的平衡是“一致同意”和“零参与”；而在异质性的小组里，个体参与的临界点会降低。奈勒（Naylor，1990）认为，如果“参与”和“不参与”引发了规范激励，当参与者过半数时，所有特定的个体都将参与，而在道德规范水平不一致时，结果会是多种均衡。

集体行动模型中的新发展大多是围绕集体内个体间的相互依赖问题而展开的。已涌现的结果显露出了个体间复杂的相互作用以防止简单概念化。虽然缺乏确信其结论的足够信息，但某些结论性的观点已经显现。首先，有关个人决定过程、相互依赖和协调机制的相当不同的假设模型倾向于产生临界点和间断性的预言以及集体内劳动分工的预言，而“临界点”现象对集体行动而言似乎具有地方性。其次，集团（小组）的异质性程度总是在改变着结果，但是它的作用似乎因人而异。有时它促进了行动，有时它又限制了行动。更深入的研究，或许需要尽力去理解异质性人群的集体行为。

今天的学者，在承认奥尔森在集体动员和“集体行动问题”上的标志性贡献后，已在不同的方向上进行了探索，形成了众多的集体行动模型。在这些模型中，“理性行动者”仍有它的位置，但适应性强的学习者、随机的决定做出者和愿意依靠仅有其自己知晓的理由做特殊贡献者等也受到了关注。所有这些单个的、有独特个性的行动者，研究者已通过协调他们行动的不同方法呈现在我们面前。不同的理论家已经工作在不同的协调机制上面。至今为止，我们仍没有能力脱离这些不同的分析界面以取得统一的研究形式或格局，我们也不能统一协调机制之间的相互依赖和集体行动的其他一些重要特征，特别是生产函数(particularly production functions)。

2.6 合作理论

奥尔森的逻辑后面有一个重要假定，即每个人都想或都会“搭便车”。卡尼曼（Kahneman et al，1979）认为：“这里存在每个人都总是搭便车的假设，但事实并非如此。”罗宾·道斯说：“只有在摆脱私利时人们才是公正的观点，没有真实地描述他们的行为。当人们处于一个集体中时价值观念也在变化。”（《科学》，1985，1/2 月，第 20 页）对理性人而言，集体行动或许是理所当然的，或许还需要其他的激励引导，或许需要相关的制度安排进行强制或制裁。但无论如何，个人在社会活动中通过学习、模仿的确增加了合作的可能性。集体行动的逻辑或许是复杂的，但每一个人从自己的感知中都可以给出一种解释。当我们给出自己的对“集体行动问题”的独立主张时，不妨设问一下：当一些变量在阻止合作时，为什么另一些变量却在激励、促成并维系着合作？

今天的分析家包括奥尔森的反对者，有多种理由对合作持乐观态度。第一，奥尔森的分析是静态和瞬时的，而许多集体行动是动态的。一个重复的“囚徒困境”允许局中人从其他局中人处获得反馈信息，并据此采取行动。以合作开局、然后一报还一报的针锋相对策略①已成为合作者的最好建议。第二，在潜在集团中可能形成联盟，只要这个联盟超出某个最低规模，并且成本/收益比有吸引力，合作解就会出现（Hardin，1971）。第三，存在利他主义（altruism）。在概括有关合作问题时，斯科菲尔德（Schofield）指出：“支撑合作问题的基本理论问题是他们相互获取对方偏好和可能行为信息的方式。既然每个人 i 不仅拥有他人偏好的信息，而且也知道他人拥有对 i 自己的偏好和策略的知识，所以，这是一个共有知识问题。”（Schofield，1985）他认为，反应的可预测性对合作是决定性的。这种知识和可预测性是否最有可能通过国家或社区的出现，是泰勒（Taylor）感兴趣的问题（Taylor，1982）。他的研究认为，通过成员共有的规范和自愿的互动可以得到这种知识。具有讽刺意味的是，国家强制可以减少对共同意愿、信仰和互惠性的需要，以及在判断他人行为时对信任的需要。

---

① 此为多伦多大学的阿纳托尔·拉波波特教授为解答“囚徒困境”（集体利益最大化）所给出的“针锋相对（tit for tat）”程序（Allman，1984）。

于是，史蒂文斯（1999）[128]倾向于认为，国家和社区是相互补充的，可事实也许并非如此。

现有理论给出了“搭便车”或“集体行动问题”的合作解。但卡拉布莱斯（Calabresi，1968）坚持认为，如果交易费用高到足以排除自愿解时，谈判会因减低了效率而被放弃。换言之，在考虑到所有的行动成本时，放弃市场本身就是一种市场解决方式。史蒂文斯认为，卡拉布莱斯的问题在于他未曾考虑达成协议的其他方式，如投票、抛硬币和服从独裁者指令（史蒂文斯，1999）[128]。实际上，在二人世界里，如果二人没有达成协议，那么它本身就已经排除了这些方式。在多人集体里，采用投票、抛硬币还是采用服从独裁者指令方式，依然是一个“集体选择问题”。

经济学家似乎有一种倾向：当某个具体问题的选择出现困难时①，建议采用某种决策成本较低的方式来决定这个问题，但他们忽略了选择“决策成本较低的方式”所需要的成本，这个成本或许会等于甚至大于某个具体问题的选择成本。例如，在 A、B、C 三人共同选择安保服务时出现了争执，让每个人同意某一具体的提供方案存在很高的再协商成本，安保服务已不能被提供。假定现在给出投票、抛硬币或采用服从独裁者指令三种决策方式供 A、B 和 C 选择，那么，他们如何选择？无论他们如何选择，选择的成本都会存在。这项选择的成本是否就一定小于先期的具体问题的选择成本，依然是一个问题。

现有文献表明，合作产生的条件主要有两项：一是规则的制约。那些逐渐演化出来的人类行为规则，特别是有关私有财产、诚信、契约、交换、贸易、竞争、收获和私生活的规则，是促进人类彼此之间相互合作的有效因素。二是共同的习惯和文化的制约。在一个有着共同习惯和知识的小团体中，以及对各种可能性有相同看法的小团体中，人们倾向于合作。比如那些有相同宗教信仰的西方人在遭受外族入侵时有着强大的群体反抗力量，以及中国的许多少数民族部落，也有着异常和睦的邻里关系和互助意识。这些或许可以作为同质群体间具有合作意向的见证。

有关合作维系条件的论述主要集中在哈丁（Hardin，1982）、泰勒（Taylor，1982，1987）和马格里斯（Margolis，1982）的著作中。哈丁主要研

---

① 通常将其原因归结为交易费用太高。

究了 n 个人的“囚徒困境”问题和大集团集体行动的困难。他的观点是，集体行动的困难不仅与团体的规模有关，而且与成本收益的比值有关。在非对称性存在时，或在参与者采取条件策略时，惯例会产生，并引导着合作。泰勒研究了无政府（无国家）状态下社会秩序得以存在的条件。他认为，社群成员拥有共同的信仰和规范，相互间存在着直接而复杂的联系且互惠互赖。因此，社群是无政府状态下形成社会秩序的基础，国家则摧毁了社群的基本构成要素。马格里斯假定个人行为部分地由利他动机决定，个人的效用函数具有两种类型：一种是强调自利性偏好；另一种是强调团体偏好。个人在这两种效用函数之间进行权衡。该模型使他能够解释那些在完全的个人财富最大化行为假定下无法解释的一些行为，包括特定的投票行为。

诺思似乎对上述有关维系合作条件的代表性观点也不甚满意。他认为，需要讨论的一个重要问题是：在不存在霍布斯借由国家的强制力量来创造合作结果的情况下，自愿性合作的条件到底是什么？始终困扰着我们的、涉及人类问题之根本解决之道的议题，争论还在继续（诺思，2008）。

实际上，在理性经济人（个人最大化自身利益）的假定下，个人在集体行动中是否合作存在三种情形，分别对应着三种结果：第一，当个人利益与集体利益冲突时，个人只会做出最大化其个人利益的选择而不会选择合作，不会选择牺牲个人利益以最大化集体利益；第二，在最大化集体利益成为最大化个人利益的前提条件时，理性的个人会选择合作以达成集体利益最大化，其目的仍然是个人利益最大化；第三，即便在个人利益最大化的同时集体利益也会最大化，个人是否会选择合作以成就这种结局仍存在不确定性。“集体行动问题”或“囚徒困境”探讨的是第一种情形和其对应的结果。为解决这个问题，现有的研究者考察了诸多的路径、给出了诸多的解决办法，但似乎仍然没有触及问题的本质。问题的真正原因或许并不在于现实生活中真的会大范围地出现这个问题(事实上也没有大规模地出现集体行动问题)，而是在理论家的理性假设之下所推导出的符合逻辑的问题。既然如此，最有效、最直接的解决办法便是围绕假设做文章。

2.7 评价标准

物业管理问题的生成和解决，涉及众多的制度安排。对物业管理问题所涉及的制度安排或政策建议进行评价，需要一个标准。通常的标准将涉及“经济效率”和“社会公平”两个方面。然而，衡量一项具体制度安排或政策建议的效率和公平性，包括它们之间的关系，目前仍存在困难。因为理解公平是一个复杂的过程，而理清效率与公平之间的关系更为复杂。每一项制度安排，包括本研究所建议的制度安排，在“降低交易成本”的同时，往往也执行了“财富分配”的职能。前者体现了制度的效率属性，而后者则涉及制度的公平属性。制度的选择理应立足于制度的效率（或经济性）和公平性两个方面。

虽然制度的经济属性不同于公平属性，但公平属性在很大程度上影响着制度的经济属性。当制度约束下的合作剩余为正时，制度的存在具有经济合理性。由于“合作剩余＝合作收益－合作成本”，且“合作收益＝F_2（公平性，其他)”、“合作成本＝F_1（公平性，其他)”，故存在“合作剩余＝F_1（公平性，其他）－F_2（公平性，其他)”。制度的公平性能激发全体参与者的合作意愿并促成共同做大“蛋糕”行动，从而增加合作收益。同时，制度的公平性能直接影响合作成本特别是制度的执行成本。因此，制度的公平性是制度经济指标或制度经济属性的主要影响变量或因素。制度的公平性和经济性之间具有“荣辱与共”的关系，而不是“你多我少”的对立或互补关系。

对于公平性的考量，或许存在一个客观的标准，但更多地依赖于自我感受。在鲁宾逊一人世界中，制度既不存在也不需要。在现实世界里，对制度公平性的判断，来自每一个人对它感受的总和。为了更清晰地说明这一点，我们不妨将“多于一人的世界”分为“二人世界”和“二人以上的世界”，以阐述公平性的演进。

在二人世界里，用于协调他们之间关系的制度，一定是二人都满意的制度。只有他们双方都感到满意，他们才会认同、接受并自愿遵守和执行这项制度。我们不会怀疑，这样的制度是公平的制度。双方自觉自愿接受并遵守他们认同的制度，无需、当然也不存在第三方监督。如果双方中有一方感到不公平，这个感受者就不会接受这项安排或协议，除非有其他的因素介入。最有可能介入的因素是武力。一个拥有更强武力（最初是体力）的人，或一个强者，或许会让弱者向他贡献一部分由弱者所创造的劳动成果。虽然弱者感到不公平，但在武力或武力威胁存在时他不得不接受这项安排。[①] 然而，这只是一种可能，事情的演变往往出人意料。另一种可能的演变方式是“武力保护与劳动成果的交换”。强者渐渐地意识到“为弱者提供免受其他动物侵害类的保护是有益的”，弱者也会渐渐意识到得到强者的这种保护是必要的。于是，随着时间的推移，在相互依存的二人世界里，一项新的更为公平的武力保护与劳动成果的交换出现了。在这个演变过程中，一项重要的转变是武力征服对象的改变。武力征服的对象由其他人变成了对他们生存构成共同威胁的非人类动物。当武力用于保护他人而不是征服他人的时候，公平又出现了，人类的文明也随之发展。简言之，在二人世界里，存在的制度一定是双方自愿接受并自愿执行的制度。尽管存在一方较另一方具有更多武力的可能，也存在一方通过武力要挟另一方的可能，但最终的结局是，他们会自觉自愿地、明智地将武力用于征服其他的动物，从而形成双方感到满意的一项合作性制度安排。

在二人以上的世界里，虽然提供了保证制度执行的“第三方监督”的可能性，但同时也给公平的判定增加了难度。为了理解这个世界中的制度公平问题，先看一下“二人世界外加一个作为监督者的第三方”存在的情形，这是“二人以上世界”的一种最基本的形式。在这个形式中，其中的二人是制度约定或交换的主体，另一人是制度执行或交换行为的监督者。在这种形式里，制度内容或交换协议公平与否的决定因素完全等同于二人世界。换言之，在二人世界中影响公平的各因素也影响着最基本的二人以上世界的制度内容或交换协议的公平性。然而，在这个基本的形式中，因第三方的介入引起了收益或财富的重分配，从而出现新的公平问题。制度公平的实质就是包括物质的、精神的等各类稀缺资源分配的满意程度。人们在公平性的判断方面似乎很有信心。当人类面

---

① 在人与人之间的关系处理或合作上，人们通常认为，公平是基础。然而，在不同的环境下，公平具有不同的含义。在一个人人平等的自由世界里，公平意味着每一个人可以自主地选择，而无需考虑其他人的想法或要求。在一个存在强权或武力的世界里，公平是否意味着必须给予拥有强权或武力者更多的权力？或其他人在进行选择时必须考虑强权者或拥有武力者的想法或要求？或许有人认为，强权或武力之下并无公平可言。实际上，人类社会一直是在强权或武力的引导下发展着。强权或武力是一种能力，也是一种生产要素。它具有获得更多资源的能力，同时具有配置更多生产要素的能力，并且像“天赋人权”般附着在某些人身上。我们不会认为，一个具有经营能力的人获得更多的报酬是不公平的。然而，我们往往就不能接受具有“武力”或“强权”者直接通过武力要挟以得到更多的报酬。

临着大量的、客观存在的稀缺资源有待分配时，他们以精神激励的名义又人为制造了许多人造的稀缺资源及其分配问题。一般认为，以市场作为客观存在的稀缺资源的配置方式不仅具有效率，同时兼顾了公平。为什么会这样？因为市场的特征是自由交换，而自由交换的结果或前提都是双方满意。对交易双方而言，双方满意就是“满意度为100%”的满意。毋庸置疑，对参与者而言，每一个人都满意的结果或运作过程一定是公平的。或者说，100%的满意度对应着“100%的公平”①。自由自愿的市场交换，基于100%的参与者满意度，从而对应着100%的公平②。在“二人世界外加一个作为监督者的第三方”的三人世界里，交换已变成了三人的自愿行为，满意也就变成了三人的满意综合。在三人世界里，存在着两种交换，第一种是发生在二人之间的交换，第二种是为了执行第一种交换所实施的三人交换。在二人交换过程中，交换主体自愿协商他们的交换条件，从而达成二人间的交换协议。在三人交换中，第三方是被第一种交换的两个主体共同邀来的第二种交换的交易者，他的职能是依据第一种交换主体所商定的交换协议去严格监督协议的执行，而不能擅自更改协议内容。当第一种交易的双方就第一种交易达成了满意的共识，并就第二种交易与第三方也达成了三方满意的共识后，这个三人世界的交换对应着100%的公平。

我们不能期待在更多人的世界里总是存在着100%的满意和100%的公平，促成100%的满意需要成本。即便是让其中的多数人满意，也需要耗费相当的时间和精力。就一项明确的制度内涵来说，让两个人达成共识或接受这项制度安排相对容易，而让更多人的集体达成共识就相对困难。相互沟通与协商成本的大小决定了共识形成的难易程度。更多人之间的共识性谈判需要花费更多的成本，从而具有更大的难度。在自由市场中，如果两人间的谈判或交易成本为C_{2T}，则n（$n>2$）人之间的交易成本C_{2N}至少为nC_{2T}，一般为$[1+2+\cdots+(n-1)]C_{2T}$。如果有人采取不合作策略时，多人间的交易成本将大幅上升。不断上升的交易成本会阻碍多人共识的形成，以满意性共识为基础的100%的公平

① 注意：这里由“满意度”概念过度到了一个新的有关公平的概念，即“公平度”概念。

② 当然，市场信息的不对称，会影响交易的最终公平度。而通过立法可规范市场行为，进而维系较高的市场公平度。于是，人们围绕着“利益”和“公平”展开了不间断的制度与行为的博弈，人类的智力也在这个过程中得到了不断的锤炼和提升。

也就难以出现。

为了获得制度的整体效益并避免少数人可能采取的不合作行为，现实世界中的人们已经普遍接受了“低于100%的公平”，并通过一些特定的制度安排或规则确认了这种状态。一个常见的规则是“集体议事规则”。集体议事规则中一项重要的规则是集体决定（或决策）或投票规则。常见的集体决定规则水平有简单多数规则、超多数规则和一致同意规则。[①] 不同的决定规则水平对应着不同的公平度。一致同意规则与二人世界的双方满意效果一样，对应着“100%的公平”；简单多数规则对应着“大于50%的公平”；而常见的超多数规则即2/3同意规则，或许对应着“大于2/3的公平”？

以个人自由为目标的西方世界的人们，积累了很多的有关公平问题的处置经验，同时也容忍了自由与规范之间所存在的逻辑冲突。西方社会的一项最基本的公平性准则是倡导个人自由、尊重个人选择。无论是美国的宪法，还是西方学者有关自由的观点，都无一例外地受到了这个准则的影响。诺贝尔奖得主阿马蒂亚·森（2002）将自由作为发展的第一要义，认为发展的最终目标是获得更大程度的自由。自由成为人类发展的一种更高的境界，然而，自由并不是无限制、无边界的疆域。在每一个人都有权获得自由的境况下，他人的自由便构成了一个人自由的约束，从而构成了该个人自由的边界。我们会认为，每一个人都获得同样程度和疆域的自由是平等的，也是公平的。在这样的共识下(或在公平的约束下)，个人的自由便不是个人无止境的随心所欲，而是受他人自由所制约的一个有限度的变量。或者说，一个人的自由是他人自由的函数。在极力追求个人自由的过程中，个人至少应以他人同等的自由作为自我行动的约束。

对个人而言，自我约束往往是困难的。组织或社会有责任帮助个人克服人性的弱点，相关的制度安排和他人的监督实施便成为组织或社会对个人进行帮助的工具。在当今的美国，有数以万计的不同类型的组织，采用了“罗伯特议事规则”[②] 作为它们不可或缺的议事规范。在罗伯特议事规则的集体决定规则中，除了一致同意决定规则以外，其他的决定规则都存在着少数人必须服从组织或其他

---

① 决定规则水平为 $m=n/N$，n 为支持、同意或赞成某项议题的人数，N 为总人数。当 $m=1$ 时，属一致同意规则；$m=1/2$ 时，属简单多数规则；$m=2/3$ 时，属超多数规则。

② 亨利·罗伯特，《罗伯特议事规则》（第十版），格致出版社，2008年版。

多数人意见的规定。当今世界已经普遍接受了这样的集体决定规则。对于这些规则，人们认为它们是有效的，也是公平的。事实上，这里的公平已经脱离了个人的自由，而依附于大多数人的自由，本质上是依附于大多数人的利益。如果我们把少数人的意见作为他们个人自由的一种表现，那么，采用和执行“少数服从多数”的议事规则就抑制甚至否决了少数人的自由意志。我们不能期待少数人会满意这样的结果。对他们而言，这样的结果或许是不公平的。然而，这种不公平是一种结果的不公平，而不同于制度本身的不公平，它是制度结果出现以后由少数人所感到的不公平。在制度结果出现以前，由于没有具体的人会意识到自己的意见或主张是集体中的少数[①]，所以，这种结果的不公平并没有事先针对某些具体的对象而存在。当然，这项制度本身依然“锁定”了少数人，并使他们成为“不公平”的感受者。如果少数人的意见或主张是他们依据可接受的社会准则所作出的选择，那么，这项制度的结果便真的与社会公平相抵触。

从理性角度看，人是自利的，并有可能是足智多谋的。经济学家担心人们在集体行动中的“搭便车”或“机会主义”行为，道德学家担心人们在社会领域的“败德”行为。在一个发展的现代社会里，对社会科学家所担心的行为实施必要的制度约束或进行抑制是必要的。真正的问题是，我们无法判定一个人在现实中的行为或主张是否真属于社会科学家所担心的那种行为。在存在这种不确定性的情况下，现实中的制度结果很可能偏离了理论上的制度公平。

从心理角度看，人类具有追求快感的偏好。但不能肯定的是，人们是否能够从他人的痛苦中获得快感，在少数人的意见被集体决定规则否决以后，他们的失望或痛苦是可以想见的。如果他们认为自己的意见或主张是正义的，而并非社会科学家所担心的，那么，这种失望或痛苦会更加强烈。面对这种状态，大多数人会在坚持不改变制度结果的前提下给予一些同情，但不排除有些人所给予的仅仅是表面上的同情。今天的人们已经普遍认为，为了多数人的利益而牺牲少数人的利益是公平的，也是正义的。即便如此，他们中某些人的内心深处就真的没有一丝基于他人失望或痛苦之上的快感？当然，我们也可以认为，这是强者所得的附属战利品。

因交易对象的数量和素质的不同，公平的概念和内涵已有所改变。100%的

---

① 这是在假定不存在事先沟通并且每个人都按照相同的准则去思维和行动时的结论，当然，那些有意与多数人唱反调的人会事先有意识。

公平和独裁成为公平的两极。在二人世界里，公平的本质是依据完全的个人自由和自愿以充分维护每一位参与者的利益，公平是在每个人完全自愿情况下的100%的公平；而在多人世界里，公平的本质演变成了依据多数人的意愿去维护多数人的利益同时有可能牺牲少数人的利益。在多人构成的集体中，当集体决策采用$m\%$（$0<m\leqslant100$）的决定规则水平时，其中的公平是$dm\%$的公平，d为公平系数。当$m=100$即采用一致同意规则时，集体公平为100%的公平。在多人世界里，随着人数的增多，达到100%的公平所需要的成本会不断上升，甚或达到不可忍耐的地步。人们因此而选择了"m可以小于100"。然而，当m小于100以后，集体公平到底演变成了什么样的公平以及它们随着d的变化到底会发生些什么并不清楚。独裁是m很小的一种存在状态，很难说独裁下面无公平。如果独裁者是一个善良的使者和智慧的化身，他的决定有可能是效率的，也是公平的，甚至是超出普通人想象的公平。当然，现实世界里鲜见这样的独裁者。在大多数情况下，独裁者不仅缺乏智慧也缺少良知，人们以平等或公平的理由反对独裁。人类努力的结果是将人类集体的决定置于一个由多数人决定的境界。无论是在东方还是西方，无论是在政治组织还是经济组织里，我们都能看到人们在以"1/2规则或2/3规则"等进行着各种各样的集体决策，其中的公平似乎是不言而喻的。

实际上，在多人形成的集体中，公平至少具有两层含义：其一，存在二人世界中的100%的公平。无论在二人世界里，还是在多人集体中，以平等为前提的相互尊重和自愿联盟都是大家所期待的，也是公平的。在不存在强制的情况下，每一个个人的利益与集体的利益具有正相关性。从经济学的理性角度看，形成集体的目的不外乎是更好地实现个人的利益，或增加个人的利益①，同时增强集体的实力和吸引力。如果集体无益于改善个人的利益，很难想象这样的集体能够长期存在，也很难想象有人会自愿加入这样的集体。在自愿形成的多人集体里，每一个集体成员都会是受益者，而非受益者不会加入或者已经退出这个集体。自愿形成的集体是自愿介入者获取自我利益的场所、机构或机制。在这个集体里，具有效率，并对应着100%的公平。市场制度已经有效地组织了这样的集体，每一个加入者都能够获得自己欲得的利益，而在无法获得时，他也可以自由地退出这个集体。其二，存在$m\%$（$0<m<100$）的公平。这种

① 这是由"理性经济人"假定所推出的结论。如果加入集体或组织不能给加入者带来好处，自利的个人是不会加入集体或组织的。

公平对应着集体内至少有 $m\%$ 的人受益而其他人受损的状态。该状态又分为两种情况：一是总受益大于或等于总受损；二是总受益小于总受损。无论哪一种情况，其中都存在着强制。在第一种情况下，人们认为集体强制是公平的，他们运用并且接受了集体强制。显然，这里的公平是基于“集体净收益为正”之上的公平，它不同于基于每一个个人利益之上的完全自愿性公平，即不同于每个人完全自愿状态下的100%的公平。在集体公平里，存在着与个人自愿的对抗和强制，人们放弃了每个人完全自愿的“100%的公平”。

在经济学家看来，有人会在集体行动中“搭便车”。存在“搭便车”行为的一个重要假定是，集体行动能给欲“搭便车”者以实际的收益，即使他为此付费也会有净收益。个人之所以选择“搭便车”或不愿意为集体行动付费，不是因为他不能从行动中获得收益，而是因为他想获得更高的净收益。在这种情形下，抑制“搭便车”者的行动并强制其缴费，无疑是正义的，因而这样的集体公平是公众接受的公平。另外，现实中确实存在着个人在集体行动中受损而无益的情形。在该情形中，即便个人或少数人无需为集体行动付费，而由他人或多数人付费所驱使的集体行动却损害着个人或少数人的利益。于是，个人或少数人对集体行动的反对是可以理解的，而对他们的意见不予考虑或强制他们执行有损于他们利益的行动则颇费思量。在二人世界里，强制占有另一方的财物属不正义，也不公平。在多人世界里，一部分人对另一部分人的利益侵占行动为什么就被大家接受并认为其公平呢？关键在于，有关公平的衡量标准或原则在人们的脑中依据不同的损益对象已悄然发生了变化。人们太在意自己的得失，而不太在意他人的损失。①

卡尔多（Kaldor，1939）和希克斯（Hicks，1939）的补偿检验似乎给出了这样一个观点：当多数人的收益大于少数人的损失时，具有经济合理性；当通过利益再分配制度将多数人的部分收益用于对少数人的损失进行补偿时，具有公平性②。

个人自愿是个人集体活动或交换中平等的体现。在与他人或集体的交互过程中，既有自愿的介入过程，也有自愿的退出过程。在存在低成本的自愿介入和退出的环境里，公平会有保障。通过每个人的自由进出，公平可得到维系。个人自愿介入集体行动，表明了个人对行动效率（这里更多的是指自己可能获

---

① 有人很在意他人所得，很在意自己与他人之间的比较优势。

② 这是依据卡尔多和希克斯的补偿检验所给出的一个具体观点。

得的收益）的信心，同时构成了对行动公平的维护。这种维护是主动的，是通过介入者自觉自愿的介入行为对行动的公平性表示了认同。相反，个人退出互动行动，则表示个人对行动效率无信心甚至感到自己可能要承担损失。有意思的是，个人的这个反向的行为（退出行为）也构成了对公平的维护。它也是主动的，是通过介入者自觉自愿的退出行为对行动的公平性做出了贡献。[①]

自由介入和退出的许可还涉及时间因素。一般情况下，我们将可以自愿介入或退出的时间界定为行动实施之前的个人决策阶段。在这个时期，每个人对未来行动可能带来的个人得失进行研判，进而决定是否介入这个行动。换言之，个人在行动尚未实施前的决策阶段，可以依据自己的判断自由决定介入还是退出这个行动。这样的许可无疑是公平的。这种公平仅仅是一种事前的公平。一旦个人决定介入行动并且行动已经启动和实施，是否还允许这个人中途退出呢？如果制度不允许退出，那么，这个人就有可能承担行动结果所给出的偏离其预期的收益。这个收益可能就是实实在在的损失。

人的理性是有限性，信息是不完全的，个人决策时的预期与实际结果之间经常出现偏差。基于这样的客观存在，似乎应允许个人在行动中退出。也就是说，允许中途退出是公平的。在允许中途退出时，当一个人发现行动结果可能与其原先的决策预期不符尤其是低于预期时，他明智的做法是选择退出。问题是，他的退出是否会影响其他继续行动者的收益？如何使个人的中途退出不会影响其他人的收益，或使他人利益不受损，允许中途退出是公平的。在个人中途退出会影响了他人收益时，允许中途退出是否公平的答案并不是唯一的。如果其他人的收益必须基于某些欲退出者的损失时，即便退出者的退出影响了其他人的收益，允许退出依然是公平的。只有在退出者的退出给其他人带来了实实在在的损失时，允许退出才是不公平的。

市场是自由交换的场所，也是一项公平的制度。在商品交换过程中，一个人在交换以前有充分的时间进行是否交换思考和决策，事前的公平在这里得到了体现。值得注意的是，大多数商品的交换过程中包含了退货制度。当交易者

---

① 一般认为，个人退出某项行动，表明该人认为此行动对自己无效率或有损于自己的利益进而认为该行动对自己不公平。事实也是这样。进一步思考会发现，当行动中的可能受损者都能够几乎无成本地退出行动以保证自己不受行动结果影响时，行动中的剩余者不都是自觉自愿的介入者了吗？公平也因之而出现了。所以说，个人退出也是为公平做出了贡献。

不满意已发生的交易时，他可以“无条件”地退货。无论是卖家还是买家，都接受了这项制度。人们认为这项制度是公平的。当然，“无条件”是有条件的“无条件”，而不是没有任何约束的无条件。对“无条件”实施约束的条件是必要的，因为它在一定程度上体现着公平。这种公平和允许退货的公平一样，是一种基于事实的事后公平。事后公平是允许中途或交易结束后退出时的公平，它已经被广泛应用于人们的市场活动之中。

当存在退出困难时，只有事前公平，而不存在事后公平。除了制度会造成退出困难以外，有些困难是客观存在的。在制度约束下，除了婚嫁以外，人民公社时期的农民几乎无法自行退出其所在的生产队。即便生活再艰辛，他们也要一起坚守，几乎没有人可以因为该队收益低下而转移到另一个生产队。唯一的途径是嫁人。待嫁地的生活条件，通俗一些就是“有没有饭吃”，是嫁与不嫁的主要决定因素。资源条件相对优越的生产队里的小伙子不愁找不到对象，单身女也不愁找不着上门女婿。除了婚嫁途径以外，农民是不允许退出的，他们必须共同劳动、共同分享成果，即便成果非常微薄。在现有技术条件下，人类生活在地球上，很少有人能长期退出“地球村”而生活在其他领地。这是一种客观存在的退出困难。技术有可能克服这个困难，但在技术未能解决这个问题之前，人们无法自行退出“地球村”。

现在的城市业主，因市场购房行为而自动成为业主集体的一员。除非他卖出房屋，否则，也不能退出业主集体。当法规给出了业主和业主集体的责任和义务以后，退出似乎还受到了制度的限制。实际上，这种形式的不能退出是个人自己的选择。只要个人想退出这个组织，他完全可以通过出售物业的方式达到目的。真正的问题在于：当他不愿意出售物业时，是否能够自愿退出业主集体的某些行动？当然，这些行动肯定是使其利益相对受损的行动。从公平角度看，允许这样的退出似乎是合理的。遗憾的是，人们至今也没有认真思考过如何实施这种具有公平性的退出制度。

我们更多地认识了制度对退出的约束，实际上，制度也为退出提供了保障。当客观存在的父子关系出现问题时，制度允许他们通过一定的方式断绝父子关系，父子双方都有法律赋予的父子关系退出权。不妨把业主集体看作一个客观存在的关系体，比照父子关系，制度理应在协调业主关系上有所作为。

鉴于公平的复杂性，本书在对物业管理问题的分析评价中，采用了效率优先、兼顾公平的评价标准。

第 3 章　物业管理市场化的前因后果

3.1　住房制度改革与物业管理市场化

改革开放以前，中国实行计划经济体制。全社会重要的经济权力高度集中于政府手中。企业生产什么、如何生产、为谁生产和生产多少，甚至居民消费什么、消费多少都由政府决定。在这种体制下，城镇住房投资自然纳入了统一的国民经济计划和基本建设投资计划之中。由于居民收入被长期压制在仅够吃、穿、用的生计水平上，企业利润甚至折旧基金都必须上缴财政由政府统一支配，城镇住房建设投资基本上来自财政拨款。国家财政拨付的住房投资，跟随基本建设项目下达到具体的机关和国有企事业单位（以下简称“单位”）。当各单位各自为政进行住房建设时，市政基础设施不配套或重复建设的现象时有发生。为解决这个问题，政府从 20 世纪 60 年代开始倡导在城镇范围内实行统一规划和统一建造。到 20 世纪 70 年代，演变成为“五统一”：统一征地、统一设计、统一规划、统一施工和统一管理。在城市，成立了专门的管理机构——住宅统建办公室，负责实施“五统一”。

由于政府长期奉行“先生产、后生活”的指导思想，在将住房投资看成是纯粹耗费性“非生产性”支出时，住房投资严重不足。在 1952 年至 1978 年的 27 年中，主要由政府安排的城镇住房投资仅占同期 GNP 的 0.78%，加上农村居民的住房投资，全社会用于住房投资的总量也仅占同期 GNP 的 1.5%，见表 3-1 所示[①]。

---

① 转引自《中国城镇住宅制度改革》（中国社会科学院财贸所，1996）第 11 页。

表 3-1 住房投资占 GDP 的百分比

时期	1953 年—1957 年	1958 年—1962 年	1963 年—1965 年	1966 年—1970 年	1971 年—1975 年	1976 年—1978 年	平均
百分比	1.33%	0.9%	0.82%	0.49%	0.89%	0.87%	1.50%

1978 年以后，企业、事业单位以及地方政府开始了自筹资金建造住房，住房投资占 GDP 的百分比有所提高。1979 年住房投资占 GDP 的百分比上升为 4.23%，1980 年为 5.95%。

由国家投资兴建的住房，在概念上都是公有住房，简称“公房”。但因建造方式和管理的不同又分为“直管公房”和“自管公房”。“直管公房”是由城市政府统一建设并由市房管局统一管理的公房。“自管公房”是指由单位建设、管理并由其职工使用的公房，它在名义上属于公有，但实际上单位具有类似于所有者的各项权利。

传统住房制度在建房资金和住房分配两个层次上都欠公平。在建房资金分配方面，部分有权力、有门路或拉关系的单位得到了较多的建房资金，无权力、无门路或未拉关系的单位得到了较少的建房资金。前者建起了较多的和较高标准的住房，职工得到了较多的住房利益，后者的职工只能享有较少的住房利益。在同一单位的住房分配上，不公平也存在。尽管大多数单位为住房分配都制定有住房分配条例，但未按条例操作的情况时有发生，条例向单位内有权阶层倾斜的现象较为普遍。

住房分配是住房制度中的一项核心内容。传统的住房分配是基于官本位之上的高度行政化过程。级别越高，所分得的住房面积越大。各单位人员，甚至非国有企业雇员，都被赋予一个与国家机关工作人员相同或相平行的级别。不同级别人员享用不同房型和住房面积。1981 年的国家规定是：国有企业一般员工（一级），享用 42～45 m^2 住房；国家机关和企事业单位一般干部（二级），享用 45～50 m^2 住房；工程师和县处级干部（三级），享用 60～70 m^2 住房；副教授、高级工程师和厅局级干部（四级），享用 70～85 m^2 住房。事实上，在这四级之上，还有适用于更高级别干部的住房标准。

计划经济体制下的住房投资、建设与分配制度，使中国城镇住房矛盾非常突出，并日益尖锐。第一，住房资金无法实现投入产出良性循环。当国家建房资金只有投入没有产出的情况下，投资不能实行自行积累。尤其国家承担全部已有住房维护费用的情况下，国家投入建房的资金越多，随后支付的维护费用越高，国家的包袱就越背越重，形成了恶性循环。第二，无法从根本上解决普遍存在的住房短缺问题。住房的内部分配制度使国家和企事业单位成为理所当然的住房供给者，个人几乎不需要为住房支付费用①。当国家在承受住房消费的巨大压力面前无能为力时，随着人口的不断增加，住房短缺问题越来越严重。

传统的住房分配制度，窒息了住房市场，加重了社会经济运行的“无效率”。人们通过在单位工作可以获得住房，自然不会自己掏钱去买房。完全福利性的住房供给制，扭曲了市场供求信息，扭曲了消费支出结构，阻碍了合理投资结构的形成，进而严重限制了市场调节机制的生成。人们花去了很多的时间和精力等待着本来就紧缺的住房分配，而以权谋私行为的存在，又进一步加大了等待的时间和精力的耗费。员工简陋的住房条件和其在住房问题上超常的精力付出，影响了员工的工作投入，抑制了员工的工作积极性和创造力。人们的大部分精力耗散于财富的分配，而非财富的创造。

住房制度改革是在中国经济体制改革的大背景下展开的。可以认为，没有中国的经济体制改革，就没有中国住房制度的改革。也可以认为，住房制度改革拉开了城市经济体制改革的序幕。然而，相对于其他与市场经济相匹配的改革，如放开农产品价格、工资体制改革等，实施住房制度改革有更大的难度。这一点是住房制度改革初期未预见的，已被实践所证实。计划经济体制下被压抑的个人欲望，在住房分配制度转换时期快速反弹，并且公开化、集体化。为推进住房市场化进程，国家在短期内支付了很大代价(Rosen et al，2000)。推动住房市场化的阻力，超出了人们的预料。

1980 年至 1985 年，是住房出售试点期。1980 年先后有桂林、邯郸、成都、沈阳、无锡、南京、合肥和温州等 50 个城市开始了以土建成本价向职工出售新建住房的试点。1981 年试点城市已扩大到 23 个省 60 多个城市。在新建住房出售试点的同时，旧公房的出售试点也在启动。1982 年首批在郑州、常州、四平和沙市四市实施“三三制”公房出售试点，即旧公房按新建住房的土建成本价出售，个人支付售价的 1/3，其余分别由政府和单位各

① 房租费大约仅占职工工资收入的 2%。

补贴 1/3。1984 年至 1985 年，住房补贴出售的试点已扩大到 160 个城市和 300 多个县镇。结果表明：有部分人接受个人出资购房，并有一定的支付能力。尽管这部分人的相对数额很小，但这是一个非常好的市场信号，具有重要的理论意义。长期处于计划经济体制下的人们，由此意识到用市场方式也能解决住房问题。然而，理论与观念上的创新与短期效果的取得并没有必然的联系。试点的短期可见效果并不明显，一方面，由于购房者人数有限[①]，售房价格又低，回收资金非常有限，国家和企业依然负担过重，住房投资的良性循环仍无法形成；另一方面，在福利性住房仍在供给并且保持象征性低租金的情况下，大多数职工经过个人利益比较，依然选择了等待福利分房或以低租金租用旧公房，从而缺乏购房动力。

提租补贴试点与推行阶段，发生在 1986 年至 1988 年上半年。其理论基础是：在原有的住房分配体制下，职工工资中没有或很少包含有住房消费因素，住房分配货币化就是变二次分配为初次分配。提租试点始于 1986 年，国务院部署在烟台、蚌埠和唐山三城市进行。烟台和蚌埠实行“提租发券”的“空转”方案，唐山直接实行“实转”起步、分步到位方案。三城市试点获得初步成功，尤其是烟台的试点。1988 年初，国务院召开了全国首次住房制度改革工作会议，推广了烟台经验，把住房制度改革列入国家的重要议事日程，颁布了《关于在全国分期分批推行住房制度改革实施方案》，确定了以提高房租为核心的改革战略，为改革作了全面部署，正式宣告住房制度改革在全国实施。市场机制被正式引入，住房商品化目标被确立。住房商品化目标的实施步骤分两步走：第一步是提租发补贴。租金按五项因素成本租金计收，提租部分发给补贴，补贴系数按标准工资 25%以内测定，补贴总额与新增租金总额持平，补贴资金主要来源于原有建房和维修资金。第二步是把补贴纳入工资，完全进入企业成本或列入财政预算，租金逐步提高到商品房租金水平。三城市试点的结果证明了第一步目标实现的可行性。经过试点，每平方米租金由不到 0.13 元提高到了 1 元以上，增幅为 13～18 倍。该项改革方案的主要成果有：第一，表明了价格机制对需求调节的可行性。经过提租，出现了多占房者退房、大房换小房和小房换大房的现象，市场机制

① 购房者大多为改革开放后第一批“下海”的个体户或有海外关系者。由此看来，住房市场的启动是改革开放的结果，是市场经济启动的结果。

对资源配置的作用已经显现。第二，构筑了住房货币化分配的雏形。住房资金由积累资金转变为消费资金，由暗贴变为明补，通过财政手段，“开新口子，堵旧口子”，具有住房分配货币化的意思。第三，改善了住房经营机制，奠定了住房商品化、资金投入和产出良性循环的基础。遗憾的是：提租补贴方案在推行过程中遇到了很大阻力，于 1988 年下半年夭折。

从政策方面看，低价出售公房始于 1988 年下半年，止于 1994 年。1988 年下半年，我国国民经济出现了高通胀，零售物价指数高达 18.5%，房地产价格呈快速增长态势。在此背景下，有关部门领导否定了“提租补贴”方案，提出了“甩包袱”折价出售公房的新思路。公有住房以不到重置价的 15%的价格卖给居民，有的甚至不到重置价的 5%（王育琨，1991）。公房购买者在公房价格与市场价格存在巨大差额下，纷纷购买已住公房，折价出售公房受到职工普遍欢迎。据不完全统计，仅 1988 年就出售旧公房 645 万平方米。值得注意的情况是，出售公房回收资金仅 42376.5 万元，折算每平方米售价仅 65.7 元。1991 年，全国第二次住房制度改革工作会议召开。在防止国有资产流失的呼吁声中，国务院连续颁发了两个住房政策指导性文件，严禁以过低价格出售公有住房。同时重申了“从改革住房低租金着手，将现行公房的实物福利分配制度逐步转变为货币工资分配制度”，给出了机制转换和租、售、建并举的原则，规定了“多提少补”、新房新制度等政策措施。各地据此制定了实施规划，推进了房改。1992 年下半年至 1993 上半年的“房地产热”，再次冲击了正在实施的房改。市场上猛涨的房价，拉大了房价收入比和租售价格比，补贴方案更难于实施，房改再次遇到阻力。此时，在利益机制驱动下，相当一部分地区再次优惠折价出售公房，形成了一浪接一浪的公房低价出售风潮。35 个大中城市出售公房 3000 万平方米，回收资金 40 亿元，每平方米平均价格 130 元。基于低价售公房存在国有资产流失的认识，国务院于 1993 年末和 1994 年初再次明令制止低价突击出售公房，并做出了暂停出售公房的决定。

1994 年至 1997 年是中国住房制度改革的综合配套与全面推进期。在 1993 年底召开的全国第三次住房制度改革工作会议基础上，国务院于 1994 年颁发了《关于深化城镇住房制度改革的决定》，确定全面推行住房公积金制度；积极推进租金改革，到 2000 年租金原则上应达到双职工家庭平均工资的 15%；对公房出售行为，给出了核算标准价和成本价的统一政策；实施国家安居工程和经济适用住房建设。该阶段的最大成就是规范了公房的出售价格，使公房出售呈现了有序的局面。各地在政策指导下，不断自觉调整住房价格，使标准价逐步向市场成本价靠近。有人对住房公积金制度的建立给予了很高评价，称其为房改的“得意之笔”。上海因成功建立了住房公积金筹集、管理和住房贷款发放的运行机制，被有关部门领导誉为“新的住房制度的雏形”。事实上，各地住房公积金的作用并不都十分明显。复杂的住房抵押贷款手续，抑制了住房公积金在增强购买力方面的功能。一旦该功能被抑制，住房公积金就成了家庭的另一项经济负担。国家供给安居房和经济适用房，是出于大多数家庭经济承受能力的考虑。该考虑是一个良好的愿望，但并没有达到预期的效果。

事实表明：只要单位住房实物分配一直进行，那么，单位职工个人购房的可能性就很小，住房市场化就难以实现。如果单位用单位的财力建造住房，然后将其分配给职工，这就不存在住房的自由市场交易，而是一种扭曲的交易。当单位从开发商手中购买商品住房来分配给职工时，住房的市场交易发生在开发企业与单位之间（或称集团购买），职工个人依然没有参与住房的市场交易。为把住房培育成新的消费热点和国民经济新的增长点，1998年7月，国务院颁布了《关于进一步深化城镇住房制度改革加快住房建设的通知》，确定了稳步推进住房商品化、社会化和深化改革的三个具体目标：一是停止住房实物分配；二是建立和完善以经济适用住房为主的多层次城镇住房供应体系；三是发展住房金融，培育和规范住房交易市场。当1998年底全面停止住房实物分配的目标未能如愿时，1999年国家有关部门不断重申该项政策，并发布了相关配套文件。上演了近半个世纪的住房实物分配剧目，终于在20世纪末落下了帷幕。与此同时，各地的住房货币化分配方案相继出台，住房分配步入货币化轨道。停止住房实物分配，对住房制度改革和推进住房商品化具有重要意义，对我国市场经济的发展具有更为重要的意义。在明确的住房实物分配期限给出以后，公房出售进程进一步加快，个人购买商品房的比例大幅提高。1999年，绝大多数省、市可售公房的出售比例已达60%左右，全国城镇商品住房销售中个人购房比例已达70%以上，经济发达地区的个人购房比例在90%以上。

住房的福利与商品属性之争，为住房供给能否市场化提供了理论依据。关于住房属性的争论有三种主要观点：一是住房福利属性论，二是住房福利兼商品属性论，三是住房商品属性论。

持住房福利论者的依据主要有：一是恩格斯在《论住宅问题》一文中的有关论述。恩格斯在该文中指出："恢复个人对住宅的所有权，就是后退一步。""只要无产阶级取得政权，这种有关社会福利的措施就会像现代国家剥夺其他东西和占据住宅那么容易了。"有人以此为依据认为住房不能作为商品出售给个人，而只能是福利。二是社会主义的性质决定了住房的福利性。社会主义的基本经济规律要求最大限度地满足人们吃、穿、住、用、行等需要，住房作为人们基本的必需生活资料，自然应由国家提供。三是城镇居民的收入水平决定了城镇住房只能是福利而不是商品。

持住房福利兼商品属性论者认为，既然在社会主义社会中存在着商品生产与流通，那么，住房也是一种商品。鉴于目前工资中未含有住房消费部分，对住房实施补贴是必要的。所以，住房兼有福利属性。这种观点是用住房的福利政策来决定住房的福利属性的观点。

持住房商品属性论者认为，住房和其他商品一样，都是价值和使用价值的矛盾统一体。住房的使用价值，即住房的自然属性，满足了人们生产、生活及其他活动需要。住房的价值是住房的社会属性，是建筑工人为建造房子所消耗的一定量的社会必要劳动。马克思主义认为，商品是用来交换的劳动产品。住房和食物、衣服一样，是个人消费品。在资本主义国家制度下，个人消费品是作为商品而进行生产、交换、分配和消费。在社会主义制度下，尤其在社会主义市场经济条件下，住房的生产、交换、分配和消费必须纳入商品经济轨道。住房既是消费品，也是商品。

在我国于 20 世纪 70 年代末至 90 年代初关于计划经济与市场经济十几年的论争背景下，出现住房福利性与商品性之争是很正常的。然而，在明确了我国经济体制改革目标是建立社会主义市场经济体制的形势下，住房福利性与商品性的争议并没有随之结束。好在争论的中心已经发生了变化。时至今日，争论的焦点，已转移到市场经济条件下如何有效地供给住房和如何有效地建立低收入家庭住房的社会保障问题上，而不再是住房是否可以作为商品的问题了。住房的商品属性与福利属性相结合的二重属性论，在当今住房政策中仍有较明显的体现。

当认同住房是一种商品时，必须认识这种商品与一般商品又有明显的不同，主要表现在以下几点：

(1) 商品住房比一般商品更具复杂性。住房是一种复合型商品（尼古拉斯·巴尔等，2000）。该商品为满足一定阶层客户需要，包括了一系列的资本和土地投入。从物质实体上看，一个住宅小区中，开发者所提供的住房商品不仅包括了购房者（家庭）所使用的私人空间，而且要包括使之舒适的设施和设备，还要包括为住户提供进行户外活动的场所。从交易的本质上看，住房商品的复杂性体现在其产权的复杂性方面。独立住宅产权行使过程中的外部性问题，经济学家们尚在研究。公寓楼内各单元房的产权界定办法也未达成共识。当公寓式住房用地权属不清晰时，住房的产权就更加复杂化了。[①] 住房商品的复杂性为经济分析者带来了大量的技术困难。至今为止，人们仍未能就复杂的住房商品的需求价格弹性做出过令人信服的估价，更不用说分析它的组成部分了。同时，住房供给的复杂性和多变性也为有效地制定住房政策带来了困难。从适于销售的原因来看，政府希望确定住房消费的最低水平，以清晰说明哪种属性将被浪费。然而，把住房市场的担保、补贴、质量和区位分离开来似乎又并不合适。另一方面，开发商对住房的直接供应使得政府计划部门并不能及时掌握畅销住房商品的变化情况。

(2) 商品住房的位置在很大程度上决定了住房的价值。从一个较宏观的角度看，城市的住房比乡村的住房更有价值。从国际层面看，经济发达国家的住房价值较经济欠发达国家要高。就一个国家而言，当地区发展并不均衡时，发达地区的住房较落后地区要有价值。巴本曾对伦敦的发展作过如下评论："新的建筑物对一个城市来说是有利的——它们会使旧房子的租值提升。这是因为，一个城市越繁荣，市内的房子的价值就越高。"[②] 这里所说明的是经济发展不仅刺激了地区的发展，同时也提升了该地区房屋的价值。就同一个城市而言，位于城市不同地段上的住房的价值也有所不同。传统的"地点理论（Location Theory）"认为：与商业中心越接近，房屋的价值越高。该理论在早期是广为接受的，因为当交通设施不足、交通费用占工资的比重

---

① 独立住房指作为一个单位出售给某一个人（或家庭）的单栋住房，如独立别墅，英文称其为"house"。公寓式住房是指一栋楼房内有两个以上（含两个）的业主（或家庭）居住的房屋，现行大多数城镇居民所居住或购买的多层住宅便是公寓式住房。公寓式楼房中某一住户所拥有的一套住房，在英文中称作"apartment"。

② 原文为"New buildings are advantageous to a city, for they raise the rents of the old house. For the bigger a town is, the more of value are the houses in it."

相对较高时，居住地点离工作地点的远近便有决定性的影响。当交通费用占工资或总开支的比重大幅下降以后，交通费用未必还是房屋需求的一个主要因素。香港的浅水湾及山顶一带的交通并不方便，但它的房价却是顶级的。现在看来，在一个城市内，离商业中心的远近并不是房屋价值的唯一决定因素，与居住相宜的自然风光和人工环境等都影响着住房的价值。但有一点并没有变化：不同地点的房屋价值依然是不同的。

(3) 商品住房具有消费与投资双重属性。一般传统理论主要从消费角度把住房作为一种商品看待。“衣食住行”是中国人的一句俗话。作为消费品，“住”位居第三，表明它的重要性并不比衣服和粮食显得高。但住房本身的耐久性，是一般消费品无法与之相比的。住房的耐久性，使人们可以也必须把它作为资产来看待。任何形式的资本，不论是房地产，还是机器，其最终目的都是满足人们的消费欲望（谢贤程，1993）。住房是以资产的形式满足着消费者的居住所需。既然住房是一种资产，那么，购房者购买住房不一定就是消费，也可能是一种投资。在美国，房地产（real estate）投资占全美资本市场的50%，而全球房地产投资占全世界资本市场的六成。[①] 史戴克尔(Steckel，1990）的研究成果表明：富有人士所积累的财富大部分来自其投资的房地产的增值。现代社会，尽管投资渠道已多元化，人们财富积累的主要手段有可能也已经发生了变化，但房地产（含住房）作为投资组合中的一种方式，依然是人们的偏爱。

住房作为既有投资价值而本身又是一项高价值的必需商品，对人们是很有诱惑力的。由此而来的对个人的工作激励以及对社会经济发展的推动，也是不可以忽视的。

1994 年《国务院关于深化城镇住房制度改革的决定》中给出的中国城镇住房制度改革的目标是：建立与社会主义市场经济体制相适应的城镇住房制度，实现住房商品化、社会化；加快住房建设，改善居住条件，满足城镇居民不断增长的住房需求。专家学者于 1997 年至 1998 年就住房制度改革的目标模式进行了课题研究[②]。中国住房制度改革研究课题组于 1997 年底给

---

① 引自美国“Real Estate Review，1986，p. 6.”

② 主要课题有：中国社会科学院财贸所杨圣明等的“中国住房制度改革研究”（1997)，成思危教授主持的国家自然科学基金应急课题“规范房产市场，推进住房制度改革”（1998)。

出的住房制度目标模式是：

(1) 住房产权私有化。建立以住房私有产权为主、其他产权形式并存的多元化产权制度是住房制度改革的首要目标。

(2) 住房分配货币化。产权制度决定分配制度。货币化分配制度是指将住房的一次性实物分配转变为多次性货币收入分配并体现在劳动收入分配中。该制度是与私有产权制度相适应的一项制度。

(3) 住房租金市场化。市场化住房租金形成制度是实现住房租金合理化的必要途径，与住房私有化一样，是住房商品化的重要内容。

(4) 住房交易规范化。私人产权制度和分配货币化制度，要求存在市场化交易制度。完善的市场化交易制度要涵盖住房一、二级市场。要有明确的市场主体和产权主体，遵守等价交换与自由交易的市场原则，政府依法管理市场。

(5) 住房管理社会化。应有专业化和社会化的物业管理公司来提供物业管理服务。独立的物业管理公司，独立的房地产开发公司，独立的中介机构，共同形成社会化住房管理制度的主体。

(6) 住房保障多样化。住房的基本属性决定了即使在发达的市场经济国家也有其福利性的一面。社会主义经济的本质更决定了各级政府把解决居民住房问题作为社会发展的重要目标，作为社会保障的重要组成部分。社会主义市场经济体制下，实行以私有产权为主体的住房制度，不仅不排除住房保障制度，而且为建立行之有效的多样化的住房保障制度创造了必要的制度基础。住房保障分为低收入与贫困人口的住房保障、政府高级公务员的住房保障和其他住房保障。

成思危提出的到 2010 年时我国住房制度改革的目标模式包括八个方面：供需动态平衡；住房成为商品；交换通过市场；房费纳入工资；保障社会公平；构建金融支持；维持租售平衡；发展住宅产业。

成思危教授建议从现有体制向目标模式转换可采取四项策略：合理补贴，盘活存量；适应需求，培育市场；加强调控，消化空房；突破一点，配套推进。这一点是指住房分配方式，住房分配货币化是突破口。配套措施是：建立以开发商为主体的住房供应体制；建立以个人为主的住房消费体制；建立以中介服务为纽带的住房交易体制；建立以政府为主体的住房调控体制。中国社科院课题组的建议是走一条具有中国特色的渐进式、小配套的制度改革之路。

历时近30年的中国住房制度改革与住房市场化供给，取得了巨大成就，也出现了许多新的问题和新的阻力（Youqin Huang et al，2002）。以至有人用“步履维艰”来描述中国住房制度改革的境况（郭树清，2009）。回顾中国住房制度改革的发展历程，分析中国住房制度改革所遇到的阻力及执行偏差，对推进我国的住房市场化进程将产生积极作用。

中国住房制度改革的市场化目标是明确的。无论是改革初期的住房出售试点，还是后期的提租补贴、公房出售和住房货币化分配等一系列政策，都是以住房市场化目标为导向。中国的住房制度改革之所以遇到了很大阻力以至不断出现反复，其原因是多方面的，既有管理体制方面的原因，也有观念上的因素，更为关键的是各利益相关者出自个人利益考虑所滋生的阻力。住房市场化目标与个人长远利益的一致性以及与短期利益的局部冲突，使中国的住房制度改革必须是一种政府主导下的试探性、渐进式的制度变迁，这其中自然存在政府、单位和个人之间的利益博弈行为。

政府和大多数城镇居民对住房短缺与分配不公的不满是一致的，这是住房制度改革中各利益相关者的共同基础，也是房改初期大多数人拥护房改的原因。据抽样调查，1989年哈尔滨市支持房改的居民占样本数的比例高达91.8%。时隔五年，该市的房改支持率下降了42个百分点，降为49.8%(徐雷，1998)。房改支持率急剧下降的原因在于大多数城镇居民在其住房条件改善的同时感受到了已有住房利益的绝对或相对损失。于是，在住房制度改革过程中的利益博弈便不可避免。

由于政府的住房制度改革目标是框架式的，中心是要改变住房生产、分配与管理中的无效率状态，但又必须兼顾公平（Logan，1999）。效率与公平之间的难以调和性和人类社会在一定阶段的知识有限性，会给制度博弈的另一方以理由，从而阻碍着制度倡导者所倡导的制度变迁。相对而言，政府的目标是远期目标，而个体目标是近期目标。个体追求近期的实在利益，有责任心的政府则必须关注长期社会整体利益。

对政府来说，低价出售公房是否是一种经济损失，尚存在不同的观点。如果把住房作为政府的财产，低价出售公房对政府是一种损失。如果将住房作为生产、发展、维持和延续劳动力所必需的物质条件，那么，它便是劳动力价值的一种决定因素。换句话说，当社会使用劳动力时，应该支付其住房费用。既然住房含量是劳动力价值的重要组成部分，那么，住房就不是纯粹意义上的国家财富，也不是单位的积累，而是属于劳动者集体。实物分房也好，货币化分房也好，国家或政府都只是作为一个公平分配的仲裁者出现，而不是作为财产的所有者出现。因此，认为国家或政府在公房出售过程中遭受经济损失或国有资产流失的观点没有理论依据，甚或混淆了住房的财产归属。相反，政府将因有效地解决了住房短缺问题、节约了大量的房屋维修资金和促成了住房市场的发展等，获得了良好社会发展收益。与其说政府在住房制度改革过程中存在损失，不如说政府在住房市场的建立与发展中进行了一项非常有意义的投资。

物业管理市场化是住房制度改革的产物。住房制度改革以前，几乎所有的城镇房屋都是公有房屋，公有房屋的维护性管理①由建设单位自行管理或由城镇房管部门统一管理。住房制度改革以后，房屋的权属性质发生了变化，不仅出现了个人拥有产权的商品房，而且原有的公有住房也渐渐演变为私人所有住房。住房所有属性的改变，必然要引发住房管理服务的供给和生产方式的变化。与住房商品化相适应，提倡并探索物业管理服务市场化道路似乎是理所当然的事情。理论界从两个方面为这个构想给出了理论依据：一是从公平角度给出的“谁所有谁负担”理论，当个人拥有住房时，个人负担其住房费用包括其住房的维护费用是公平的；二是从效率角度给出的“生产服务一条龙”理论，当开发商生产并销售了商品房以后，他们必须为其商品（房）提供销售服务。②

实际情况与理论基本吻合。改革初期的海外购房者大多为香港居民，他们生活在市场经济体制下，提出了房屋售后服务需求。这个需求，使国内开发商意识到，不仅要提供房屋，还要为所开发的房屋提供物业管理服务。既然附加的物业服务有利于房屋销售，又可以增加收入，当时的开发商非常乐意地承诺并积极地筹备物业管理服务的生产（提供）工作。1981 年 3 月 10 日，全国首家物业管理企业——深圳市物业管理公司成立。该公司照搬了香

---

① 属现行物业管理服务的一个部分。

② 住房制度改革初期外销商品房的主要销售对象是香港居民。香港的市场化发展使香港市民充分认识了市场化的物业管理给业主所提供的生活便利以及对房屋保值增值的作用。因此，对香港市民而言，物业管理似乎就是所售物业的一个组成部分，就像物品及其售后服务一样是一起销售的商品。对物业的需求同时包含了对其服务管理需求。这样的需求下，就出现了开发商立即组建物业管理公司实施物业管理的市场化行动。

港的物业管理模式，正式管理完全外销的深圳“东湖丽苑”小区。紧随住房制度改革的住房管理体制改革，步入启动阶段。

到 20 世纪 80 年代的中后期，随着国内经济形势的迅速发展和房地产开发热的兴起，由开发商组建的物业管理公司如雨后春笋般涌现，物业管理服务进入了由开发商主导的全面摸索阶段。在此阶段，物业管理服务几乎无一例外地成了开发商房屋促销的一种手段，并作为开发商的“第二产业”。

在物业管理服务期间，以利润最大化为导向的开发商与以个人效用最大化为导向的购房者或业主之间出现了冲突。作为促销手段，开发商在物业服务上的先期承诺不一定全部兑现，而作为“第二产业”，开发商的物业公司必须有利润。这两个似乎矛盾的命题其实具有一致性。对开发商而言，它们都意味着“开发与管理”收益最大化，而对购房者或业主而言，则意味着购房后很可能受到开发商的“要挟”，从而出现权益受损情形。于是，开发商和购房者的冲突出现了。由于冲突出现的时间是在开发商交房和物业公司开始向业主提供管理服务以后，因此，购房者与开发商之间的冲突会表现为业主与物业公司之间的冲突。由于物业管理服务处于摸索阶段，除了极少的学者认为开发商对物业管理问题负有主要责任以外（刘圣欢，2002），大多数人认为业主和物业管理公司要对物业管理问题负责①。

中央和地方政府管理部门为此成立了相关组织机构并相继出台了有关物业管理的政策法规：

1993 年 6 月，深圳市率先成立了全国首家物业管理协会，标志着物业管理作为一个独立的行业正式确立，相关的政策法规也相继出台；

1994 年 4 月，建设部颁布了 33 号令《城市新建住宅小区管理办法》，第一次提出了物业管理专业化、社会化概念，明确了物业管理企业化、经营型的特点；

1994 年 6 月，深圳市人大通过了《深圳经济特区住宅区物业管理条例》；

1996 年 2 月，国家计委、建设部联合颁发了《城市住宅小区物业管理服务收费暂行办法》；

---

① 当时有不少文章的观点认为，业主要有物业管理的市场意识，要自觉接受新兴事物，而物业公司要改善服务，提高管理水平和服务质量。

1996 年 9 月，深圳市颁布《深圳经济特区物业管理条例实施细则》。这是我国第一次以地方法规的形式，对物业管理进行阐释，其中首次对业主、物业管理公司和业主委员会的权利和义务进行界定；

1996 年 9 月，建设部人事劳动教育司和房地产司联合颁发《关于实行物业管理企业经理、部门经理、管理人员培训持证上岗的通知》，这两份文件从国家层面对物业管理有偿行为以及物业管理企业各级人员资格和行为进行了规范；

1996 年底，深圳市住宅局颁发《关于 1996—1999 年度全市物业管理优秀住宅区、优秀大厦、优秀工业区考评的通知》；

1997 年 11 月，深圳市住宅局和物价局联合颁发《关于下达我市物业管理服务收费标准的通知》，具体规范了物业管理各类的工作和行为标准以及相应的收费等级。

伴随着物业管理法规、政策的推进，物业管理开始由开发商主导型向社会化转型，以福利分房政策为背景的房管模式也开始大量转型为以市场化为基础的物业管理模式。在 1996 到 1999 年间，深圳市已基本实现了由物业管理公司管理住宅区治安和停车场的管理目标，并成功地将清洁卫生工作从居民委员会或市政部门划归了物业管理公司。在住宅区实现了一体化的物业管理模式。小区内的房管、卫生、绿化、维修、治安、停车场等服务统一由物业公司提供。这种管理模式改变了计划经济时期的多头管理格局，新建小区的环境和服务质量明显提高。物业公司在多元化经营中也获取了相对稳定的收益，物业管理步入了经营良性循环。

由于物业管理的经营活动的收入主要取决于以物业面积为基数的综合服务收费，因此，物业管理企业管理的房屋面积越大，其收入便越多。开发商下属的物业公司尤其是早期从事物业管理的公司，在拥有一定经验以后，积极主动地到社会上去承接物业管理服务业务，甚至包括政府办公楼宇的管理服务。于是，众多物业公司从开发商母体中分离，成为社会化的物业服务公司。比如说，从“中建海外”分离出了“中海物业”，从“万科地产”分离出了“万科物业”。与此同时，几乎没有开发商背景的自行组建的物业公司也相继面世。它们和来自传统房管部门的物业公司一道，形成了社会化的物业公司群体。

进入 21 世纪以来，在完成了国企体制改革和建立健全社会保障体系的前提下，住房体制完全实现了货币化分房和住房商品化。物业管理作为一个影响面巨大的行业，对城镇居民的权益和日常生活都产生了广泛的影响。物业管理中的矛盾、纠纷、冲突也不断涌现，更高层级的法规相继出台并付诸实施。如在国家法律层面上，出台了《中华人民共和国物权法》和《劳动合同法》，国务院批准下发了《物业管理条例》以及《国务院关于修改〈物业管理条例〉的决定》（国务院令第 504 号）；在行政规章层面上，国家发改委、建设部印发了《物业服务定价成本监审办法（试行）》；建设部、财政部印发了《住宅专项维修资金管理办法》；建设部修改并发布了《物业服务企业资质管理办法》；等。同时，地方政府如深圳、成都等地重新修订了物业管理的地方性法规，制定了大量物业管理的规范性文件。随着立法工作的开展，物业管理法制化进程加快，从中央到地方多层次的物业管理政策法律制度日趋完备，一个内容全面、结构合理、科学规范、特色鲜明的物业管理政策法规体系逐步形成（谢家瑾，2008）。

3.2 物业管理市场化的后果

3.2.1 物业管理的经济与社会贡献

伴随着住房制度改革和住房商品化的发展，物业管理行业进入了一个迅速、蓬勃发展的新时期，在经济发展与和谐社会建设中发挥着越来越重要的作用。

据《2006—2007 年中国物业管理市场分析及投资咨询报告》显示，全国大部分地区的物业管理覆盖面和大型物业公司的服务规模都在不断扩大。

(1) 深圳物业管理覆盖率达 95%以上。物业管理渗透到传统物业管理项目（小区、大厦、工业区）以外的学校、医院、营房、机关、宾馆、车站、码头、公园、农村等各个领域，形成了一大批知名品牌物业管理企业，其中有 40 多家企业分别在全国大中城市接管物业达 3000 多万平方米，像中海、金地、万科等企业管理规模均在 500 万平方米以上，其中中海达到 1300 万平方米。

(2) 上海物业管理覆盖率达 80%以上。上房物业管理公司的管理规模达到 1000 万平方米，在上海 1700 余家企业中名列前茅，物业管理从经营理念、体制、运作到效益更为精细、理智和成熟。

(3) 以北京为代表的华北地区物业管理覆盖率达35%。青岛和济南分别为25%和22%。北京天鸿集团的管理规模达到500万平方米以上。

(4) 以武汉、长沙为代表的华中地区物业管理覆盖率相对偏低，分别为6%和5%，南昌仅为1%。

(5) 西南地区以重庆、成都、昆明、贵阳为代表，因西部大开发带来的机遇，近年来发展迅速，物业管理覆盖率分别达30%、41%、25%和15%。

(6) 西北地区发展相对滞后，除西安物业管理覆盖率超出10%以外，其他省市区最多不到2%。

(7) 东北地区主要集中于大城市和沿海城市，大连物业管理覆盖率为31%，沈阳为19%，长春为15%，哈尔滨为17%。大连万达集团、大连机关新型集团、长春房地集团和哈尔滨住宅新区物业管理总公司的管理规模均在100万平方米以上。

中国物业管理学会于2007年组织的由4600家企业参与的《全国物业管理行业生存状况调查报告》显示，物业管理服务领域、服务意识和服务水平以及物业管理的经济与社会贡献都在不断提升。

(1) 物业服务领域在不断增大。被调查企业所管理的物业项目共为20.39亿平方米，不仅包括了新建的商品房项目，还包括了从商品房到经济适用房、房改房，从住宅物业到办公、工业、医院、学校、机场、码头、车站、仓储、运动场馆、文物建筑物业，从小型配套到大型公建，从单门独院到大型社区，从单一类型物业到综合性建筑等多种多样的物业类型。物业服务已经覆盖了不动产管理的所有领域。

(2) 服务意识和服务水平不断提高。为适应业主乃至社会对物业服务需求的不断增长，90%以上的被调查企业都注重服务品牌的培植和运用，从简单的专项服务到整体的综合服务，从行为规范到服务标准，从服务理念到发展战略，从传统管理到创新服务，从客户管理到客户满意，从单项的物业服务到综合的资产经营管理，服务的品质和品牌意识已在全行业深入人心，物业管理有效提高了城市管理和房地产管理水平，赢得了政府、社会和广大业主的良好赞誉。在2004—2006年三年中，被调查的4600家企业先后得到县(区)级以上政府部门表彰达14 635次。

(3) 社会效益突出。一是支持再就业工程，减轻了社会就业压力。在被调查的 4600 家企业中，共有 772 032 名从业人员，平均每个企业拥有 168 名从业人员。其中政府机关分流人员 24 972 人，企事业单位分流人员 25 072 人，部队转复军人 56 894 人，下岗、待业人员再就业 151 753 人，大、中专毕业生分配 68 373 人，吸纳农民工 173 710 人，残疾人及其他人员安置 20 478 人。物业管理作为劳动密集型行业，在消化剩余劳动力方面具有天然优势。该行业减轻了就业压力，促进了社会的和谐与稳定。二是积极参与社会公共事务、协助公共秩序管理。在这次被调查的企业中，协助公安部门处理治安案件共 53 920 起，协助有关方面处理突发事件 30 207 起，参加抢险救灾 68 905 人次。三是热心参与社会公益事业，自觉承担社会责任。在调查的企业中，近三年来有 793 家企业先后赞助社会事业经费 4035.66 万元，捐助希望工程和帮扶贫困母亲等活动经费 4177.84 万元。

(4) 经济效益逐步改善。统计数字表明，4118 家填报企业的现有资产总值为 4 010 501.3 万元，平均资产总值为 973.9 万元；4190 家填报企业 2006 年经营总收入达 2 769 375.3 万元，平均经营收入 660.9 万元；3727 家填报企业完成营业税金及附加 150 393.83 万元，平均完成营业税金及附加 40.4 万元；1581 家填报企业上缴企业所得税金 42 352.54 万元，平均上缴企业所得税金 26.8 万元；2006 年盈利企业为 1825 家，占调查企业的 39.7%，实现利润总额达 149 797.5 万元，平均利润额 82.1 万元。还有一些物业服务企业，在提供服务过程中积极为业主出谋划策，采取多种方式提高物业经营效益，其中 238 家企业三年中通过改善服务、提高房屋出租率等，为业主增加租金收益 24 667.16 万元。还有 298 家企业通过节能改造，为业主增加经济效益 8949.24 万元。

(5) 环境效益初步显现。物业管理行业在环境效益方面的作用十分明显。由于物业管理覆盖了城市大部分区域，污染减少了，社区整洁了，环境优美了，生活方便了，人们的环境意识不断增强，生活习惯日益文明。

在所调查的 4600 家企业中，1981 年至 1994 年间成立的企业有 268 家，占企业总数的 5.82%，1994 年至 2007 年间成立的企业有 4332 家，占企业总数的 94.18%。其中 1994 年至 2004 年 10 年间共成立企业 2495 家，占企业总数的 75.98%，此 10 年间企业数以每年近 133%的速度猛增。由此可见，1981 年至 1994 年的前 13 年，是我国物业管理的萌芽起步阶段，发展速度慢。1994 年至 2004 年的 10 年，是我国物业管理发展最为迅猛的阶段，大多数的物业服务企业在这一阶段诞生。2004 年以后，企业数量的增长速度放缓。

随着物业管理覆盖面的不断扩大，物业管理经营收入也逐年增加。上海市物业管理行业经营总收入由 2002 年的 78.5 亿元，提高到了 2008 年的 161.4 亿元，占全市 GDP 的 1.18%。成都市 2008 年物业管理行业经营总收入为 1383.32 亿元，占全市 GDP 的 3.55%。截至 2008 年，深圳物业服务企业已有 1303 家，行业从业人员总数近 20 万人，管理本市物业项目 5475 个，管理面积 2.91 亿平方米；管理外地物业项目 1118 个，管理面积 1.72 亿平方米，行业年产值近 100 亿元。①

中国物业管理协会出台了 2009 年的第 1 号文件《关于进一步发挥物业管理行业在“保增长、保民生、保稳定、促就业”中积极作用的通知》，物业管理行业将在“三保一促”中充当新角色。近年来，我国物业管理行业的政策法规频频出台，行业发展日趋规范，行业规模快速增长，管理覆盖面持续扩大，服务品质不断提升，业主满意度在逐步提高、模式创新得到重视，转型升级步伐也在不断加快。我国内地的物业管理从 20 世纪 80 年代初起步，经过近 30 年的磨砺，已经发展成为一个拥有 2 万多家企业、230 万从业人员、在大中城市占 GDP 总值的 2%左右的一个生气勃勃的朝阳行业。物业管理行业在市场化道路上快速发展，为我国的经济与社会发展做出了显著贡献。

3.2.2 物业管理过程中的问题

在物业管理行业快速发展的同时，也出现了一些值得注意的问题，关于物业管理纠纷的各种报道屡屡见诸媒体，相互争执、上访、诉诸法庭的现象也屡见不鲜。物业管理投诉率大幅上升，拆迁投诉成为建设领域的投诉热点。据新华网报道，物业、噪音、道路、治安、医疗保险、教育、占道经营、供电、供水、有线电视是 2006 年宁夏银川市民“民生投诉”的十大焦点问题，其中，物业管理问题位列市民投诉首位。② 在未来的 10～20 年里，随着住宅建设的大规模发展，物业管理将拥有更广阔的发展机遇和空间，重视并及时解决现有物业管理问题，将有效保证物业管理行业健康地发展。

---

① 见《深圳商报》，2008 年 11 月 16 日，A1 版。

② 见新华网银川，2007 年 2 月 5 日电，记者刘佳婧。

(1) 问题与分类

2001 年 10 月，中国社会调查事务所曾经在北京、上海、广州、天津等 6 个大中城市对 1200 位所居住房屋有物业管理的居民作了专项问卷调查。调查结果显示：34％的被调查者表示对所在住所的物业管理“不满意”；37％的被调查者对所在住所的物业管理满意度“一般”。调查结果还显示，46％的被调查者认为目前的物业管理费“非常贵”；27％的被调查者认为“比较贵”。近八成业主所能承受的物业管理费价位在每月每平方米 1 元以下，仅 22％的人认为应在 1 元以上。这个调查结果给出了两个方面的信息，一是业主对物业管理的满意度不高，仅为 66％。二是大多数人（近 80％）认为物业管理收费过高，超出了业主的承受能力。

2002 年 2 月，中国社会调查事务所对京沪穗三地公众的一项调查表明，在与购房有关的问题中，消费者最担心的，也是最关心的问题是物业管理问题。近 90％的受访者认为物业管理公司提供的服务质次价高。被调查者对于物业管理的不满主要集中在 6 个方面：①物业公司乱收费；②房屋出现质量问题，物业公司维修不及时；③物业公司的防盗管理存在严重问题；④由于某些住户不交管理费，物业公司不提供服务；⑤公用设施不到位；⑥物业公司工作人员的服务态度不好。在业主对物业公司“不满意”的同时，71％的物业公司感到“物业这活太难干”。有记者曾对 23 家物业公司进行了电话调查，其结果是：16 家物业公司明确表示“我们充当了‘三夹板’的角色，里外不是人”。只有两家管理高档物业的物业公司表示：“我们和业主相处得很好。”记者在对上海市 2300 多家物业公司中随机抽取的 23 个住宅小区的物业公司的调查过程中，有 13 家物业公司以为“又是业主到媒体投诉了”；16 家物业公司表达了“里外不是人”的困惑；17 家物业公司感到“如今的业主越来越难弄了”。物业公司的自我感觉和其所管理的住宅小区的档次有明显关系，档次越高，自我感觉越好；档次越低，自我感觉越差。长宁区某住宅小区的物业公司表示：“我们自已对业主的调查是，满意率达到 98％。”与此同时，郊区一个售价 2000 元每平方米的住宅小区的物业公司的回答是：“我们永远是吃力不讨好。”从 2001 年和 2002 年的调查结果可知，业主的意见主要集中在两个方面：①物业服务质量不高；②物业管理费用偏高。物业公司的意见主要集中于“里外不是人”“吃力不讨好”。

综合近年来业主投诉、社会媒体报道和研究者的物业管理问题报告，我们认为物业管理问题主要出现在三对相关主体之间，一是业主和物业公司之间；二是业主与开发商之间；三是业主与政府相关部门或居民委员会之间。在业主与物业公司之间可能出现的问题主要有：①物业公司的服务质量不到位，服务意识不强；②物业公司服务收费高，财务不透明；③小区公共收益被物业公司私自占有；④业主随意拖欠物业管理服务费。⑤物业维修基金不到位或被挪用；⑥业主违章搭建，越权装修，私改房屋结构；⑦相互权责不明确。在业主与开发商之间可能出现的问题主要有：①房屋质量有问题；②小区配套设施不全，或配套设施说变就变，或承诺不兑现；③改变小区规划；④小区共有产权或其收益仍在开发商手中。在业主和政府相关部门或居民委员会之间可能出现的问题主要有：①政府相关部门指导不力；②业主自律性不强，合作意识差；③居民委员会与业主委员会之间未能很好合作，甚至出现矛盾；④制度不健全或难以运作。

目前，物业管理纠纷主要集中在如下八个方面：①物业管理费纠纷；②业主财产损失赔偿纠纷；③小区公用设施伤人赔偿纠纷；④小区公用部位侵权纠纷；⑤小区公用部位的出租营利收益分配纠纷；⑥小区内停车收费纠纷；⑦房屋质量纠纷；⑧规划或配套设施变更纠纷。

(2) 现有研究对问题的认识和相关建议

面对众多物业管理服务问题和纠纷，法律界的学者会认为，人们对物业管理服务中的法律关系认识不清。经济界人士会认为，我国尚未形成规范的物业管理服务市场。全国有70%以上的物业管理企业或者由房地产开发企业派生出来，或者由原房管所转制而来。这种建管不分的“父子兵”体制，决定了物业管理服务必然依附、受制于房地产开发企业，从而出现“重建设、重销售、轻管理”问题，进而引发纠纷。还有人认为，一些物业管理企业定位模糊、缺乏经营规范和必要监督，将自己凌驾于业主之上，忽视业主的权益；一些业主对物业管理问题知之甚少，缺乏自我保护意识。买房时只注意房子的质量、价格，而忽视了物业管理过程中可能出现的问题，甚至不清楚自己与物业公司之间的权利义务关系。[①]

针对已有的物业管理服务问题，现有研究给出了如下主要建议：①规范与构建物业管理基本概念和核心理论；②完善物业管理相关法规体系；③正

① 见《当前物业管理存在问题和对策》，中国物业网，2006年11月11日。

确定位物业管理中各主体间的关系；④清晰界定物业管理服务内容和经营范围；⑤调整与规制业主团体法律地位、决策机制；⑥妥善应对物业管理纠纷；⑦确立并强化物业管理商品观念等；⑧应该尽快开展大规模公民教育；⑨执法进社区；⑩进行社区行政管理体制改革。

物业管理服务虽具有私人物品的性质，但更多具有集体物品属性，还具有公共物品属性。开发商、物业公司和业主，作为市场行为者，介入到这样一种产品的生产、供给和需求过程中，势必会遇到许多超出市场的问题。于是，人们期望政府能帮助协调那些市场不能协调的问题。从表面上看，这些问题仅仅是一些具体的纠纷，而实际上它们涉及物业产权、公共物品供给、外部性、集体选择和合作等众多的理论问题，以及它们的实践。物业管理问题所涉及的理论和实践范围或许会超出人们的想象，包括大多数学者和官员的想象。它是经济问题，也是社会问题，还可能是政治问题。解决物业管理问题不仅会涉及市场与政府的有效配合，还会涉及传统文化与现代制度的综合运用。

第4章　物业管理问题调查与结果分析

4.1　物业管理问题的调查内容和结果汇总

为认清物业管理中普遍存在的问题和最期望解决的问题，本课题组设计了二组调查表格，分两次进行了调查。一是业主和物业公司对物业管理的总体看法和具体意见表：物业管理现状和业主意见调查表和物业公司意见调查表。二是将业主和物业公司意见相对集中的问题制作成关键问题业主意见表和关键问题物业公司意见表，以进一步了解业主和物业公司的意见和观点。具体内容见附表1。

物业管理问题调研分两阶段实施。第一阶段主要进行物业管理现状和业主、物业公司意见调研；第二阶段为关键问题细化以及业主和物业公司对关键问题的看法和意见调研。第一阶段采用了专人到小区直接发放、收集意见的方式，共分发业主意见表670份，物业公司意见表83份。分别回收了业主意见表632份，物业公司意见表53份。第二阶段通过电话或函件方式向已回收第一阶段意见表的业主和物业公司征询"关键问题意见"，分别回收业主意见182条，物业公司意见48条。

第一阶段的调查对象主要为湖北武汉市住宅小区的业主。在武汉市，我们共收到有效调查问卷413份，调查对象覆盖武汉三镇，涉及住宅物业小区32个，调查的物业类型包括高档住宅、普通商品房和经济适用房，其中普通商品房约占75%、经济适用房占20%、高档住宅占5%。另外，对黄石、合肥、深圳、北京和上海的个别住宅小区也进行了走访调查，收到有效调查问卷119份，涉及普通商品房小区12个、高档住宅区2个。

调查结果汇总如下：

1) 业主方面

(1) 业主反映的物业管理问题及其集中度。通过回收的调查表统计，业主认为小区物业管理存在的问题主要集中在 11 个方面，其集中度见表 4-1。

表 4-1　业主反映的物业管理问题及其集中度

问题种类	集中度（%）
社区文化服务少	65
物业公司财务不透明	56
小区安全保障不力	52
物业服务内容不清	43
物业服务不及时	42
业主委员会代表工作积极性不高、未能积极维护业主利益	39
管理人员素质不高	38
管理人员服务态度不好	28
小区绿化管理不到位	27
房屋质量不好	21
物业管理收费偏高	18
小区公共部分被物业公司占用（例如小区原有公共运动场所被改成收费的社区活动中心）	16

另外业主还补充了以下问题：

① 社区医疗机构人员素质有待提高；

② 小区楼盘销售时宣传与业主入住后实际情况存在差异；

③ 小区中经济适用房的公共设施较商品房的差；

④ 小区绿化率较低；

⑤ 小区体育健身设施及游憩场所较少。

表 4-1 所反映的问题是所调查小区物业管理过程中所存在的问题，问题的集中度用反映该问题的业主数与被访业主数的百分比表示。社区文化活动少问题，在被调查的业主中，有 65%的业主反映，成为业主反映集中度最

高的问题，我们称之为“普遍存在（或反映）的问题”。

（2）业主最期望解决的问题

值得注意的是，业主反映集中度高的问题或普遍存在的问题，并不是业主最期望解决的问题。我们在第二阶段的调查中专门就业主最期望解决的问题进行了深入调查，结果见表 4-2。

表 4-2　业主最期望解决的物业管理问题

问题类别	成为最期望解决的问题的比例(%)
业主委员会作用不明显，业主委员会成员工作积极性不高、未能积极维护业主权利	25.5
物业公司服务内容和标准不清	21.6
小区公共部位（如道路、车位等）的归属不清	18.9
房屋质量问题	10.2
物业公司财务不透明	7.8
社区文化服务少	6.3
地方政府相关部门（如街道办事处、居民委员会、房地产管理部门等）协调不及时	5.8
物业收费标准高	5.6
物业管理人员服务态度不好	5.6
小区安全保障不佳	5.6
其他	5.6

表 4-2 所示的结果验证了我们关于普遍存在的问题或许不是业主最期望解决的问题的预期。由表 4-2 可见，“业主组织或代表工作积极性不高、未能积极维护业主权利”问题成为业主关注度最高的问题，而“物业公司服务内容和标准不清”排第二。这两个问题成为业主最为关注和急需解决的问题。此结果表明，业主一方面希望物业公司能够做到“货真价实”以让业主明白消费，另一方面也希望业主组织能够真正为业主工作。

表 4-2 的结果也表明，业主关注的问题较为分散，主要问题集中在四个方面：业主组织及其作用（25.5%）、物业服务内容和标准（21.6%）、公共

部位的产权归属（18.9%）和房屋质量问题（10.2%）。除了业主组织及其作用问题以外，关注度都没有超过25%。但我们注意到，这四个方面分别对应着不同的行为主体，他们分别是业主自身、物业公司、政府相关部门和开发商。因此，业主、物业公司、政府或居民委员会和开发商是上述物业管理问题的直接相关者，他们将成为后续研究关注的重点。

(3) 业主对小区物业管理模式的倾向性选择

表4-3给出了业主对物业管理模式意见的调查结果。业主选择顺序依次为：委托物业管理公司管理、业主和其他公司一起实施物业管理、业主自己组织一些人员（包括部分业主）进行管理（9%）和分别委托环卫、保安、房屋维护等专业公司实施管理。

表4-3　业主对小区物业管理模式意见调查结果汇总表

管理模式	被访业主数的比例（%）
委托物业管理公司管理	67
业主和其他公司一起实施物业管理	16
业主自己组织一些人员（包括部分业主）进行管理	9
分别委托环卫、保安、房屋维护等专业公司实施管理	8

结果表明，大多数业主（67%）接受了物业公司管理模式，只有不到10%的业主倾向于自行管理。

(4) 物业公司选择方式

表4-4给出了业主对物业公司选择方式的调查结果。业主的选择顺序依次为：招标、协商、政府帮助、不清楚。结果表明：大多数业主赞成用市场化方式选择物业服务公司。

表4-4　业主对物业公司选择方式的调查结果汇总表

物业公司选择方式	被访业主数的比例（%）
招标	72
协商	14
政府帮助	7
不清楚	7

（5）业主对物业服务的满意度

表 4-5 给出了业主关于物业服务满意度的调查结果。

表 4-5 业主物业服务满意度的调查结果汇总表

满意程度	被访业主数的比例（%）
很满意	9
较满意	54
不满意	37

结果显示，约 9%的业主对物业公司的服务感到很满意，54%的业主感到比较满意，35%的业主感到不满意。总体满意度为 63%。感到不满意的业主所在的小区类型多为普通商品住宅，包括部分经济适用房小区。在高档小区中，物业管理满意度比一般小区要高近 20%。物业服务满意度与物业档次有一定的联系。

（6）物业管理权益冲突时的倾向性选择

表 4-6 给出了业主在面对物业管理权益冲突时的倾向性选择结果。

表 4-6 业主面对物业管理权益冲突时的倾向性选择

求助对象	被访业主数的比例（%）
业主代表或业主委员会	30
居民委员会	22
街道办事处	9
房地产管理部门	13
不清楚	26

由表 4-6 可见，当业主与物业公司发生冲突时，有 30%业主选择了向业主委员会求助，说明业主对业主委员会有一定的信任度和依赖度。值得注意的是，有近半数的业主选择了求助于居民委员会和政府相关行政管理部门（22%业主求助于居民委员会，9%业主求助于街道办事处，13%业主求助于房地产管理部门），还有近三成业主不知如何面对物业纠纷，无业主选择向开发商求助。当物业权益受侵害时，绝大多数业主（90%）选择了协商方

式、9%的业主选择了政府出面解决方式，仅1%的业主选择诉讼方式。

2) 物业公司方面

在所调查的物业公司中，70%的物业公司的规模在50人以下，28%的公司规模在50～100人之间，仅有2%的规模超过100人；约80%的物业公司是开发商下属子公司或与关联（入股）公司，约10%为转制类公司，10%为社会型物业公司。

(1) 物业公司认为存在的问题

表4-7给出了物业公司认为存在的问题。

表4-7　物业公司认为存在的问题汇总表

问题种类	被访物业公司数的比例（%）
业主随意拖欠物业管理费	67
社区活动组织困难	55
物业管理人员待遇低	45
在协调部分业主损害或影响他人权益过程中遇困难	35
物业使用过程中的投诉多	23
业主对服务要求高	23
业主装修影响其他业主权益并引发安全隐患	23
开发商物业遗留问题多	23
业主经营影响其他业主正常生活	16
专业管理人员不足	12
与业主组织或代表沟通困难	9

表4-7显示，拖欠物业管理费、社区文化活动组织难和物业人员待遇低是物业公司反映最多的三个问题，除此之外，物业投诉和纠纷处理的难度也不容忽视。

(2) 物业公司最期望解决的问题

物业公司最期望解决的问题与物业公司普遍反映的问题基本一致，见表4-8。

表 4-8　物业公司最期望解决的问题

问题类别	成为最需解决问题的比例(%)
业主随意拖欠物业管理费	32.3
在协调部分业主损害或影响他人权益过程中遇困难	16.3
小区活动组织困难	13.2
收入低	12.3
业主装修影响其他业主权益并引发安全隐患	11.6
专业管理人员不足	11.3
开发商物业遗留问题多	10.8
其他问题	5.7

由表 4-8 可见，物业公司最期望解决的问题依次是：物业收费问题（32.3%）、权益协调问题（16.3%＋11.6%＝27.9%）、活动组织问题（13.2%）和员工收入问题（12.3%）。

(3) 物业管理模式选择

在物业管理模式选择上，业主普遍选择了物业公司的管理模式，有些业主建议可采用专业化分包方式。

(4) 居民委员会的作用

与业主看法不同，大多数物业公司认为社区居民委员会对物业管理服务工作给予了大力支持。

3) 业主委员会情况

依据物业管理现状和业主意见调查表、物业公司意见表反馈的信息，经调查者一一核实，约 80%的住宅小区成立了业主委员会。有意思的是，在是否成立了业主委员会问题上，物业公司比一般业主有更充分的信息。在每一个小区，物业公司都能准确地说明是否成立了业主委员会，而业主并不一定清楚是否成立了业主委员会。在已成立了业主委员会的小区中，平均约有 30%的业主并不清楚已经成立了业主委员会，最高有 73%的业主不知道是否成立了业主委员会。在知道成立了业主委员会的业主中，能掌握业主委员会成员信息的业主平均为 19.2%，不足 20%。有关业主委员会的信息与小区位置和档次似乎也有关联。在城市区内档次较高小区的业主有更多的信息，而位于市郊的档次稍低小区的业主有较少的信息。位于武汉江夏区纸坊文化路的某社区，入住业主较多，时间已达 3 年之久。在业主委员会已成立的情况下，有 55%的业主选择了业主委员会未成立，20%的业主选择“不清楚”是否成立。据调查者现场观测，小区业主在选择业主委员会“成立”还是“未成立”时大多不能完全肯定，而存在相当比例的感觉性选择。

4.2 物业管理问题的总体分析

综合业主和物业公司的看法和反映，我们对物业管理问题进行分析，给出如下综合性观点。

(1) 物业管理问题多种多样

从感受主体角度看，物业管理问题可分为业主面临的问题、物业公司面临的问题、开发商面临的问题和政府担心的问题。从属性上看，物业管理问题有资源问题、技术问题和制度问题。从行为者角度看，物业管理问题可分为开发商的问题、物业公司的问题、业主的问题和其他相关者的问题。从问题的演变过程看，物业管理问题可分为早期问题（或原因）和现在的问题。为明确研究目标和确立研究路径，本书将“现在的问题”又分为“普遍存在的问题”和“最期望解决的问题”，而将早期问题（或原因）称为物业管理问题的前置性问题，它包括产权模糊、合作和业主集体行动困难，以及相关机制和制度局限等。

(2) 普遍存在的问题并不一定是最急需解决的问题

本书的调查结果显示，在住宅小区中普遍存在“社区文化活动少”问题。不仅业主注意到这个问题，物业公司也注意到了这个问题，但他们对问题原因的解释并不相同。业主认为物业公司很少组织这项活动，而物业公司则认为业主很难被组织起来。有意思的是，普遍存在的问题并不是业主、物业公司所关注的问题。业主普遍反映的问题的前四位分别是：社区文化服务少、物业公司财务不透明、小区安全保障不力和物业服务内容不清，最为关注问题的前四位分别是：业主组织及其作用、物业服务内容和标准、公共部位的产权归属和房屋质量问题。物业公司普遍关注的问题是物业收费问题、活动组织难、物业人员待遇低和权益协调问题，最为关切的问题是：物业收费问题（32.3%）、权益协调问题（16.3%+11.6%=27.9%）、活动组织问题（13.2%）和收入问题（12.3%）。物业公司更为明确地关注物业公司和个人的收益问题。

(3) 各参与主体所关注的物业服务问题在发生变化

就业主而言，他们关注的主要问题已经不是先前的物业服务质量问题，而是业主组织或代表的工作积极性、物业公司服务内容和标准问题。这两个问题都涉及业主权益维护问题。因此，可以认为，维权已成为当前业主最为关注的问题。业主关注的焦点问题从对服务质量提升的需求转向了对维权的需求。具体而言，业主既希望物业公司在服务过程中能够做到“货真价实”，让业主明白消费，也希望业主组织能够真正为业主权益而积极工作，真正发挥业主组织的作用。对物业公司来说，他们不再含糊地表明“工作不好做”“里外不是人”“吃力不讨好”等诉求，而是明确表达了对物业收费问题、权益协调问题和员工收入问题的关注。这些问题属于物业公司的维权问题，并成了物业公司关注的焦点。综合物业服务交易主体——业主和物业公司的关注焦点，我们不难发现，在物业管理服务过程中，各方的权益安排出了问题，合理、公平、有效的权益安排已成为参与者的共同诉求。

(4) 集体行动问题

无论是普遍存在的问题，还是业主或物业公司急需解决的问题，其中都暗含着业主集体行动问题。业主集体行动已成为业主和物业公司共同关注问题背后的问题。业主和物业公司都明显意识到业主集体行动困难。媒体报道的业主集体维权行动只是个案，大多数小区的业主并没有被有效地组织起来，甚至是根本就没有被组织起来。即使有个别或少数业主希望通过业主集体行动来解决一些问题，但因组织成本过高，最终不得不放弃。有意思的是，尽管业主非常希望有一个组织如业主委员会能维护业主权益、解决物业纠纷，但在调查过程中，我们发现，业主本人大多不愿承担这项工作。大多数业主对除自有部分之外的其他共有部分物业的使用状态并不关心，很少会积极主动地维护与己相关的共有利益。在问及小区公共收益或公共部位的归属时，大多数业主回答“不知道”。

(5) 合作问题

物业管理合作存在于业主、开发商、物业公司和政府相关部门或居民委员会之间。业主集体行动困难表明业主间的合作已出现问题，而业主与物业公司之间、业主与开发商之间的矛盾、冲突或纠纷足以表明他们之间的合作也存在问题。尽管物业公司没有明确、公开地指责开发商，但他们之间的合作也不尽如人意。当社区居民委员会作为一个组织介入到小区物业管理事务时，社区居民委员会与业主委员会、物业公司、开发商之间如何有效合作成为协调中的新问题。目前，虽然没有大量数据反映业主委员会与居民委员会之间的冲突，但业主委员会与居民委员会之间的冲突已经显现。冲突较多地表现在业主权利维护方式上，而严重的冲突则表现在双方对对方存在的合法性和必要性的质疑。

(6) 开发商的问题

在物业管理过程中，开发商的责任被有意或无意地淡化。很多物业管理问题与房屋质量、规划和产权安排等相联系，这些问题虽涉及制度安排，但直接涉及开发商的行为。然而，开发商并没有在问题（包括房屋质量问题）出现时出现，物业公司作为开发商的代表负责处理了相关问题。本研究的调查结果显示，虽然业主关注了开发商的物业质量问题，但在问题出现时他们很少能与开发商直接沟通。在书面调查中，物业公司并没有普遍谈及开发商行为对物业服务的影响，仅有 23%的被调查企业认为开发商的物业遗留问题多。然而，在与物业公司主管的私下交谈中，大多数主管认为这是一个不言自明的问题。为了进一步说明这个不言自明的问题，我们不妨再看中国物业管理学会 2007 年的调查数据。在他们所调查的 3000 多家物业管理企业中，52.50%的企业认为开发商利用建管不分掩盖了前期遗留问题，41.96%的企业认为开发商利用建管不分转嫁了新建项目矛盾，18.78%的企业认为开发商利用建管不分压低了物业项目交接成本，51.85%的企业反映新建项目房屋质量存在问题，52.35%的企业反映住宅项目配套设施不全。因此，开发商在物业管理问题中的责任不容忽视。

(7) 物业公司的问题

除了对业主交费和政策期待以外，物业公司自身也存在问题。物业服务属于劳动密集型产业，从业人员中管理岗位人员少，操作人员多，秩序维护员的比重约占四成。这种状况说明该行业发展仍处于介入门槛低的初级阶段。目前，中专以下学历所占比例和一线操作工人所占比例高达 84%左右，物业管理行业管理人员中有 67%的人员没有中级以上职称，操作人员中约 90%的人员没有中级技工证书，技术力量很薄弱。物业公司目前的服务内容、人员的技术素质影响了物业公司的经营收益和员工个人收入，也影响了行业和员工的社会地位。社会普遍认为物业服务属于简单劳务服务，技术含量低，从业人员待遇差。在这样的认识下，物业公司很难吸引社会人才，公司发展受到制约。

(8) 市场化问题

物业管理问题是住房市场化改革和物业管理市场化过程中的问题。没有住房制度改革，没有物业管理市场化，就不会出现今天的物业管理问题。如果因此而怀疑甚至否定市场化进程，那么，这个怀疑、否定本身将成为物业管理问题中的最为核心、最为本质，也是最可怕的问题。在面临各种各样的物业管理问题时，我们要始终坚持物业管理市场化这条主线，以保证不出现方向性的问题。只要坚持以市场为导向，我们就会集中精力为市场化的有序演进创造条件，包括完善产权制度、优化交易环境、改进管理方式方法、创建新的有效合作机制和路径。

(9) 政府行为问题

无论产权问题、合作问题，还是市场化问题，人们都对政府或其相关部门给予了更多的期待。人们期待政府更公平、更有效地介入物业交易和管理服务过程，包括提供部分公共服务、完善相关制度安排、改革或优化行政管理体制和运行机制等，具体涉及物业产权安排、物业服务定价、公共服务供给、传统文化教育、市场激励与矫正等方面。一些物业公司认为，在物业管理方面，地方立法跟不上，相关政策不配套。一些地方政府以及有关部门对物业管理不重视，对行业发展不关心。《物业管理条例》以及企业资质、维修资金、服务收费等管理办法，国务院和中央部委都已制定公布多年，但许多地方至今尚未制定具体实施的配套细则、办法。在中国物业管理学会2007年的调查数据中，认为政府协调工作不及时、不到位的企业占被调查企业的52.17%；认为政府缺位和执法不力的占被调查企业的46.46%；还有相当一部分企业认为与具有政府背景的城市基础设施供应企业的关系不顺，其中与供水部门关系不顺的占19.52%，与供电部门关系不顺的占17.24%，也有少数企业反映与供气、供暖部门关系不顺；认为对企业干预过多的企业占被调查企业的46.02%。更多的物业公司认为，政府物价部门干预过度，政府定价（指导价）适用范围过宽。虽然国家发改委、建设部对物业服务收费定价的范围、对象、方法、标准都有明确规定，但地方执行时有很大的随意性。反映政府对物业服务收费控制过死的，占被调查企业的

36.43%，反映任意扩大政府定价范围的占被调查企业的8.59%。有些企业认为，现行税收政策不合理，企业经济负担太大。相当一部分企业反映当地政府对物业管理行业缺乏扶持和必要的税收优惠政策。《中华人民共和国劳动合同法》的执行和社会最低工资标准的提高，企业的负担明显加重。在业主方面，虽然没有过多地反映政府或政府相关部门在物业管理过程中的不足，但他们对政府的工作给予了广泛的期待。表4-2结果显示，仅5.8%的业主认为地方政府或相关部门（如街道办事处、居民委员会、房地产管理部门等）协调不及时。表4-6结果显示，在遇到物业纠纷时，近半数的业主选择求助居民委员会和政府相关行政管理部门（22%业主求助于居民委员会，9%业主求助于街道办事处，13%业主求助于房地产管理部门）。无论物业公司，还是业主都期待政府和政府的相关部门在物业管理过程中发挥更加积极的作用。

无论是业主最为关注的问题，还是物业公司最期望解决的问题，它们都与业主、物业公司、开发商和政府相关部门或居民委员会等几个行为主体相关联。物业作为一个实存的载体，直接或间接地体现并反映着物业管理问题。因此，后续的研究将以物业交易为主线，重点探讨业主、物业公司、开发商和政府相关部门或居民委员会之间的权益关系，以及相关的协调机制和制度安排。

第5章　物业管理服务的相关交易和权益分布

一般而言，物业管理服务中的物业是指已建成并投入使用的各类房屋及与之配套的设备、设施和场地。其中，各类房屋可以是住宅小区的建筑物，也可以是其他的单体建筑，包括商住楼、写字楼、商贸大厦以及工业厂房和仓库等；与之配套的设备、设施和场地，是指室内外的各种设备、公共设施以及周围的场地、庭院和道路等。物业管理服务是指业主通过选聘物业服务企业，由业主和物业服务企业按照物业服务合同约定，对房屋及配套的设施设备和相关场地进行维修、养护、管理，维护物业管理区域内的环境卫生和相关秩序的服务性活动。实际上，在前期物业管理服务存在的情况下，物业管理服务中的物业还包括在建的各类房屋及与之配套的设备、设施和场地，业主不仅包括从开发商手中购得房屋的房屋买受人，还包括开发商本人。

在目前的物业服务市场中，开发商与物业公司之间进行前期物业服务交易，业主（严格意义上讲，应为业主集体）与物业公司进行后期物业服务交易。在前期物业服务交易中，物业公司不仅在业主入住之前向开发商提供相关的物业管理服务，而且在业主入住后的一定时间里继续向业主提供物业管理服务。在后期物业服务交易中，业主集体和物业公司分别成为物业服务的买家和卖家，单个业主成为服务费用的支付者。

由于物业管理服务是以物业为核心的一系列管理服务活动，物业产权归属直接决定着物业管理服务的对象。前期物业管理服务交易之所以发生在开发商与物业公司之间，原因在于开发商拥有在建物业的产权；后期物业管理服务交易之所以发生在业主与物业公司之间，原因在于业主共同拥有了物业的产权。在现行住房商品化体制下，物业由开发商投资建设，并通过市场出售（多为拆零销售）给单个的房屋买受人或业主，单个业主通过商品房市场交易获得了物业一定量度的产权，由同一个小区或同一幢楼宇中的单个业主所构成的业主集体获得了一定量度的物业集体产权。

现有的产权理论认为，如果产权是被清晰界定了的，市场将会导致有效率的结果。在物业管理问题普遍存在的情况下，我们不得不认真考察、梳理物业服务交易中的产权安排。当物业服务交易的产权未能充分界定时，交易相关者之间很容易产生权益纠纷，从而形成物业管理问题。物业服务交易的产权来自先前发生的一系列的物业交易，包括先前的开发商与购房者之间的交易、政府与开发商之间的交易和房地产开发过程中的其他相关交易。本章以物业相关交易为分析对象，解析相关交易中的物业产权分布状态。

5.1 物业相关交易概述

5.1.1 房地产开发流程与相关交易

在房地产公司已存在的情况下，一个商品住宅项目的开发一般要经历如下程序（以北京市为例）。第一步，项目立项和可行性研究；第二步，取得项目土地使用权；第三步，项目规划设计和市政配套；第四步，项目现场的拆迁安置；第五步，项目开工、建设和竣工；第六步，项目经营（商品房的销售）；第七步，物业管理。

与开发程序对应的相关交易为：①项目报批交易（开发商—政府计划管理部门）；②土地使用权交易（开发商—政府土地管理部门）；③项目规划设计交易（开发商—规划设计院）；④现场拆迁安置交易（开发商—拆迁户）；⑤建筑工程施工与安装交易（开发商—建筑商）；⑥商品房交易（开发商—购房者）；⑦物业管理服务交易，包括前期物业管理服务交易（开发商—物业公司）和后期物业管理服务交易（业主—物业公司）

5.1.2 交易相关者和交易状态

从房地产开发流程和相关交易中可以认清各交易相关者和主要的交易状态。

在房屋开发建设阶段，主要参与者有地方政府的城市建设管理部门，如计划管理部门、土地规划管理部门、城建和城管部门，还有开发商、建筑商、规划设计商、监理商和前期物业管理者等。在房屋交易阶段，主要参与者有开发商、中介商、地方政府的城市房屋管理部门和前期物业管理者等。在物业使用过程中，主要参与者有业主、物业公司、开发商、政府相关管理部门和居民委员会等。表 5-1 给出了物业建设、交易和使用过程中交易的主要相关者。

表 5-1　物业建设、交易和使用过程中交易的主要相关者

阶段	交易的主要相关者
建设	建设前期:地方政府的城市相关管理部门(计划管理、土地规划管理、城建、城管等)、开发商、规划设计商、监理商、建筑商等 建设期间:开发商、建筑商、监理商、城市政府相关管理部门(规划、城建、城管等)和物业管理前期介入者
交易	开发商、中介商、前期物业管理者、购房者、城市政府相关管理部门(房管、税务等)
使用	业主、物业授权使用人、物业公司、开发商、建筑商、专业服务商、城市政府相关管理部门(城管、派出所、街道办事处等)和居民委员会

在房地产相关交易中,大多数交易都会经历签约、履约和违约处置三个阶段。在建设前期,交易主要发生在开发商与地方城市政府以及项目规划设计者之间。该阶段已完成和基本完成的交易有:①开发商与政府土地规划管理部门之间的土地使用权交易(已完成);②开发商与项目规划设计商之间的规划设计交易(基本完成);③开发商与政府规划、城建管理部门之间的建设许可交易(已完成)。该阶段签订合约,有待建设阶段实施的交易有:①开发商与监理商之间的监理(技术)服务交易(签订合约);②开发商与建筑商之间的房屋建设合约交易(签订合约)。在建设期间,主要交易或履约过程有:①开发商与相关的城市建设管理部门之间的缴费与管理服务交易;②建筑商依据合约实施项目施工任务;③监理商依据合约实施工程监理任务。

图 5-1 给出了建设阶段以开发商为中心的相关交易状态。

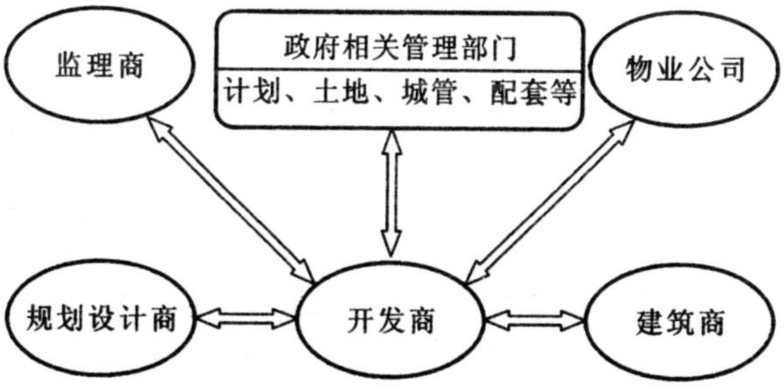

图 5-1　建设阶段交易状态示意图

由图 5-1 可见，在建设阶段，开发商分别与规划设计商、监理商、政府相关管理部门、相关配套设施供给部门、物业公司和建筑商发生了交易。其中，与规划设计商、监理商、政府土地管理部门、相关配套设施供给部门、物业公司和建筑商之间的交易是明确的合约交易，他们分别为开发商的房屋建设提供相关的生产要素、生产服务或管理服务。开发商与政府规划、建设和城管部门之间，通过缴纳相关费用以获得房屋建设的相关许可或管理服务的形式，进行了隐性交易。

在房屋交易阶段，开发商（或其委托的中介公司）与购房者签署商品房屋买卖合同，同时签订了前期物业管理服务合约。

在房屋使用阶段，主要交易或履约过程有：①开发商与购房者之间的商品房屋买卖合约履行；②前期物业管理服务合约履行；③业主集体组建合约及其实施；④地方政府或居民委员会对业主集体行动的管理交易，对已有交易的履约协调；⑤业主集体与物业公司的管理服务合约签订与履行等。图 5-2 给出了使用阶段以业主为核心的物业相关交易状态。

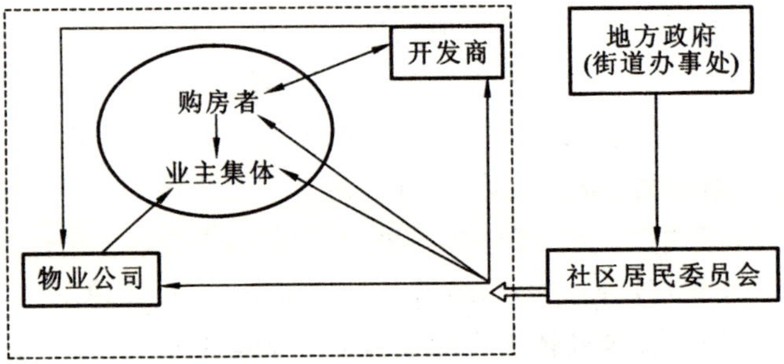

图 5-2　物业使用阶段主要交易示意图

5.2　伴随交易的物业权益重分布

5.2.1　政府与开发商之间的交易

在房地产开发领域，政府具有两项基本职能：一是管理服务职能；二是作为土地所有者代表履行土地使用权的出让职能。两项职能对应着两项交易：一是管理服务交易；另一是土地使用权交易。在两项交易中，政府通过出售管理服务和土地使用权，分别获得税费和土地出让金。

1. **管理服务交易**

为了项目获批，或是为了规划设计方案获通过，或是为了得到某些必要的建设条件，或是为了更好地实施项目建设，或是为了进行房屋销售，开发商必须与众多的政府部门①进行交往，达成一系列的管理服务交易②。通过一系列的管理服务交易，开发商使政府相关部门在拟建项目的相关材料上加盖公章③以表示认可。

按现行制度安排，发生在开发商和政府之间的管理服务交易主要有如下八项：

① 立项申请与批准。立项申请是房地产开发、建设最基本的一个法律程序。任何一个房地产开发项目都要经过建设行政主管部门和计划行政部门的立项审批。开发商应当提交由本单位或其主管部门拟定的项目建议书④向政府建设行政主管部门和计划管理部门申请，政府建设部门与计划部门经过审查并与其他相关部门协商后作出是否批准的决定。经批准允许建设的，下发建设工程批准档。该档具有法律效率。在此过程中，政府颁发（也可理解为“出售”，下同）项目实施许可证⑤，开发商支付项目可行性研究费和建设工程许可证执照费。

② 取得建设用地规划许可证。开发商在获得选址意见通知书后，应申报建设用地规划许可证。根据《中华人民共和国城市规划法》的规定，在城市规划区内进行建设需要申请用地的，必须持国家批准建设项目的有关档案，向城市规划行政主管部门申请定点，由城市规划行政主管部门核定其用地位置和界限，提供规划设计条件，核发建设用地规划许可证。建设单位或者个人在取得建设用地规划许可证后，方可向县级以上地方人民政府土地管

---

① 包括拆迁办、国土局、发改委、财政局、规划局、建委、人防办、公安局、消防队、环保局、气象局、市政局、园林局、卫生局（卫生防疫站）、税务局、工商局、文化局、教育局、房管局、技术监督局、质检站、安监站、供电局、住房公积金中心、城建档案馆、水土流失防治办等。

② 可以从康芒斯的交易概念上去理解这些交易。

③ 一个房地产开发项目在开工之前通常要加盖100多枚公章。

④ 就有关开发者、开发内容、规模、期限、方式、投资总额与注册资本等做说明。

⑤ 许可证制度是政府对生产者市场行为的一种干预。其存在的经济理由是，通过对市场局部或个体的行为控制以获得整体优化。

理部门申请用地。在此过程中，政府颁发建设用地规划许可证，开发商支付建设用地规划许可证执照费。

③ 办理建设工程规划许可证。在取得土地使用权、完成初步设计方案以后，开发商应当持项目建议书批准档及不少于两个符合规划条件的设计方案（并附图纸），向城市规划行政主管部门申请审定规划设计方案。然后，凭审定设计方案通知书、计委及建委批准列入年度基建项目的计划档、有关施工图纸和资料，向规划部门申请办理建设工程规划许可证。[①] 在此过程中，政府相关部门颁发建设工程规划许可证，开发商支付建设工程规划许可证执照费。

④ 办理拆迁许可证。凡是涉及房屋以及其他地上建筑物拆迁事项的开发项目，依法取得土地使用权后，即可申请办理拆迁许可证，开展拆迁工作。在此过程中，政府出售拆迁许可证，开发商支付房屋拆迁管理费和房屋拆迁服务费等。

⑤ 准备项目开工。项目开工的准备工作较多，主要有：领取房地产开发项目手册；办理招标登记、招标申请，交纳工程招标费用；交纳相关建设费（如煤气或天然气厂建设费、自来水厂建设费、污水处理厂建设费、供热厂建设费、供电贴费及电源建设集资费等）；编制、报送工程档案资料，交纳档案保证金；办理消防审核意见，交纳消防审核费用；报批人防工程，办理人防许可证；办理质量监督注册登记手续，办理开工统计登记，办理开工前审计；交纳实心黏土砖限制使用费；交纳投资方向调节税；领取固定资产投资许可证；报装施工用水、电、路；协调街道环卫部门；协调交通管理部门；交纳绿化建设费，签订绿化协议；办理质量监督注册登记手续；办理开工统计登记；领取开工审批表，办理开工登记，领取建设工程开工证。上述每一项工作分别对应着一项交易，在政府相关部门与开发商之间进行。

⑥ 办理竣工验收手续。主要包括：办理单项工程验收手续；办理开发

---

① 依据《中华人民共和国城市规划法》的有关规定，在城市规划区内新建、扩建和改建建筑物、构筑物、道路、管线和其他工程设施，必须持有有关批准档向城市规划行政主管部门提出申请，由城市规划行政主管部门根据城市规划提出的规划设计要求，核发建设工程规划许可证。建设单位和个人在取得建设工程规划许可证和其他有关批准档后，方可申请办理开工手续。

项目的综合验收，领取工程质量竣工核验证书；进行商品住宅性能认定；办理竣工统计登记；办理竣工房屋测绘；办理产权登记；等等。此阶段与开发商进行交易的，主要有城市建设和房地产主管部门。

⑦ 办理商品房销售许可证。为了商品房销售，开发商需要办理外销商品房预（销）售许可证或内销商品房预（销）售许可证；签订预售内销商品房预售款监管协议；办理质量保证书和使用说明书；办理产权立契过户手续；等等。需要交纳的税费有：营业税、城市维护建设税、教育费附加、印花税、契税、土地增值税、企业所得税、个人所得税、房产税、城市房地产税、房屋产权登记费、房屋所有权证工本费、房产共有权执照费、房屋他项权利执照费、房屋买卖登记费、房屋买卖手续费等。此阶段与开发商进行交易的，也是城市建设和房地产主管部门。

⑧ 物业管理相关交易。按相关制度和政府的行政规定，开发商要安排签订临时业主管理规约，制定、提供质量保证书和使用说明书，协助组建业主大会和业主委员会，提供住宅小区物业管理启动经费、共用设施设备维修基金等。此阶段与开发商进行交易的，主要有城市房地产管理部门、城市街道办事处或社区工作站。社区居民委员会作为“半官方”组织也介入其中。

在管理服务交易中，政府和开发商分别是管理服务的供给者和需求者。政府出售管理服务，而开发商购买管理服务。开发商通过购买政府的管理服务获得开发、建设、经营和管理的相关许可证，取得开发、建设和经营管理资格。从产权角度看，通过管理服务交易，开发商获得了房地产的开发、建设、经营和管理权，政府则转让了这些权利，同时为该权利的转让提供了服务。

虽然管理服务交易没有直接涉及或界定房地产的产权[①]，但每一项管理服务交易都与房地产产权实施过程中的某一环节或某些环节如获取、处置、保护等相关联。例如，当政府批准了立项申请、发放了建设用地规划许可证以后，开发商便可向县级以上地方人民政府土地管理部门申请用地，进入土

① 这里的房地产产权主要指土地的使用权和房屋的所有权。

地使用权交易环节[①]。当政府向开发商发放商品房预（销）售许可证时，不仅表明了政府对开发商销售房屋行为的许可，也表明了开发商对拟销售的房地产具有产权，而允许开发商销售其所有的房地产，就是对开发商所有权的一种保护。

在房地产开发、建设、经营和管理过程中，为什么政府会如此全过程地实施管理服务？原因有两方面：一是土地的公有属性；二是房地产开发、建设和管理过程中存在着大量的外部性。对公有土地而言，城市政府作为其产权的行使代表，在出让其使用权过程中对使用者的拟使用情况进行核实、认可是必要的，也是是否允许实施土地使用权交易的一个前提。在房地产开发、建设和管理过程中，外部性普遍存在。每开发、建设一宗房地产，其周边的景观、设施的方便程度和经营状况等都会受到影响。这些影响或外部性有正、负之分，作为土地交易一方的政府必须为其交易的后果（外部性）负责，对外部性可能造成的争执负有协调责任。从土地交易和外部性角度看，土地使用权交易以前的大多数管理服务都是为土地使用权正式交易所进行的准备，属于广义的土地交易的一个组成部分；土地使用权交易以后的管理服务大多属于外部性的协调或处置服务。

2. 土地使用权交易

房地产由房屋和土地两个部分构成，土地产权是房地产产权的一个重要部分，我国土地产权的基本结构如图 5-3 所示，其中土地所有权和土地使用权是我国土地的两种主要的权利，他项权利附着于土地所有权。

我国土地所有权分为国有和集体所有两种形式。城市土地属国家所有，国务院代表国家行使土地所有权。国家土地所有权的主体是国家，国家土地所有权由中央政府授权各级地方政府分级行使。农村和城市郊区的土地，除法律规定属于国家所有的以外，属于农村集体所有。

从法律层面看，城市政府是城市土地一级市场的唯一供应者。目前的城市土地供给制度对土地价格、土地供应量、土地供给结构的影响有三个方

---

① 相当于获得了土地使用权交易（购买）许可。由此可见，土地使用权不同于一般商品的产权。人们购买一般商品，无需政府相关部门批准、许可。而购买土地，则必须先获许可。即便是政府公开出让土地使用权，也有一个受让方的资质认证过程。原因有两方面：一是土地的公有属性，二是房地产开发建设存在外部性。

面：一是用于房地产开发的土地供给存在较大的制约；二是地方政府通过控制土地供应量影响土地价格；三是当房地产开发经营性用地采用“招拍挂”方式出让时，土地的价格主要由购买者竞争决定。由于土地供给量是政府能够调节的，因此政府在一定程度上可调节土地价格。

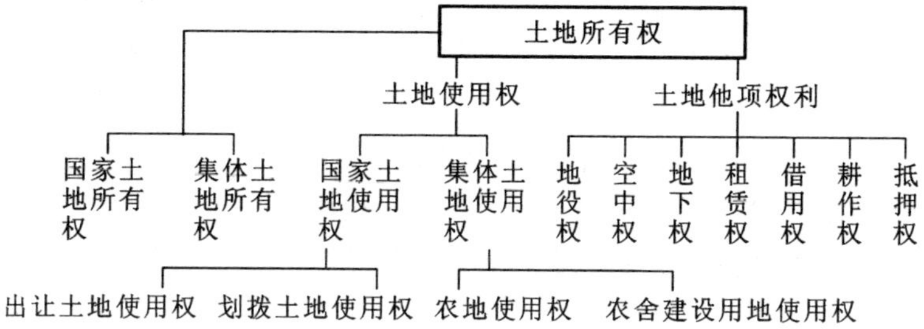

图 5-3 我国土地产权的基本结构

获得城市土地使用权有“出让”和“划拨”两种方式。一般而言，房地产开发用地的使用权由出让方式获取。《中华人民共和国城镇国有土地使用权出让和转让暂行条例》第八条指出：“土地使用权出让是指国家以土地所有者的身份将土地使用权在一定年限内让与土地使用者，并由土地使用者向国家支付土地使用权出让金。土地使用权出让应当签订出让合同。”第十一条规定：“土地使用权出让合同应当按照平等、自愿、有偿的原则，由市、县人民政府土地管理部门与土地使用者签订。”出让的土地使用权是通过市场方式获得的。

土地使用权是从国家土地所有权中分离出来的，具有法律规定的土地使用权的所有内容，即占有权、使用权、收益权以及一定期限内的处分权。土地所有权的占有者既是事实上的占有，又是经过土地登记获得法律承认的法律上的占有。土地使用权的使用权能是指在土地上进行生产等活动；土地使用权的收益权能包括土地上的孳息、土地使用权转让收入、租金等；使用权的处分权能有别于所有权之处分权能，其范围包括在出让、转让合同有效期内土地使用权的设定抵押权、设定质权、设定典权、土地使用权的抵押证券化、土地使用权的信托制度、土地使用权的空间利用等。

对于出让城市国有土地使用权的取得方式，《中华人民共和国城市房地产管理法》第十三条规定：“土地使用权的出让，可以采取拍卖、招标或者双方协议的方式。商业、旅游、娱乐和豪华住宅用地，有条件的，必须采取拍卖、招标方式；没有条件，不能采取拍卖、招标方式的，可以采取双方协议的方式。采取双方协议方式出让土地使用权的出让金不得低于按国家规定所确定的最低价。”根据《中华人民共和国城镇国有土地使用权出让和转让暂行条例》第十二条规定，出让土地使用权的时间限制分别为：居住用地70年；工业用地50年；教育、科技、文化、卫生、体育用地50年；商业、旅游、娱乐用地40年；综合或者其他用地50年。土地使用权的可转让活动是有条件、有限制的。例如《中华人民共和国城镇国有土地使用权出让和转让暂行条例》第十九条第二款规定：“未按土地使用出让合同规定的期限和条件进行投资开发、利用土地的，土地所有权不能转让。”出让土地的用途也不能随便改变，使用者必须按照土地使用权出让合同和城市规划的要求，开发、利用、经营土地。

在国有土地使用权出让过程中，地方政府土地管理部门代表国家与开发商就土地使用权进行交易。开发商支付土地出让金和相关税费①，同时取得房地产开发项目的土地使用权。

国家有关部门的相关文件给出了土地使用权的交易方式。国土资源部于2002年5月发布了《招标拍卖挂牌出让国有土地使用权规定》（简称11号令），规定从2002年7月1日起，对商业、旅游、娱乐和商品住宅等各类经营性用地，必须以招标、拍卖或者挂牌方式出让。依据《中华人民共和国城市房地产管理法》《中华人民共和国土地管理法》《中华人民共和国土地管理法实施条例》《中华人民共和国城镇国有土地使用权出让和转让暂行条例》《中华人民共和国城市规划法》《关于进一步推行招标拍卖出让国有土地使用权的通知》《关于办理国有土地使用权出让、转让、出租、抵押等有关问题的通知》等法律法规的规定，开发商按程序与地方政府土地管理部门进行交易，获取国有土地使用权。

3. *政府与开发商交易的土地产权重分布*

在实施项目建设的前期阶段，政府土地规划部门代表政府出让土地使用权，收取土地出让金，并对项目建设的规划设计进行审批。开发商通过购买

---

① 包括地价款（土地出让金）、资金占用费、滞纳金、土地使用费、外商投资企业土地使用费、防洪工程建设维护管理费、土地闲置费、土地权属调查、地籍测绘费、城镇土地使用税、地价评估费、出让土地预订金、征地管理费、土地补偿费、青苗及树木补偿费、地上物补偿费、劳动力安置费、超转人员安置费、新菜田开发建设基金和耕地占用税等。

土地使用权而成为一定期限的土地的实际占有者和使用者。在政府一系列的许可中，开发商在所购置的土地上投资建设具有合法性，其投资形成物——各类物业成为开发商的私有财产。换言之，开发商拥有其所购地块上投资形成物的完全产权。

在这个过程中，交易标的是清晰的，交易的产权也是相对清晰的。一些原属于地方政府的产权或其代理的部分土地产权通过交易清晰地转移到了开发商手中。通过与政府进行土地使用权交易和各种管理服务交易，开发商拥有了一定年限的特定交易地块的使用权、按约定实施的开发建设权和投资经营管理权，以及在交易地块上的投资形成物的完全产权。

值得注意的是，我国政府特定的目标函数和组织结构影响着政府与开发商之间的交易行为，从而为土地市场发展和土地产权争执留有隐患。我国政府分为中央政府和地方政府。地方政府的目标效用函数分为两个部分：一是政治利益，即追求在任期间良好的政绩声誉；二是经济利益，地方行政人员在职期间尽可能扩大区域和个人的可支配资源，借助权力获取各类物质形态和非物质形态的收益。在现行土地管理制度下，城市土地事实上由地方政府所控制。地方政府具有对本辖区内城市土地进行经营和管理的职能，并且对所经营管理的建设用地享有支配权和收益权。随着城市土地储备制度的建立，地方政府已成为城市土地一级市场的唯一供给者，在土地一级市场上处于垄断地位。目前，征用土地已成为高速城市化和工业化的驱动器，土地出让收入已成为地方政府财政收入和公共投资的重要来源，土地抵押已成为城市基础设施和房地产投资的主要融资工具之一，地方政府逐步成为一个相对独立的经济实体。为了促进地方经济的发展，地方政府主导并垄断了城市土地供给，获取了大量的发展资金。在土地征用过程中，一些地方政府运用手中的行政权力，模糊了农村集体土地向城市建设用地转移过程中的土地产权含量，最大化了地价的净收益。

从行业管理角度看，我国采用了分级管理模式，分别设置了国家、省、市（县）等不同级别的房地产行政管理机构。这些机构主要分为四类：第一类是房地产行政主管部门，它们对房地产业发展实施归口管理，比如，建设部主管房地产市场、国土资源部主管土地市场；第二类是有关经济管理部门，如财政、税收、工商、物价等部门，分别管理与本部门职责相关的业务；第三类是有关司法监督机构，如法院、检察院等，维护房地产业的法律秩序，保证房地产业的正常进行；第四类是基层政府，如城市街道办事处或社区工作站等。

从职能上看，房地产的主管部门是建设部门和土地部门。但从我国目前的实际情况看，作为中央政府职能部门的建设部，在房地产业的管理上的职能仅仅是制定政策框架和工作指导，几乎所有的出自建设部的有关房地产的政策都被冠以“因地制宜，分类指导”的基本原则。在我国的政治经济体制中，地方政府对房地产的管理贯彻于房地产业价值链的始终。从城市总体规划、土地利用规划以及住房建设计划，到开发企业获得房地产投资的最为核心的资源——土地，从房地产企业各种市场行为的监督，到房地产相关税收的征管和住房保障相关资金的投入，地方政府实施了全过程监管。从住房公积金的收缴与贷款的发放，到房地产项目周边城市基础设施的建设，都存在地方政府的行政管理。房地产的管理已不是地方政府某一个部门所管的事情，它牵涉的内容之广，已使其成为地方政府整体管理的对象。图 5-4 给出了我国各层级房地产行政管理机构（即管理服务交易供给者）之间的相互关系。

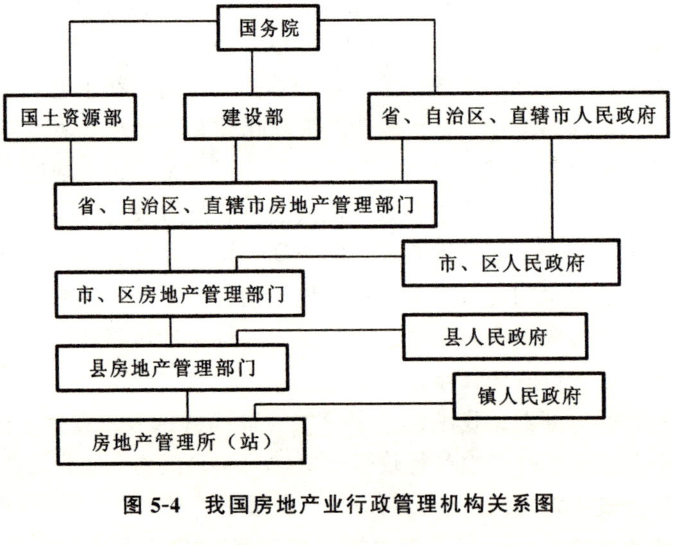

图 5-4　我国房地产业行政管理机构关系图

图 5-4 表明，在房地产管理中担当重要角色的地方房地产管理机构，即省、自治区、直辖市房地产管理部门，需要同时接受国土资源部、建设部和

地方人民政府的管理。多头管理的影响可能是多方面的，但最大的影响可能导致管理服务的产权不清，甚至模糊了土地的产权。

5.2.2 开发建设阶段的相关交易

自开发商获得土地以后，进入房地产开发建设阶段。开发建设阶段又可分为开发建设前期准备和实施两个阶段。在开发建设阶段，开发商和相关的企业发生了规划设计交易、工程建设交易、监理交易等。

规划设计是房地产开发建设前期准备阶段的一项重要技术工作，该工作一般由专业的具有相应资质的设计单位（公司）完成。除了少数开发商以外，大多数开发商不会拥有自己的规划设计公司，他们将委托公司以外的专业设计公司进行项目规划设计。在这个过程中，开发商向设计商支付一定的经费，设计商向开发商提供工程项目建设所需的规划设计图纸，并在实施过程中提供相关的技术服务，完成工程项目的规划设计交易。该交易过程中，土地和房屋的产权均没有发生变化，开发商依然拥有来自政府交易所得的土地和拟建房屋的完全产权。

对开发商而言，在规划设计工作完成以后，前期准备阶段的另一项重要工作是选定建筑商，与之签订工程建设合约，为工程施工建设做准备。虽然这项交易将一直延续到工程项目建设完毕，但该交易必须在建设前期准备阶段发生。在这个交易里，开发商将按照工程进展情况（进度）向建筑商分期支付资金，建筑商则依次准备、组织和实施工程建设。该交易过程中，土地和房屋的产权也没有发生变化，开发商仍拥有土地和房屋的完全产权。

在前期准备阶段，开发商还必须通过合约聘请工程建设监理公司。在开发商与监理商的交易中，开发商向监理商分期分批地支付经费，监理商为开发商提供工程建设监理技术服务。这个交易的延续期与工程建设交易期限几乎相同。虽然这个交易的实施过程将持续到工程项目竣工验收以后，但开发商必须在工程建设前期准备阶段与监理商签署合约，以便确认交易。在开发商与监理商的交易过程中，土地和房屋的产权没有发生变化，开发商仍拥有土地和房屋的完全产权。

在开发建设实施阶段，前期准备阶段所签订的合约如规划设计的相关服务合约、工程建设合约、监理合约等都进入具体实施阶段。

从整体上看，开发建设阶段的开发商几乎都是交易资源和服务的购买者。在房屋销售以前，开发商通过购买性的交易已获得了其所购资源和服务的全部产权，包括一定期限的土地使用权、物业所有权和相关公共配套设施设备的使用权等。

5.2.3 开发商与购房者（业主）之间的交易

开发商将其整体所有的物业分售给若干购房人的行为，构成了现行的开发商与购房者（业主）之间的商品房交易。我国将商品房的出售分为商品房预售与商品房现售两种方式。所谓商品房预售，是指房地产开发经营企业将正在建设中的商品房出售给承购人，由承购人依据预售合同支付全部或者部分房款的行为。所谓商品房现售，是指房地产开发企业将竣工验收合格的商品房出售给买受人，并由买受人支付房价款的行为。无论是预售，还是现房销售，开发商和购房者之间都要签订商品房买卖合同、住宅质量保证书等合约文件。

1. 合同和相关规定约定的产权

1）商品房买卖合同约定的产权

研究追求最大化效用的个人形成的合同和研究这样的合同所导致的绩效，往往能使理论变量和它们的经验保持一致。以《武汉市商品房买卖合同》（以下简称《合同》）范本为例，该合同第三条描述了房屋买受人所购商品房的基本情况：①买受人所购商品房为本合同第一条规定的项目（即开发商获准开发建设的项目）中的第____【幢】【座】____单元____层____号房。②该商品房所在楼宇的主体结构为____结构，建筑物地上层数为____层，地下层数为____层。③该商品房的用途为________________，层高为______米。④该商品房户型结构为__房__厅__厨__卫，封闭式阳台____个，非封闭式阳台____个。⑤该商品房【合同约定】【产权登记】建筑面积共________平方米，其中，套内建筑面积______平方米，公共部位与共用房屋分摊建筑面积________平方米（有关公共部位与公用房屋分摊建筑面积构成说明见附件）。⑥如无特别约定，该商品房在建筑材料、设计、防火、给排水、隔音、照明、节能、车库等方面均应当符合有关的国家强制性标准的规定。《合同》第四条描述了买受人所购商品房所在项目的基本情况：①绿地率____%，道路建筑面积____平方米，物业管理用房建筑面积____平方米，社区居民委员会用房建筑面积____平方米；②停车场建筑面积______平方米；③会所建筑面积________平方米；④其它。除了《合同》第三条和第四条描述了买受人所购房屋的状态以外，该合同范本几乎不再有其他条款对买受人所购房屋及其产权有更多的描述。

在通常情况下，我们会认为合同中这两条描述已经清晰地表明了所购房屋的状态，包括房屋自身的位置、形态和其所处小区的配套状态。它们分别对应着《中华人民共和国物权法》（简称《物权法》）中所指明的专有产权和共有产权。实际上，《合同》仅给出了买受人所购房屋的模糊专有权和相应的共有权。《合同》第三条共有六项内容，前五项内容共同界定了一个特定的围合空间，这个空间便是买受人所购买的个人空间，空间的大小由套内建筑面积和楼层净高决定，它似乎应属于“专有产权”的范畴。第三条第六项的约定，虽然与专有空间的围合有关，但已经超出了“专有产权”的范围，更多地涉及了共有产权的内容，如整栋商品房的用材、整个小区的给排水、车库等约定。《合同》第四条虽描述了第三条所界定的房屋所处的一些环境、条件、设备设施等，但并没有明确界定它们的产权。尽管人们认为它们应属于业主共有，但合同中并没有给出规定。当《合同》未能明确这些属于业主共有时，开发商、物业公司或某个业主就有可能成为这些资源的事实上的占有者。一旦事实上的占有者因占有而获益或危害了其他业主的收益时，争执就会出现。业主与开发商之间，业主与物业公司之间，业主与业主之间，就有可能因此而出现争执、纠纷，甚或产生激烈的矛盾。由于现行《物权法》上的条款大多是基于或支持合同约定，一旦合同约定不明确，《物权法》对现实问题的协调力度就不大，基于内容不明确的合同条款的纠纷就会出现且不易解决。

现实中，商品房相关的物业产权不清是一个普遍存在的现象。以停车位为例，从法律的角度看，车位具有物权，因此车位的产权归属是物业所有权的一部分。对于地面停车位，开发商通常先认定其为私有，再将其出售给愿意付费者，即“谁付费、谁拥有”。对于地下专门停车库，在《物权法》正式实施后，这部分停车位具有不占用（公摊）地面面积、不计入公摊面积，以及开发商完全投资等事实，法律支持开发商通过销售约定的方式明晰车位的所有权和处分权。这为解决共有产权的问题提供了范例。第三部分就是平战结合的人防工事类的地下停车库，由于人防设施属于国防资产，物权应归国家所有。但作为地下车库的使用权，应该如何安排呢？如果人防设施属于法定必备设施，房价中应该已经包含了人防的建设费用，那么这部分空间的使用权应当归属于全体业主。如果由开发商建设投资，并且人防面积没有计入公摊的话，那么该权利属于开发商，开发商通过合同约定的方式，获得人防的使用支配权，并以租金的方式获得投资回报。即便开发商没有明确分摊人防面积，实际上也不能分摊这部分面积，但谁又能保证或说清楚开发商没有分摊人防的费用呢？于是，人防地下车库的产权又模糊了。

2）房屋质量约定

销售商品房时，开发商应当根据《商品住宅实行住宅质量保证书和住宅使用说明书制度的规定》，向购房者提供《住宅质量保证书》和《住宅使用说明书》，作为商品房销售合同的补充约定。

开发商应当对所售商品房承担质量保修责任，当事人应当在合同中就保修范围、保修期限、保修责任等内容做出约定。保修期从交付之日起计算，在保修期限内发生的属于保修范围的质量问题，开发商应当履行保修义务，并对造成的损失承担赔偿责任。因不可抗力或者使用不当造成的损坏，开发商不承担责任。商品房交付使用后，买受人认为主体结构质量不合格的，可以依照有关规定委托工程质量检测机构重新核查，确属主体质量不合格的，买受人有权退房；给买受人造成损失的，房地产开发商应当依法承担责任。

3）面积测算与确定

商品房建筑面积由套内建筑面积和分摊的共有建筑面积组成，套内建筑面积部分为专有产权，分摊的共有建筑面积部分为共有产权，买受人按照法律、法规的规定对其享有权利，承担责任。《房产测量规范》中对房屋的建筑面积、房屋的使用面积、房屋的产权面积、房屋共有建筑面积等概念做出了明确的解释，并做出了房屋建筑面积测算的有关规定：①房屋的建筑面积系指房屋外墙（柱）勒脚以上各层的外围水平投影面积，包括阳台、挑廊、地下室、室外楼梯，且具备上盖，结构牢固，层高 2.20 米以上（包括2.20米）的永久性建筑。②房屋使用面积系指房屋内全部可供使用的空间面积，按房屋的内墙面水平投影计算。③房屋的产权面积系指产权人依法拥有房屋所有权的房屋建筑面积。房屋产权面积由直辖市、市、县房地产行政主管部门登记确权认定。④房屋共有建筑面积系指各产权主体共同占有或共同使用的建筑面积。公用建筑面积分摊的原则是：①房屋公用建筑面积分摊以幢为单位。每套商品房应分摊的公用建筑面积按其套内建筑之和的比例确定。②公用建筑面积分摊后不划分各户分摊得面积的具体部位，任何人不得侵占或改变其原始设计的使用功能。③商、住、办综合楼，其房屋内各部分使用功能、房型分隔差异较大，应根据其用于或房型分隔的不同，按相关面积比例先行分摊全幢公用建筑面积，日后再分摊各自公用建筑面积［公摊面积＝套（单元）建筑面积－套内建筑面积＋分摊的公用建筑面积］。

4）房屋移交和产权转移

自2004年4月7日起，我国开始变“竣工验收制度”为“竣工验收备案制度”。《中华人民共和国城市房地产管理法》（2009年修订版）第二十七条规定“房地产开发项目竣工，经验收合格后方可交付使用”，《城市房地产开发经营管理条例》进一步明确规定未经验收合格或者验收不合格的，不得交付使用。由此可见，对未经验收合格的商品房，法律明文规定不允许交付使用。同时根据《城市房地产经营管理条例》第十七条“房地产开发项目竣工后，房地产开发企业应当向所在地的县级以上人民政府房地产开发主管部门提出竣工验收申请，并由主管部门组织工程质量监督、消防、规划、人防等有关部门或单位进行验收”的规定，商品房只有经过了上述部门的验收并合格后，才算达到了交房的条件。

在购房合同中，“商品房经验收合格”条款似乎是对开发商比较严格的约束，但由于该条款没有具体约定由谁验收、怎样验收，也没有特别约定开发商交房时需提供的验收合格证明文件，所以现实中不易操作。当开发商与购房人选择了“该商品房经验收合格”这一交房条款时，双方还应进一步明确商品房验收主体及验收合格的证明文件。延期交房的认定中还涉及两类事实的性质的认定，一是延期交房的原因的认定，是否是不可抗力引起的延期交房？二是延期交房损失的认定，是否造成了巨大的损失，损失的价值如何确定？如何补偿？当卖方不能按照约定时间交付房地产时，每延期一日应向买方支付买卖总价款一定比例的违约金。按照《商品房销售管理办法》规定：房地产开发企业应当在商品房交付使用前委托具有房产测绘资格的单位对项目实施测绘，测绘成果报房地产行政主管部门审核后用于房屋权属登记。开发商应当在商品房交付使用之日60日内，将需要由其提供的办理房地产权属登记的资料报送房地产行政主管部门，并且房地产开发企业应当协助商品房买受人办理土地使用权变更和房屋所有权登记手续。

房产证是房屋权属关系的登记发证制度的具体体现。《城市房屋权属登记管理办法》规定：“房屋权属证书是权利人依法拥有房屋合法权利并对房屋行使占有、使用、收益和处分的唯一合法凭证。依法登记的房屋权利受到国家法律保护。”房产证有两种，一种是通常说的大产证，即开发商首先要取得的产权证，是开发商拥有房屋产权的证明，这只能由开发商来办理；另一种称为小产证，即每个购房者拿到的房产证，由购房者或者购房者委托开发商到房屋交易管理部门办理。二者的关系是，开发商首先取得大产证，成为房屋的初始所有者，购房者凭购房合同、交款凭证等文件去办小产证。在开发商的房屋销售完毕后，通过房产管理部门注销大产证。

2. 开发商与购房者交易的物业产权重分布

自开发商转让其所拥有物业始，进入商品房交易阶段。开发商作为转让主体仍然是该阶段的主角之一。开发商可以自行转让，也可以聘请中介商代为转让。开发商和中介商之间是以销售服务为标的的交易关系。当然，中介商也可以从开发商手中全盘买下开发商所拥有的物业，然后作零星销售。无论哪种转让方式，都不改变开发商作为物业转让者的主体地位。物业购买者（含投机者、投资者、自用者）通过中介或不通过中介从开发商手中购买一定数量的物业，成为一定数量的物业的新主人（简称业主）。如果一个业主所购买的物业数量小于开发商所拥有的数量，开发商对物业的整体权利就面临“如何分割”问题了[①]。现行的分割方式是以一个“可围合的空间”（通常称为“单元”）为销售单位，并以该空间的底面积作为空间大小的计量依据。如果购买者只在该空间内活动，并且该空间内所必需的生活用水、电、气、电信等均为独立供给，现行分割方式或许不会遇到麻烦。现实中的购买者不可能只限于他所购买的空间内活动，开发商起码得提供给他能够进入该空间的路径，水、电、电信等的经济性也决定了它们不可能独立供给，而是采用了集中供给方式。这就是说，开发商出售的或者购买者所购买的被分割后的单元物业，不仅具有封闭空间的所有权，还应包含能保证该空间正常使用、方便使用的各项相关权利，它们共同形成了一个单元物业的权利束。

在一个小区内有多于一幢的建筑物，同一幢建筑物中又存在着多个单元物业所有者的情形下，单元物业产权束的结构或许简单，其内涵却相当复杂。在《物权法》里，“建筑物区分所有权”概念被用来描述这种产权。根据《物

① 请注意，这里可能是物业产权模糊与物业管理纠纷的起点。

权法》的规定，业主的建筑物区分所有权，包括了三个方面的内容：一是对专有部分的所有权。即业主对一幢建筑物内属于自己所有的围合空间如住宅或经营性用房等专有部分可以直接占有、使用，实现居住或者经营的目的；也可以依法出租、出借，获取收益和增进与他人感情；还可以用来抵押贷款或出售给他人。二是对建筑区划内的共有部分享有共有权。即每个业主在法律对所有权未作特殊规定的情形下，对专有部分以外的走廊、楼梯、过道、电梯、外墙面、水箱、水电气管线等共有部分，对小区内道路、绿地、公用设施、物业管理用房以及其他公共场所等共有部分享有占有、使用、收益、处分的权利；对建筑区划内，规划用于停放汽车的车位、车库有优先购买的权利。三是对共有部分享有共同管理的权利，即有权对共用部位与公共设备设施的使用、收益、维护等事项通过参加和组织业主大会进行共同管理。

从表面上看，建筑物区分所有权的三个方面形成了“三足鼎立”的建筑物区分所有权结构。实际上，建筑物区分所有权中的上述三方面的权利并不具有独立性，并不能形成三足鼎立的产权结构。在现行商品房交易过程中，交易标的是建筑物内某特定空间或单元的所有权，即《物权法》中所指的“专有部分的所有权”，而没有明确与之相关的某些共有部分的产权。共有部分的产权，作为行使专有产权所必需的一个部分，虽在《物权法》中得到了认可①，但在现实交易中并没有被明确。共有产权的依附地位②决定了专有产权是一项主导性权利，它是业主对共有部分享有共有权以及对共有部分享有共同管理权的前提或基础。只有在一个人拥有专有部分所有权时，他才连带拥有共有部分的共有权。如果一个人没有专有部分的所有权，那么，他就没有共有部分的共有权。虽然专有权和共有权在所有关系上具有连带关系，但它们对应着两种完全不同的权利客体。专有权对应的权利客体是建筑物内某一专有部分（或空间），而共有权对应的权利客体是建筑物内和小区内的共有部分。当小区内没有其他的公共设施和设备时，其中所有的专有部分和共有部分之和构成了小区物业整体。从产权角度看，小区所有的专有部分的产权和共有部分的产权之和构成了小区整体物业的产权。为便于理解，我们

---

① 《物权法》第七十条规定：业主对建筑物内的住宅、经营性用房等专有部分享有所有权，对专有部分以外的共有部分享有共有和共同管理的权利。

② 《物权法》第七十二条规定：业主转让建筑物内的住宅、经营性用房，其对共有部分享有的共有和共同管理的权利一并转让。该规定明确了共有产权对专有产权的依附关系。

不妨将专有部分的产权和共有部分的产权的综合看作一个具有边界的权利平面，如图 5-5 所示。

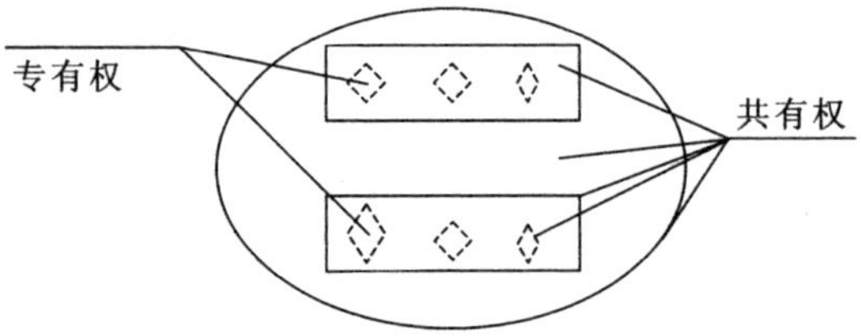

图 5-5　专有权和共有权所构成的权利面

在图 5-5 中，实体椭圆线表示小区的边界线，其中的长方形表示建筑物，长方形的边线表示建筑物的边界，长方形中的虚线所示的菱形表示建筑物内的单元房，菱形的虚边线表示单元房的围合结构。在如此示意下，菱形所围合的部分（不包括菱形的边界）为专有产权，椭圆形所围合的，去除专有产权的其他部分（包括椭圆形的边界）为共有产权。共有产权包括建筑物内专有部分以外部分（包括菱形的边界、共有交通和建筑物边界等的产权）、椭圆边界以及其内的建筑物之间各部分的产权。由于共同管理权不是专有部分所有权和共有部分共有权之外的另一项权利，而是物业共有部分的共有权所内含的一项权利，就像所有权中内含有“任意处置权”一样，因此，业主的建筑物区分所有权由业主所有的专有部分的专有权和相应的共有权所构成，专有权和共有权中的各项权能，包括业主对其建筑物专有部分享有的占有、使用、收益、处分权利，以及对共有部分的管理权利等，共同形成了业主的建筑物区分所有权的层级结构，如图 5-6 所示。

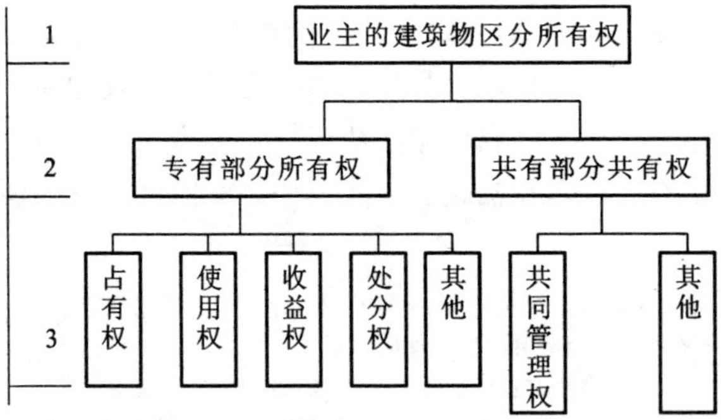

图 5-6　建筑物区分所有权的层级结构

图 5-6 表明，购房者因购房交易所获得的产权分为三个层级：第 1 层级为业主的建筑物区分所有权；第 2 层级为专有部分所有权和共有部分所有权；第 3 层级为专有权所含的占有权、使用权、收益权、处分权，以及共有权所含有的共有管理权等。由图 5-5 和图 5-6 可见，《物权法》所安排的“业主的建筑物区分所有权”，具有理论上的内容完整性和层次清晰性。

然而，在实际交易中，单个的业主仅获得了专有部分的专有权，并未获得完整的“共有部分的共有权”。原因主要有两个方面：一是共有部分的共有权具有抽象性、不可拆零和难以区分性。在商品房的实际交易过程中，交易双方难以简单明确地给出或标明与专有部分所有权相关的共有部分的共有权，共有权成为“有名无实”的权利；二是业主个人行权和集体行权都有难度。由于业主行权存在困难，业主个体并未实际获得或掌控其应有的共有产权，大多数业主集体也未能获得或掌控完整的属于业主的共有产权。在业主未能实际获得或掌控物业的共有权时，物业的共有产权最有可能被开发商所控制，也有可能被物业公司所控制，还有可能被部分地置于公共域中，而成为无人问津的权利。既然业主的共有产权不能交予某个具体的拥有专有权的业主，开发商会通过前期物业服务公司只将专有权部分交予业主，而将共有部分留置。目前交房的核心过程就是物业公司交给业主进入他所有的专有空间的“钥匙”，物业公司并没有向业主明确地移交共有物业产权和共同管理权，有些公司俨然认为他们自己就是共有产权和共同管理权的所有者或代理人。在开发商与购房者的交易过程中，物业的共有产权在实际操作中就这样被模糊地处置着。[①]

共有建筑物的结构形式和构造形态也增添了建筑物共有产权的明晰难度和业主集体的产权行使难度。由于一幢建筑物内的单元房与单元房之间，存在结构和构造上的相互依存性和设施设备的共用性，单元房的专有属性只在围合空间的使用上具有实际意义，而对围合结构的区分不具有实际意义。建筑物内每一个单元房的围合结构，显然不属于该单元业主的专有部分。《物权法》将专有部分以外的部分界定为共有部分。问题是，共有部分具体由哪些人所共有呢？就某建筑物内的单元房的围合结构而言，它由该建筑物的部分外墙、内墙和楼地面等建筑物的构件所构成，那么，该建筑物的外墙、内

---

① 物业管理问题的起因主要源于物业产权的不清晰，尤其是共有产权的模糊处置。

墙和楼地面等构件是由该建筑物内的所有业主共有呢？还是由整个小区的业主所共有？或内墙和楼地面由该建筑物内的所有业主共有，而外墙由小区内的所有业主所共有？或分隔两个单元房的内墙仅由这两个单元房的业主所共有？同样的问题也会出现在建筑物的共有设施和设备上面。当共有部分的共有主体没有被明确界定时，对共有产权的安排只是产权性质上的确定，而不具有业主共有产权的行使意义。在业主共有的建筑物中，除了存在共有部分的共有主体尚未明确以外，也存在共有部分在明确的共有主体间无法区分的情形，这种情形主要体现在建筑用地上。同一幢建筑物中的所有业主共有该建筑物的、一定期限的土地使用权，但单个业主的土地使用权具有土地位置上的不确定性和土地分摊面积的无意义。① 单个业主所拥有的土地使用权只是概念上的个人产权，而实存的是不可区分的共同使用权。建筑物中共有部分共有主体的不明确和共有客体的难以区分性，都会直接导致共有者对共有部分产权的行使困难。

开发商与购房者（业主）之间实际发生的交易引发的产权模糊重程度还与物业类型、物业的空间结构形态和购房者的人数有关。最简单的一种情形是，开发商在某一特定地块上仅开发了一幢别墅，而购买该别墅的人为某一个人。在这种情形下，房屋用地的使用权、房屋所有权和相关设施、设备的产权等，作为一个整体产权束，从开发商手里转移到了购房者手里。在这个过程中，整体产权束没有被分割，购房者所购得的物业产权就是开发商所有的全部物业产权。这种最简单的情形，对应着最清晰的物业产权重分布状态。但一般的情形是，开发商在一个区域内开发了多幢或十几幢、几十或几百幢多层、高层公寓式住宅，同时存在几十、几百、几千，甚至数万个购房者。在这种情形下，由于一幢建筑物由多个业主所有，一个小区内的共有部分由众多的业主所共有，共有主体的模糊性和共有客体的不可区分性会更加明显，从而使得业主的集体行权或集体行动更为困难。

由于业主对共有产权行使的实际困难，开发商或物业公司有可能采取机会主义行为以成为建筑物共有产权的实际占有者。从理论上讲，在所有商品

---

① 现行单元房分摊的土地面积 S_f 的计算方法是，将单元房的建筑面积 S_i 除以该建筑物的总建筑面积 S 再乘以该建筑物的基地占地面积 S_d，即：$S_f=(S_i/S)\times S_d$。该方法虽给出了单元房的分摊面积，但该面积并没有具体的实存与之对应。通俗地说，它并没有明确该面积所对应的土地在哪里。

房都已出售的情况下，全体（n 个）购房者所有的产权之和 $\sum(q_{iz}+q_{ig})$ 应等于出售前开发商所有的各类物业的产权 A。q_{iz} 和 q_{ig} 分别为购房者 i 所有的专有权和共有权。实际上，即便所有的商品房都已出售，物业的共有权仍有部分留置在开发商手中，或被物业公司所占用，故存在：$\sum(q_{iz}+q_{ig})<A$。开发商和购房者之间的交易所引发的共有产权的模糊是该交易产权重分布后的一个重要特征，它为后期出现物业管理问题留下了隐患。

虽然有政府部门在房屋交易阶段介入，但建筑物共有产权的模糊状态并未得到改善。政府的房产管理部门和税务部门，在交易双方缴纳了相关税费以后，他们认可物业交易，并替购买者办理相关的产权证书，注明买受人所购房屋的空间位置、平面面积（含分摊面积）以及分摊的用地面积。作为产权凭证的产权证书除了相对准确地表明了所购封闭空间的位置以外，也没有给出更多的、相对清晰的权属内容。尽管证书中标明了房屋和土地的分摊面积，但土地分摊面积的位置具有不确定性。

5.2.4 开发商与物业公司之间的交易

开发商与物业公司的交易是指开发商作为在建物业的业主选聘物业公司并与之进行前期物业管理服务的交易。开发商作为建成后的物业业主之一，与其他业主一道共同选聘物业公司并与之进行物业管理服务交易，则属于业主与物业公司的交易。此节主要考察开发商作为在建物业的业主与物业公司所进行的前期物业管理服务交易。

在开发商作为在建物业整体的唯一业主时，他通过与物业公司签订前期物业管理服务合同，购买物业公司的前期物业管理服务。前期物业管理服务是开发商与物业公司的交易标的。开发商作为前期物业的所有者，物业公司作为前期物业管理服务的供应商，运用市场机制进行前期管理服务交易是双方所有产权范围内的、正常的市场交易行为。前期期限的理论值是自签订前期物业管理服务合同之日起至开发商向购房者移交第一套商品房之时止。这期间物业管理公司所提供的服务除了开发阶段的部分咨询服务和接管验收后的房屋交接服务以外，别无其他。如果开发商通过房屋销售机构办理房屋交接服务[①]，那么物业管理公司的前期物业管理服务就只有开发阶段的咨询服

① 房屋销售机构交接房屋更是情理之中的事。可以认为，开发商的销售成本中含有这项费用。

务了[①]。这项服务是物业管理人员通过已有的物业管理经验从购买者（用户）能有效使用房屋的角度提出的，它不同于工程建设监理公司所提供的专业技术服务，但它有益于开发商，更有可能有益于开发商的长远利益。它对开发商的价值在于：①开发商在房屋销售时可以声明其所售物业是由某物业公司提供了购买者物业使用权益维护的咨询服务，利于房屋当期的销售；②开发商依据物业公司的服务改善下一期开发房屋的品质，获取更长远的利益。

当“前期”的期限采用理论值时，开发商与物业公司的交易内容是明确的，交易的产权可以通过市场确定其价格。然而，当“前期”超过了前期的理论期限以后，交易实际上就已经超出了开发商和物业公司的交易权限，交易的内容也就被扩大化了。同时，前期物业管理服务的核心内容——购买者物业使用权益维护的咨询服务也相应被淡化了。现行的开发商与物业管理公司之间的交易期限超越了理论期限，而且这种情形得到了相关法规文件的许可。依据《物业管理条例》的规定，前期物业管理服务的期限被延长至业主委员会成立以后，并由业主委员会重新选择了物业管理公司之时。在此期间，物业管理公司除了提供开发期间的物业咨询服务、交接服务以外，主要提供业主使用期间的物业管理服务，并为开发商解决物业建设阶段的遗留问题。

随着前期物业管理服务期限的延长和物业服务内涵的扩展，业主将在一定程度上为开发商与物业公司的交易“买单”。一般情况下，开发商会支付业主入住以前的物业管理服务费用，业主仅支付入住以后的物业服务费用。然而，由于物业公司通过与开发商的前期物业服务交易获得了后来一定期限的来自业主的物业服务收费权，故有些开发商会借此不再向物业公司付费。业主的一定期限的物业服务收费权，变成了开发商的一种权利。开发商利用这个权利和物业公司进行了前期物业服务交易。在这个过程中，开发商实际上行使了购房者的物业管理服务的选择权，并转移了支付前期物业管理服务费用的责任。有些物业公司免费为开发商提供前期物业管理服务，甚至不惜为开发商处理各种工程建设遗留问题，以获得一定期限的物业管理服务的收费权（由业主支付）。

---

① 物业公司从后期物业服务的角度提出建设有益于开发商的建议或意见。

前期物业管理服务费用的转移、后期物业管理服务的收益以及遗留问题处理成本的规避，是开发商自己组建物业管理公司的经济动因。现行的前期物业服务选择模式是开发商利益最大化模式，也是物业公司委曲求利模式，同时还是业主权益受损的模式。在这种模式下，业主权益在两个方面受到了损害：一是业主失去了一定时间的物业管理服务选择权；二是业主为前期物业管理服务支付了费用，甚至是更高的、垄断性的管理服务费用。物业公司的委曲求利[①]和业主的权益损失是物业管理纠纷、矛盾、问题不断出现的另一隐因。

5.2.5 业主与物业相关服务公司之间的交易

目前，业主与物业公司之间的交易有三种模式：一是由开发商主导的物业服务交易模式，或称开发商安排、业主被动接受型的间接交易模式；二是业主或业主集体与物业公司的直接交易模式；三是业主或业主集体直接与相关的专业服务公司之间的交易。

1. 开发商主导的物业服务交易模式。这是目前政策许可的、几乎所有的新建商品房都采用了的一种模式。它是开发商与物业公司的前期物业管理服务交易的自然延续，也是“法定”的一种延续。在这种模式里，交易的合约有两份：一是开发商与物业公司签订的前期物业管理服务合约；另一是购房者在与开发商签订购房合同时签订的临时管理公约，该公约明确规定了在一定期限内业主必须接受开发商选定的物业公司及其服务，并按开发商和物业公司约定的服务价格付费。综合该交易的两份合约，可以得出该交易的如下特征：①在开发商与物业公司签订的前期物业管理合同中，不仅包括了业主入住之前的前期物业管理服务内容，也包括了业主入住后的后期物业管理服务内容、标准及其价格。②单个购房者或业主在购房时已经同意接受了开发商主导的物业管理服务模式，包括物业公司的选聘和物业服务内容、标准、价格的确定等。在这种模式中，业主没有物业公司的选择权，没有物业服务内容和服务价格的商议权，但享有开发商指定的，由物业公司提供物业管理服务内容的权利，并按开发商和物业公司议定的价格付费。该模式的经

① 物业公司以下属的姿态在与开发商的交易中受屈，又以管理者的身份在与业主的交往中求利。

济特征是：以前期物业管理服务权限涵盖后期物业管理服务权限，以后期物业管理服务收费替代前期物业管理服务的付费。它的现实表现是：在管理服务的时间权限上，尽量延长“前期”的期限；而在付费上，又尽量压缩“前期”的期限。这种模式的优势在于，前期物业管理服务为后期物业管理服务进行了充分的准备，在业主集体行动之前，物业管理服务能够被供给。不足之处是，开发商在出售房屋包括专有权和共有权的同时又无偿拿回了其中一定期限的、应归于业主的共同管理权。如果物业公司实际提供的服务与业主的预期有差距，业主自然会通过一定的方式去重新拿回他们的共同管理权。在维权意识不断增强的现代社会里，业主有意无意地展开的各种维权行动，包括拒交物业管理费、要求解聘由开发商聘请的物业管理公司等，以争取他们的共同管理权。在这个过程中，业主、物业公司和开发商之间的矛盾、纠纷或冲突出现了，进而形成了物业管理问题，该问题的核心是“业主的共同管理权冲突”。

2. 业主集体与物业公司的直接交易模式。当全体业主成立了业主大会，并由业主大会选举产生了业主委员会以后，业主委员会将代表全体业主选聘物业公司。在该交易中，业主委员会与物业公司商议物业管理服务内容、标准和价格，最后签订物业管理服务合同。物业公司按合同约定提供物业管理服务，全体业主按合同约定向物业公司支付物业管理费。在这种模式中，业主集体从开发商手中拿回了本属于业主的共同管理权，并能够直接行使该项权利，业主与开发商之间的共同管理权冲突消失了，但是业主集体行动问题出现了。不同的业主可能会有不同的服务需求，统一的服务内容、标准和价格不一定会让每一个业主满意，部分业主可能采取不交物业费或其他某种方式表达自己对物业服务的不同需求。在缺乏个人与集体之间有效协调机制的情形下，即使业主集体与物业公司之间的合同是完全的，物业管理纠纷也会因业主内部的集体行动问题而引发。

3. 业主集体直接与相关服务公司交易。业主集体授权业主委员会负责组织物业管理工作。业主委员会依据业主集体商量的结果，直接聘请相关专业服务公司如房屋维护公司、保安公司、清洁公司、绿化公司等提供物业管理相关专业服务。在这种模式下，业主委员会充当了物业公司角色。业主为获得物业管理服务，分别支付业主委员会的运行费用和相关专业公司的服务费用，两项费用之和可能小于直接聘请物业公司的费用。该模式下，业主对作为业主的业主委员会成员有信任感，业主委员会成员作为业主一员在工作中具有节约的激励，物业管理权与物业财产权高度一致，业主拥有物业的全部权属。管理服务交易属物业使用所需的专业服务交易，它可以完全通过市场化进行。业主委员会通过市场选择专业服务公司，并代表全体业主与所需专业公司签订服务交易合同。相关专业公司向业主提供其物业使用所需的专业服务，业主通过业主委员会支付合同约定的费用。这种模式下，个人与集体行动逻辑上的差异依然存在，集体行动问题仍有可能出现。

5.2.6 业主间的交易

业主间的交易有两种形式：一是基于物业权属关联关系之上的单个业主与业主集体或组织之间的交易；另一是单个业主与单个业主之间的交易。

1. 业主与业主集体或组织之间的交易。该交易具体表现为，每一个业主通过业主大会的方式选出业主委员会成员组成业主委员会。业主大会或业主委员会作为业主自已的组织接受大多数业主的委托行使物业管理服务企业的选择权利。在这个交易里，单个业主的支付是两项，一项是部分授权，另一项是信任支付。而业主所得回报是业主组织在所授权限内为业主所开展的工作。可以认为，目前大多业主委员会的成员都是基于业主信任而被委托，就其个人而言，与其说是拥有一种权利，不如说是尽一种义务更为恰当。作为业主委员会的成员，他们中的大多数并没有接受业主的物质或金钱报酬。当信任以及由信任转化而来的荣誉并不能被业主委员会成员认同时，交易有可能成为单个业主的一厢情愿，或成为有名无实的交易。另一方面，如果被信任者利用业主个体的信任谋取他个人的利益，单个业主与业主集体的交易会面临更大危机。目前，业主个体与业主集体之间的交易已表现为业主个体与业主代表之间的交易。当业主个体或业主代表未能从交易中得到他们认为合理的报酬时，交易有可能遇阻。从经济学角度看，当交易双方的权益不对等时，交易难以达成均衡。业已存在的单个业主与业主集体之间的交易是一种不稳定交易，人们正在试图采取一些办法以期望该交易演变为另一种可能由市场导向而达成均衡的交易。

2. 业主与业主之间的交易。该交易是业主与业主之间就物业相关权益安排和使用而实施的交易。交易内容遍及物业相关权益安排与使用的各方面。交易有两种具体实施方式：一是业主与业主之间的直接交易，二是业主委托业主组织或政府相关部门协调而与另一业主实施交易，形成业主与业主之间的间接交易方式。例如，业主 A 将空调室外机安装在业主 B 卧室的窗户边缘，空调室外机的噪音严重影响了业主 B 的休息。于是，在业主 B 的要求下，业主 B 与业主 A 将就此事进行交易。一般而言，业主 B 会优先考虑采用直接方式①，如果直接方式不能达成交易，业主 B 会转用间接方式。当直接方式和间接方式都能实现交易目的的情况下，间接方式的交易成本通常要大于直接方式的交易成本。交易成本大小与交易内容及其涉及面相关。如某项共用设施维护费的分摊问题，它的涉及面广，涉及小区内的每一位业主。如果业主与业主一一协商并达成交易，其成本非常高。而由政府相关部门介入的间接交易成本将相对较低，统一的制度安排由此产生规模效益。业主与业主之间的交易，往往是在某业主制造了物业使用的负外部性之后发生。例如，当某顶层业主在共有屋顶上加盖小屋时，该业主与其共有楼房内的其他业主，甚至整个小区内的其他业主之间就要发生交易了，因为其他业主会认为顶层业主的行为侵害了他们的权益。为维护自身利益，其他业主会与该业主协商，进行利益损害的赔付交易。业主与业主之间的交易能否顺利进行，关键仍在于业主与业主之间的物业产权安排是否清晰。

5.2.7 物业交易中的其他相关者

在物业管理服务过程中，除了上述所涉及的主要交易及其相关者以外，还有一些其他的交易及其相关者。

1. 建筑商或设备商。自物业建成、验收交用后，进入物业使用阶段。使用阶段伴随着物业的维修和养护过程。从维修主体的不同可以将物业的维护过程分为两个阶段：一是开发商维护阶段，另一是业主维护阶段。在开发商维护阶段内，物业的维修费用由开发商承担。开发商在建设阶段已经把这项任务转交给了建筑商或设备供应商，由建筑商或设备商提供该阶段的房屋维修和设备修理。这是开发商的义务，也是业主的权利。而在业主维护阶段，建筑商或设备商会通过物业公司或业主组织提供物业维护服务。

2. 物业授权使用人。除了业主及其家庭成员使用物业以外，还有一些使用业主所有房屋的人，本书称其为物业授权使用人。租房者便是一种物业

① 如果该方式能达成交易目的，该方式在此例中的交易成本要低于间接方式。

授权使用人。他们通过向业主支付租金获得一定期限的业主所有物业的使用权。同开发商提供给业主物业时一样，业主向授权使用人提供物业使用权时也要保证所出租的物业能正常与方便的使用，同时要求授权使用人接受业主临时公约。这项要求很容易被误解，一个普遍的误解是，授权使用人在向物业管理公司交纳了物业管理费以后，便认为自己具有对物业服务的各项权利。这个误解导致业主和使用人这两个不同的概念在论述物业管理时混淆。实际上，对于物业管理行动而言，业主的权利与业主授权使用人的权利有明显的区别。

3. 专业服务公司。在全体业主选择了一家物业管理公司的情况下，意味着该公司将负责向全体业主提供他们所要求的各项集体服务，这并不意味着所有的服务都必须由这家公司直接生产。物业管理公司可以聘请专业服务公司来进行专业化的生产和供给。如聘请保安公司提供保安服务、聘请清洁公司提供清洁服务等。这样一来，物业使用过程中的相关者中就出现了提供服务的各类专业化公司。供电、供水和煤气等公共事业单位是物业正常使用的保障单位，也是社区人民正常生活的保障单位。在物业管理区域内，供水、供电、供气、供热、通信、有线电视等单位在做好保障供给的同时，也在向最终用户收取相关费用。

4. 政府相关部门。使用中的城市住宅小区是城市社会的基本单元。城市政府中的城管、房管局、街道办事处、派出所等管理部门，以及社区居民委员会，作为社区的协调者、管理者，已全面介入、参与到小区的日常管理服务工作之中，包括对小区物业管理服务工作的指导与协调。用康芒斯的话说，政府与开发商、物业公司、业主（或业主组织）之间的交易是管理的交易。政府在交易中的付出是给出适宜的规则（制度）并监督执行，收入是税款社会和谐稳定和执政权。交易另一方的支出与收入正好与政府相反。自政府出现以来，交易一直延续至今，说明这种交易是一个不断均衡的交易。一个个新的交易均衡点在政府与民众的博弈中不断出现。

第6章　物业管理相关者权益关系理论框架

按新制度经济学家的观点，交易是产权的交易。产权不是关于人与物之间的关系，而是由于物的存在和使用所引起的人与人之间一些被认可的行为性关系（Furubotn et al，1974）。在产权被清晰界定的前提下，市场交易具有效率。问题是：当交易的产权并没有被清晰界定的时候，或者交易信息并不是非常充分或存在信息不对称的时候，交易的结果可能伴随着超出交易者预期的权益转移。这部分转移在交易之后会渐渐显现，进而影响着后续的交易行为。

巴泽尔（1997）认为，在一个完全被个人拥有的商品（或者完全被拥有的属性）和一个完全置于公共领域的商品这样极端的情况下，当它们的价值改变时，这两种商品将仍然分别被拥有和不被拥有。而居于这两者之间的情形中，就有可能产生纠纷。比如，当对于签合同时价值很小，但在合同期满之前价值有所增长的属性，合同当事人并未在合同中作出规定时，就有可能产生纠纷。在这种合同中，资产所有者把其对资产的部分权利给了他们的交换伙伴。最初的所有者，他们的行为（更可能是无为）意味着，他们已放弃了对于这一属性的权利，现在却又可能宣称该权利是他们的，但他们的交易伙伴也可能作出同样的声明。这些考虑最适合于各当事人明确地按合同运作的情况，也适用于非正式合同以及邻里之间的关系。面对纠纷，巴泽尔认为，当事人需要考虑的问题是，法院可能会如何配置有纠纷的权利？当事人若企图影响法院决定会产生什么成本？当然，当事人会选择他们认为成本最低的方法，当事人的决定不仅会在他们自己的案子中影响权利的界定，而且会间接地影响总体的权利界定。

外部性是产权与纠纷之间的媒介。巴泽尔对于产权与纠纷的简要论述，为我们认识物业管理纠纷或问题提供了新的视角（即产权视角），同时也为我们进一步分析产权与外部性的关系以构建物业管理的权益关系模型提供了激励。

本章将在对产权与外部性的文献做简要综述后，对外部性的特征、计量等问题进行分析，构建外部性的计量模型以及产权与外部性的关系模型。基于产权和外部性的关系分析，解析物业相关者间的权益关系，揭示物业管理服务相关者之间的冲突或纠纷的形成机制，并就相关的处理办法进行评述。

6.1 产权与外部性

经济学家采用产权框架对经济问题进行分析是新近的事，但也有例外。最早，也是最著名的例外是奈特（Knight，1924）对社会成本的分析。他在道路利用的讨论中，清晰表明了所有权的作用。随后，戈登（Gordon，1954）按类似的思路分析了国际水域捕鱼问题。他们的研究暗示，如果政府将道路和捕鱼业转变为私有财产，则有关的共同浪费就会消失。

大多数社会科学家将财产所有权看作是一组完全产权束。完全产权束意味着它包含了财产所有可能用途的产权，这些用途都能够被定义并已经或能够被确认。在瓦尔拉斯完全竞争模型中，权利是完全界定的，并且交易成本为零。奈特和戈登的分析也假定产权要么存在并得到明确界定，要么就完全不存在。

对产权具有完全性的理论家而言，面临两个重要假定：一是定义财产所有用途束的先期交易成本为零；另一是一项财产的每一种用途总是与相应的保护它不受非所有者干预的权利相联系。这两个暗含假定的结合，对所有权概念的提炼具有重要影响，从而使它与所有者能在给定资源的任何使用过程中排除他人的解释（Alchian，1965a）相一致，也与某些用途可以被分享的解释（Coase，1960）相一致。

夏维尔（Shavell，2004）通过例证给出了所有权“完全”概念[①]。A的每一项权利总有一项相应责任与之对应。当A行使其权利时，没有任何一个其他的社会成员会对其进行干预[②]。结果是，“特别所有权是致力于一项特别行动的权利而阻止其他人致力于特别行动的权利”。在夏维尔的术语里，“一个完全明确的行动包含有行动地点、时间和偶然性约定的描述……例如，在某一标识的地

① 夏维尔（Shavell，2004）认为产权是“使用它们而排除其他人使用它们（to use things and to prevent others from using them）的权利”。

② 当然，这个时候没有外部性存在。否则，一定有人会对其行为进行干预。

点，于星期二下午4时在不下雨（偶然性）的情况下开始挖掘行动”。他认为，一个被良好定义了的产权应对资源用途的行为的上述特征给出合适的描述。只有这样，产权行使过程中才没有任何不确定性。当产权的定义包含了权利行使所必需的各项特征并肯定没有其他任何人将依法对其行为进行干预时，产权是完全的。完全产权概念让我们联想到了阿罗-德布鲁-麦肯兹（Arrow-Debreu-McKenzie）范式中的完全市场概念（Arrow et al，1955；McKenzie，1981）。在夏维尔的完全产权系统中，没有任何空核或遗失的产权。巴泽尔（1997）认为，他们忽略了产权只能部分界定的中间状态的可能性，权利一般是不能明确界定的观点尚没有得到研究。

科斯意识到了未明确界定的所有权（产权）可能存在，并有可能产生一些“麻烦”[①]。他在《联邦通讯委员会》一文中指出，当缺乏联邦通讯委员会的无线电频道管制规则时，无线电信号的接收者就会受到技术干扰。“除非创造一个资源的产权，否则，一个私人企业系统便不可能正常运作……政府所要做的便是运用立法系统界定产权和调解争端。”（Coase，1959）正如其他经济学家在当时所注意到的，技术干扰属外部性问题，科斯的主张似乎排除了众所周知的外部性原理（Demsetz，2002）。于是，科斯在《社会成本问题》（Coase，1960）一文中将其主张直接拓展至外部性问题[②]。文章通过对农民与牧民、糖果商与医生、面粉厂和洗衣店之间的关系分析，阐述了产权行使过程中外部性的存在性。从新古典经济学角度看，面粉厂的烟尘污染对附近洗衣店之所以是一种外部性，原因在于这种污染增大了洗衣的成本。与其他新古典经济学家不同，科斯认为（而不是假设或暗含），只要有清晰界定的产权，市场就能解决外部性问题。科斯没有假定存在清晰的私人所有权，而是意识到市场交易所必需的私人所有权有可能以不清晰的状态存在。他根据交易成本确实存在的事实分析了外部性的传统观点，指出了该观点未曾发现的逻辑矛盾：改善外部性问题不仅仅只有一种政策选择（德姆塞茨，1999）。在传统的政府干预选择之上，科斯补充了通过清晰界定产权的市场化解决办法。

---

① 该“麻烦”在科斯（Coase，1959）一文中为“干扰”，而在科斯（Coase，1960）一文中直接指“外部性”。

② 德姆塞茨认为科斯研究的就是外部性问题，而不是所有权问题。科斯的目的在于说明，人们所接受的关于外部性的看法是错误的，但他并不想根据所有权的某种理论做出什么结论。

在科斯（Coase，1960）以后，德姆塞茨（Demsete，1967）、阿尔奇安和德姆塞茨（Alchian et al，1972）、张五常（Cheung，1970）、菲吕博顿和配齐威齐（Furubotn et al，1974）等的几篇著名论文相继分析了产权的经济效果。威廉姆森（Williamson，1975，1985）、诺斯（North，1987）、张五常（Cheung，1983）、格罗斯曼和哈特（Grossman et al，1986）、哈特和穆尔（Hart et al，1990）、巴泽尔（1997）、杨小凯（1999）、德姆塞茨（1999，2002）、卢克和米策丽（Lueck et al，2005）和安东尼等（Antonio et al，2007）进一步发展了这方面的研究。

德姆塞茨（Demsetz，1967）对拉布朗多（Labrador）的蒙泰格亚斯（Montagnsis）印第安人的研究首创了社会中权利生成的分析框架。他指出，新的权利对应于新的经济力量而产生。原因在于，人们会追求新的经济力量或价值，从而出现新的经济力量或价值的产权。其含义是，从财产获益能力的意义上讲，权利很大程度上是一个经济价值，而不仅仅是一个法律上的概念。德姆塞茨假定，随着共同财产资源价值的增长，人们越来越可能确定对它的权利[①]。由此所得出的理论观点是，当一种公共资源的价值上升时，公众倾向于把这种资源的产权界定得更清楚。按德姆塞茨的观点，在环境条件包括技术进步、个人感知和偏好发生改变时，已经存在的资源的新的用途可能会出现。当这个新的用途出现时，先前的权利与责任之间的均衡不在，外部性出现，相关的经济人对资源的新用途会提出各自的，但又可能是相互对立的产权主张。因此，产权的一个主要功能是引导人们实现将外部性较大地内在化的激励。德姆塞茨似乎在文中既给出了权利作为对经济条件的反应的实证观点，又给出了政府应该强化私有产权的规范观点。巴泽尔（1997）认为，尽管德姆塞茨的观点新颖，但他未能探索权利新旧概念之间突破的本质，也未能系统地贯彻到底。既然产权的功能有益于解决外部性问题，那么，该命题实际上已经暗含了外部性与产权之间的因果关系[②]。

---

① 具体地说，在欧洲人到达拉布朗多之前，海狸皮的价值很低，海狸聚集地被视为共同财产。当欧洲市场能够进入以后，海狸皮价值上升，海狸聚集地被变为私有财产。

② 正如德姆塞茨（Demsetz，1967）所言："知识的改变导致了生产函数、市场价值和期望的改变，新的技术，做同一事情的新的方式，以及做新的事情——都会产生社会所不习惯的受益或受损效应。"一个新的论点是"新的产权的形成是相互作用的人们对新的收益—成本的可能渴望进行调整的回应"。

就霍菲尔德（Hohfeld，1913）和康芒斯（Commons，1924）的第二类立法关系而言，外部性的内在化依靠相关各方的立场。或许正因如此，法庭的裁决、立法程序和公众规则以及私人的秩序共同构成了行动方式。利用这个行动方式，并通过对先前没有定义的用途的聚集、散开和重新定义的过程，外部性或许会得到解决。

关于获取公共领域权利的理由，巴泽尔与德姆塞茨的观点几乎一致。巴泽尔说，无论获取的标准是什么，只要获取它的收益超过成本，人们就会满足这种标准。这些标准的确定是适应于具体情况的。巴泽尔用交易成本概念[①]替代了不完全概念。他认为，只要交易成本为正，产权就不能被完全界定。“为了使财产的权利是完全的或者是被完全界定的，所有者和可能对该财产感兴趣的其他人必须具有对该财产价值特征的充分知识……当交易成本为正时，财产的权利将不能被完全界定。原因在于，有关财产的价值以及对财产某些价值特征的度量需要成本。因此，这些财产的属性，未来的所有者不会完全知晓，现在的所有者往往也不知道。”(Barzel，1997）在完全被一个人拥有的商品（或完全被拥有的属性）和完全置于公共领域的商品这两种极端情形之间，可能产生纠纷或冲突。故认为，产权是不断产生并不断放弃的，因而需要一种适于不断变化情形的分析（巴泽尔，1997）。

诺斯（North，1987）认为，以专业化经济为基础的经济增长取决于界定和行使产权的效率。张五常（1970，1983）、菲吕博顿和配杰威齐（Furubotn et al，1974）推定，竞争均衡能在界定和行使产权时所产生的交易费用与因界定和行使产权时的模糊性所造成的福利损失之间权衡取舍。他们的意思是，界定和行使产权会产生包括界定、评估和维护产权等交易费用，而界定和行使产权的模糊性又会造成社会福利损失；在竞争性均衡中，模糊地“界定和使用产权”可能是有效的[②]。菲吕博顿和配杰威齐（Furubotn et al，1974）进一步认为，可用新古典均衡模型说明界定和行使产权的模糊性如何影响着效用和生产的可能性边界。尽管如此，经济学家仍试图说明影响界定和行使产权的有效模

---

① 巴泽尔把交易成本定义为与转让、获取和保护产权有关的成本。

② 这与巴泽尔的观点几乎一致，“当人们相信这种行为的收益将超过成本时，他们就会运用权利，相反，当认为拥有产权的收益并不足以弥补成本时，他们就不会去运用权利，从而使这种产权置于公共领域内”（巴泽尔，1997）。

糊程度的要素。杨小凯（1999）认为，用于改进交易的新技术（如用于监控支付的磁卡）、或者法制与制度安排的变化（如专利法的通过）有可能改变产权有效率的模糊程度。张五常（1970）将界定和行使产权时的模糊程度与外部性联系了起来。他认为，由界定和行使产权时的模糊程度引起的扭曲类似于关于市场失败文献中广泛讨论的外部性。而所谓的“外部性”的大量涌现可归因于三个方面：一是缺乏签约权；二是合约存在，但条款不全面；三是有些条款不知由于什么原因与一些边际等式不相符①。张五常将外部性与合约连在一起，并不认为它是行为的某种效应。他（1970）重点表明了以下观点：每一经济行为都有其效应，“称一些行为效应是‘外部性’，称另一些是‘内部性’（?）——对我来说是不可理解的”。“如果‘外部性’限于那些经济上很重要，但其行为权利没有清晰界定，因而并不在市场上交易的效应，那么，它就非常模糊不清了”。对于之前已经论及的许多经济活动的外部性（Buchanan et al，1962；Mishan，1965）和众多外部性的分类（Smith，1969；Meade，1952），张五常认为，相关理论太多只会造成混乱。“我不打算精炼化‘外部性’概念。我打算完全放弃这个概念。”（Cheung，1970）实际上，张五常并没有真正放弃“外部性”概念，只不过他更希望推进其合约理论。在《合约结构与非私产理论》（Cheung，1970）发表13年后，他在《企业的合约性质》（Cheung，1983）一文中，依然没有忘记，哪怕是在结束语中也要对外部性再次进行评论，认为外部经济或不经济和诸如“瓶颈”“起飞”等含糊术语的概念已经过时了。但他认定，交易成本和合约行为总有一天会被视为堪与新古典经济学的边际主义相媲美的分析基础。

在张五常对外部性概念和相关理论进行严厉批评并试图用“合约”解释以取代外部性概念及相关理论以后，产权和外部性的复杂关系似乎更加诱人。更多经济学家试图解释产权与外部性的关系。然而，他们的研究依然没有给出令人信服的理论，倒是提出了更多的问题。

今天的分析家认为，在德姆塞茨《关于产权的理论》这篇原创性著作中，

---

① 如果合约条款的设计旨在使竞争条件下的所有资源报酬达极大化，那么，合约的结构将使得边际收益等于边际成本。而当构成收益和成本的因素有多种时，约束条件下的极大化的边际等式就有几个。要满足一定的边际等式，则需要有一个或多个明示或暗示的合约条款（Cheung，1970）。由此反向推知，如果一些条款与边际等式不符，则意味着约束条件下的最大化未能实现。因此，原因三可换言之：当最大化未能实现时，外部性出现。

产权的不完全维度并没有被考虑，尽管他近来意识到了产权的扩散特征①。实际上，完全的、已经全部定义了的产权仅仅是一个假设，而模糊产权或不完全产权是一种实存的常态。然而，由于“不完全”概念仍有许多的“不完全”，人们怎样得出了一些结论依然并不是很清晰。巴泽尔（Barzel，1997）意识到“权利没有被完全定义的概念尚没有人进行研究”。卢克和米策丽（Lueck et al，2005）则认为，“很少有研究试图理解决定产权优化复杂性的力量”，他们给出了一个类似于不完全产权概念的有关产权的概念。阿兰（Allen，2002）、卢克和米策丽（Lueck et al，2005）对产权不完全性的起源、性质进行了分析。安东尼（Antonio，2007）等对不完全产权问题也进行了研究，给出了推定产权和外部性之间的关系：如果A的财产在其明确用途 X 之后又有一个新的用途 z，B的财产在其明确用途 Y 之后又有一个新的用途 w，当 $\{X\cup z\}\cap\{Y\cup w\}=\varnothing$（空集）时，$z$ 和 w 被定义为A和B各自的推定产权。当 $\{X\cup z\}\cap\{Y\cup w\}=\{z, w\}$ 时，则推定产权产生外部性。

在大多经济学家谈论“界定和行使产权”时，暗含着可以或希望在某一时点将它们清晰化或使它们被完全界定的假设。当经济学家把“界定和行使产权”混为一体时，产权与外部性的关系如图6-1所示。

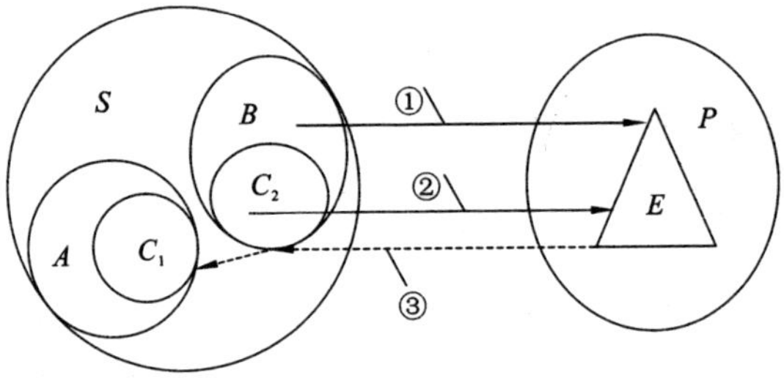

图6-1　现行产权与外部性关系示意图

在图6-1的产权截面 S 上，存在已界定的产权集合 A，未界定的产权集合 B，以及它们的行使权集合 C_1 和 C_2。在横截面 S 上，$A\cap B=\varnothing$，$C_1\subset A$，$C_2\subset B$。已经界定的财产用途的产权为 $A\setminus C_1$，尚未界定的财产用途的产权为 $B\setminus C_2$。

---

① “当然，资源的允许和未允许的用途的范围从没有就完全确定过，所以，一个定义产权和解决冲突的制度，如法院系统、立法机构或社区权威都是任何产权系统中不可避免的一部分。”（Demsete，1998）

外部性 E 位于另一横截面 P 上。

现有理论表明，只有未界定的产权 B 产生外部性，而解决外部性的路径是进一步界定 B，从而将 B 不断地转化为 A。具体路径如图 6-1 中箭头线①②和③所示。

与图 6-1 相应的外部性和产权的关系模型为：

$$E=E\ (B\setminus C_2,\ C_2) \tag{6-1}$$

当 $B\setminus C_2=\varnothing$，$C_2=\varnothing$时，$E=0$。

6.2 外部性、计量与连锁反应

早在 1920 年庇古（2006）就对外部性问题给出政府出面干预的解决办法。但科斯（1960）不同意庇古的建议，认为“并不需要政府干预”，只要交易成本为零，产权是明确界定的，私人之间的市场交易同样可以解决问题①。庇古和科斯对外部性的思考，吸引了一批经济学家就外部性问题进行研究(Knight，1924;Meade,1952;Buchanan et al,1962;Dennis et al,1990;Robert,2005)。然而，这些分析几乎无一例外地都以诸如污染、伤害等显见的负外部性作为研究对象。事实上，这些外部性只是冰山一角。外部性比我们已知的要广泛得多，甚至有许多是我们没有意识到的。曼德维尔（2002）曾说：“芸芸众生中的首恶，亦有襄助公益的善举。”亚当·斯密（1997）的经典语云：“我们每天所需的食物和饮料，不是出自屠户、酿酒家或面包师的恩惠，而是出于他们自利的打算。”哈耶克认为存在“自生自发的秩序”，它是“人之行动而非人之设计的结果”（哈耶克，2001）。三位大师的论断从本质上讲都在揭示外部性的存在，并且是行为人自己没有感觉到的存在。

与普遍存在的外部性相比，经济学家的研究是局部的。经济学家充分认识了负外部性对他人和社会的不利影响，给出了政府或市场的解决办法，却缺乏对外部性的概念特征、分类、演变和计量等基本问题进行全面、深入的分析。本节的目的在于对这些基本问题做些许补充，为物业管理纠纷的处置进行必要的理论铺垫。

在下面的讨论中，首先将回顾并整理与外部性相关的一些理论观点，辨析

---

① 此为“科斯定理”内容。

外部性的概念特征。接着，对普遍存在的外部性进行重新分类，以描述外部性的变化轨迹。然后，对外部性的计量指标进行整理，分析一个行为者与一个承受者、多个承受者和众多承受者情形下的外部性计量问题。最后，思考外部性的连锁反应现象，认为它对外部性的计量及处置提出了新挑战。

6.2.1 经济理论中的外部性

萨缪尔森（2004）认为，外部性是企业或个人向市场外的其他人所强加的成本和收益。按萨氏的观点，市场边界是区分主效应和副效应（即外部性）的边界，一个企业或一个人的行动结果（成本或收益）未经过市场交易而在市场外转移给了他人，外部性就出现了。市场外转移的行动结果就是外部性。传统观点认为，外部性是一些其他直接行动的无意的副效应（布罗姆利，1996），该定义将有意的副效应排除在外部性之外[①]。而一般的认识是：外部性有正外部性和负外部性之分。正外部性是指一个人为自己利益而进行活动的同时给别人也带来了收益。负外部性是指一个人为自己利益而进行的活动给别人带来了损害，或增加了别人的成本。

传统方法是以马歇尔—埃奇沃思—庇古经济为代表，对一个个体行为者就私人物品进行竞争的情景展开的描述。在对私人物品的竞争性消费过程中可能出现因某种商品不足而引起对其他商品的需求，从而引发了私人收益和社会收益之间的协调问题。对企业的投入也存在这种情况。这种经济是一种关于私人匮乏、市场功能及偶尔会出现的外部性的经济（布罗姆利，1996）。这时，对外部性的认识仅仅认为它是“偶尔出现”的。既然外部性是偶尔出现的，那么对它所产生的多余费用的承担也就是“偶尔”的。偶尔承担一点其他行动的费用，或许在当时不会对个体生活带来显著影响，也不会在社会上产生普遍影响。因此，庇古倾向于把这种费用承担看作是行为的偏差，认为通过税收和补贴就可以矫正这种行为的后果。庇古的解决办法要求在外部性的两个利益相关者外有一个权力机构——即通常所称的政府来进行协调。

更深入的研究显示，经济是一种对多余费用的全面承担，这种费用或者具有集体消费的性质，或者是私人负担的费用。科斯（Coase，1960）反对庇古对

---

① 按照这个定义，如果一个钢厂知道（通常也是如此）其生产过程中会产生污染，并有意随之，那么，该污染就不是外部性。

侵害行为的严格征税办法，认为它没有考虑总体社会效果。科斯从总体社会效果角度指出：要承认外部性费用的双重性，有必要建立一个双方都可在其中进行讨价还价的局势。当然，这个讨价还价的过程还需要有明确的权利结构作为前提。作为市场解决方法的讨价还价过程中，会出现一些独立于此种方法、涉及稀缺资源初始配置的一些关系，与这些关系关联的费用并不能通过市场力量使之内部化。因此，按照科斯的论述，会出现两种结果：一是在两者竞争性使用中达不成任何交易，维持现状不变；另一是双方达成交易，受害方支付一笔钱给侵害方（即侵害方有权侵害的情形），或侵害方对受害方给予补偿（侵害方无权侵害的情形），以便在一定程度上减少“多余”费用。

现实世界中无处不在，甚至不断增多的外部性，让更多的经济学家反思庇古和科斯的传统解决办法。布罗姆利认为，科斯预言的第一种结果在现实中更为常见。原因或者是因为他们没有尝试，或者是因为他们尝试失败。布罗姆利的真正含义是：现实世界中交易费用的存在影响了现实中的个人交易。布坎南等（Buchanan et al，1962）称这种类型的外部性是帕累托无关外部性[①]。德姆塞茨（Demsetz，1967）进一步指出，没有谈判的结果本身是最优的，而且现状的结构是帕累托最优。

一个现状没有被改变可以称其为帕累托最优，但这个最优似乎又不同于我们一般性的理解，否则这样的结论就确实剥夺了帕累托最优的任何政策相关性[②]。达尔曼（Dahlman，1979）把不能超越特定现状的结果看作是交易费用的函数。认为交易费用产生了偏离可得到的最优结果的外部性，而外部性的相关性只能在交易费用的存在中寻找，不存在能产生帕累托相关外部性的交易费用，因为这些费用必须存在于可得到的最优结果的模型中。达尔曼认为已使用的外部性概念除了说明存在着分析上可证明的市场失灵以外，缺乏任何确定的内容。

---

① 布坎南和斯塔布尔宾定义帕累托相关外部性认为其中的活动程度可由各方改变，在无需损害侵害方的情况下改善受害方的处境，也就是说，在交易中都能获得收益。因此，一个边际外部性可能是潜在相关的——因为受害方可能设法去消除它，但它仍然是帕累托无关的——因为双方不可能从对现状的调整中都得益。当经济处于一个帕累托最优点时，我们只能得出所有剩余的外部效应都是帕累托无关的结论，尽管有许多是潜在相关的。（布罗姆利，1986）

② 当一个国家有一部分人拥有大量财富，而另一部分人面临饥饿的状态难以改变时，这种状态可以描述为帕累托最优。这里的帕累托最优并不是我们一般认同的带有价值判断的最优，似乎可以理解为是对“存在即合理”哲学境界的另一种表述。否则，它就是一个值得怀疑的决策准则。

相反，只包含着对政府的作用和对市场建立互利交换能力的规范性判断。进一步认为，通过建立一个本质得到界定、运行正常的一般均衡系统，引进无处不在的外部性并让瓦尔拉斯拍卖者产生一个新的均衡价格矢量，就可以得出一个标准结论，即外部性阻止了帕累托最优的达成。

从科斯给出的外部性的市场解决办法到达尔曼对交易费用的强调，本质上具有一贯性：外部性的解决与交易费用有关。而解决的结果，无论用什么方法，似乎还不能简单地以帕累托最优原理来检验。达尔曼的意见是："如果我们在描述经济行为者追求他们个人财富最大化的限制条件中包括了交易费用，那我们就描述了一种可得到的最优，而且这是我们在判断最优和福利问题时应该注意的。"（Dahlman，1979）

张五常（2000）认为外部性概念是一个"模糊不清"的概念。当每一种行为都有效应时，使用外部性概念容易引起混乱。由于各种分类和理论互不相同，随意性很大，且都是特例，故由外部性概念产生的各种理论就不可能是有用的。张五常似乎倾向于把外部性作为一项资源，因为他宁可把注意力集中在利益各方对资源竞争达成契约的性质上。按他的解释，共同费用（即由外部性引出的费用）持续存在的原因是缺乏排他性权利。而排他性权利缺乏又有两种可能的原因：一是描述并实施排他性权利的费用太高以致不存在达成契约的意愿①；二是排他性权利不合法。

杨小凯（2000）等人接受了张五常对外部性理论的质疑。认为，当交易成本为零时，就不存在外部性，或者说外部性概念没有意义。传统的外部性问题的实质是交易成本问题，即节省界定产权的外生交易成本与节省产权界定不清引起的内在交易成本之间的两难冲突问题。主张用内生交易费用与外生交易费用来替代外部性概念，或者说把外部性内部化。

既然外部性概念模糊不清，以合约理论取代外部性理论更加符合真实世界（张五常，2000）。新近的研究倾向于：通过完善个人间的合约来处置外部性问题（Gomes，2005；Jehie et al，1995a，1995b；Segal，1999）。外部性与产权、交易费用的关系研究依然在继续（Thomas，1971；Antonio，2007）。

---

① 表明建立排他性的费用可能超过从中得到的收益。

6.2.2 外部性的特征、类别与演进

(1) 外部性的特征

张五常和杨小凯等一直认为外部性概念模糊不清、同义反复、没有意义。其实，当一个概念没有被清晰表述的时候，本质上是一个现象没有被充分认识。现有外部性的定义虽然没有揭示外部性的本质特征，但描述了外部性的一些关联关系。

传统定义明确了外部性与行动之间关系。认为它不是行动的主要结果，而是它的附属结果，并且这个附属的结果还是直接行动者“无意识”的。“无意识”的限定或许出自曼德维尔、亚当·斯密对社会经济现象的深刻认识，也或许出自分析方便的需要。无论什么原因，将外部性限定于“无意”之说确实遗漏了许多实实在在的外部性，如很难说一个钢铁公司不知道他们排放的烟尘会造成污染。

外部性作为经济学的一个基本概念，其与成本和收益的关联可以预期。萨缪尔森将其直接定义为一种特殊形式（强加）的成本或收益，突出了外部性的非市场性和成本或收益属性。其简化式为：A 将其行动成本或收益在市场外强加于 B。按此定义，市场形成前的人类的相互作用以及计划经济都进入了外部性范畴。

本书将外部性与西蒙的人的基本假定（Simon，1959）联系起来，考察外部性与人的行为之间的逻辑关系。当一个人追求他行为结果最大化时，通过转移行动成本是理所当然的，而对其行为结果中的利他部分的不收费转移则是无奈之举。行动者个人总是在想方设法地扩大前者并不断缩小后者。机会主义则引导人们想方设法去实现行为结果最大化。一方面它引导人们实施其行动成本的转移，另一方面它引导人们尽量向其行动的得益者收费。然而，由于人的有限理性，人们又不能得到更多的成本转移路径以及减少其成本转移的成本，同时不能完全意识到其行动成果对他人的有益性。因此，有限理性限制了人们朝最大化的两个方向发展。人的行为的基本假定给出了外部性是人的行为的“有意”与“无意”的综合产物。人会有意或无意地转移其行动成本和收取其行动结果中对他人有益的费用。问题是这两项行为本身或许都需要成本。当行动成本的转移成本小于其转移的成本时，行动者会转移其行动成本。当收费成本大于其

所收取的对他人有益的费用时，行为者的理性选择便是听之任之。这两种情形的结果分别对应着负外部性和正外部性。

假定行为者转移的行动成本为 C_z，为此支付的费用为 C_{zi}，则有：

$$[-E] = C_z - C_{zi} \tag{6-2}$$

式 (6-2) 中 $[-E]$ 为负外部性。当 $C_{zi}=0$ 时，$[-E]_{max}=C_z$。当 $C_{zi}=C_z$ 时，$[-E]_{min}=0$。庇古的想法便是通过政府强制收取 $C_{zi}=C_z$ 使 $[-E]_{min}=0$。问题是，我们通过什么方法去计量 C_{zi} 或 C_z。当计量 C_{zi} 或 C_z 以及执行 C_{zi} 需要成本的时候，交易费用问题便出现了。一个受负效应影响者要想通过市场得到 C_{zi}，他需要支付交易费用 C_{ii}。当 $C_{ii}>C_{zi}$ 时，受影响者放弃行动，行动者和受影响者间的交易终止，存在：$[-E]_{max}=C_z$。只有当 $C_{ii}\leqslant C_{zi}$ 时，受影响者才会付出 C_{ii} 以得到 C_{zi}，同时存在：$[-E]=C_z-C_{zi}\geqslant 0$。

假定行为者行为给他人带来的收益为 R_t，行为者收取的费用为 R_{t1}，则有：

$$[+E] = R_t - R_{t1} \tag{6-3}$$

式 (6-3) 中 $[+E]$ 为正外部性。由于行为者为收取费用要支付交易费用 C_{ij}，故存在：当 $C_{ij}>R_{t1}$，则 $[+E]=R_t$。此时，行动者放弃收费行动，行动者和受益者间的交易终止。仅当 $C_{ij}<R_{t1}$ 时，行动者和受益者间能进行交易。若交易成功，行为者收费行动的净收益为 $R_{t1}-C_{ij}$。

由式 (6-2) 和式 (6-3) 知，C_z 和 R_t 是外部性的计量指标，并不等同于外部性。仅在交易费用高 ($C_{ii}>C_{zi}$，$C_{ij}>R_{t1}$) 时，其值才与外部性等同。因此，外部性是行动者行为结果中无偿转移的部分，包括未支付费用的成本转移 (即负外部性) 和未收费的收益转移 (即正外部性)。交易费用对行动者与受影响者间的交易能否达成产生直接影响，并在一定程度上影响着外部性的大小。

科斯主张通过市场方法确定 C_z、C_{zi} 和 R_t、R_{t1}。上述模型则支持了布罗姆利的观点：交易费用的存在会阻碍科斯想法的实现，故在这个世界里，人们不仅在边际上进行贸易、平衡意愿 (和能力) 以防止任何边际变化偏离满意状态，而且个人——超越时空——将为别人承担成本和从别人那获得收益。

(2) 外部性的类别与演进

自有人类以后，人的行动的外部性就出现了。在鲁宾逊的世界里，其行为也存在外部性。因为其他地方的人们会超越时空去感受他的行为的影响。外部性是人类行为结果的一种常态。

对无所不在的外部性进行分析，分类似乎是必要的①。我们将传统意义上的外部性称为无意外部性。无意外部性是指行动者无意造成的副效应。这种副效应或许很显著，或许很轻微以致接受者都没有感觉，但它们共同的特征是行动者本人无意识。相对应的有意外部性是指行动者能意识到会给他人实施影响的副效应。

无论是无意还是有意的外部性，都存在一个被施予者的感觉问题。如果被施予者没有感觉，这种外部性对他们几乎没有影响，也不会引起他人注意。比如某行动者第一次向大气中施放了一定的热量，无论他是有意还是无意，生活在其中的人并没有明显感觉。这类人们没有明显感觉的外部性为“无感外部性”。如果不断有人向大气中施放热量，他人就会产生明显感觉，进而在一定的限度内忍受它。从明显有感到可忍耐阶段的外部性为“可忍外部性”。如果超出了他人可忍耐限度，这类外部性就会引起社会人士包括经济学家的关注，属于“显见外部性”。可能产生外部性，但尚未产生外部性的状态属于外部性的潜在状态，这个状态对应着“潜在外部性”。

当外部性与人的感觉相联系时，外部性的影响程度会因人而异。如果一个人对噪音很敏感，那么，飞机的轰鸣声对他来说就是一个具有相当影响程度的外部性。而对一个对噪音不敏感的人却不然。感觉上的差异，不仅会导致对同一外部性感觉程度上的差异，有时还会导致对同一时间的同一个外部性有好坏两种截然不同的认识。对喜欢音乐的人来说，邻居家的摇滚乐无疑是一份免费的精神食粮，而对一个专心写作的人来说，它便成了噪音。一项行为的外部性可能同时包含有正外部性和负外部性。艾伦·瓦尔特斯教授对机场经济学的大量研究给出了这个结论。当机场建设以后，飞机的起飞与降落会造成噪音和污染，但机场周围物业的价值几乎无一例外地因机场的建立而上升。

显见外部性大多经历过由“潜在”“无感”“可忍”到“显见”的过程，甚至伴随着由量变到质变的过程。就全球气候变暖而言，从有人可能向大气中施放热量开始，到第一个人向大气中施放热量时人们的无感觉，到今天的有感觉并且在局部地区的不可忍耐，已经经历了从“潜在”“无感”“可忍”到“显见”的过

① 外部性的分类方法较多，不同的研究者根据研究需要对外部性进行过多种分类（厉以宁等，1984；OECD，1996）。史密斯（Smith，1969）就单从捕鱼业区分了渔网的外部性、存鱼的外部性和堆鱼时的外部性。米德（Meade，1952）按物质属性划分了外部性。

程，或者说经历了潜在负外部性、无感负外部性、可忍负外部性和显见负外部性四个发展阶段。不难想象，对寒冷地区而言，一开始的气候变暖并不是一件坏事。当生活在那里的人们期望有一个暖和的冬季时，开始的气候变暖便具有正外部性。从正外部性到负外部性，便经历了一个由量变到质变的过程①。

6.2.3 外部性的计量

任何经济物品——房子、安静、清洁空气——都包含有一组可以衡量使用限度的特征（张五常，2000）。外部性作为一广义的经济物品，是否也包含了一组可以衡量使用限度的特征？这个问题的回答可能要复杂得多。尽管经济学家经常要判断个人收益损害别人的程度以及通过合约规范外部性问题，但并不意味着经济学家已经能够熟练进行外部性的计量了。当外部性与交易费用和产权联系在一起时，计量已经很困难。如果损害别人的程度与被损害人的感觉相关的话，已有的计量方法包括思路都有待重新整理。

(1) 相关的计量指标

张五常以“四个经济学家的故事”② 为题，给出了庇古、瓦伊纳、科斯和他本人对行为外部性的个人和社会的收益与成本关系的分析方法。庇古主要考察行为者个人（或企业）的边际报酬和社会的边际成本，认为当个人（或企业）的边际报酬与社会的边际成本相等时，社会资源得到最优配置。如果个人（或企业）追求自身利益最大化，那么社会就要为他承担社会成本，从而造成社会资源利用的不经济。因此，要通过征税或给予被侵害着强制性补偿，来抑制所有者行为以减少其投入，从而改善社会效率。瓦伊纳的主要考察指标是产品价格和社会产出成本。认为当产品价格和社会产出成本在边际上相等时，社会收益达最大化。通过对每一件产品征收一定数额的税可以使得边际私人产出成本等于边际社会产出成本，从而消除私人成本与社会成本的背离。科斯将边际私人收益和边际外部性的价值作为考察指标，认为边际私人收益和边际外部性的价值相等时，社会收益最大化。张五常考察了边际私人成本、边际私人报酬和边际外部性三者关系，将边际私人报酬与边际外部性之和称为边际社会效应。

---

① 张五常在《社会成本的神话》一文中精心构建的弹钢琴外部性的例子也说明了外部性的这一转换过程。

② 该内容属于《社会成本的神话》的第三部分。（张五常，2000）

他认为，当边际私人成本等于边际社会效应时，社会收益最大化。通过张五常精心设计的数据及简单的推算可以发现，四位经济学家虽然用了四种不同的方式，但收益和成本都能在边际上相等，都能得到相同的社会收益最大化时的投入值。这正是张五常期待的结果。通过这个结果，他认为：一种行为的效应无论怎样不同，它们的值都可以用相同的方法加总，这样，这种行为的收益和成本就能以类似于合约外效应（即外部性）不存在时的方式相等（张五常，2000）。从故事中我们看到：①计算各类成本和收益的基础数据是假定的或者说是精心设计的。②基于①，四位经济学家探讨这个问题的方式是等价的，不同的仅仅是考察问题的方式。③不同的考察方式使他们对外部性问题的认识及其解决办法出现了本质性差异[①]。

(2) 外部性：一个行为者与一个承受者

虽然经济学家在外部性问题的解决办法上存在分歧，但他们对外部性的成本和收益的共同关注，则表明了用成本或收益作为计量外部性的指标并不存在争议。问题是成本和收益又如何计量？四位经济学家在比较不同的成本和收益之后都匆忙去确定效益最大化的理论点和寻找如何达到这一点的对策了。

① 基于产品数量和价格的计量

当把外部性作为一组权利时，已有研究希望并且认为能通过交易实现这组权利的最优配置。换句话说，只要明确了外部性的产权归属，拥有者和受其影响者之间会通过讨价还价的市场方式自行解决外部性问题。如果交易费用为零，无论外部性的产权归属于何方，外部性交易双方的解决办法都是一样的，并且都是一定的技术和制度限制条件下的资源配置效率最高的那种方法[②]。当然，这种方法在实际实施过程中要发生费用，即使没有交易费用，也存在购买外部性权利的费用。通过市场方式购买外部性权利的费用，同时反映了外部性的价格以及外部性的价值。因此，购买外部性的费用可以作为外部性价值的一个计量指标是毋庸置疑的。

问题是，外部性的一个主要特征就在于它游离于市场之外[③]，市场机制很

---

① 庇古的建议是征收投入税，瓦伊纳建议征收产出税，科斯认为交易本身可以解决问题，而张五常认为只要成本和和收益在边际上相等，帕累托条件就能够满足。言下之意，无须政府干预。

② 此为科斯定理含义。

③ 正因如此，故有萨缪尔森的外部性定义。

难或几乎不能为它定价。也就是说，面对外部性本身，市场已经失灵。市场的定价机制和资源配置方式在市场外的外部性交易中不能直接应用。

科斯巧妙地把难以计量的外部性转换成了其影响的产品上。由于外部性所引致的产品数量变化在许多场合是可以观察到的，当外部性几乎不影响产品价格的情况下，外部性的价值可以通过其影响的产品数量的增减以及市场确定了的产品价格进行计量。换句话说，如果外部性行为结果所影响的产品的数量是可计量的，那么，我们便可以通过外部性行为结果所影响的产品的数量变化及其价格来思考外部性的计量问题。

在此，借用科斯“牛吃麦”的经典例子来分析一个外部性行为实施者和一个接受者的情形。竞争性市场已经给出了小麦和牛肉的价格 P_1 和 P_2。该价格的形成与这宗“牛吃麦”的个案几乎没有关系，换句话说，牛是否吃了麦子对小麦和牛肉的价格几乎没有影响。那么，个案的发生仅仅影响了当事者的产品的产量。

假定牛吃或没有吃麦子时，农夫的麦产量分别为 Q_1 和 Q_2，生产成本为 C_0，则当牛吃或没有吃麦子时农夫的收入分别为：

$$R_1 = P_1 \times Q_1 \tag{6-4}$$

$$R_2 = P_1 \times Q_2 \tag{6-5}$$

农夫的净收入分别为：

$$N_{01} = R_1 - C_0 = P_1 \times Q_1 - C_0 \tag{6-6}$$

$$N_{02} = R_2 - C_0 = P_1 \times Q_2 - C_0 \tag{6-7}$$

当牛吃麦子时，农夫麦子的减产量为 $Q_2 - Q_1$，收入和净收入减少量均为 P_1（$Q_2 - Q_1$）。牛是否吃麦子与农夫种麦子的成本无关，即 C_0 不变。

假定农夫要恢复其原产量 Q_2，并假定他为此支付的成本（与养牛者的交易费用 C_{11}，以及给养牛者的补偿 C_{12}）为 C_1，在价格不变时，农夫的净收入 N_0 为：

$$N_0 = P_1 \times Q_2 - C_0 - C_1 = P_1 \times Q_2 - C_0 - (C_{11} + C_{12}) \tag{6-8}$$

由于农夫要支出 C_1，故在产量不变的情况下，他的收入仍然小于无外部性时的收入 $P_1 \times Q_2$。这时市场的供求格局和价格没有发生变化，市场的效率没有受影响，受影响的仅仅是农夫个人的净收益（净收益减少 C_1）。在科斯的例子中我们看到这种影响有一个限度，即：

$$R_2 - N = C_{11} + C_{12} = C_1 \leqslant 9^{①} \tag{6-9}$$

① 科斯例中的围栅栏的费用是 9 美元。农夫不去与养牛者交涉，而是自己花 9 美元围栅栏。

农夫是否要恢复原产量的另一个约束条件是：

$$N_0 \geqslant P_1 \times Q_1 - C_0 \text{ 即：} C_1 = C_{11} + C_{12} \leqslant P_1 \ (Q_2 - Q_1) \qquad (6\text{-}10)$$

如果农夫要获得原来的净收入，在产品价格不变和产量减少的情况下，只有养牛者就牛吃麦事件向农户进行支付。支付额 Z 的计算式如下：

$$Z = P_1 \ (Q_2 - Q_1) \ + C_{11} \qquad (6\text{-}11)$$

这里依然假定农夫为获得养牛者的支付所花费用为 C_{11}，因此，养牛者不仅要对农夫的麦产量损失负责，而且要对农夫所支出的交易费用负责。当然，也存在 $Z \leqslant 9$，这是养牛者向农户所支付的最大限额。在 $Z \leqslant 9$ 的条件下，减少农夫的交易成本是养牛者的一个重要利益目标。因此，养牛者很可能积极主动地告诉农夫他将支付因牛吃麦给农夫造成的损失：P_1 $(Q_2 - Q_1)$。由于牛吃麦的数量和麦子的市场价格在两人之间是共同信息，故农夫和养牛者可以达成共识，即养牛者向农夫支付 P_1 $(Q_2 - Q_1)$。这时，牛吃麦事件的外部性就通过两人间的交易解决了。此时，外部性的价格为：P_1 $(Q_2 - Q_1)$。由此可知：

如果 A 的 a 行动降低或提高了 B 的 b 产品的产量 $|Q_2 - Q_1|$，b 的价格为 P，在 B 对 b 有完全产权的情况下，a 行动的外部性可以被计量，其值为：$|Q_2 - Q_1| P$。

什么情形下养牛者会积极主动地去承担牛吃麦的责任呢？这涉及麦子的产权。如果麦子的产权对农夫来说是完整的，在牛吃麦事件发生之前就已经是共知的存在，那么，无需界定外部性的产权，养牛者与农夫也能就外部性的影响结果达成交易。反过来，如果农夫对麦子的产权是不完整的，养牛者不仅不会积极主动地去承担牛吃麦的责任，而且还会无视农夫就牛吃麦子事件所做的各种诉求（即农夫的交易成本）。

在麦子产权不完整时，农户要获得原来的净收益，就必须与养牛者交涉，发生交易费用 C_{11}。假定养牛者的赔付 Z 是 C_{11} 的增函数，则有：

$$Z = f \ (C_{11}), \ \partial Z / \partial C_{11} > 0, \ Z \leqslant 9 \qquad (6\text{-}12)$$

另一种情形是农夫对养牛者有可信的威胁，比如说，农夫可能告诉养牛者在牛进入他的麦田时他会采取对牛的伤害性行动。这种伤害性行为如果会导致养牛者的收益预期下降，交易也有可能达成。

在农夫和养牛者之间，也不排除可能存在策略性行为。当麦子产权不完整时，如果养牛者或农夫采取策略性行为，农夫和养牛者之间很有可能达不成交易。养牛者在没有明确要为牛吃麦子负责的时候，他会按自己的最大化策略行为，除非农夫的支付超过其养牛行为的最大化收益值。养牛者还有可能借此敲诈农夫，以获更高的收益。当这种要求超出了农夫愿意接受的最大支付后，交易不能达成。在麦子产权完整时，也不排除存在农夫要高价或敲诈对方的想法直至做法，使双方的交易不能达成。科斯为此设立了一个“9 美元”的限制，其意表明：如果交易双方不能达成协议，也有各自的解决办法。现实生活中的解决办法或许多种多样，但常见的解决方法就是听之任之。

② 基于行为者净收益的计量

如果外部性所引发的结果是对一种不可或难以计量的权利的影响时，第一种计量方法就失效了。这时，我们不妨换一个角度思考外部性的行为者对外部性的看法。如果一个人按照最大化其利益来行为的话，他对行为 X 的收益 S 与成本 C 会有一个预期，进而形成一个净收益预期 $N=R-C$。

假定行为 X 产生外部性 $[E]$，则 X 的社会净收益 N_1 为：

$$N_1 = R - C + [E] = R - C + \sum E_i \quad (6\text{-}13)$$

式（6-13）中 E_i 为 X 行为外部性中的一束。如果 X 有 n 束外部性组成，则外部性 $[E] = \sum E_i, i = 1, \cdots, n$。当 E_i 为正效应时取正值 $[+E_i]$，为负效应时取负值 $[-E_i]$。

行为者首先关心的是 N，即关心 R 和 C，因为 R、C 和 N 直接相关。行为者关注 $[E]$ 是行为以后的事，或许自己意识到行为已给他人带来了好处或坏处，或许有他人提出其行为给他人带来了坏处，而他人提出其行为给他人带来好处的情况会很少见。对行为者而言，其对行为结果关注度的排序是（由高到低）：$N \rightarrow [+E_i] \rightarrow [-E_i]$。而外部性接受者关注度的排序是（由高到低）：$[-E_i] \rightarrow [+E_i]$。

当 $[E]$（包括 $[+E_i]$ 和 $[-E_i]$）难以计量时，为 $[E]$ 交易达成的费用（即外部性的交易费用）很高。尽管可以规定 $[E]$ 的产权归属，但产权人是否行使或保卫权利并不确定。对行为者来说，他最为关心的是 N，无论他是否拥有其行为外部性的产权，他对 $[+E_i]$ 的关注程度都不会高，更不愿意关注 $[-E_i]$。由于 $[E]$ 难以计量，外部性的接受者尽管高度关注 $[-E_i]$，但他与外部性行为者就外部性的实际影响达成一个所谓公正的协议几乎是不可能的。在外部性接受者自己也难以描述更难以计量外部性对他的具体影响的时候，不能期望行为者积极主动地向受影响者进行支付。即使行为者积极主动地向受影响者进行支付，也不能保证这时的接受者不会借机加码以要求更高的支付。因此，理性的行为者会选择不予理会。

理性行为者对［$-E_i$］的不理会与［$-E_i$］的难以计量有关，而不是行为者的不理会导致了［$-E_i$］的难以计量。但对行为者而言，他对行为的收益 N 是清晰的。如果行为外部性的接受者给行为者 N，则行为者会考虑放弃行为 X，X 的外部性也就和他的净收益一起被行为者出卖了。对购买者而言，情况发生了变化，他支付的 N 是作为他购买 X 行为的外部性成本。当然，只有 N 小于购买者对外部性的估值［E］时，交易才有可能达成。任何一个大于 N 小于［E］的成交价，都满足帕累托条件，也都有可能达成交易。

(3) 外部性：一个行为者与多个承受者

在科斯的例子中，如果麦田是多个农户集体的，在牛吃麦以后会发生什么呢？我们不妨假定养牛者依然会积极主动地去和麦田的主人进行沟通以表示愿意承担牛吃麦的责任。因为麦田是集体的，养牛者要分别到每一个集体成员家中去沟通，或者把他们都请到一起进行集体商议。这个过程要比对单个的农夫的沟通过程复杂得多。一方面，养牛者要花更多的沟通成本①；另一方面，集体达成共识又涉及集体行动问题。这两方面都会加大养牛者和农夫之间的交易费用 C_{13}。继续假定牛吃麦的数量和麦子的市场价格在养牛人和农夫之间是共同信息，故农夫和养牛者可以在麦子损失赔付上达成共识，即养牛者向农夫支付 P_1（Q_2-Q_1）。这时，牛吃麦事件的外部性依然通过个人与集体间的交易解决了。此时，外部性的价格为：P_1（Q_2-Q_1）$+C_{13}$。由此可知：

如果 A 的 a 行动降低或提高了 B 集体的 b 产品的产量 $|Q_2-Q_1|$，b 的价格为 P，在 B 集体对 b 有完全产权的情况下，a 行动的外部性可以被计量，其值为：$|Q_2-Q_1|P+C_{13}$。

如果外部性不能通过其影响的产品计量，我们寄希望于外部性影响者对外部性的估值高于行为者的净收益 R。然而，当被影响者多于 1 人时，被影响者对外部性估值的不一致可以理解。如果他们的估值均高于 R，并且无人隐瞒其观点，他们相互间就与外部性行为者的交易也容易达成共识，则交易达成。即使他们的估值均高于 R，若有人隐瞒其真实估值，集体行动问题出现，交易难以完成。如果确有人对外部性的实际估值小于 R，集体内又没有人愿意承担集体内多余成本的分摊，外部性的交易也不能达成。

当外部性遇到多个承受者时，其计量方法与单个承受者时没有本质区别。

① 如果该集体的人数为 N，则养牛者的沟通成本为 N 倍单个农夫的沟通成本。

但由于可能出现的集体行动问题，使得在单个承受者状态下可用的计量方法在集体状态下难以实施。或许，有效的集体行动研究成果将有助于解决这个问题。

(4) 外部性：一个行为者与众多接受者

[$-E_i$] 的成本可能向与行动者同代的、[$-E_i$] 影响范围内的他人的转移，也可能向行动者的后代转移①。在向后代转移过程中，虽然后续的被转移者已经不能清晰地认识具体的行为者，但他们会明显感到先前的行为已经转移给了他们实实在在的成本。或许是为研究方便，一般都假定受外部性影响者为“有限多个”之情形。现实中有不少外部性的影响范围超出了“有限多个”的界限。一个工厂在生产过程中排放的二氧化硫（SO_2），自排出开始就从排出点向四周扩散，或许最后会扩散到大气中的每一个角落。虽然扩散过程中其浓度在不断稀释，但还没有研究表明它会渐渐消失。

不同外部性的成本转移有一些关联性特征。当某行为的外部性属突发性时，外部性影响程度及其成本转移都呈现由近及远、由强变弱特征。我们不妨假定外部性的转移成本大小与外部性影响程度成正比（即 $C_z=Ky$，C_z 为转移成本，y 为影响程度，K 为系数），那么，外部性的转移成本就和外部性影响程度的变化有完全相同的变化趋势。由近及远的外部性要移至多远是一个有意思的问题，它与外部性的影响范围和成本转移、分布有密切关系。

我们先考察单向变化趋势。图 6-2 中 y 曲线描述了随离污染源距离 x 的变化受影响程度 y 的线性变化趋势② $y=me^{-\theta s}$，m 和 θ 为参数③，m 为非负数（成本或成本曲线 C_z 的变化趋势与之相同），当 $x=0$ 时，受侵害程度为 m，当 $x\rightarrow$

---

① 目前，国际社会普遍认为：在气候自然变化的同时，很可能由于人类活动改变了大气的化学成分，如二氧化碳（CO_2）、甲烷（CH_4）和氧化亚氮（N_2O）分别比工业革命化前增加了 30%、145%和 15%（1994 年值）。人类温室气体排放行为造成的 [$-Ri$] 的成本转移就具有一代向下一代转移的特征。国内外科学家使用 31 个复杂气候模式，对 6 种代表性温室气体排放情景下未来 100 年的全球气候变化进行了预测。结果表明：(1) 地球平均地表气温到 2100 年时将比 1990 年上升1.4～5.8℃。这一增温值将是 20 世纪内增温值（0.6℃左右）的 2～10 倍，是近 10000 年中增温最显著的速率。21 世纪全球平均降水将会增加，北半球雪盖和海冰范围将进一步缩小。全球平均海平面到 2100 年时将比 1990 年上升 0.09～0.88m。一些极端事件（如高温天气、强降水、热带气旋强风等）发生的频率会增加。(2) 我国气候将继续变暖。到 2020—2030 年，全国平均气温将上升 1.7℃；到 2050 年，全国平均气温将上升 2.2℃。(丁一汇，2002)

② 外部性影响程度大小决定了成本大小，成本随影响程度的变化而变化，故该曲线也可看作成本曲线的变化趋势线。

③ m 为曲线与 y 轴交点的纵坐标，θ 为参数，可以通过代入一组数据求得。

∞，$y \to 0$，$y \neq 0$。

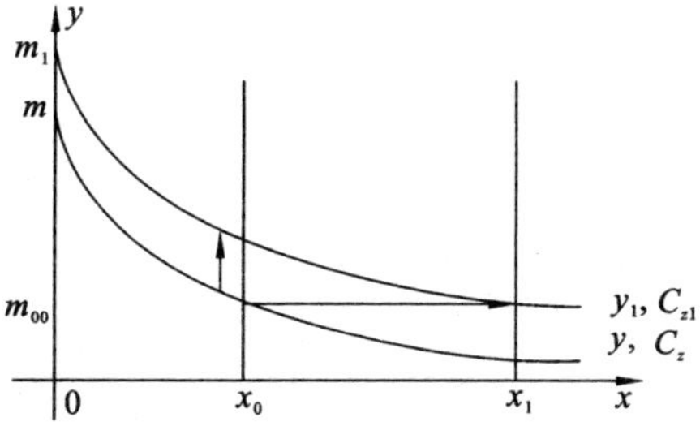

图 6-2　污染程度、成本与离工厂距离关系图

图 6-2 表示的是一个外部性行为者影响众多人的情形。在外部性的影响程度仅随 y 的变化而变化的时候，我们可通过外部性的转移成本与其程度之间的关系，计量其成本 C_z。当 $y=y(x)$，则有：

$$C_z = K\int_0^{\infty} y(x)\mathrm{d}x = K\int_0^{\infty} me^{-\theta s}\mathrm{d}x \tag{6-14}$$

进一步的分析是对突发性和连续性外部性的关系的考察。不妨假定图 6-4 中 y 曲线是突发性污染或噪音的影响曲线。当突发性外部性发生时，行为中心附近的人受到的影响最大，而中心稍远些的他人受到的影响渐小。如果行为的外部性具有连续渐进性时，y 的变化趋势不会改变，但 y 曲线上移至 y_1；当 $x=0$ 时，受侵害程度升至 m_1；当 $x\to\infty$，依然存在 $y\to 0$。

如果考虑外部性的四周发散性，可以假设外部性影响度边界为一个曲面，它由 $y(x)$ 旋转 360°而成，那么，$y\to 0$ 平面和曲面所围合的体积 V 反映了外部性的影响程度。

$$\begin{aligned}
V &= \lim_{b\to 0}\int_b^m \mathrm{d}v = \lim_{b\to 0}\int_b^m \pi x^2\,\mathrm{d}y \\
&= \lim_{b\to 0}\int_b^m \left(-\frac{1}{\theta}\cdot\ln\frac{y}{m}\right)^2\cdot\pi\mathrm{d}y \\
&= \frac{\pi}{\theta^2}\lim_{b\to 0}\left\{\left[y\cdot\ln\frac{y}{m}\right]_b^m - \int_b^m y\cdot 2\cdot\ln\frac{y}{m}\cdot\frac{m}{y}\cdot\frac{1}{m}\mathrm{d}y\right\} \\
&= -\frac{2\pi}{\theta^2}\lim_{b\to 0}\int_b^m \ln\frac{y}{m}\mathrm{d}y \\
&= -\frac{2\pi}{\theta^2}\lim_{b\to 0}\left\{\left[y\cdot\ln\frac{y}{m}\right]_b^m - \int_b^m y\cdot\frac{m}{y}\cdot\frac{1}{m}\mathrm{d}y\right\}
\end{aligned}$$

$$= \frac{2\pi}{\theta^2} \lim_{b \to 0} \int_b^m 1 \mathrm{d}y$$

$$= \frac{2\pi}{\theta^2} \lim_{b \to 0} (m - b)$$

$$= \frac{2\pi m}{\theta^2}$$

此时，外部性转移成本 C_z 为：

$$C_z = KV = 2K\pi m / \theta^2 \tag{6-15}$$

以上是依据外部性的影响程度计量的外部性的转移成本。如果以被影响者的有感程度来衡量外部性的大小，情况又会不同。

仅就气味污染而言，只有离工厂较近者才能明显感到 SO_2 的气味，而渐远者渐渐感觉不到它的气味。假定图 6-2 中 x_0 为气味有感和无感的分界线，对应的污染程度为 m_{00}，并以此范围内的受影响者作为赔付的对象，那么，人的嗅觉的一定程度就成了外部性影响范围及其成本的确立依据。此时存在：

$$C_z = K\int_0^{x_0} y(x)\mathrm{d}x \tag{6-16}$$

如果 SO_2 不间断排放，大气中的 SO_2 的浓度会不断升高，图 6-2 中曲线 y 上移至 y_1。在人嗅觉程度决定的可接受污染程度 m_{00} 不变情况下，x_0 移向 x_1，即更大范围的人嗅到了 SO_2 气味。

此时存在：

$$C_z = K\int_0^{x_1} y_1(x)\mathrm{d}x \tag{6-17}$$

假定与 y 对应的成本曲线为 C_z，则当 y 移向 y_1 时，C 上移至 C_{z_1}。同样以有感作为计量依据，但成本的覆盖面加大，覆盖区内受影响者的成本普遍上升了 $C_{z1} - C_z$。

与气味外部性相似，噪音也具有随距离的增大而其污染程度和成本不断降低的特征，并且人的听觉的一定程度成了外部性影响范围和成本确立依据。常识告诉我们，随着距离的增大，声音会越来越小，直至“听不见”。这个常识让我们很容易认为间断性噪音的最大影响范围就是自声源到刚好“听不见”的那个边界。实际上，声波的传送范围会远得多。

连续均衡的噪音或许会使感知者产生感知疲劳，从而减少伤害。耳聋者对声音包括噪音没有感觉，他不会受噪音伤害。如果产生噪音的工厂主向其周边受噪音影响的住户进行赔付，很难想象他会不对周边的那个耳聋住户进行赔付。如果向耳聋住户进行赔付，那赔付的理由又是什么呢？显然它又不同于其他受影响住户的赔付理由——受噪音伤害。

6.2.4 外部性的连锁反应

当一个行为的外部性出现后，如果某受影响者为此采取了某项行动，而这项行动又产生了新的外部性，那么，第一个行为的外部性就与第二项行动的外部性发生了关联。如果为第二项行动的外部性又有人采取了第三个行动，那么，第三个行动可能又产生了外部性，以此类推，就会有一连串的外部性出现。我们不妨称这个现象为外部性的连锁反应。

在一个外部性的连锁反应过程中，总的外部性或许在减少直至消失，但也有可能增大。在第一个行动的外部性出现以后，如果第二个行动完全解决了第一个行动的外部性并且该行动没有产生新的外部性，我们可以认为没有出现外部性的连锁反应。如果第一个行动的外部性出现以后，第二个行动完全或部分解决了第一个行动的外部性并且该行动又产生了新的外部性，但新的外部性与前一个行动外部性的残留量之和小于该行动前的外部性，那么，这便出现了外部性的连锁反应，并呈现总外部性不断减少的趋势。当这个趋势继续直至总外部性消失时，这个外部性的连锁反应结束。另一种情形是：第一个行动的外部性出现以后，后续行动造成的连锁外部性的总量没有减少或还在不断增加。这种情形能够说明后续的行动对外部性的无能为力，但不一定说明后续行为的无效率。同样，不断减少了外部性的行为甚至及时解决了外部性的行为也不一定就是有效的。

在城市住宅区的物业相关者之间就存在外部性的连锁反应。开发商行为的外部性会影响物业管理服务商，物业服务商对开发商外部性影响所采取的行为形成了新的外部性，该外部性又影响到业主，业主因此而有所行为进而形成了更大的社会外部性。

连锁反应的外部性有些可以用上述方法计量，而更多的或许更难以计量。在一个集权成习惯的管理区域里，各级行政管理人员的行为外部性便难以计量。当上一级某行政领导 L 在处理某事时让其下级 G 感受到了伤害，而这种伤害仅仅是上一级领导因情绪不佳而在处理事务中意外产生的。下级 G 将这种来自其上级领导的伤害又带到了与其下级 H 的工作交往中，于是，H 又受到了伤害。

这类连锁性的伤害经常出现在集权体制里，有人慢慢习惯，而有人尚未习惯。习惯者或许会有较轻的受害感受，而未习惯者或许有更深的受害感受。同一层级中不同的人会有不同的受伤害感受，不同层级的伤害感受的累计就更不容易了。

6.3 产权与外部性的关系

6.3.1 一个演进模型

实际上，产权和外部性的关系是随着时间的推移而不断演进的。

(1) 在产权的初始界定阶段，仅存在已知财产用途的权利界定，而不存在外部性。即使存在未界定的用途及其产权，也是未知用途的产权或可忽略其价值的产权。

(2) 产权的行使权是基于财产用途的产权但又不同于财产用途的产权，因此，行使权不在横截面 S 上。行使权是始于财产用途（已界定和未界定）的权利并沿着时间推移不断延伸的一组变径权利束。

(3) 在时间推移的过程中，如果社会经济环境发生变化，未界定的产权及其行使权会产生外部性，已界定的产权及其行使权也有可能产生外部性，从而提出了新的产权安排要求。

图 6-3 给出了 (1) ～ (3) 观点的框架示意。

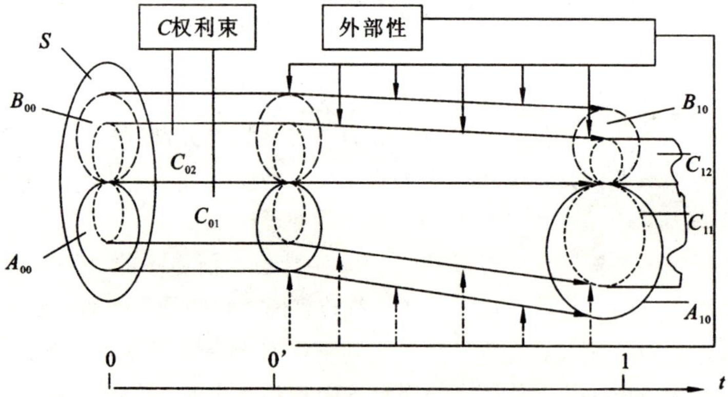

图 6-3 产权与外部性的理论框架

在图 6-3 中的时点 0 所对应的 S 面上，已界定的财产用途的产权集合用椭圆形实线表示，记为 A_{00}，未界定的产权集合用长划椭圆形虚线表示，记为 B_{00}。A_{00}和 B_{00}的行使权分别记为 C_{01}和 C_{02}。由于 C_{01}和 C_{02}始于 S 面而不实存于 S 面（存在于与 S 面垂直的时空中），故在 S 面上的投影用虚线表示。时点 0 表示产权的初始界定阶段，时点 0’ 表示产权行使的起始点①。自 $t=0'$ 时始，外部性开始显现。图 6-3 中右上方自上而下的竖向实线箭头分别表示了尚未界定的未知用途的产权所引发的外部性和尚未界定的行使权所引发的外部性。右下方自下而上的竖向点画线箭头分别表示了已界定用途的产权和行使权可能引发的外部性。随着外部性程度的不断加剧（从左到右，由小变大），与新的社会经济环境相一致的新的产权界定结果在时点 1 出现。在时点 1，已界定的财产用途的产权为 A_{10}，已界定的行使产权为 C_{11}；未知用途的产权为 B_{10}，未界定的行使产权为 C_{12}。理想的结果是，该界定结果消除了前期（时点 0’～1 之间）出现的外部性，包括实线和点划箭头线所表示的外部性。此时，与时点 0 处相同，时点 1 上只有新界定的产权，而没有外部性。在时点 1，仍会存在财产潜在或未知的用途及其未界定的行使权。新界定的产权格局在新的社会经济环境或新产权行使过程中依然会引发外部性。该外部性再一次要求给出新的产权界定。这是一个不断往复、不断演进的过程，最终可能出现 n 个界定时点，甚或难有终结。

在有 n 个界定时点的系统中，假定在产权界定面 i（$i=0, 1, 2, \cdots, n$）上的产权为 R_{i0}，$[i', i+1)$ 间因外部性的出现导致有待界定的产权为 $B_{[i', i+1)}$，则存在：

$$R_{i0}=A_{i0}\cup B_{i0}, \quad i=0, 1, 2, \cdots, n \tag{6-18}$$

$$B_{[i', i+1)}=B_{[i', i+1)}(E, t), \quad i=0, 1, 2, \cdots, n \tag{6-19}$$

式（6-18）中 A_{i0}和 B_{i0}分别为 i 面上已经界定的产权集合和未界定的产权集合。式（6-19）中的 E 为外部性，$t=[i', i+1)$。严格意义上讲，$B_{[i', i+1)}$是由显见外部性所引起的、不可忽略的产权，即需要进一步界定的产权。

由于在 $i+1$ 面上需要进一步界定的产权 $B_{[i', i+1)}$已经被界定，故 $i+1$ 面上已经界定的产权为：

$$A_{(i+1)0}=A_{i0}\cup B_{[i', i+1)} \tag{6-20}$$

---

① 为方便解释，图 6-3 中 0～0’ 之间留有较大间隔，严格意义上讲，0～0’ 之间的间隔→0。

式（6-20）中 $A_{(i+1)0}$ 为 $i+1$ 面上已经界定的产权。

在横截面上产权总量不变的情况下，$i+1$ 面上未界定的产权为：

$$B_{(i+1)0}=B_{i0}/B_{[i',i+1)} \tag{6-21}$$

式（6-21）中 $B_{(i+1)0}$ 为 $i+1$ 面上未界定的产权。

当我们认同外部性是需要进一步界定产权的动因时，一旦新的产权被界定，那么，先前在产权行使过程中已出现的外部性就会被消除。也就是说，在横截面 i（$i=0,1,2,\cdots,n$）上，存在：

$$E_{i0}=0，i=0，1，2，\cdots，n \tag{6-22}$$

式（6-22）中的 E_{i0} 为 i 截面上的外部性。

新界定的产权同初始界定阶段的产权一样，也会随着社会经济环境的变化，在行使过程中引发外部性。该外部性是其前一截面上的产权格局 R_{i0}、社会经济环境变量 e 和时间 t 的函数：

$$E_{[i',i+1)}=E_{[i',i+1)}(R_{i0},e,t)，i=0，1，2，\cdots，n \tag{6-23}$$

式（6-23）中 $E_{[i',i+1)}$ 表示 $t=[i',i+1)$ 区间内的外部性。

式（6-18）至式（6-23）给出了产权与外部性的关系模型。

由式（6-22）可知：无论产权如何界定，只要产权所有者没有或不行使其所有的产权，产权界定并不会产生外部性。譬如说，某人可以声称其拥有太平洋，而其他人或机构也认可他的主张，但该人不以任何方式行使这项产权，那么，在太平洋上航行、捕鱼和各种活动依然与产权界定之前一样，没有任何外部性存在。可以想象，无论使用武力还是权威或其他方式界定初始产权，界定阶段的各参与者最终接受了界定结果。在所有参与者接受了初始界定结果的情势下，不再有参与者会对此结果持异议。既然各参与者没有异议，那么，在一定约束条件下的产权界定或“交易”行为就没有产生外部性，或者说，一定约束条件下各参与者通过产权的初始界定过程已将已知的、可能的外部性内部化。当然，财产未知的用途或许存在，但它的产权界定在初始的产权界定阶段无法进行，因为在产权的初始阶段它并不实际存在。经济学家所认定的产权初始界定阶段的外部性，或许是指尚未界定的财产用途可能产生的外部性，它充其量是一种潜在的外部性。

潜在的外部性要成为显见的外部性必定会经历一个过程。在这个过程中，社会经济环境因素包括技术、制度（包括法制）和参与者（包括参与者的人员数、人员特征及其变化）等要么单个变化，要么同时变化，财产的新用途也必须同时出现。解决伴随财产新用途的外部性的产权方法是进一步界定财产新用途的产权，于是，财产所有权的进化过程随之出现。在远古时期，人们或许只知动物肉可食而不知其皮毛可用，于是，猎者取其肉而扔其皮毛。当动物皮毛经过一定的技术加工可以作为良好的防寒衣物时，才会有人收捡动物皮毛。于是，扔掉后被收捡起的动物皮毛产生了正外部性。当人们再一次认同猎者具有皮毛所有权时，猎者会停止扔弃皮毛，他或将皮毛自用，或用皮毛与他人交换其他物品，此时，皮毛的外部性又被内部化。不难想象，在仅知动物肉可食的阶段，人们只会界定动物肉的产权（猎者有其所猎动物肉的所有权），而不会去界定毫无用途的动物皮毛的产权。只有在皮毛加工技术出现，皮毛有了新的用途以后，不进行皮毛的产权界定才会产生外部性。德姆塞茨（Demsetz，1967）对拉布朗多（Labrador）的蒙泰格西斯（Montagnsis）印第安人的研究阐述了这个道理：新的权利对应于新的经济力量而产生。在德姆塞茨（Demsetz，1967）的这篇经典论文中，环境条件包括技术进步、个人感知和偏好发生改变时，已经存在的资源的新用途可能会出现。远程贸易和技术等因素导致了海狸皮毛经济价值的上升，从而出现了外部性，进而产生了新的产权安排。这项安排涉及初始产权界定和财产新用途出现以后的又一次产权界定过程。它与财产的初始界定过程及其结果无关，仅仅与新的社会经济环境相关。简言之，产权初始界定阶段的潜在外部性，只有在新的社会环境因素变化以后，财产新用途出现之时，才会成为显见的外部性，这种显见的外部性要求人们对它给出新的产权安排。

值得注意的是，产权进化的一条路径是已界定的产权在行使过程中的行使权的再界定过程。科斯在《社会成本问题》一文中提出的问题是：养牛者有权让牛吃农夫的麦子吗？这是另一个问题。显然，养牛者有养牛的权利，但养牛者在行使养牛权的时候，他能让他的牛去吃农夫的麦子吗？文中称这个问题是“已界定的产权在行使过程中的行使权再界定”问题，简称“行使权界定”问题。与未知的财产用途在产权界定初期不可能界定一样，面对产权行使过程中一系列新的社会经济环境的变化，在产权初始界定阶段也无法就产权行使过程中可能遭遇的各种情形作出具体的行使权安排。因此，在产权行使过程中根据新的社会经济环境的变化再作出新的产权安排是一个现实选择，也是产权进化的一条路径。当然，产权行使权的界定问题是由产权行使过程中的外部性所引起的。科斯在《社会成本问题》一文中所讨论的几乎所有的外部性都是产权行使过程中的外部性，而他所提出的不同于庇古的解决方法就是要界定行使权。遗憾的是，他似乎认为在产权的初始界定阶段就能够界定行使权，从而达到产权清晰界定或完全界定的理想化目标。夏维尔（Shavell，2004）注意到了完全产权的行使权问题[①]。当A行使一项完全权利时，没有任何一个其他的社会成员会对其进行干预[②]。夏维尔希望通过是否有人干预来判定产权的完全性。当产权的定义包含了权利行使所必需的各项特征并肯定没有其他任何人将依法对其行为进行干预时，产权是完全的。夏维尔的观点对完善科斯的外部性解决方法在一些特例上是有效的[③]。然而，就大多数情况而言，在产权的初始界定阶段，产权的行使地点、时间和偶然性并不都是已知事件，甚或是具有风险或不确定的事件。因此，科斯的想法以及夏维尔的安排，依然面临一个现在怎样有效预测未来的问题。当然，预言不是经济学家的强项，随着社会经济环境的变化，产权和外部性怎样变化依然是一个社会问题，也是一个至关重要的经济理论问题。

6.3.2 横截面上财产用途的产权与潜在的外部性

财产用途分为已知用途和未知用途两类。人们可以界定已知用途的产权，但难以界定未知用途的产权。而是否将已知的用途都界定其产权也存在变数，因此，已知用途的产权也可能有部分处于未界定状态。现有研究表明，未界定的产权产生外部性，而已界定的产权不会产生外部性。其实，无论是已界定的产权还是未界定的产权都会产生潜在外部性。

(1) 未界定财产用途产生的潜在外部性

交易发生的前提是一方承认了另一方对物品的所有权，另一方同时承认对方对其货币的所有权。换言之，交易是在一定时空中产权已经确立并被清晰界定的情况下所进行的。未界定的物品用途有两种存在形式：一是在界定阶段尚未发现的用途；另一是在界定阶段相对次要或非常微小的用途。

由于认清物品（或资源）的每一种用途是需要成本的，有时是很高的成本

① 夏维尔（Shavell，2004）认为产权是“使用它们而排除其他人使用它们（to use things and to prevent others from using them）的权利”。

② 当然，这个时候没有外部性存在。否则，一定有人会对其行为进行干预。

③ 在本文的后面有具体的建房例子予以说明。

(巴泽尔，1997)，因此，在一定的时空中，一种物品（资源）总有一些用途没有被发现。当把物品（资源）的所有用途看作一组完整的权利束时，人们所认识到的物品的用途是不完整的，对应的产权束也是不完整的。尽管如此，没有人愿意在交易时为这些物品或资源的未知用途（产权）提前买单。卖者只能按照该物品的现有用途或现有产权含量进行要价，买者也只会按该物品的现有用途或现有产权含量出价。当科斯把交易看作是产权的交易时，实际上他所面对的是已经界定了的产权的交易，甚或是交易双方都能意识到的产权的交易①，而不是完整的产权交易。

既然物品都可能存在着未知的用途，那么，该用途必然会产生外部性吗？现有理论认为，交易时那些未发现的用途（未界定产权）有可能形成外部性，但它是一种交易后才会出现的外部性，换言之，它是物品的新用途发现以后才有可能产生的外部性。如果交易以后没有发现物品的新用途或新价值，则外部性不存在。实际上，即使交易以后发现了新用途，如果该用途与已知用途（交易时的用途）具有同等效益，当这两个用途互斥时，也不会产生外部性。因此，未知用途即便产生外部性也是一种可能的潜在外部性，未知用途或未界定用途的产权必然产生外部性的命题并不成立。只有当新用途的收益带来了增量收益时，未界定的用途产权才可能产生外部性。以玉米交易为例。当交易当事人将玉米作为食物交易时，交易价格 P 只反映玉米作为食物的供需均衡。当技术使玉米能作为较低成本的炼油原料时，作为食物所进行的玉米交易产生外部性。假定与油的均衡价格对应的可承担的玉米价格为 P_1，当 $P_1-P>0$ 时，P_1-P 就构成了作为食物交易的玉米交易的外部性。

一般情况下，未知用途的外部性并不会引发外部性问题。大多数人似乎原谅了人类较弱的未来预知力。对一般的农产品交易者而言，要求他们在进行农产品交易时预期到技术的发展对农产品用途的改变是不可能的，要求他们在交易时通过清晰界定所有用途的产权以将后期的外部性内部化也是不可思议的。好在大多数交易者并不计较后期可能会出现的外部性，否则，交易很难进行，市场经济也不会存在。当物品出售者不计较交易后的物品所发现的新用途及其所产生的正外部性时，外部性问题不存在。这种情形在现实中很普遍，当一个

---

① 当然，如果买者对物品产权的认识量大于卖者，交易也能很快完成；只有在卖者的产权认识量大于潜在买者时，交易或许难以达成。

人卖出了某公司的股票以后，假定某项技术或某种新的市场需求使该公司的某项资源价值大增，购买了该股票者获得了先前未预期的高收益。股票出售者并不会去寻找他原有股票的购买者以重新交易。当然，如果情况相反，买者也不会去找卖者。市场之所以能成为公认的市场，原因就在于大家都遵守这样一个规则：银货两清，互不相欠。如果为了消除或内部化并不存在外部性问题的外部性而期望更改已经存在并被广泛接受的交易规则，只能把它看作是某种智力游戏。人们普遍认同并遵守的交易规则已经成功抑制了未知用途的“外部性问题”。

除了一定时点上因人类知识的有限性而存在资源的未发现用途以外，有时人们也忽略了资源的一些已知的、相对次要的用途，而使他们的产权也处于未界定状态。此类未界定的用途（产权）有可能产生外部性，并有可能引发外部性问题，但它们都是“潜在的”。巴泽尔用一个例子表述了忽略的用途会引发争端的观点。设想在某租赁交易的地块上有几棵小树，其价值在交易当期不足以在租赁合同中订明（价值很小），故在用地交易时对它已忽略不计。如果这几棵小树在租期内的若干年后有了某种高价值的用途，则交易双方会为此而出现争执（巴泽尔，1997），外部性及外部性问题出现。在这个例子中，纠纷之所以会出现，一方面是由于未界定土地上小树的产权，另一方面是由于小树价值的提升。也可以说，未界定的产权及其价值后来的提升引发了外部性。当然，关键还在于未界定产权的小树的价值提升。如果没有小树的某种高价值的用途在后期的新发现，未界定的产权也不会产生外部性。外部性是未界定的产权在后期价值新发现的结果。与交易时未发现的用途一样，即使忽略了一些产权，也不会直接产生外部性，仅可能存在“潜在外部性”和“潜在的外部性问题”。

无论是人们实在不知还有哪些用途，还是人们有意忽略了一些次要的用途，导致这些用途的产权没有在交易时界定，但在交易的那个时空中，实施交易的产权仍然是清晰界定了的。将后期有可能出现或实际出现的新用途产权的争执或外部性问题归结为交易时的产权不清晰，不但不能清晰问题，而且有可能模糊已经清晰了的并被实践一直支持的市场理论。人们不能用今天的知识苛求人们过去的行为，也不能用未来的知识来要求人们今天的行为。过去的行为已成定局，完善或修正都是后来的事，新知识给了人们这个能力。同样，将产权行使过程中可能出现的或已经出现的外部性问题归结为交易时的产权未清晰界定是有待商榷的，至少无助于问题的解决。

在交易的产权未确立以前，资源的未知用途至多也仅产生一种可能的潜在外部性。由于交易未发生，未确立的资源的产权仅与其用途的发现有关，而与该资源的价值或价格无关。考虑仅有某一个人发现了某种未被利用的物品的新用途的情形。在此情形下，他可以悄悄收集该物品而不会受到他人干预。他通过自我劳动（而不是，也不用通过市场交易行为获取该资源的产权）获得该物品新用途的收益，从而拥有该物品的实际所有权。在他人都不知情时，这个人的行为不会引发外部性问题。这似乎是一种远古的行为，但今天依然存在，而且还会继续下去。因为新的资源在不断被发现，而资源的新用途也在不断地被发现。只有在人们共同意识到某种资源具有某种用途时，该用途的产权界定才不仅仅是一个人的行为，或许基于该用途上的产权竞争才因此开始。①

(2) 已界定的用途也可能产生潜在外部性

随着社会经济环境的变化，行使已界定的产权可能引发先前人们未预期的收益变化，从而产生外部性或外部性问题。当社会成员认可的某人拥有某项权利时，通常对其拥有的产权有一个收益预期。当实际发生的收益远高于人们的收益预期时，超预期的巨大收益会给他人造成心理上的伤害和相对购买力的减弱，从而形成已界定产权行使的外部性。在这种情况下，即使产权人的产权行使行为没有超出先期界定的范围，其他人也会想方设法去改变已经界定的产权。当然，这种外部性的出现也是先期产权界定以后的事。在产权初始界定的横截面上，大大超出预期的收益并没有出现，外部性也不会出现。外部性出现在产权界定的两个横截面之间。相对于前一个横截面，此外部性具有潜在外部性的性质；相对于后一个横截面，它是被内部化了的外部性。②

完全界定了的产权不仅会面临财产价值的提升，也有可能面临财产价值的下降。与财产所有权受限制一样，完全明确的行动权虽然消除了一般意义上的外部性，但并没有消除外部性的消除成本。换言之，完全明确了的产权安排，有可能使财产所有者承担了外部性内部化的成本，从而降低了其财产的价值。假定卖地者详细列举了建房和房屋使用过程中的可能遇到的各种情形，包括邻

---

① 在这里做了一个重要假定，即产权是基于资源用途之上的，而不是基于资源本身的。如前所述，如果资源没有任何用途，人们不会计较是谁或谁会拥有她，也就不存在为没有任何用途的资源而展开的产权竞争。

② 此时，或许还存在外部性，但外部性问题已经解决。

居的各种可能的干预，则买地建房者将会意识到在建房和房屋使用过程中可能要额外支付成本。假定由此增加的建房和房屋使用成本为 C，则购地者在完全市场情形下的出价将减少 C。因此，如果在未完全描述建房用地上建房行动时的地价为 P_d，则在完全描述了建房用地上的建房行动后的地价为 P_d-C，$P_d-C<P_d$。或许，我们既可以用“财产使用过程中产生外部性”的财产价格来反映财产的价值，也可以用“财产使用过程中不产生外部性”的财产价格来反映财产的价值，但其结果并不相同。与其说清晰界定了的产权的行动描述降低了财产的价值，不如说它回归了财产的价值。因为在不存在产权的行使行动描述的状态下，产权的行使行为产生了外部性。在其他人为之买单的情况下，财产的价值偏离了其固有价值，即不产生负外部性时的价值。

6.3.3 土地纵向演进的产权与外部性系列

思考土地或房地产产权系列与相应外部性的关系，有益于我们对产权系列、外部性系列以及它们相互之间关系的认识。

常识告诉我们，购地者在购买了建房用地以后，便具有在该地块上建房、用房和管理其房屋的一系列权利。建房、用房和房屋管理权等构成了基于建房用地产权之上的系列产权。问题是，在某一时点，这些权利本身以及其间的联系并没有也不能被完全地界定。

(1) 未界定产权的演进

随着时间的推移，不断出现的、未界定的产权形成了未界定用途的产权系列。如前所述，巴泽尔给出了出租地块上树木高价值用途出现以后的可能性冲突（巴泽尔，1997）。其实，在出让的地块上，这种情形更为常见，购地者会理所当然地认为自己拥有树木的产权。他甚至可以说，为了保留那些树木，他在建房时改变了原来的房屋设计，减少了原定的建房面积。卖地者也会主张其对树木的所有权，因为在土地出让合约中明确的土地用途是建房，或者说出售的是土地的建房权，而树木的所有权并没有在合约中标明。买者会继续申明：“如果在建房过程中我以妨碍建房名义砍伐了这些树木，卖者不是也得同意吗?”的确如此，因为那些树木当时的价值可以忽略不计。然而，后来不同了，树木的价值提升了。于是，卖者会马上申辩：“事实已经证明，一方面，树木并未影响建房；另一方面，你曾经支付给我的只是建房用地权的费用，并没有支付地块上树木的费用……”可想而知，购地者和卖地者还会有许多新的理由以至争执不休，最终或许会依赖第三方来仲裁。无论谁是谁非，结果都一样：树木新用途的产权将在交易双方的争执中被明确地界定。

设想两种交易情形。其一，财产交易过程中所交易的仅是财产某一属性的权利，而该属性会是财产当期已知的各种互斥性属性中最有价值的属性，其他各互斥性属性已让位于该价值最高的财产属性，从而实现了由互斥性属性组成的财产权利束的价值最大化。在这种情形下，尽管在合同中没有特别明确“财产交易包含了每一项已知财产属性的产权交易”，实际上，交易本身已经暗含了财产所有已知的互斥属性的产权交易。当土地的最有价值的属性是建房时，土地所有者将按该用途出让土地以实现土地价值最大化。其二，财产交易过程中所交易的或许是财产某些属性组合的权利，而该组合是已知的财产当期各个属性组合中最有价值的属性组合，其他各互斥性的属性组合将让位于该价值最高的财产属性组合，从而实现由独立属性组成的财产权利束的价值最大化。对可供建房的土地而言，可能的用途组合有：“建房＋植树”“建房＋花园”“建房＋养兔”“建房＋室外健身”等。当“建房＋花园”组合是已知的各组合中价值最高的组合时，土地所有者将按该组合的用途出售土地，以实现其土地收益最大化。

无论是第一种，还是第二种交易情形，交易双方都会遵从以交易物的当期价值最大化来决定交易的价格。后来的纠纷会出现在交易双方在交易当期都没有意识到的财产属性上面，尤其是当该属性随着时间的推移渐渐显现并不断增加财产价值的时候。由于人的知识的有限性，在每一笔财产或物品交易当期，人们很难预计交易后期可能有的新属性以及已有属性价值的变化。该新属性或已有属性价值增量的产权才是没有被界定的，也是交易当期不可能界定的。在土地交易时，土地上几棵小树若干年后新的具有高价值的用途是不可预见的，其产权也就不可能在交易时被界定。由于未界定的用途的发现过程是时间系列的函数，而技术发展或许是一项重要的影响因素，因此，未界定的用途的产权安排也是随时间的推移或技术、制度等经济社会条件的变化而不断演进的，形成了未界定用途的产权系列。

(2) 行使权的演进

财产产权的行使权是产权的另一个系列。建房用地交易后的建房行使权似乎是购买了建房用地产权的推定产权，又似乎涉及另外一些属性和相关的产权问题。可以肯定，购买了建房用地的人具有在所购地块上建房的权利。然而，建房过程中会产生诸如噪音或灰尘类污染。按科斯的思路，要问建房者在建房过程中有没有污染邻居的权利。如果没有这个权利，购地者[①]实际拥有的只是一定约束条件下的建房权，而不是完全的建房权。在邻居出现以后，如果邻居享有不受污染的权利，购地者只有从其邻居手里购买污染权才能在其所购土地上行使建房权。如果购地者拥有污染权[②]，他便可以在其所购地块上随时实施建房行动，这时他实际拥有的是无条件的或完全的建房权。如果在建房用地交易时没有明确购地者是否拥有建房行为的污染权，那么，购地者的建房行为和邻居的阻止行为就会同时出现，污染权的两个对立主张将使建房者和邻居同时受伤害，包括各自资源的耗散。因此，人们希望在土地交易时就明确购地者是否具有建房行使权。

按科斯（1960）的看法，当交易成本为零时，购地者是否拥有建房的污染权，只要给出明确的界定（要么拥有，要么不拥有），资源的有效配置就不会受影响。问题是，不仅存在交易成本，而且给出明确的产权界定也很困难，尤其在交易的时候。界定成本或许真的很高，甚或达到了巴泽尔（1997）所言的不能界定的水平。如果售地者单方面明确与之交易的购地者具有建房污染权，那么，售地者必须在交易之前与邻居[③]先行协商并支付一定费用让邻居接受建房污染，或售地者通过更先期的支付已经获得了并且邻居也认同的建房污染权。无论哪一种情形，售地者要单方面授予购地者以建房污染权，他都必须进行先期支付。如果售地者在没有进行先期支付情形下单方面授予了购地者建房污染权，那么，当购地者的建房行为受阻时，售地者将要为建房冲突或纠纷买单。因此，对售地者而言，一个明智的方法便是只强调其所出售地块的建房权而淡化甚至模糊建房行为中的污染权。当购地者提出需要这个权利时，售地者要么直接口头说明建房权中包括了这个权利，要么以此为由提高土地价格。在邻居尚未“登台”的土地交易阶段，邻居是否会对未来的建房行为进行阻止是一个随机事件。要事先解决这个随机事件，土地交易双方必须支付更高的成本。所以，对土地交易双方而言，似乎都缺少防止这个随机事件出现的激励。结果是，

---

① 这里假定购地者和建房者是同一个人。

② 这种情况下被污染者要么接受了补偿，要么少支付了费用，总之，被污染者会在建房过程中毫无怨言地接受污染，或自己想办法避免污染的侵害。

③ 这时必须有邻居出现，或已经知道谁是邻居。如果此时并不知道谁是邻居，那么，他可能请政府给出强力界定。

建房权行使过程中的一些属性的权利已被人们有意识地（经济最大化）不（未）予界定。在冲突出现以后再进行产权界定已成了一种现实选择，也是理性选择。

6.3.4 外部性的产权

为分析方便，不妨将作为交易资源的某一主要用途（即最有价值的用途）的产权称为“主导性产权”，简称“主导权”，而将约束或抑制该产权行使行为产生外部性的各项产权称为相关抑制权①，简称“抑制权”。相关抑制权在内涵上类似于“产权限制”，但又不同于已有的、与权利相应的责任。它是外部性的产权，类似于科斯在《社会成本问题》中反复谈论的需要清晰的产权。夏维尔(Shavell，2004）所考虑的产权行使的“时间、地点和偶然性”三个要素实际上就是产权行使的约束或限制，属于产权行使的“相关抑制权”。

由于（用途）产权的行使权和用途的产权不在同一时间横截面上，行使权的相关抑制权和用途的产权也不在同一个时间横截面上，行使权和抑制权同属于一个沿时间轴变化的纵向变体中。取该变体的一个横断面，假定该截面上存在以主导产权为核心、相关抑制权围绕的产权布局，如图 6-4 所示，我们不难理解相关抑制权与外部性之间的关系。从总体上看，主导产权和抑制权共同给出了主导性产权行为的路径。抑制权给出了主导产权行使的约束条件，它在消除外部性的同时，也有可能废除财产的主导性产权。

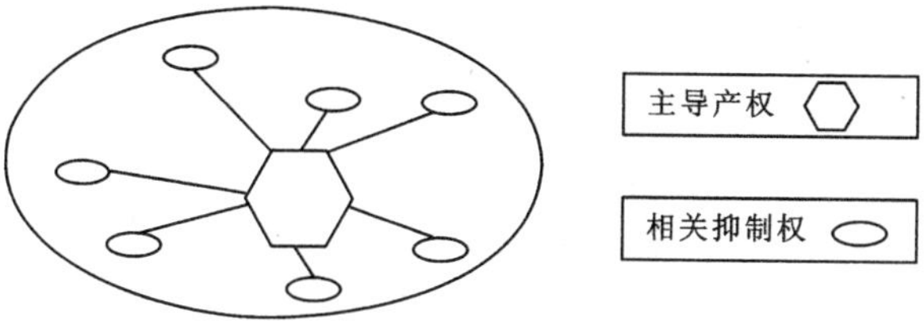

图 6-4 行为断面产权分布示意图

当一项主导性权利与另一些（项）相关抑制权在同一个行为中相遇时，“是否行为”便成了一个问题。人们会认为，购买建房用地者自然拥有在该地块上的建房权（即主导权），同时，人们也会认为，购买建房用地者并不具有在建房时影响或妨害他人的权利，而应受到他人权利的约束（即抑制权）。当购地者拥

① 该权利属于抑制主导性权利实施过程中外部性产生或减少外部性程度的权利。

有建房权而不具有影响或妨害他人的权利时，在现有的技术条件下，除非他再购买相关抑制权，否则，他便不能实施建房行为①。又比如，你拥有射击权(持枪的主导权)，但你所射出的子弹在0.1m以外并没有运行权（抑制权）。前者是因为你合法购买了枪支，而后者则是考虑到一定限度外的射击行为可能造成危害性影响（如子弹运行距离若超过0.1m会伤及他人）。此时，射击者几乎无法射击。我们可以放松射击的约束条件。比如说，购枪者可以在不伤及他人的情况下向空中射击，也可以在遭受攻击时实施防卫性射击，还可以在自家庭院内向入侵者进行射击，等等。不妨害他人而可以射击的情形或许有无数种，而描述每一种情形并做出相应规定显然既不经济，也不现实。对持枪者射击行为的一种经济性产权安排或许是：可以射击但不能伤及无辜，即购枪者具有射击权但没有伤及无辜的权利。这时，持枪者便拥有了行使射击权的时间和空间。然而，在可以建房但不能妨害他人的产权安排下，建房行为者实际上并没有多大的行动空间。由于每一种行为可能产生的对他人妨害的情形太多，而对每一种可能产生的妨害行为进行产权抑制需要很高的成本，或者是，做出不妨害他人的产权规制几乎消除了行为本身的权利，故现实中的一项行为平面上的产权安排大多只有单一的核心产权即主导性产权，而没有对该行为可能产生的妨害做出相关的抑制权安排。

在缺乏抑制性产权的情形下，主导性产权的行使有可能对他人产生妨害，从而产生了仅有主导性产权安排下的行为外部性。然而，现实中的人们似乎已经自觉接受了抑制权的概念和规制②。当一个人到饭店就餐时，他会坐在餐厅内用餐。即便在麦当劳店购买一份汉堡，人们也会坐在麦当劳餐厅享用。如果一个人拿着午餐在马路上边走边吃，外部性就出现了。大多餐饮店为顾客提供座位的行动，或顾客在店内座位上坐下就餐的行为，产生了外部性内部化的效果。许多厂商将其产品的包装改用了环保用料，减少了产品使用过程中的外部性。随着“限塑”令的实施，超市已不再提供免费塑料袋，超市塑料袋用量只有原先的一半左右，塑料袋厂家的产销量也随之下降了近50%。到超市购物的

① 当不存在行为影响或妨害的对象或者该对象无感知时，建房时客观存在的噪音和污染即外部性是否要考虑、计量或内部化，似乎还是一个问题。本书在此处没有考虑这种情况。

② 相当于接受了外部性内部化的概念。实际上，人们在社会实践中还自我实施了外部性内部化的行动。

顾客接受了“免费索取塑料袋”的限制，从而降低了后期外部性产生的可能性。

在科斯的糖果商与医生的关系中，糖果商和医生都有清晰的各自房屋的使用权，问题在于他们各自的使用权行使过程中出现了相对立的用途。如果糖果商的行为没有对医生的听诊行为产生影响，那么，医生就不会对糖果商的行为提出异议，糖果商完全可以使用其所有房屋去生产糖果。正因为糖果商在行使其房屋使用权时影响了医生的听诊，才出现了科斯的问题，或者说外部性问题。对于这个问题，经济理论的确能够给出一个资源优化配置的答案，或科斯的交易成本最小化答案。然而，问题并没有就此结束。一个潜在的尚未回答的问题是，对每一种财产或资源的用途以及其衍生品的用途是否都要有一个限制？如果所有者行使其财产使用权时没有对他人行使其所有的产权产生影响，显然，前者使用权的行使范围属于公认的限度之内。那么，能否使用“是否影响了他人行使其所有的产权”作为个人行使其财产的使用权的限制呢？果真如此，一个人对其所有的财产的使用权的行使则要受他人使用其财产的方式或财产的不同用途的限制。这是一个值得注意的“相容或互斥性”的使用问题。因为糖果商的邻居是要使用听诊器的医生，糖果商的房屋使用行为才产生了外部性，所以要考虑是限制糖果商的房屋使用行为（庇古观点）或界定糖果商是否有权影响其邻居（科斯观点）；如果糖果商的邻居不是医生，而是一个镰刀生产商，糖果商的行为就不会影响其邻居的房屋使用行为，因此，也就不存在限制糖果商的房屋使用行为问题或界定糖果商是否有权影响其邻居问题。前一种情形为互斥性使用，而后一种情形为相容性使用。

基于以上分析，外部性问题在一定时空中出现必须具备两项条件：①存在无相关抑制权约束的产权行使行为；②存在感知该行为影响的他人（或行为者本人）①。

如果条件①和②都不存在，或仅存在其中一项，外部性问题都不会出现。容易理解，如果条件①和②都不存在，或存在条件②而不存在条件①，外部性不会出现。实际上，存在条件①，而不存在条件②，外部性问题也不存在。想象一个歌唱家的练声行为对他邻居的影响。如果歌唱家拥有每天清晨在他家庭院里练声的权利，当他行使该权利时，一般会认为，他的行为影响了他邻居的睡眠，从而产生外部性。这个推定隐含了其邻居有正常听觉的假定。如果他的

① 负外部性问题对应“行为影响的他人”，正外部性对应“行为者本人”。

邻居是一群聋哑人，即使该行为产生了外部性，也没有对其邻居产生影响，即没有产生外部性问题。该情形类似于相容性使用情形。

在满足条件①和②时，虽然外部性问题存在，但外部性问题的性质还有所不同。即使是同一行为，其外部性问题的性质也有可能不同。一个人对自我稍微过高的评价，或许可以理解，甚至还会有人欣赏，但也有可能受到某人的指责或嫉妒：父母对孩子的稍微过高的自我评价会认为是一种自信，好朋友对其中一位的稍微过高的自我评价会感到自豪，道德者会感到此行为有违道德规范，怯弱的人会感到压力而心生嫉妒。因此，对父母和好朋友而言，一个人对自我稍微过高的评价产生了正外部性，而对一般的人和怯弱的人而言，却产生了负外部性。

6.3.5 产权与外部性关系：一个小结

产权是演进的，外部性是演进的，两者的关系也是演进的关系。演进的过程渐渐形成了产权、外部性及其关系的空间型构。将具有空间型构的产权压缩到一个平面（文中的横截面）上，犹如将折叠式灯笼置于折叠状态，看不清它的具体构造，也说不清其中的关系。经济学家可以用平面集合概念清晰地表示已界定的产权或未界定的产权，但不能清晰地反映产权的行使过程。

产权的实际形态是随时间推移、社会经济和技术环境的变化而不断演变的空间系列。随着时间的变化，财产产权在不断变化着其产权束的内涵。在这个演变过程中，外部性作为一种有争议的产权（纠纷），在一定的环境或条件下出现，并可能随着产权行使程度的加剧而不断增强。正因如此，科斯主张要通过清晰产权来解决外部性问题，但科斯要清晰的产权（也就是尚未清晰界定的产权）是产权的行使权，而不是财产用途的产权。产权的行使权是时间系列、社会经济和技术环境因素的函数。

产权界定行为本身一般不会形成外部性问题，仅存在潜在外部性；未界定的产权会产生潜在外部性，已界定的用途也可能产生潜在外部性。真正的外部性是行使未被界定产权的结果，而不是未被界定的产权本身，更不是已经界定了的产权。无论是清晰界定的产权还是未清晰界定的产权或不完全产权，其行使过程中都可能产生一般意义上的外部性，进而形成外部性问题。外部性问题出现的必要条件是：存在无相关抑制权约束的产权行使行为，并且同时存在感知该行为影响的人。

外部性也有一个产权归属问题，甚或外部性本身就是一个产权问题。[①] 一旦外部性有了明确的产权归属，外部性也就不成其为问题了。如果把“产权”与“外部性”视为同一事物，无疑等同于把“因”与“果”看作同一事物，外部性也就不成其为外部性了。

解决外部性问题的一种方式是建立或界定（通过权威、市场或其他方式）新的产权，包括行使权。而新界定的产权与后续外部性的关系，随着时间的变化会交替互生。

6.4 物业权益纠纷、外部性及其处置方式

6.4.1 两块毗邻土地所有者之间的权益纠纷

现有毗邻两地块分属甲和乙。甲在其所有的与乙毗邻的山坡地上栽了一棵板栗树，乙在其地块上建了一栋小瓦房。数年后，树冠高过屋顶，树枝自然延伸至乙屋面上方。甲地块上的树木在夏天里给乙带来了绿荫，在秋冬日却给乙屋面添了许多落叶。更为严重的是，在收获板栗季节，下落的板栗直接撞击乙的小瓦屋面，对乙之屋面造成了侵害。在不与甲交涉的情况下，面对落叶和侵害，乙要么及时清扫，要么自己承受屋面损失。交涉的结果可能是：①乙要么购买或交换这棵树下的土地（包括这棵树），要么每年购买该树木的截枝权；②甲要么每年及时为乙清扫落叶、赔付损失，要么每年自行为树木截枝，或一次性砍伐树木以停止伤害。①所对应的情形是甲有权侵害乙，而②对应的情形是甲无权侵害乙。按科斯的说法，甲是否有权侵害乙，其结果是一样的，问题是要对初始产权有一个明确的界定。科斯从资源配置效果相同的角度给出了这个结论，他真正的意思是要寻找一种社会成本最低的办法。显然，在各种可用的方法中我们能够找出这个办法。然而，在按科斯的思路找出了成本最低的方法以后，问题并没有完结，还需要有人让甲乙双方接受这种安排，并监督他们执行这种安排。当甲乙双方以外的第三者拥有监督权的时候，又有两个问题不能回避：一是该权利来自哪里？二是会不会引发相关交易？虽然法学家会去思考权利来源的公正性，但作为经济学家，会更关注相关的交易是否改变了先前

① 张五常先生聪慧地甚至果断地提出了这个观点，见《经济解释》(2000)。

的成本预期。

作为来自农村的一个真实的例子，甲乙两位农民通过自行协商的方式解决了这个问题。他们的解决办法是：农民乙用一块耕地置换了农民甲的山坡地，包括地上的板栗树。

在这个例子中，两地块的产权是清晰界定的（时间清楚、地界清晰、个人所有者明确），甲乙双方都没有对对方所拥有的土地产权表示异议，甚至都没有对甲的板栗树是否有权侵害乙的屋面发生过争执。他们觉得这都是理所当然的，但有一点是甲乙双方都要面对的，即甲在其所有的土地上栽种的板栗树在几年以后对乙的房屋形成了侵害，或清晰界定了的产权在行使过程中产生了外部性。甲乙两位农民没有去争执甚至没有去思考“甲是否有权对乙实施伤害”问题。农民甲认为，这是个“树木自然生长”的过程，对乙的影响是这个自然过程的结果，而不是他有意为之。农民乙与农民甲有同样的认识，他也不认为是农民甲有意地侵害他，但在内心接受了“甲的树木有权侵害”的逻辑[①]。这种结果促成了一项新的土地产权的交换，并产生了一个新的产权分布格局。

对于他们的交易结果，一般会认为甲占了乙的便宜。的确，甲非常满意这个结果，因为一块山坡地每年的收益要远小于交易所换回的耕地的年收益。出乎意料的是，乙对这个交易结果更满意。乙说：“要不是因为收获板栗对小瓦屋面的严重影响，还真不好意思提出来跟人家换地。因为这块山坡地可以作为我家房屋扩建用地。”这个结果支持了科斯的外部性的市场化解决办法。当农民自觉按他们所共同理解的规矩界定了各自的产权之后，他们通过市场化方式自行解决了产权行使过程中的外部性问题，并且有效地配置了资源。

农民甲乙之间之所以能够达成双方满意的交易，关键在于他们对交易的产权具有共识。该例中的产权主要涉及地面上的空间权问题。地上空间权是一项非常重要，但没有被充分认识和界定的权利。人在土地上行走、劳作需要地上空间，植物、庄稼生长既需要地下土壤，同时也需要地上空间。如果没有地面上的空间权，土地对于人而言，几乎没有价值，既种不了庄稼，也栽不了树，还建不了房，甚或不能在地面上行动。因此，在一定程度上讲，购买土地不仅仅是购买了一定面积的地表权，也包括一定深度的地下行为权和一定高度的空间行为权。然而，在现实中的土地利用交易中，却很少见到明确的地上高度限

① 这在庇古看来是不可思议的。

制或地下深度限制。显然，没有明确的限制性的约定，并不等于土地利用者就有无限的高度或深度的控制权。对具有在土地上建房权利的农民乙而言，飞机可以在万米高空飞越他的屋面，而太空人或许会在他屋面上方建有军事基地。尽管乙的宅基地批文中没有注明乙所有的空间高度，也没有人告诉乙他拥有多高的空间权，但乙似乎很清楚，他屋顶之上的空间权已经不属于他。在没有明确的空间高度表示的情形下，甲的树木向乙的屋面空间上的延伸与万米高空飞机的飞越有相同的性质。不同的是：树枝的延伸是一种自然过程，而飞机的穿越或许是一种人为的经济过程[①]；树木对房屋产生了显见的外部性，而飞机和太空人的军事基地并没有产生明显的负效应[②]。对乙的房屋之上的空间权，农民乙或许接受了“先到先得”的传统观念。

当今城市房地产开发管理中的容积率指标在一定程度上反映了地价和地下以及地面空间高度之间的关系。当一定面积地块采用高容积率时，意味着房屋高度的限制将放宽，同时地下基础的深度也可能加深。[③] 在地块面积一定时，容积率的高低给出了建房者空间权的大小。在没有任何法令和条例限制树木的自然生长的方式及其高度时，是否就意味着甲的树木有权向乙的屋面延伸?

简要回顾一下甲乙两位农民之间的权益纠纷，有助于理解产权、外部性和处置方式之间的关系。在乙拥有一块宅基地的同时，甲拥有与该地块毗邻的一块山坡地。因此，甲和乙对各自地块的产权是清晰的。此时，没有产生外部性。然而，这并不表明，清晰的产权就不产生外部性，仅表明它在产权界定阶段尚未产生外部性。外部性产生于产权行使阶段。当甲在其土地上种板栗树、乙在其土地上建房以后，才会出现甲的板栗树对乙的房屋的影响问题。问题出现以后，庇古会要求甲消除对乙的影响，或通过向甲征税以弥补乙的损失。科斯会问，甲是否有权侵害乙？在交易成本为零时，无论甲是否有权侵害乙，只要清晰说明这一点，甲和乙就会利用市场方式有效解决这个问题（即外部性问题）。实际发生的情形是，在农民甲和乙都自我认定“甲的树木有权侵害乙”的情形下，他们通过土地置换方式解决了外部性问题。农民的自主行动验证了科斯的

---

① 是否因为这个原因人们更能理解甲拥有对乙房屋的侵害权?

② 同样是利用了乙房屋上空的空间权，为什么会产生不同程度的外部性？实际上，外部性不仅涉及产权问题，的确存在一个受影响者的知觉问题。

③ 一般而言，地下基础深度与房屋高度成正比关系。具体情况要视地下土壤地质情形而定。

观点，农民乙的做法也类似于威廉姆森的纵向一体化。这里需要特别指出的是，在产权的行使过程中，清晰界定的产权依然会产生外部性[①]；而外部性出现以后，通过市场方式重新安排产权则能够有效解决外部性问题。

6.4.2 房屋建设和使用过程中的产权与外部性

在取得一定地块的建房权以后，行使建房权似乎是一项“理所当然”的事。当建房行为仅涉及土地交易双方、并受到社会认可的时候，确实如此。若建房行为影响了第三方，则购地者行使建房权似乎就不那么“理所当然”了。此时，在建房权的行使过程中产生了外部性。除此以外，建成的房屋、房屋使用和管理过程中也会遭遇外部性问题[②]。图 6-5 给出了建房用地的系列产权与产权行使的系列外部性之间的对应关系。

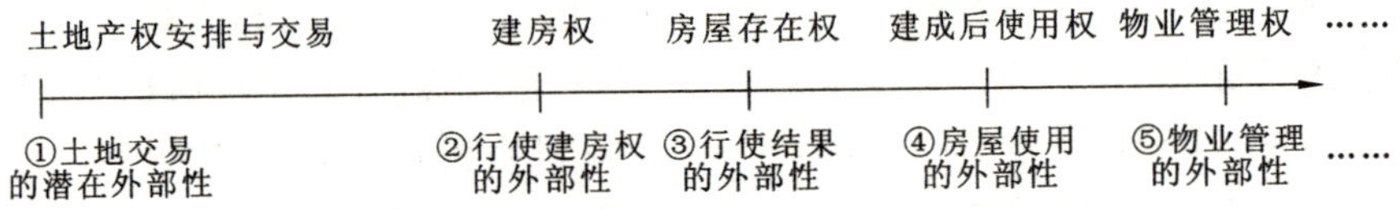

图 6-5　建房用地的系列产权与外部性之间的关联

图 6-5 表明，自土地的产权安排到房屋使用至少经历了五次产权界定过程，伴随着一次潜在外部性和四次产权行使外部性。五次产权界定过程分别是：土地产权界定、建房权界定、房屋影响权界定、建成后使用权和物业管理权的界定。相应的外部性是：①土地交易的潜在外部性；②建房权利行使过程中的外部性；③实施结果即房屋存在所产生的外部性；④房屋使用过程中的外部性；⑤物业管理的外部性。

假设 A 和 B 购买了毗邻的建房用地，B 的房屋先建成并且已经入住，则 A 的后期建房行为让 B 遭受了施工噪音和灰尘，出现建房权行使的外部性。在 A 和 B 的房屋都建好以后，如果 A 的房屋在 B 房屋的北面，则 A 的房屋阻挡了 B 北边窗口的视野，而 B 的房屋阻挡了 A 南边窗口的视野。因此，已建成的房屋

---

① 这里不仅有清晰的土地所有权而且有清晰的产权行使权，但依然产生了外部性。因此，外部性似乎与产权是否清晰并没有必然联系，而与产权的行使过程以及行使过程中受影响者的感知程度相关。

② 土地交易时存在着未明确用途的潜在外部性，建房过程产生了噪音和灰尘，建成的房屋则阻挡了视野，使用中的噪音影响了邻居的休息，管理不善或管理纠纷则影响了物业的社会总价值。

产生了相互的外部性。而已建成的房屋是土地建房权行使的结果，故可以认为，产权行使的结果产生了外部性。与产权行使结果的外部性不同，产权行使结果的利用即房屋的使用还会产生外部性。当A在其房屋内生产糖果而B在其房屋内给病人听诊时，就出现了科斯在《社会成本问题》一文中所讨论的糖果商和医生之间的纠纷。进一步假定A、B的房屋在使用过程中都必须接受第三方的物业管理服务，那么，物业管理服务行为还会产生外部性。可以预期，任何一项与房屋建设用地产权相关的行为都有可能产生相应的外部性。

在房屋建设、使用和管理过程中，不同的外部性存在着程度上或性质上的差异，从而对应着不同的处置方式。由于土地的建房用途是A、B双方清楚的，也是经政府相关部门明确的，因此，A和B都拥有在其所购土地上建房的权利，A和B都不会对对方的建房行为进行干预。当A、B一同建房时，建房行为的外部性，与建成房屋的外部性一样，是相互的外部性。当相互的外部性程度相当时，A、B互相接受了对方的产权行使行为及行为的外部性。如果A、B都利用其所有房屋进行糖果生产或都用于听诊，则房屋利用过程中的外部性也是相互的。同样，当相互的外部性程度相当时，A、B还会互相接受对方房屋使用中的外部性。A、B互相接受了对方行为的外部性，本质上是A、B双方进行了外部性交易。在相互的外部性程度相当的情况下，A、B为对方的外部性所承担的成本大致相等。由于大多数外部性的计量是一项高成本的工作，A、B都不会投入更多的资源去寻求更精确的外部性的交易价格，因此，外部性的交易在A、B双方感觉大致相当的情况下就可以成交。①

当A对其房屋的使用影响了B对其房屋的使用时，或第三方的行为导致了A或B的财富转移的行为，外部性才作为一个问题出现了。在科斯的糖果商和医生的冲突中，糖果商生产糖果的噪音影响了医生的听诊，于是，外部性作为科斯的问题出现了。科斯巧妙而智慧地将上述问题进行了转换，认为问题的关键是：糖果商是否有权使用其所有的房屋生产糖果？要回答这个问题，通常的思路是转回到土地产权界定阶段。如果在土地产权界定阶段，既明确了土地的建房权，也规定了房屋作为糖果厂的用途，那么，科斯所转换的问题就被轻松地回答了。接下来，医生会在糖果商有权生产的约束下，最大化其行为。医生要么搬离，要么就与糖果商协商、交易以消除对他工作的影响。从表面看，科

---

① 成交的表现形式是A、B双方对对方行为或行为结果的外部性不进行干预。当然，这并不表示行为或行为结果的外部性不存在。

斯将外部性问题转换成了产权问题；实际上，科斯是将作为问题出现的外部性转换成了当事人可自我进行交易的外部性。在农民甲和乙的权益纠纷例子中，甲乙两位农民对其间的外部性进行了自我交易。A、B对其间的对等外部性也自我进行了交易。当作为问题的外部性能够作为可交易的外部性时，外部性问题也就可以通过当事人的自我交易方式解决。科斯给出了将“问题外部性”转换为“可交易外部性”的办法：清晰界定存在争执的产权。

在外部性问题的处理上，与其说科斯较庇古更排斥政府参与，不如说科斯比庇古更希望政府的提前介入，因为科斯市场化的前提便是要界定产权，而政府的一个主要功能便是界定产权。鉴于房屋的具体用途很多，在土地交易时让交易双方列举房屋的所有可能的用途并不现实，而就每一种可能的用途进行收益/成本比较从而进行最佳用途选择，也仅仅具有理论上的可行性。现今的做法是，由政府土地规划部门明确规定区域性土地的大类用途，如居住用地、商业用地、工业用地、仓储用地、军事用地等。当某一片土地明确为由噪音或污染类的工业用地时，医生不会在其间开诊所，科学家也不会在其间安装敏感性仪器进行与噪音或污染无关的研究，只有不受噪音或污染影响的同类工业类企业在此进行产品生产。按科斯的理论，当政府或社会成员相互间明确了某人的某项权利时，市场机制能够有效地促进资源的配置。在不存在交易成本情形下，无论产权安排的结果如何，只要有清晰的界定，市场机制都能促进资源的有效配置[①]。现代社会中，无论哪一个国家，产权的初始安排、界定与保护都是政府或立法机构的功能。当政府规划部门明确了区域性土地的用途以后，市场的确自动调节了个人的产权交易行为。当医生远离了有噪音的工业用地以后，医生与糖果商之间的外部性问题也就消失了。因此，政府先期的产权界定和后期的个人市场化行为，能有效解决了外部性问题[②]。在物业管理相关者权益关系协调过程中，政府的介入包括合适的制度安排实为必要。

当然，政府的介入范围有一个限度。除了界定市场交易所必需的产权以外，更多的介入就有可能引起所有者的财富转移，产生外部性问题。如果政府规定A、B在房屋使用时都必须接受C公司的物业管理服务，并且按房屋建筑面积

① 此为科斯定理的一种表述。

② 庇古强调了产权实施后期即出现了外部性以后政府的作用，而科斯强调了外部性出现以后市场的作用。本书此处的命题表明，只有存在政府对产权界定的先期介入，才有可能通过市场解决外部性问题。此命题暗含了政府界定产权的成本相对最小化。

大小支付物业服务费用，那么，当A、B的偏好以及他们的房屋及其院子布局具有异质性时，财富转移就会出现，外部性问题也随之出现。假定A院子里有游泳池，而B的院子里是普通草坪，其他相同。在游泳池的维护费用远高于普通草坪时，如果具有相同建筑面积的A、B支付同样的物业管理服务费用，那么，出现了B的财富向A转移情形。简单地说，B为A的游泳池维护支付了一定的成本。因此，也可以说，A的游泳池维护行为产生了外部性。当政府仅规定房屋所有者拥有物业服务选择权时，A、B都会自行通过市场寻找各自的物业服务公司，上述外部性便不存在。

当然，也可以直接引入“推定产权”概念。在A或B具有建房权而其房屋不具有阻挡他人视野的权利时，A或B都将无法建房，权利系列内部出现冲突。只有将阻挡他人视野的权利作为建房权利的推定产权时，产权系列间的冲突才不会出现。阻挡他人视野并不是土地的某种新用途，而是土地上所允许建成物的“新用途”[①]。A、B各自所有的这个推定产权在对方权益集合的映射分别构成了B、A所遭受的外部性。如果A (B) 的推定产权集在B (A) 权益集合上的映射为非空集 a (b)，则A (B) 的推定产权在B (A) 权益集合上产生了外部性。如果A (B) 的推定产权集在B (A) 权益集合上的映射为空集，则A (B) 的推定产权在B (A) 权益集合上不产生外部性。A (B) 的推定产权集的总体映射可以大于或等于 a (b)。

值得注意的是，解决外部性问题是指通过一定的手段，或政府，或市场，解决因外部性出现而引发的当事人之间的争执、纠纷或冲突，而不单指消除外部性本身。消除外部性是解决外部性问题的一种途径。通过另外的支付、交易而允许外部性继续存在也是解决外部性问题的途径。还有这样的可能：即使存在外部性，当事人之间就外部性事宜所达成的交易有效地促进了资源配置。

可以肯定的是，无论是通过政府的直接干预，还是通过市场交易，只要解决了外部性问题，新的产权格局就出现了。在图6-5中，这个新的产权格局对应的时点是 $t \geqslant 1$ ($t=1, 2, 3, \cdots, n$)[②]。产权和外部性之间的演进格局，随着时间的推移，或许永无休止。

① 之所以称其为建成物的新用途，原因在于建成物的公认用途是居住。

② 大多专家认为产权的重新界定过程是对原先产权的修正与完善，故对应的时点仍为 $t=0$。

第7章　物业管理相关交易的产权安排

对于单一产权的一栋一户式建筑物而言，其产权相对清晰，物业管理关系相对简单，一般不会发生物业管理问题。然而，在大多数城市的住宅小区里，众多购房者共同拥有一幢房屋或同一小区的共有设施和设备。众多业主共有一幢房屋的主体结构、设施设备、横向和纵向交通以及用地时，清晰地区分各业主所有的物业产权是困难的。如果进一步考虑建筑物以外的各类配套的产权，那将是一件更复杂的事。

上一章的分析表明，未清晰界定的产权会引发外部性，进而引起权益纠纷。在物业产权未清晰界定的情况下，物业权益纠纷自然会出现。据舒可心介绍，在他们课题研究的基础数据采集过程中发现，北京乃至全国100多个物业小区(大概占所调查小区的63%)，其中北京57个小区中就有36个小区，因共有财产的权属问题产生纠纷，并造成了很大动荡。其中严重和比较严重的有31起，占所有公共财产物权纠纷的38%。这些问题多发生在共有产权的区分所有建筑物之中，而在单一产权的独立别墅区，问题并不明显。因此，共有财产的权属问题在所有问题中占有相当大的比例，构成了物业管理问题的主体。

物业产权安排，或业主的建筑物区分所有权安排，一方面反映着业主与物业的关系，另一方面反映着物业管理活动中各相关者之间的关系。作为业主大会、业主委员会、管理公约等组织和制度的基础，物业产权安排涉及一系列的物业管理理论和实践问题。包括物业管理立法、物业管理各责任主体的法律地位、物业管理法律关系、业主的权利义务、物业管理公司选聘、物业管理服务合同的订立、管理费的收取和使用、建筑物维护费用的分摊、装修管理、建筑物整体的使用和管理以及维修保养、建筑物的修缮改良以及更新重建、共有收益的分配与使用等。物业产权或建筑物区分所有权的理论探索和具体安排构成了物业管理服务理论和实践的基础。

本章在简要叙述《中华人民共和国物权法》中有关物业产权安排内容后，将从效率与公平的角度，分析政府与开发商之间、开发商与购房者之间的物业产权安排问题。依据产权与外部性理论，提出完善性的物业产权安排建议。

7.1 《中华人民共和国物权法》中有关物业产权的安排

《中华人民共和国物权法》(以下简称《物权法》) 就业主的建筑物区分所有权做出了如下规定：

第七十条　业主对建筑物内的住宅、经营性用房等专有部分享有所有权，对专有部分以外的共有部分享有共有和共同管理的权利。

第七十一条　业主对其建筑物专有部分享有占有、使用、收益和处分的权利，业主行使权利不得危及建筑物的安全，不得损害其他业主的合法权益。

第七十二条　业主对建筑物专有部分以外的共有部分，享有权利，承担义务；不得以放弃权利不履行义务。业主转让建筑物内的住宅、经营性用房，其对共有部分享有的共有和共同管理的权利一并转让。

第七十三条　建筑区划内的道路，属于业主共有，但属于城镇公共道路的除外。建筑区划内的绿地，属于业主共有，但属于城镇公共绿地或者明示属于个人的除外。建筑区划内的其他公共场所、公用设施和物业服务用房，属于业主共有。

第七十四条　建筑区划内，规划用于停放汽车的车位、车库应当首先满足业主的需要。建筑区划内，规划用于停放汽车的车位、车库的归属，由当事人通过出售、附赠或者出租等方式约定。占用业主共有的道路或者其他场地用于停放汽车的车位，属于业主共有。

《物权法》第七十条规定以建筑物内的“专有部分”为界限，区分了业主的私人所有权和共同使用和管理权。在业主专有部分以内，业主享有所有权；而在专有部分以外、共有小区的边界以内，业主享有共有和共同管理的权利。第七十一条进一步补充了业主专有部分所有权的内涵，明确专有部分的所有权包括对专有部分具有占有、使用、收益和处分的权利。作为一种对应关系，第七十二条的规定应进一步补充或说明共有部分的产权内涵，但在

《物权法》第七十二条及其后续的规定中都没有给出共有产权的内涵。第七十二条的后半部分，通过对业主转让其专有部分的行为规定，给出了专有部分与共有部分产权的关系，即共有产权依附于专有产权。第七十三条规定了属于业主共有的具体物业类别，包括：建筑区划内的道路、绿地、其他公共场所、公用设施和物业服务用房。第七十四条就车位和车库的归属给出了相对含糊的规定："建筑区划内，规划用于停放汽车的车位、车库应当首先满足业主的需要。建筑区划内，规划用于停放汽车的车位、车库的归属，由当事人通过出售、附赠或者出租等方式约定。占用业主共有的道路或者其他场地用于停放汽车的车位，属于业主共有。"

从《物权法》中有关业主的建筑物区分所有权及其规定中可以发现，要在实际应用中运用《物权法》去界定产权或处理纠纷，应具备一个前置条件：房屋交易时要有明确的物业专有产权和共有产权的界定。比如说，在《物权法》第七十三条里，建筑区划内的绿地是属于业主共有，或公共绿地，或个人私有，并没有定论。该条款仅表明，在没有被明确为公共绿地和私人绿地的建筑区划内的绿地属于业主共有，在交易时如果明确了绿地的公共产权或私人产权，这部分绿地就不属于业主共有。在《物权法》第七十三条里，除了物业服务用房被明确规定属于业主共有以外，建筑区划内的其他有可能或必须成为共有场所、共有设施的物业，都必须在交易时明确其共有产权属性以后方可成为业主的共有财产。同样的情形在《物权法》第七十四条里再次出现。建筑区划内用于停放汽车的车位、车库，尽管要首先满足业主的需要[①]，但其产权归属要通过出售、附赠或者出租等交易方式约定。"占用业主共有的道路或者其他场地用于停放汽车的车位，属于业主共有"的表述似乎很清晰，但在"业主共有道路或其他场地"没有被界定时，"业主共有"依然是一句空话。只有在交易时明确了"业主共有道路或其他场地"以后，《物权法》第七十四条的规定才有实用价值。

7.2 政府与开发商之间的产权安排

我们把政府相关部门与开发商之间的交往看作交易[②]，或称他们就项目

① 在一个商品住宅区里，如果车库、车位不首先满足业主，那还能首先满足谁呢？

② 也可以认为是康芒斯意义上的交易。

开发建设经营的某一方面达成了协议。既然是交易，那么，其中必然存在交易物以及交易物的产权界定过程。基于我国土地的公有属性，在房地产开发过程中，政府扮演了两种交易角色，一是作为土地所有者代理人的身份，出让土地使用权；另一是作为公众利益代理人的身份，对开发商的开发行为进行管理服务。前者是一般的市场交易，后者属于管理服务的交易。

7.2.1 土地使用权交易中有待明晰的产权

在政府作为土地所有者代理人与开发商进行土地使用权交易时，交易物是某特定地点的、一定面积的一块土地，而交易的产权则是该地块的一定年限的使用权。在某种物品的一组产权束中，每一束产权都有它的价值，并对应着它的价格。土地使用权是土地产权束中的一束重要权利。在给定了地块的位置和面积以后，一定期限的土地使用权具有明确的价值属性，从而具有可交易性。一般而言，某物的使用权似乎是一项不言自明的、清晰的权利。如一支钢笔的使用权，就是某人使用这支钢笔的权利。当这个人把这个权利出让时，受让人便拥有了这项权利。无论是谁拥有这项权利，我们都会预期他们会运用这项权利来进行书写。书写过程仅产生较小的外部性，或可忍外部性，人们也就没有必要为钢笔的使用权行使进行更清晰的界定。在我们生活中，像钢笔这样的物品很多，它的使用权似乎就已经是很清晰的权利了。然而，土地的使用权的内涵比钢笔要复杂得多。土地的使用权涉及地面、地下和地上等三个维度的使用权。土地的地面和地上使用权的行使，会产生显见的外部性，土地的不同用途也对应着不同程度的外部性。因此，在土地使用权交易时，尤其是作为协调外部性问题的政府将作为交易之一方时，土地使用权的来源、行使限制等都应在交易中界定。

按照《物权法》规定，建设用地使用权出让合同一般应包括下列条款：当事人的名称和住所；土地界址、面积等；建筑物、构筑物及其附属设施占用的空间；土地用途；使用期限；出让金等费用及其支付方式和解决争议的方法。目前使用的《国有土地使用权出让合同》(以下简称《出让合同》)范本中已涉及这些内容。在《出让合同》第一章总则第二条中，首先明确了用于交易的土地使用权的来源及其相关权利的关系。出让人根据法律的授权出让土地使用权，出让土地的所有权属中华人民共和国，国家对其拥有宪法和法律授予的司法管辖权、行政管理权以及其他按中华人民共和国法律规定由国家行使的权力和因社会公众利益所必需的权益。地下资源、埋藏物和市政公用设施均不属于土地使用权出让范围。在第二章第四条中，明确了出让宗地的用途，如住宅用地、商业用地、工业用地等。在第二章第六条中，明确了土地使用权出让年期以及计算日期。在第三章第十一条中，规定了受让人新建建筑物时应符合的要求，包括：①主体建筑物性质；②附属建筑物性质；③建筑容积率；④建筑密度；⑤建筑限高；⑥绿地比例；⑦其他土地利用要求。在第三章第十二条中，约定了受让人在本合同项下宗地范围内一并修建的，并在建后无偿移交给政府的工程。另外，第三章第十四条约定，受让人在受让宗地内进行建设时，有关用水、用气、污水及其他设施同宗地外主管线、用电变电站接口和引入工程应按有关规定输入。受让人同意政府为公用事业需要而敷设的各种管道与管线进入、通过、穿越受让宗地。第三章第十六条涉及使用过程中的外部性问题，规定受让人必须依法合理利用土地，其在受让宗地上的一切活动，不得损害或者破坏周围环境和设施，使国家或他人遭受损失的受让人应负责赔偿。第三章第十七条涉及土地用途的再约定事宜。在出让期限内，受让人必须按照合同规定的土地用途和土地使用条件利用土地，需要改变本合同规定的土地用途和土地使用条件的，必须依法办理有关批准手续，并向出让人申请，取得出让人同意，签订土地使用权出让合同变更协议或者重新签订土地使用权出让合同，相应调整土地使用权出让金，办理土地变更登记。第三章第十八条再一次强调了政府具有对已出让的土地使用权作出调整的权利。双方约定，政府保留对本合同项下宗地的城市规划调整权，原土地利用规划如有修改，该宗地已有的建筑物不受影响，但在使用期限内该宗地建筑物、附着物改建、翻建、重建或期限届满申请续期时，必须按届时有效的规划执行。

分析《出让合同》中有关使用土地使用权的条款，我们认为，有如下四个方面有待进一步明晰或完善。

(1) 国家权力、权益对土地使用权的限制。合同第二条表明，用于交易的土地使用权来自国有土地的所有权，而国家作为土地的所有者仍拥有司法管辖权、行政管理权以及其他的法律或公众授予的权力或权益。合同中约定的、国家所有的这些权力或权益，与受让人获得的土地使用权之间有什么关系，是一个没有明确的问题。尽管如此，这些权力或权益对土地使用权的影响是不容忽视的。他们将在随后的土地使用权行使过程中直接发挥作用，从而影响着受让者已受让的土地使用权。于是，已受让的土地使用权具有不完整性，而且其不完整程度还具有不确定性。换言之，受让的土地使用权受到了限制，但这种限制又是不明确的。开发商或许会将这些不明确的限制或政府的权利理解为后期应办理的相关手续。

(2) 土地的地下使用权。作为建筑物基地之用的土地使用权出让合同，其中的第二条并没有直接界定土地使用权中的地下权利，而是间接地将土地使用权实施过程中可能遇到的地下资源、埋藏物和市政公用设施等物品的所有权排除在土地使用权之外。实际上，地下资源、埋藏物和市政公用设施等不属于土地所有权，或排除在土地使用权之外，是不言而喻的事。真正的问题是，在受让人行使土地使用权过程中，或土地开发过程中，更明确地说，在新建建筑物的基础施工过程中，如果遇到了并不属于受让范围内的地下资源、埋藏物和市政公用设施等，受让人是否还拥有继续使用土地建造房屋的权利？如果仅是一些可轻易移动的埋藏物或有价值的埋藏物，在土地受让者挖出并移交这些埋藏物之后，或许依然具有继续使用土地进行建筑物基础施工的权利①。如果是矿藏且具有开采价值的矿藏，土地受让者还具有继续使用土地进行建筑基础施工的权利吗？如果没有这种权利，又该如何处置？如果宗地下面存在市政公用设施，且该设施与土地受让者的建筑基础施工相抵触，或者是，当建筑物基础和市政公用设施都要利用同一位置的土地时，土地受让者有权要求政府取回他拥有的市政公用设施而继续进行建筑物的基础施工吗？如果没有这种权利，又该如何处置？在建筑物基础施工过程中，很有可能遇到地下资源，或埋藏物，或市政公用设施，或其他尚未预计到的情况。作为《出让合同》范本，虽不能对每一种可能遇到或出现的情况给出约定，但至少应有一个总体约定或处理原则。

(3) 土地利用的技术经济指标

作为商品住宅用地的《出让合同》范本，其中有关使用权的其他条款明确了宗地的新建住宅用地属性以及宗地上附属建筑物的性质、建筑容积率、建筑密度和绿地率等。建筑容积率是指项目规划建设用地范围内的全部建筑

---

① 合同上并没有明确这个推论，这里的推论只是一般的依据习惯的推测。当然，如果埋藏物为古墓群，土地受让者能否继续进行建筑物的基础施工仍是一个问题。

面积与规划建设用地面积之比。[①] 建筑密度，或称建筑覆盖率，是指项目规划建设用地范围内所有基底面积之和与规划建设用地面积之比。绿化率是指规划建设用地范围内的绿地面积与规划建设用地面积之比。规划建设用地面积是容积率、建筑密度和绿化率指标的共同公分母，它是指项目用地红线范围内的土地面积，一般包括建设区内的道路面积、绿地面积、建筑物（构筑物）所占面积和运动场地所占面积等。

目前，土地出让方单方确定了拟出让地块的建筑容积率、建筑密度和绿化率等土地利用的技术经济指标，受让方并不能在交易过程中对这些指标值进行“讨价还价”。在土地使用权的市场化交易过程中，受让方依据房屋市场价格预期、容积率指标所确定的最大建筑面积数（包括可用于出售的最大建筑面积数）以及其他建设成本，确立自己所能承受的地价。容积率等指标作为给定值影响着开发商的报价。由于对房价的预期和地价以外的开发建设成本的预期不同，不同的开发商会给出不同的报价。

如何确定容积率、建筑密度和绿化率等土地利用的技术经济指标是有待进一步探讨的理论问题。目前，由政府相关部门单方面确定的土地技术经济指标尚缺乏完善的理论依据。

（4）土地使用期满后续期的相关条款。《出让合同》范本的第二十五条至第二十八条集中说明了土地期满后的处置方式。对于一般的租赁物品，在其租期到期后，续约或者停止续约都不是一个问题。由于土地不同于一般的租赁物品，在其上建造的房屋具有比土地租期更久的存在和可用性，房屋又依附于土地，所以，土地使用权出让合同中要约定土地期满后的处置方式，尤其是其上的建筑物和其他附属物的处置方式。《出让合同》范本的第二十五条规定：“本合同约定的使用年限届满，土地使用者需要继续使用本合同项下宗地的，应当至迟于届满前一年向出让人提交续期申请书，除根据社会公共利益需要收回本合同项下土地的，出让人应当予以批准。出让人同意续期的受让人应当依法办理有偿用地手续，与出让人重新签订土地有偿使用合同，支付土地有偿使用费。”该条款表明，只要受让人在期满前的一定期限内提出续期申请，一般情况下，出让人应当予以批准[②]，但要重新签订土地

① 当建筑物层高超过 8 米，在计算容积率时该层建筑面积加倍计算。

② 受让人和出让人之间的关系，在此已被明确为申请者和批准者的关系。

有偿使用合同，并支付土地有偿使用费[①]。该条款的内容存在着明显的逻辑缺陷，不具有可操作性。开发商作为合同项下宗地的土地使用权的首任受让人，在将其开发建设的各建筑物及其附属物出售给众多购房者以后，土地使用权已不再由开发商所拥有。众多的购房者或业主在购房的同时共同拥有了合同项下土地的一定年限的使用权，政府的房地产管理部门不仅为购房者办理了房产证，也办理了土地使用权证。在土地使用权出让阶段，即政府与开发商的交易中，土地使用权是交易的标的。而在房屋交易阶段，即开发商与购房者的交易中，房屋是交易标的，而土地使用权成了交易的附属品。在开发商出售了所有的房屋，同时失去合同项下的土地使用权以后，显然，他也不再有资格去申请续期，更谈不上与政府重新签订土地有偿使用合同。如果该条款中的土地使用者指购房者或业主，那么，该条款也应出现在购房者或业主的相关合约里，而不是出现在与开发商签订的土地使用权的合约里。退一步说，在合同项下的宗地上存在众多业主的情况下，是一个业主、几个业主，还是全体业主在期满一年前必须提出申请才可以续期呢？实际上，该条款忽视了开发商在出售房屋以后已经退出了交易的现实，或者说，忽视了合同中同一交易标的物在第一次交易和第二次交易中交易主体的变化。同样的问题也出现在《出让合同》第二十六条至第二十八条中。《出让合同》第二十六条约定："土地出让期限届满，受让人没有提出续期申请或者虽申请续期但依照本合同第二十五条规定未获批准的，受让人应当交回《国有土地使用证》，出让人代表国家收回土地使用权，并依照规定办理土地使用权注销登记。"《出让合同》第二十七条约定："土地出让期限届满，受让人未申请续期的本合同项下土地使用权和地上建筑物及其他附着物由出让人代表国家无偿收回，受让人应当保持地上建筑物、其他附着物的正常使用功能，不得人为破坏，地上建筑物、其他附着物失去使用功能的，出让人可要求受让人移动或拆除地上建筑物、其他附着物，恢复场地平整。"《出让合同》第二十八条约定："土地出让期限届满，受让人提出续期申请而出让人根据本合同第二十五条之规定没有批准续期的，土地使用权由出让人代表国家无偿收回，但对于地上建筑物及其他附着物，出让人应当根据收回时地上建筑物、其他附着物的残余价值给予受让人相应补偿。"由《出让合同》第二十六条

① 受让人和出让人之间的关系，在此又被转化为合同交易关系。

至第二十八条可见，受让人的行为直接关系着地上建筑物、附着物在土地期满后的“命运”。但是，这个受让人是谁？如果是已经卖出了房屋的开发商①，在他卖出了合同项下宗地上的所有房屋以后，他凭什么去申请续期？如果他不申请续期，或者破产，或者不再存在，在土地使用权期满以后，众多购房者如何与出让人沟通、协调以平衡各自的权益是需要进一步完善的议题。

7.2.2 土地使用权交易中的产权完善

以上分析表明：看似清晰的土地使用权，在实际交易中仍有待完善之方面；土地使用权交易合约即《出让合同》也有待完善；有关土地期满后的产权安排的相关法规也必须尽快制定。具体建议如下。

(1) 明确定位交易角色和国家权益。在土地使用权交易和土地使用过程中，国家分别扮演了两种角色，一是土地所有者角色，另一是管理者角色。作为土地所有者，国家有权将其拥有的土地的使用权用于交易；有权明确除了出让已界定的土地使用权以外，土地的其他权利仍归属于国家；有权通过交易获得土地使用权的出让金。作为权力机构，国家有权委托政府的土地行政主管部门为其具体实施土地使用权交易；有权委托中央或地方人民政府或其下属机构对土地使用权交易进行监管；同时，国家拥有宪法和法律授予的司法管辖权、行政管理权和其他按中华人民共和国法律规定由国家行使的权力，并获得因社会公众利益所必需的权益。国家的权益是通过宪法和一系列的法律法规确定的，并通过国家的权力执行机构予以保障。在土地使用权交易过程中，地方政府的土地行政主管部门只是交易一方的代理人，它的努力目标是实现委托者的收益最大化。在土地使用权交易过程中，交易合同主要明确土地使用权出让方——国家和受让方——开发商之间的权益关系，而不是代理人——政府的土地行政主管部门与开发商和国家的关系。代理人有义务向受让人明确国家所出让的土地使用权的内涵、限制以及相关的权益要求，并可能甚至必须提供一系列的交易服务，但不改变交易对象的性质，土地使用权的交易双方依然是国家和开发商，相关的权益关系也大多发生在国家和开发商之间，政府的功能只是执行性的。当然，由于国家与政府的关系

① 按合同标注，受让者是受让了土地的开发商。

以及国家权益在各级政府间的分配是一个复杂而含糊的问题，它们经常会模糊人们关于国家作为所有者的相关交易包括土地使用权交易的认识。

(2) 进一步明确土地的地下使用权

房屋开发用地出让合同所明确的土地使用权是基于土地的、建筑物的空间使用权和其基底的安置权，而不包括地下资源、埋藏物和市政公用设施等物品的所有权。这是不言自明的问题。真正的问题是，在受让人实施使用权过程中，或开发过程中，更明确地说，在新建建筑物的基础施工过程中，如果遇到了并不属于受让范围的地下资源、埋藏物和市政公用设施等，应该如何处置？我们的建议是：①如果仅是一些可轻易移动的埋藏物或有价值的埋藏物，在土地受让者向国家相关部门移交出这些埋藏物之后，土地受让者可以继续使用土地进行建筑物的基础施工，国家相关部门依据相关法律法规给予奖励或补偿。②如果地下埋藏物是矿藏且具有较长期的开采价值，国家有权收回土地使用权，并依据开发商实际发生的投入给予补偿。③如果宗地下面存在未预见的市政公用设施，且该设施与土地受让者的建筑基础相抵触，土地受让者有权要求国家利用国家权力移开市政公用设施而继续进行建筑物的基础施工。如果移开市政公用设施的工程量巨大或成本过高，国家有权收回已出让宗地，并依据开发商实际发生的投入给予补偿。简言之，在土地出让合同中，必须明确基础施工过程中遇到地下资源、埋藏物和市政公用设施等物品的处置办法或处置原则。

(3) 土地利用技术经济指标选取的理论依据

在受让的宗地面积即规划建设用地面积一定时，容积率指标给出了受让者在规划建设用地范围内可新建建筑物的全部建筑面积的上限，建筑密度指标给出了受让者在规划建设用地范围内所有建筑物的基底面积的上限。绿化率指标给出了受让者在规划建设用地范围内可必须新建的绿化面积的下限。容积率决定了开发商在合同地块上可建的建筑面积数，包括主体建筑和附属建筑面积数。在地价一定时，容积率越高，可建建筑面积越多，单位建筑面积上所分摊的地价越低；而建筑密度越高，建筑物基底的总面积越大。在容积率一定时，如果提高建筑密度，建筑物的平均层数或平均高度就会降低。

有专家建议，一个具有良好居住环境的小区，多层住宅应有的容积率不应超过 3，高层住宅的容积率不应超过 5，绿化率不宜低于 30%；当容积率提高以后，需按其提高幅度的 30%～50%降低项目的建筑密度。以居住为主的建设项目的建筑密度降低后不应少于 20%，以商业、办公为主的建设项目的建筑密度降低后不应少于 25%。同时，应按容积率提高幅度的 15%～25%增加项目绿地率。对于土地特别紧张的建设项目，则可采取底层架空作为绿化休闲用地。建设项目属单栋建筑或别墅用地调整为一般居住用地的，绿地率要求可适当放宽，但不应少于 35%。

我们通过一个简单模型说明容积率与开发商利润、地价之间的经济关系，以作为确立土地利用各项技术经济指标的理论依据。

开发商的利润 R 为：

$$R=F(s_1)-C(s_2) \quad (7\text{-}1)$$

式（7-1）中 $F(s_1)$、$C(s_2)$ 分别表示项目的总销售收入和总成本。它们分别由式（7-2）和式（7-3）计算。

$$F(s_1)=P\times s_1 \quad (7\text{-}2)$$

$$C(s_2)=C_d+D\times s_2 \quad (7\text{-}3)$$

式（7-2）中 P 为商品房平均单方售价，s_1 为可售商品房的建筑面积；式（7-3）中 C_d 为土地价，D 为除地价以外的开发建设单方成本，s_2 为房屋开发建设面积。

为方便起见，假定 $s_1=s_2$，即房屋开发建设面积等于可售商品房的建筑面积，并将它们统一记为 s。此时存在：

$$R=P\times s-(C_d+D\times s)=(P-D)s-C_d \quad (7\text{-}4)$$

由于容积率 $r=s/S_d$，故有：

$$s=r\times S_d \quad (7\text{-}5)$$

将式（7-5）代入式（7-4）得：

$$R=(P-D)r\times S_d-C_d \quad (7\text{-}6)$$

由式（7-6）可知，当房价 P、单方建设成本 D、土地面积 S_d 和土地成本即地价 C_d 不变时，开发商利润 R 和容积率 r 成正比。即容积率越高，开发商的利润越大。

人们普遍接受了这个观点，并因此认为开发商会极力在购置土地后力求政府变更容积率，而政府相关部门有可能在这个过程中出现寻租行为。实际上，容积率 r 不仅通过影响建筑面积影响了开发商的利润，同时也直接影响了房价 P 和土地成本 C_d，甚或包括单方成本 D。在武汉江夏某小区，多层单元房售价为 3300 元/m^2，高层的单元房的售价为 3000 元/m^2，别墅售价为 7600 元 /m^2。同一个小区里，别墅的售价一般是单元房售价的 2 倍以上，多层单元房的售价要高于高层单元房的售价。当地块的区位、面积一定时，容积率越高，房屋售价有走低的趋势。原因是什么呢？一种解释是，随着容积率的提高，单位建筑面积上分摊的地价减少，即单方建设成本下降，开发商可以接受较低的卖价；另一种解释是，随着容积率的提高，房屋品质有所降低，买家只愿意给出较低的买价。普通大众会认同前一种解释，而经济学家更倾向于后一种解释。实际上，对于房地产这种具有垄断属性的特殊商品以及它的信息不对称的市场，这两种解释都有合理性。经济学家给出了完全市场状态下价格的形成机制和决定方式，但在现实的市场中，如何决定不同属性的商品的价格，依然是一个问题。无论如何，现实中的房价和容积率之间的反向关系已经存在，容积率的提升在降低了单方建设成本的同时，也降低了房价。

我们将上述关系反映到式（7-6）中，则有：

$$\begin{aligned} R &= (P-D)r\times S_d - C_d \\ &= [P(r)-D(r)]r\times S_d - C_d(r) \end{aligned} \tag{7-7}$$

设 $P(r)=-ar+b$，$D(r)=-cr+d$，$C_d(r)=er+f$；其中 a、b、c、d、e、f 均大于零；代入式（7-6）得：

$$R=(-ar^2+br+cr^2-dr)S_d-er-f=(c-a)S_dr^2+(bS_d-e)r-f \tag{7-8}$$

$R'=2(c-a)S_dr+bS_d-e$

令 $R'=0$，则有：

$$r=(bS_d-e)/[2(c-a)S_d] \tag{7-9}$$

该结果表明，在 $P(r)$、$D(r)$、C_d 与 r 之间呈线性关系的假定下，只有当容积率 $r=(bS_d-e)/2(c-a)S_d$ 时，开发商所获利润才能最大化，并非容积率 r 越大开发商利润就越大。

给出 $P(r)$、$D(r)$、C_d 与 r 之间不同的函数关系假定，开发商利润最大化时的容积率都能按上述程序确立，容积率与开发商利润之间关系的上述结论也不会改变。该结论表明，开发商利润最大化，并不是简单地通过提高容积率就可以实现，而必须使容积率等于某一个确定的值，该值由 $P(r)$、$D(r)$、C_d 与 r 之间的函数关系以及地块面积所决定。

由于容积率、建筑密度和绿化率之间有一定的关系，在容积率确定以后，建筑密度和绿化率等技术经济指标也可以相应确立。在一个小区里，如果建筑物高度一致且限定，在满足日照条件的情况下，容积率越高，建筑密度越高（因为建筑总面积的增加，在建筑高度的限制下只能增加建筑物基底面积）；而容积率越低，建筑密度也会越低。如果建筑密度低，那么建筑物的占地面积小，可以布置更多的景观绿化，绿化率会提高，相反，就会降低。容积率对绿化率虽然没有直接的影响，但如果在确定容积率不变的前提下，建筑物越高，则绿化率相应提高，建筑物越低，相应的空地会少，绿化就会减少。基于容积率、建筑密度和绿化率之间的关系，我们可以通过优化的容积率指标给出其他的技术经济指标值。

(4) 完善土地使用期满后的相关权益安排

由于土地使用权随其地上房屋的流转而流转[①]，在土地使用权到期之日，已经历多次流转的土地使用权早已不在开发商手中，开发商不可能再为其他的房屋所有人在他们的土地使用权到期日之前提出用地延期申请。房屋和土地使用权的不断流转，使得一定年限之后的土地使用权人并不确定。因此，土地使用权到期以后的处置方式并不是土地出让人和开发商之间的出让合同能够约定的，它必须通过国家法律明确。《物权法》第一百四十九条规定："住宅建设用地使用权期限届满的，自动续期。"该规定通过"自动续期"的方式废除了"应当办理续期申请"环节，避免了土地上的房屋经转让、互换、出资或者赠与等流转后土地使用权人并不确定的问题。当然，"自动续期"并不等于不用"支付土地有偿使用费"。在土地使用权期限届满后，在自动续期的前提下，如何支付土地有偿使用费是一个后续性问题。这个问题的明智解决办法或许是留给后人处理。但可以明确的是，土地有偿使用费的确定方式不可能采用土地出让时的市场化竞价方式，因为对同一块已使用的土地而言，只存在一个卖家、一个买家或一个买家集体。在交易必须进行的情况下，或在土地使用者具有继续使用土地权利的情况下，一个土地使用权的卖家和一个买家之间只能采用议价的方式或强制的方式确立交易品的价格。如果考虑交易成本，采用强制方式确立价格会更有效率。土地所有者的代理人没有足够的时间和精力与每一宗到期土地的使用人进行单个的价

① 《物权法》第一百四十七条规定："建筑物、构筑物及其附属设施转让、互换、出资或者赠与的，该建筑物、构筑物及其附属设施占用范围内的建设用地使用权一并处分。"

格协商，而强制可以避免这种单个的价格协商过程。强制并不一定就是非民主的过程，它可以通过专家学者、使用人代表和政府相关人员等集体协商，确定当期城市中不同地段的土地续租价格。政府再通过制度明确不同地段的土地续租价格、收取方式和时限、逾期不交和特殊情况的处理措施等。今天的土地使用者，或许并不满足于“自动续期”，更希望无需再支付续期后的土地有偿使用费用。但这只是一个可以理解的愿望，未来的人将决定未来人的行动。

7.2.3 许可证交易中的产权

在政府和开发商之间的另一类交易是各种许可证交易。一方面，政府作为土地交易者，对土地交易的另一方是否执行了土地交易合约的各项规定，包括各种使用规定进行了监督管理；另一方面，政府作为公民的代表，从公众利益的角度，对开发商的开发、建设和经营行为进行了规范与管理。尽管政府在土地使用监管方面也采用了许可证方式，但我们仍倾向于把它作为土地使用权交易的延续，有关土地是否按合约规定进行开发利用的问题属于土地出让方和受让方之间的合约执行问题，而不属于作为公众利益代表所颁发的许可证交易范围。本节所论及的许可证是指政府从公众利益角度出发或为了保障公众的合法权益对拟进行的各类生产经营活动进行审查批准后所颁发的可生产或可经营性的证件。

作为公众利益的代表，政府为了公众的利益必须对各类拟进行的生产经营活动进行分析，给出是否许可的决定，从而形成了现行的“许可证制度”。比如说，凡是对环境有不良影响的各种规划、开发、建设项目、排污设施或经营活动，其建设者或经营者需要事先提出申请，经主管部门审查批准颁发许可证后才能从事该项活动。为了加强产品质量管理，保证产品质量，政府依据国家的有关法规、规章，对影响国计民生、危及人体健康和人身财产安全的重要工业产品实施了生产许可证的制度。对房地产开发经营活动而言，既涉及公共财产的利用问题，又涉及环境保护问题，还涉及房屋、设施和设备质量问题，并直接影响着居民生活。因此，房地产开发经营的许可证类别也就相对多一些，如建设用地规划许可证、施工许可证、建设工程规划许可证、拆迁许可证、消防许可证、人防许可证、建设工程开工证、商品房预（销）售许可证等等。这些许可证虽相互独立，分别由不同的政府部门发放，但它们之间存在一定联系。比如说，申办建设工程规划许可证之前，必须先取得国有土地使用权证和建设用地规划许可证、经审批的建筑核位红线图和施工图，再办理施工许可证告知通知书，并凭此通知书到建管部门办理施工许可证。待建设工程施工至正负零时，持建设工程规划许可通知书和施工许可证等资料方可申办建设工程规划许可证。申办建设工程规划许可证以后，开发商持此证至建管部门办理建设工程正负零以上部分的相关施工手续；并在建设工程竣工后3个月内，持竣工图申办建设工程规划验收合格证。为了获批建筑核位红线图和施工图，开发商须持规划方案和建筑方案图纸到城市建管处申请建筑方案报建，同时要得到公安、消防、审图办、人防、供水、供电、城管、交管、通信管线、抗震、环卫、燃气、园林等部门对施工图纸的审查意见或回执。

从自由的角度看，“许可”是一种限制，它将个人或企业个体的行为限制在一定的范围或空间之内。只有在这个范围或空间以内，个人或企业的行为才是许可的。在法律框架之内，个人或企业具有自由发展的权利，法律已构成了他们自由发展的范围或空间的限制，许可证制度给出了个人或企业自由发展的空间，同时给出了个人或企业自由行动范围或空间的限制。从产权角度看，个人或企业的自由发展是一种权利，但这种权利必须在法律和许可证等制度限定的范围或空间之内，法律和许可证等制度成了个人和企业自由发展权的边界。

目前，在企业排污指标确定方面，我国政府采用了总量控制的方法。政府相关部门首先摸清其管理区域内的排污者情况，然后发布通告或书面通知有关排污单位，限期填报排放污染物许可证申请表，并提交相关材料。排污者向地方政府的相关部门如环境保护部门提交排污许可证申请材料。地方政府的环境保护部门遵循污染物达标排放、总量控制、持续削减、全面发证、持证排污、按证排污等原则，对各排污者排污行为实行监控。在企业提交的申请材料中，主要说明企业所需要的排污指标量。环保部门将对企业上年的排污量及生产负荷、排污规律、排污口位置、排放方式、排放去向、排放量、排污费缴纳情况和管理水平等进行考察，以排污总量为限制，核准排污单位申请的排污指标。简单地说，地方政府的环保部门依据排污总量在当地各排污者间进行排污指标的具体分配。假定拟定的排污指标总量为 W，排污者 i 的排污指标为 W_i，则有：

$$W \geqslant \sum W_i \qquad (7\text{-}10)$$

式（7-10）式表明，拟定的排污总量将大于或等于各排污者的污染排放指标量之和。在总量确定的情况下，在确定的人群中对总量进行分配似乎不是一件难事。但如何确定 W 和如何公平和有效率地分配 W 以便确定 W_i 依然是一个问题。这个问题在所有的许可证管理领域内都普遍存在。

在房地产开发建设过程中，不仅会涉及噪音污染问题，还涉及城市公共设施利用、生态环境和他人观感等众多问题。这些问题属于外部性问题，许可证制度的本质就是外部性交易，而大多是负外部性的交易。

假定开发商在房地产开发过程中的某项行为产生了负外部性［$-E_f$］。依据前面的理论分析①可知：

$$[-E_f] = C_{zf} - C_{zif} \qquad (7\text{-}11)$$

式（7-11）中［$-E_f$］为开发商行为产生的负外部性，C_{zf} 为开发商行为向他人或社会所转移的成本，C_{zif} 为开发商转移该成本所必须支付的费用或成本。由式（7-11）可知，当 $C_{zif}=0$ 时，存在［$-E_f$］$=C_{zf}$，即开发商行为的负外部性等于其行为转移给他人或社会的成本。

房地产开发商在开发、建设和经营管理阶段会产生外部性，而且有许多是显见外部性，如超出了人们忍耐力的噪音、超出了消防和人防的容量、给邻里带来了光线遮挡等负效应。当显见的外部性发生在一个开发商和一个受影响者之间时，他们可以通过市场化协商或通过法律途径解决。而当显见的外部性发生在一个开发商与几个或众多受影响者之间时，市场方式往往不能解决问题，政府便承担了协调或处理这类外部性的责任。

许可证制度实际上是依据庇古的建议所实行的一种由政府介入的对外部性进行处置的制度。由式（7-11）可知，当 $C_{zf}=C_{zif}$ 时，外部性［$-E_f$］$=0$。庇古的建议是，通过政府向外部性行为者强制收取 C_{zif} 的费用，并使之等于 C_{zf}，从而使得外部性为零。但由于准确计量 C_{zf} 存在着实际困难，许可证费用 C_{zif} 的征收标准也就难以确定。

对房地产开发过程中的外部性而言，也存在计量困难问题。于是，地方政府便自我制定了一些许可证的收费标准，而这些标准更多地与行政管理的

① 见“外部性、计量和连锁反应”一节。

强度联系在一起，具有行政管理费的性质，而偏离了外部性的处置或补偿标准。如《武汉市城市房屋拆迁管理实施办法》规定，房屋拆迁管理部门在收到开发商拆迁申请之日起 30 日内，对申请审查完毕。符合条件的①依法收取拆迁管理费②，颁发房屋拆迁许可证。城市公安、消防、审图办、人防、供水、供电、城管、交管、通信管线、抗震、环卫、燃气、园林等部门在给出施工图审查意见的同时，也收取类似于行政管理费的费用，费用的收取标准与工程建设过程中可能产生的相关外部性也没有太多的关联。

当许可证的收费标准即许可证的价格未能体现外部性的社会成本时，许可证的效果就会大打折扣，并有可能引发“政府不作为，乱收费”等负面影响。作者曾亲历一栋 9 层建筑物的爆破拆迁过程。在爆破后的几小时里，爆破现场周边近 200 m 范围内的建筑物、店面和人群都受到了灰尘侵袭，来往的公交车内的乘客纷纷关闭车窗，行人匆忙掩面离去。拆迁方通过缴纳拆迁管理费获得了拆迁许可证，但拆迁过程中所引发的外部性依然存在。政府相关部门收取了一定的费用，而其他人仍然承担了负外部性的影响。当然，按庇古的原初设想，如果政府相关部门把已收取的费用用于防止灰尘扩散，拆迁过程中的外部性问题便可得到解决。但这个结果有两个前提，一是必须明确政府部门有责任这样去做，二是允许其收取的费用足以用于防范灰尘扩散。在这样的前提下，相关的政府部门和开发商都会明白每一项许可证费用的用途，也能对可能要缴纳的费用有一个基本估算。

对房地产开发过程中相关许可证交易中的问题，本书给出如下框架性建议：

(1) 改变以行政事业管理收费替代外部性补偿的做法；

(2) 许可证的价格或收费标准要尽量体现行为外部性的大小和行政管理

---

① 该条件并没有包括拆迁所造成的外部性的补偿费。因为申办拆迁许可证时，政府并不考察拆迁所造成的外部性补偿问题，只要求提交以下申报资料：1）填写“城市房屋拆迁申请表”一式五份；2）建设项目批准文件；3）建设用地规划许可证；4）国有土地使用权批准文件（建设用地批准书或划拨决定书）；5）拆迁代办单位和评估机构资料；6）拆迁安置计划和方案（拆迁红线范围内房屋面积、户数、性质、用途等基本情况；拆迁方式；拆迁期限；还建方式及还建期限；产权清晰的安置用房证明；拆迁补偿资金来源及预算资金额度）；7）有关金融机构出具的拆迁补偿安置资金证明。

② 收费标准是：住宅类为 7 元 /m^2，非住宅类为 3 元 /m^2。该费用的名目是拆迁管理费，而不是外部性的补偿费。只要交了这项费用，就可以拿到拆迁许可证。

强度的大小；

(3) 将已收取的许可证费用用于抑制或补偿行为的外部性，以便恢复许可证制度对外部性的抑制和补偿功能；

(4) 尽快对房地产开发过程中的各种外部性进行分类、考察和计量研究，增强许可证收费制度的科学性和可行性；

(5) 逐步建立房地产开发、建设与经营管理许可证市场。

7.3 开发商与购房者（业主）之间的产权安排

7.3.1 开发商和购房者间的产权模型

在开发商未出售其受让地块上所开发建设的物业之前，开发商拥有该受让地块的一定期限的使用权和其上各类物业的所有权。[①] 当开发商分散出售其受让地块上所开发建设的物业时，开发商个人的整体土地使用权和所有物业的所有权将被拆零。从理论上讲，如果开发商将地块上所建的所有建筑物都出售完毕，那么，该地块上的其他附属性物业的所有权以及该地块的整体使用权也都会随着地上建筑物的转移而转移，并且，出售前开发商所有的产权应等于出售后所有购买者的产权之和。

假定所开发地块上的全部建筑物的所有权为 R_{db}，其他附属物业的所有权为 R_{ds}，地块一定期限的使用权为 R_{dl}，开发商在未拆零出售其所有的建筑物以前拥有的产权为 R_d，则有：

$$R_d = R_{db} + R_{ds} + R_{dl} \tag{7-12}$$

当地块上所有建筑物被拆零并全部出售给 n 个购买者以后，假定第 i 个购买者所有的产权为 R_i，则存在：

$$R_d = \sum R_i \tag{7-13}$$

由于附属物业和土地使用权依附于建筑物的所有权，当购买者 i 购买了建筑物的部分所有权 R_{ib} 以后，他同时拥有附属物业的部分所有权 R_{is} 和部分土地使用权 R_{il}，且存在：

---

① 各类物业的所有权可分为地上建筑物的所有权和其附属物业的所有权两个部分。开发商拥有的是整个地块的使用权和其上所有物业的所有权，而不同于后来的单元房业主所拥有的地块的共同使用权和建筑物的区分所有权。

$$R_i = R_{ib} + R_{is} + R_{il} \qquad (7\text{-}14)$$

由式 (7-13) 和式 (7-14) 可知：

$$R_d = \sum(R_{ib} + R_{is} + R_{il}) = \sum R_{ib} + \sum R_{is} + \sum R_{il} \qquad (7\text{-}15)$$

式(7-15)中的$\sum R_{ib}$是《物权法》中规定的购房者或业主对建筑物内的住宅、经营性用房等专有部分的所有权的总和，而$\sum R_{is}$和$\sum R_{il}$分别对应购房者或业主对共有部分享有的共有权和共同管理权。

式 (7-15) 给出了开发商和购房者之间产权关系的理论模型。该模型表明，当开发商出售完其所开发（即所拥有）的住宅小区内的所有房屋以后，开发商所有的物业整体产权全部转移给了购房者或业主。

问题是：当开发商将其所有的整体产权转移给众多购房者或业主时，面临着产权分割或区分问题。当然，开发商可以通过合同约定每一位购房者所拥有的产权，社会也可以通过法律如《物权法》统一安排购房者所拥有的产权。目前正在实施的《物权法》将购房者所拥有的产权称为“业主的建筑物区分所有权”，尽管该名称已遇争议①，但其中的关键词“区分”所表达的意义是明确的。在开发商将整体产权移交给单个购房者或业主时，客观存在着一个如何分割或区分问题。

7.3.2 商品房交易中有待清晰的产权

现行《物权法》和商品房销售合同未能就“业主的建筑物区分所有权”进行清晰地区分，具体表现在以下四个方面：一是界定专有部分的边界没有被界定。在《物权法》中，业主的专有部分被置于大家共知的、一种常识性的存在状态，而没有进行具体的界定。按一般常识，如果一个人购买了开发商所开发的某栋住宅楼中的某套单元房，如 301 房，那么，该 301 房便是购房者所有的部分，也是《物权法》中所指的专有部分。然而，该单元房并不是独立地存在。在空间结构上，单元房与单元房之间、单元房与建筑物的公

---

① 著名法学家魏耀荣先生认为，“业主的建筑物区分所有权”这个名称有问题。一是包容度低，好像只包括了房产；二是语义重复，业主的就是区分的，将二者连串就构成了语义重复。有意思的是，《物权法》中并没有对“业主的建筑物区分所有权”的概念进行定义，而国外一般法律概念的定义是非常明确的。作者认为，所谓建筑物区分所有权是指建筑物按其中的单元划分并出售后，各单元的业主所拥有的权利。

共部分如垂直交通之间相互依存，不具有物质形态的可分性。一栋建筑物中的一套单元房是由该建筑物的两层楼面、部分外墙、内隔墙和门窗等围合而成，这些围合部件形成了单元房的边界，也是专有部分的边界，但它们以及他们的产权并没有被明确界定。二是共有部分的共有人没有被界定。《物权法》虽然规定了建筑区划内的道路、物业服务用房、绿地和一些公共设施属建筑区划内的业主共有，但是产权共有关系是有层次的。如电梯只能是一栋楼的公共设施，而各种供暖、供水、供气管线、道路、绿地等可能是多栋楼共用的。在住宅小区里，每一栋住宅楼内的垂直交通（电梯和楼梯等），无疑是共有的，但它们属哪些人共有呢？是小区的全体业主，还是该楼内的所有业主，或是建筑构造上必须共用该设施的业主？专有部分的边界、道路、绿化、停车位，以及其他的共用设施设备等，它们的共有人都有待进一步明确。没有明确共有人的共有产权很有可能成为实际上的无主产权或被某些人[①]所占用。三是业主共有产权的维系和管理成本影响了业主共有权的实施。当个人为共有产权的维系和管理所付出的成本高于个人所得到的收益时，个人会放弃对共有产权的维系责任和管理权利。而当个人不用付出成本也能享用共有产权的收益时，个人有可能选择“搭便车”，集体行动问题或许会出现。在前一种情况下，共有产权有可能被置于公共领域，无人问津；也有可能被开发商或物业公司独自利用。当开发商或物业公司独自利用的收益大于成本时，他们会利用业主已放弃的共有产权。在后一种情况下，由于开发商或物业公司在业主集体行动中的独特作用，使得他们在有意或无意间也获得了部分本属于业主所共有的权利。于是，在理论上或法律上已明确为业主的共有产权，在现实中又回到了开发商或物业公司手中。四是契约不完全或约定不透明给了开发商再次或重复利用共有资源的机会。在不少小区里，已出现开发商在房屋出售以后又在已经是草地或休闲场所的区域实施建设的情形。开发商之所以能如此行为，一般情况下，是因为他们得到了政府相关管理部门的许可，拿到了相关的批准文件。开发商利用契约的不完全性和某些原由，在房屋建成、出售以后再次拿到了开发建设的批准文件，获得

① 这些人或是某些业主，或是开发商，或是物业公司。比如说，有些业主在楼梯间放置杂物，有些开发商利用已售住宅楼的外墙面做广告，而有些物业公司将小区内道路的一部分改作收费停车位等。

了进一步开发的权利。另一种可能是，批准文件在第一次建设时就已经存在，开发商为了售房需要而将规划中本该建房的区域建成了临时草坪或休闲场所。购房者在购房时没有得到这方面的信息，而将本应建房的区域误认为是永久性的草坪或休闲场所。

7.3.3 商品房交易中相关物业产权安排的建议

商品房交易中相关物业产权主要包括：专有部分边界的产权、同一栋建筑物内的业主专有权和共有权、依附于建筑物的空间权、会所的产权、小区内业主的共有产权以及车库或车位的产权等。

(1) 专有部分边界的产权

我们知道，业主的建筑物区分所有权由业主专有部分的所有权和专有部分以外的共有部分的共有和共同管理权所组成。对由单元房所构成的建筑物而言，单元房的边界或专有部分的边界是界定专有部分和区分专有部分与共有部分的必要“物件”。如果不能明确这个“物件”是什么以及它的产权状态怎么样，那么，业主的专有部分和共有部分的产权界定或安排都只不过是纸上谈兵，而没有任何实质性意义。确定专有部分的边界是专有部分之所以形成乃至存在的必要条件，同时也是共有部分形成和存在的必要前提。从建筑物结构和构造上看，单元房的边界由楼地面或屋面、内外墙、梁柱、门窗、管线等构件组成。这些构件所形成的室内空间无疑是属于专有部分，但这个部分，在空间形态上，已经被梁柱、管线或内墙等构件分割成了若干个细分空间。我们不妨将这些构件作为专有部分（产权）的边界，专有部分也因之被分成了若干个被细分了的部分。由于组成边界的各构件的功能、性质和权益影响范围等有所差异，笼统地界定边界的产权并不合适。我们认为，应将边界的不同部分之间的差异（或者说，边界上不同构件的特征）作为“业主专有某些部件或不同的业主共有其中某些部件”的依据。在这样的思路下，我们建议把部分业主专有权的边界作为业主的共有产权[①]，而将边界的不同组成部分按它们各自的功能、属性和权益影响范围安排给单个业主所专有或不同的业主所共有。具体安排见表 7-1 所示。

---

① 实际上，我们不可能把共有建筑物的楼面、外墙、隔墙等作为专有权或私有权安排给某一位业主，而只能作为共有产权安排。但值得注意的是，每个单元的入户门可以安排为业主的专有产权。

表 7-1　单元房专有部分边界的产权安排

边界部件的名称	产权安排	理由
单元与单元之间的隔墙	承重隔墙为整栋建筑物内业主共有 非承重隔墙为相邻两单元的业主共有	承重隔墙为建筑物的结构构件，与整栋建筑物内业主的权益相关；非承重隔墙只与相邻两单元业主权益相关
单元与垂直交通之间的隔墙	整栋建筑物内所有业主共有	该部件一般为建筑物的结构构件，与整栋建筑物内业主的权益相关
单元房的内墙	承重内墙以及与建筑物内共用通道相邻的内墙为整栋建筑物内业主共有 两边空间都属专有的非承重内墙为业主个人专有	承重内墙为建筑物的结构构件，与建筑物内共用通道相邻的内墙涉及共有空间，都与整栋建筑物内业主的权益相关；只有两边空间都属专有的非承重内墙与业主个人权益相关
楼地面和屋面	整栋建筑物内所有业主共有	该部件为建筑物的结构构件，涉及整栋建筑物安全，与整栋建筑物内业主的权益相关
外墙	整栋建筑物内所有业主共有	该部件为结构构件时，涉及整栋建筑物安全；为非结构构件时，涉及建筑物的外观；与整栋建筑物内的业主权益相关
外墙上的窗户	整栋建筑物内所有业主共有	该部件为非结构性构件，但涉及整栋建筑物的外观，与整栋建筑物内的业主权益相关
梁柱	整栋建筑物内所有业主共有	该部件为建筑物的结构构件，涉及整栋建筑物安全，与整栋建筑物内业主的权益相关
入户门	业主个人专有	该部件为非结构性构件，仅涉及业主个人权益
穿越室内的各种管线	建筑物内的共用主管线由共用者共有；业主个人使用的支管线由业主个人专有	该部件为非结构性构件，但其功能可能涉及建筑物内的单个业主，也可能涉及建筑物内的部分业主

由表 7-1 可见，专有部分边界的不同组成部分分别被安排为“业主个人专有”“建筑物内部分业主共有”和“建筑物内所有业主共有”三种所有方式。在这样的安排下，边界以及边界的产权被清晰化，进而真正界定了专有产权的空间，也为共有产权的安排提供了“标杆”。

(2) 同一栋建筑物内的业主的专有权和共有权安排

依据边界产权界定的原则，我们将不涉及建筑物整体安全、不影响他人正常使用的构件包括边界构件安排为业主个人专有，将一栋建筑物内部分业主共用的构件安排为该建筑物内的部分业主所共有，而将涉及整体建筑安全或一栋建筑物内所有业主所共享的构件安排为该建筑物内所有业主共有。在这种安排下，业主个人的专有权已不仅仅限于单元房边界以内的空间，还包括边界上的或构成边界的“入户门”、非承重内墙和业主个人使用的管线等；相邻两单元的业主共同拥有非承重隔墙；共用主管线的建筑物内的部分业主共同拥有主管线；整栋建筑物内的业主共同拥有单元与单元之间的承重隔墙、单元与垂直交通之间的隔墙、承重内墙、楼地面和屋面、外墙及其上的窗户、梁柱、楼内通道、电梯间、公共走廊、通道或空间等。当然，整栋建筑物内的业主还共同拥有本建筑物下一定面积、一定期限的土地使用权，或称基地使用权，简称基地权。在这种安排下，一栋建筑物的各组成构件包括外墙和外墙上的窗户，都没有被安排为小区内的全体业主所共有，而是将它们的产权全部安排给了该建筑物内的所有业主。[①]

(3) 依附于建筑物的空间权

常见的空调室外机、太阳能热水器、遮阳篷和广告等物件占用了建筑物外部的空间。由于这类空间的占用方式大多是借助或依附于建筑物的外墙面或屋面所实施的，我们不妨称这类空间为依附于建筑物的空间。当我们认同“同一栋建筑物内的所有业主共同拥有这栋建筑物”时，依附于建筑物的空间权应归于该建筑物的全体业主。换言之，同一栋建筑物内的业主共同拥有依附于建筑物的空间使用权。当然，业主的空间使用权是一种受制于公众空间权的权利。公众包括业主会认同业主利用建筑物的空间权安装空调、太阳能热水器和遮阳篷的行为，但公众或同一栋建筑物内的其他业主不一定认同

---

① 这种产权安排为单栋业主的集体行动提供了产权基础，以避免大规模集体行动所面临的诸多问题。

其中的某一业主在屋顶上做广告或开辟菜园。

(4) 会所的产权安排

在有些小区里，开发商开发了所谓的“会所”。会所的原初功能是作为“社区活动中心”供居民使用。社区活动中心是一种共有财产，是被无偿提供给社区居民使用的一种公共建筑。社区活动中心本来应由政府出资建设并管理，而现在的会所则由开发商投资建设。在政府没有明确开发商建造的会所就是政府为大家无偿提供的“社区活动中心”时，或者开发商没有明确表示将会所的所有权无偿转让给全体业主时，开发商就实际拥有会所的所有权。《物权法》也在一定程度上支持了开发商的这种所有权①，开发商总可以拿出证据②证明自己享有会所的所有权。在这种情况下，开发商可以将该建筑物出租或出售给某人，当然包括某个业主，但其他业主并不因为购置了该小区的其他物业就拥有了该建筑的某些特别的产权。当一个小区的会所被用于经营餐饮时，该小区内的业主必须付费就餐，非小区内的业主也可以用同样的价格在会所餐厅享用相同的食物，只不过业主消费更为便利罢了。如果法律规定开发商必须为业主建造会所并在交房时一并交给业主，或者开发商承诺为全体业主免费建造会所并在交房时一并交给业主，会所的产权将属于全体业主。否则，会所的产权属于开发商，开发商具有经营该会所或出售该会所的权利。从目前的状态看，小区会所虽作为方便业主的一种配套设施，但它同其他的商用物业一样，其产权属于某专有业主包括开发商，而不属于全体业主。

如何安排会所的产权更为合适呢？我们比较以下三种情形。

第一种情形：会所作为公有的“社区活动中心”。在目前的开发运作模式中，达成这个结果要涉及三项交易。一是政府与开发商之间的交易。在进行房屋开发建设的交易过程中，政府与开发商之间如果达成了由开发商投资建设会所并提供给政府作为公共品时，政府通过此项交易获得了会所的公共所有权。二是购房者与开发商之间的交易。在完成前面一项交易的情况下，

---

① 《物权法》第七十六条规定：会所、车库的归属，有约定，按照约定；没有约定或者约定不明确的，除建设单位等能够证明其享有所有权外，属于业主共有。

② 开发商可用的证据有：会所的土地使用权证、委托设计合同、建设合同以及为此支付的费用凭证等。

购房者与开发商之间在进行房屋交易时会明确作为居民的购房者或业主将获得免费使用会所的权利。三是政府与居民之间的交易。在完成前面第一项交易的情况下，这项交易是政府将会所的使用权无偿提供给社区的居民。通过这三项交易，会所的所有权性质变成了“公有”，政府作为公民的代表拥有了会所的所有权，而当地居民（包括业主，又不仅仅是业主）拥有了会所的无偿使用权。

第二种情形：业主共有会所的产权。在开发商和购房者之间进行房屋交易时，房屋买卖合同中明确将会所作为住房的配套设施归业主所共有，购房者或业主集体获得会所的所有权，非业主或购房者的社区居民没有会所的产权，包括无偿使用权。

第三种情形：开发商拥有会所的产权。当第一种情形和第二种情形都没有发生时，开发商自然拥有自己投资开发的会所的产权。在这种情形下，除了开发商能够证明其拥有会所的产权以外，任何其他单位和个人包括购房者或业主都不能证明自己拥有这项权利。

如果我们倾向于把会所作为公益性的居民活动中心，那么，可以通过立法作出规定或通过政府土地出让合同进行约定，使开发商在开发住宅小区时必须配套建设与商品住宅规模相当的会所，并将该会所作为社会的公共财产供社区居民无偿使用。这样一来，会所的产权清晰了，但开发商在地价的出价和房价的要价时会考虑会所的投资，而政府、购房者或业主有可能间接地为会所的公共产权“买单”，但最大的可能会是购房者为会所的公共产权“买单”。

如果我们倾向于业主共有会所的产权，那么，相关的政策必须明确规定，在房屋买卖合同中要将会所作为住房的配套设施给予业主。这时，即便合同约定不再对会所的产权另行收费，但仍不能排除开发商提高房屋的要价。如果这个提高的要价反映在单方造价上，单元面积大的购房者将为会所的共有产权付出更多。

将会所作为社会共有财产或业主的共有财产，既需要出台新的法规，更有可能需要业主间接地或隐性地承担会所的成本。在会所作为社区居民的公共活动中心时，购房者或业主很有可能为非业主的居民承担了社区活动的成本。而当会所的成本分摊到房屋的单方售价中时，大面积单元房的购置者较小面积单元房的购置者分摊了更多的成本。于是，业主与非业主的居民之间，以及大面积单元业主与小面积单元业主之间的财富转移会出现，收入或费用分摊的公平性面临挑战。

在开发商转移会所成本的假定下，我们建议将会所的产权界定给开发商，开发商可以出售、出租甚或无偿赠予会所的所有权、使用权等权能，但必须保证会所的功能不变。这种安排下，业主与居民之间、业主与业主之间的财富转移不会出现，收入或费用分摊的公平性得到了保证。

(5) 小区内业主的共有产权

在一个住宅小区里，每一栋建筑物都被小区内的道路、园林绿化和管网系统连接着，形成了一个小区物业系统。前面已经安排了单栋建筑物的产权、建筑物基地权以及依附于建筑物的空间权，这些产权要么被安排为单个业主（包括开发商）专有，要么被安排为该建筑中的部分业主所共有，要么被安排为该建筑中的全体业主所共有。对于连接各栋建筑物的地下、地面和地上的设施设备等物业，建议将其作为小区全体业主的共有产权。包括：建筑物基地（地基用地）以外的土地使用权、小区内的道路、园林绿化、共用休闲体育娱乐设施设备、管网系统①、地下人防工程②系统等。

《物权法》明确了小区建筑区划内的绿地、道路以及物业管理用房的业主共有权，但没有明确共用休闲体育娱乐设施设备、管网系统和地下人防系统等的业主共有权。毛寿龙教授认为，绿地、道路以及物业管理用房，属于业主共有，符合“天理”。其中道路最符合“天理”，因为没有道路，房子就是孤岛，通行权就会丧失。没有物业管理用房，可能会不方便，但可以通过租房子得到解决。没有绿地，虽可以勉强居住，但显然不是现代居住小区的概念。

本书在毛教授“天理”之说的基础上，进一步给出如下建议：第一，由开发商投资建设的每一栋建筑物的正常使用所必需的、位于建筑物基地以外的地上或地下的管网系统属于全体业主共有。第二，小区内的休闲体育娱乐设施设备和场地是开发商为促进房屋销售所进行的附属性投入，是为全体业

---

① 包括开发建设时由开发商出资承建商施工的各类管网，如小区内的给排水管网、供电管网、煤气管网、通讯管网等；不包括房屋建成后由各类运营商在小区内建设的管网。

② 人防工程全称为人民防空工程，是指为保障战时人员与物资掩蔽、人民防空指挥、医疗救护而单独修建的地下防护建筑，以及结合地面建筑修建的战时可用于防空的地下室（以下简称防空地下室）。现在开发的住宅区的人防工程多数是防空地下室。

主准备的现代健康生活必需品，它们应属于全体业主所共有。这样的安排，不仅符合开发商和业主的预期（即便没有明确的合约条款说明），而且也体现了现代居住型物业功能的要求。第三，虽然人防工程一直作为公共设施，但其日常使用和维护管理仍依托于该设施所在地的单位、小区或社区，政府的人防管理部门在平时并没有对这个设施进行具体的管理和维护。① 在一个小区里，该设施是按地上建筑的类型或建筑面积配套建设的。② 当小区的地上建筑属于业主（单个或多个）所有时，将该配套设施的产权安排给地上建筑的业主是合适的。当然，政府在战时可以征用这些设施，统一安排使用。

如果开发商没有在小区内结合地上建筑建设地下人防工程，而是向政府相关部门缴纳了人防工程异地建设费用，那么，政府应就近易地安排该项工程的建设，并明确该工程的产权在平时属于小区的业主。这样的安排至少有两项优势：一是清晰了人防工程的产权，明确了人防工程的日常使用、维护和管理者，使人防工程的平时使用和日常管理能有效地结合；二是有利于人防工程建设，防止人防工程资金被挪用。当小区业主知道自己拥有人防工程的产权以后，即便该工程易地就近建设，他们也会关心建设情况，监督人防工程款的使用情况，防止人防工程款被挪用。

(6) 车库和车位的产权安排

现阶段建筑区划内的车库和车位并不是每一个业主在购房时都急需的，有些业主在当时并没有自己的私家车。如果我们认定小区内的车库或车位归全体业主所共有，那么，开发商必然将车库或车位的建设成本分摊到房价中，有车和无车的业主将按照他们所购房屋的建筑面积分摊车库或车位的成本。显然，这种结局侵害了无车业主的权益。当然，我们可以说，现在无车者将来可能会有，但实际上也可能存在某些业主一直就不会购车。作为产权安排的公平性，不能基于未来可能发生的某事件，而忽视现实中已经存在的不公平性。车库或车位是一种可私人化的商品，一个车库或车位被某业主占

---

① 《人民防空工程建设管理规定》（国人防办字［2003］第18号）规定：由单位、个人投资建设或者连同地面建筑整体购置的防空地下室，平时由投资者或使用者按照有关规定进行维护、管理和使用，战时由人民防空主管部门统一安排使用。

② 开发商依据相关法规按小区的建筑类型、建筑面积等指标决定人防工程的规模，经地方政府人防管理部门批准后，进行投资建设。

用以后，其他人并不能同时占用这个车库或车位。因此，车库或车位的产权宜安排为私人产权。

首先，开发商拥有其投资开发的车库或车位，需要车库或车位的业主从开发商手中购买或承租车库或车位，从而拥有车库、车位的专有权或拥有租期内的使用权；无需车库或车位的业主，无需为车库或车位付费，也没有车库、车位的专有权和使用权。值得注意的一个现象是，有些开发商或物业公司或业主占用小区内的道路作为停车位。这种现象是一种典型的侵权行为，因为小区内的道路是业主的共有财产，任何单位或个人的非行使性使用或私自占用都是侵害了业主的共有权益。在小区业主共有小区道路产权的安排下，开发商和物业公司没有权利在道路上开辟停车位并将其租给有需要的业主，有车业主需要长期在路旁停车时必须按相关约定向业主委员会缴纳租金以作为业主的共有基金。在地下人防工程作为业主的共有产权安排下，如果地下人防工程用于停车，那么，停车者也应按相关约定向业主委员会缴纳租金。

车库和车位的购置费或租金不同于停车管理费。不少小区的物业公司向拥有停车库和车位的停车业主收取停车管理费。停车管理费是停车业主与物业公司的停车管理服务交易的价格，车库和车位的购置费或租金是业主停车权交易的价格。

上述安排是基于单元房或公寓房所给出的。联排别墅的产权也可以按此安排，如果联排别墅的每一户配有独立的花园，则该花园及其占地使用权归该业主所专有；独立别墅及其用地、占地的使用权归单个业主所专有。

7.3.4 界定小区物业产权的方式

在对小区物业产权进行分析和建议性的安排以后，具体实施将涉及产权的社会化界定方式。目前，界定小区物业产权的方式有两种：一是法定，二是约定。法定方式是指通过相关法律如《物权法》直接界定产权，而约定方式是指通过合约等协商同意后的、受法律保护的约定界定产权。在产权学家看来，界定和转让所有权的合同，是产权方法的核心。本研究认为，除了概念性、原则性的物业产权由《物权法》界定以外，大多数的具体的物业产权安排可由开发商与购房者之间的合同约定。具体安排见表 7-2。

表 7-2　物业产权的法定与约定

《物权法》界定的小区物业产权	开发商与购房者之间的合同所约定的小区物业产权
专有产权边界的产权	专有产权边界的具体安排，包括楼地面或屋面、内外墙、梁柱、门窗、入户门、管线等部件的产权安排
专有产权	专有产权的特定空间
同一栋建筑物内业主的共有产权	约定同一栋建筑物内业主的共有产权。包括该建筑物内单元与单元之间的承重隔墙、单元与共用交通和通道之间的隔墙、承重内墙、楼地面和屋面、外墙及其上的窗户、梁柱、楼内通道、电梯间、公共走廊、通道或空间等的产权。当然，整栋建筑物内的业主还共同拥有本建筑物下一定面积、一定期限的土地使用权等将本表左边的共有产权内容具体化，给出小区共有产权的具体安排
约定同一小区内业主的共有产权	约定同一小区内业主的共有产权。包括物业管理用房的产权，建筑物基地以外的土地使用权，小区内的道路、园林绿化、共用休闲体育娱乐设施设备、管网系统、地下人防工程系统等必要配套设施的产权①
业主的共同管理权	明确会所、车库和车位的产权安排。本研究建议会所、车库、车位的初始产权归属于开发商，开发商可以在合同中明确地将它们无偿出让给全体业主，也可以在合同中明确它们将作为另外的物业品有待出售或出租。无论如何，合同中必须明确的是，会所、车库和车位的属性或功能不变，也就是说，无论谁最终拥有会所、车库或车位的专有权，都只能用于他们的特定用途②
土地续期权	业主共同管理细则，即临时业主公约

① 必要配套设施是指所有业主在房屋使用过程中都必需和常用的配套设施。在有业主即便是个别业主并不需要会所、车库或车位时，会所、车库或车位就不属于必要配套设施。对于非必要配套设施的产权，可由开发商和购房者在购房合同中约定。

② 当会所、车库和车位的初始产权安排给开发商时，政府相关部门需要像核准容积率、建筑密度等规划建设指标一样，核准会所、车库或车位的规模。实际上，在土地出让阶段，土地规划部门就可以像约定容积率和建筑密度一样，约定需建或可建会所、车库或车位的规模，从而使得它们与主体建筑物一道共同进入了定价程序，成为影响地价的一种确定因素。

有学者认为，只要构造和利用上没有独立性，就属于法定共有部分，通常包含基地、外墙壁、共同墙壁、地板、屋顶、电梯、楼梯、通道、走廊、出入口、梁、柱、煤气管、水电系统、电话线、冷暖气系统、庭院绿地、空地、围墙、游泳池、停车场、运动场等。而法定共用部分按照不同的作用一般可以分为三类：一是建筑物的基本构造部分，如楼房的外墙、地板、楼顶、楼层通道、楼梯、支柱；二是建筑物附属设施，如电梯、中央空调或暖气设施、水电管道系统、地下停车场；三是建筑用地，如基地、绿地、庭院及围墙等。约定共用部分本来具有结构上和使用上的独立性，只是根据业主之间的自愿约定将其变成了共有部分。

实际上，作为法律，关键是确立大原则。《物权法》要对物权给予清晰而明确的界定，要对建筑物区分所有权给出清晰的概念或定义，进而给出清晰的内部关系。而约定内容将依据《物权法》的物权确立原则给出具体的产权安排和相关细则。

7.3.5 业主产权的行使限制

按《物权法》规定，业主的产权或业主的建筑物区分所有权，是由专有权、共有权和共同管理权三个部分组成的。业主专有权的边界大多为业主共有，生活在同一个小区或同一栋建筑物里的业主（即区分所有权人）共同拥有并利用着他们的共有物业。即便物业产权清晰，但在专有产权和共有产权相依相存的情况下，不同个人或家庭的生活习惯不尽相同，对居住环境、服务品质等方面的要求也不尽一致，故在产权行使过程中，难免会出现负外部性或意见难统一的情况。负外部性主要源于业主个人对专有权的不正当使用，而意见难统一则主要体现在共有资源的利用、维护或处置上。为解决物业使用过程中的“外部性问题”和“意见难统一”问题，需要更多地制定有关物业使用过程中的业主行为规则。

作为专有权人，业主可在法律、法令和管理规约的限制范围内，自由行使对专有部分的占有、使用、收益和处分的权利，并排除他人（包括其他业主）的干涉。具体而言，业主既可以直接占有、使用专有部分以实现居住、营业等目标，也可以通过租赁收取租金，还可以设定抵押或予以转让等。[①] 然而，为了防止专有权行使过程中产生外部性尤其是负外部性，业主专有权的行使应受到一定的限制。《德国住宅所有权法》规定，行使专有所有权应受到五个方面的限制：①保护建筑物使用目的；②保护建筑物基础、结构的牢固及安全；③保护建筑物美学上之外观；④保护其他住宅所有权人之安全、宁静及住宅环境之秩序；⑤维护善良风俗、各地方之习惯及住宅居民的作息和名誉。日本法律规定，在纯居民住宅用途的公寓内经营餐饮业、卡拉OK店、色情应招店等有碍居家安宁时，即构成对专有部分的不当使用行为，其他所有权人和管理人可以以违反共同利益为理由对其加以禁止。

我国《物权法》对业主行使专有部分所有权给出了如下限制和建议："业主行使权利不得危及建筑物的安全，不得损害其他业主的合法权益。""不动产的相邻权利人应当按照有利生产、方便生活、团结互助、公平合理的原则，正确处理相邻关系。"[②] 从实际需要出发，为有效抑制外部性、充分保护每一个业主的专有权利，在业主行使专有权时需有更加明确具体的规则限制。具体包括以下六个方面的内容：

(1) 业主应按照专有部分所明确的用途和使用目的使用专有部分，不得擅自改变。否则，其他所有权人和管理人可以以违反共同利益为理由对其加以禁止。

(2) 业主应维护建筑物的安全和外观。否则，其他所有权人和管理人可以以违反共同利益为理由，对其加以禁止。具体而言，业主在对专有部分进行装潢、改建或增建时，不能改动、损毁构成专有部分边界的共有部分如室内的梁柱、楼地面和屋面等结构性构件，以保证建筑物安全；同时不得在外墙面上擅自开洞（窗）或污损、涂改外墙面，以维系外墙面的原有外观。

---

① 作为物业产权人或房屋买受人，业主往往只是一个家庭中的一员。现实生活中，不仅业主本人享有物业使用权，业主的家庭成员也享有相同的权利，包括专有部分的使用权和共有部分的使用权。在业主或其家庭成员许可的情况下，他们的亲朋好友甚至相关往来者也可以（通常是短时间地）享有这种权利。因此，理论上的业主的产权，应包含了业主的个人使用权，也包含了业主授权时他人的使用权。建议在《物权法》中有关业主的物业使用权的条款里加入"业主可将其所有的物业使用权授权他人"。

② 分别见《物权法》第七十一条和第八十四条。

(3) 业主不得破坏、变更通过专有部分的各类共有管线。否则，其他所有权人和管理人可以以违反共同利益为理由，对其加以禁止。

(4) 业主应独立出资及时修理其专有部分。业主对自己所属的专有部分具有及时维修的义务，以维持共有建筑物的存在。例如，当二楼的浴室漏水，而一楼的业主使用自家浴室受到二楼漏水影响时，二楼业主就应及时修理补漏。二楼业主如无正当理由拒绝一楼业主的及时维修要求，将构成侵权行为。

(5) 业主应自觉维护环境卫生和宁静，遵从当地的风俗习惯。

(6) 业主间应相互协作、尊重和包容。

除了专有部分以外，业主对区分所有建筑物的共用部分享有占有、使用、收益和共同管理的权利。当然，专有权是共有权的前提，只有拥有专有权，才拥有共有权。专有权、共用部分持分权和成员权三位一体，不可分离。业主作为共有所有权人所享有的权利主要有使用权、收益权和修缮改良权三种类型。对共用部分的使用权是业主作为共有所有权人的一项基本权利，也是区分所有权的另一项重要内容。它指共有部分持分权人有使用建筑物及其附属建筑物共有部分的权利。但共有所有权人在行使使用权时也必须受到法律或管理规约的限制，要按照共用部分本来的用途或管理规约规定的用途使用共用部分。原则上讲，对共用部分的使用权不具备排他性，任何人不能够阻止其他业主的合理使用。当然，在能够平均使用的情形下，不妨允许在共用部分上通过业主大会决议设定专用权。值得注意的是，建筑物区分所有的共用部分不是公共物品，而是小区内单栋建筑物的业主或小区内所有业主的共有物品。因此，共用部分在原则上只能由业主共同使用，其他任何第三人未经许可不得使用，擅自使用即构成对其他业主的侵权。如果某业主个人擅自允许他人使用，不仅这种行为无效，而且要与第三人一起共同承担侵权责任。收益权是指各业主可依管理规约或其共用部分的持分获得共用部分所生的利益的权利。共用部分的收益可以是共用车库、车位的有偿使用、共用庭院出租、屋顶或外墙壁悬挂广告招牌等所获得的收益等。这些收益是业主的共同收益，可用于弥补物业管理费用的不足，补充物业管理维修基金等共用用途，也可以按持分比例向全体业主分配。修缮改良权是指各业主基于居住或其他用途的需要拥有对共用部分作必要的修缮改良的权利。但行使修缮改良权时必须具备两个条件：①获得共有持分表决权者一定比例如四分之三或三分之二以上的表决同意；②修缮改良无需过多的费用。

业主作为共有所有权人在行使该权利过程中受到两项限制。一是业主应按共用部分的本来用途使用共用部分。所谓本来用途是指依据共用部分的种类、位置、构造、性质、功能、目的以及依据管理规约规定的共用部分的目的或用途正常、合理地使用共用部分。比如说，用于通行的公用走廊、楼梯上不得堆放杂物；用于消防事故发生时紧急疏散人群的消防疏散楼梯，在正常情况下不得作为通行楼梯使用，也不得用于堆放杂物；客用电梯不得作为专门运输货物的工具使用；具有覆盖、遮挡功能的屋面不得用于堆放杂物或建造违章建筑物；用于停放车辆的停车库或车位不得堆放杂物或建造违章建筑物；等等。当然，具有正外部性的使用行为是鼓励的，比如说在保证建筑物安全的前提下鼓励在屋顶修建空中花园等。二是业主不得单独处置共用部分，因为共用部分是附属于专有部分的，不能与专有部分分割处置，否则将影响其他业主的利益。

业主的成员权是指基于业主的专有权，作为业主组织（业主大会）的成员而享有的权利。业主作为业主大会成员所享有的权利主要体现在四个方面：一是表决权，即业主大会集会时，对业主大会讨论的事项享有投票表决权，它是业主最重要的一项成员权。二是参与管理公约的订立权，即业主有权参与订立物业管理公约。[①] 三是选聘、解聘及监督管理人以及管理服务人的权利。这项权利是业主作为成员权人所享有的另一项重要权利，也是业主自治管理的具体体现。选聘、解聘及监督管理人以及管理服务人的权利是指业主作为管理团体的一个成员，有权选聘、解聘管理人以及管理服务人，有权对管理人以及管理服务人的管理行为进行监督。[②] 四是请求权。请求权是

① 管理公约是指业主为了调整相互之间权利义务关系，通过业主大会制定的、对全体业主具有普遍约束力的书面形式的自治规则契约。关于管理公约的订立、变更或废止，各国都有明确的法律规定，且具体内容上有所不同。

② 《德国住宅所有权法》第二十六条规定：住宅所有权人以多数决议议决管理人以及管理服务人的选任与解任，选任期限最高为 5 年，管理者的解任以有重大原因为限。《日本建筑物区分所有权法》第二十五条规定：业主原则上得依集会决议，选任或解任管理人以及管理服务人。管理人以及管理服务人在有不正当行为或其他不适合执行职务的情况时，各业主得请求法院将其解任。

指业主作为管理团体的成员而对共同管理事项及共同利益的应得份额所享有的请求权。主要包括：①请求召集业主大会会议的权利；②请求正当管理共同关系之事务；[①] ③请求收取共用部分应得的利益，业主对共用部分的收益有请求权；[②] ④请求停止违反共同利益的行为，并有权请求拍卖违反义务者的专有所有权，解除其共同关系。同样地，业主在享有上述权利的同时，也应受到相关规则限制。

(1) 业主应执行业主大会的决议。这是业主作为成员权人所应履行的一项基本义务。业主大会的决议体现了管理团体的集体意志，作为管理团体成员的每一个业主有服从和执行业主大会决议的义务。虽然业主具有向法院请求撤销管理团体集会所通过的某项决议，但在该决议未被撤销以前，该决议仍然有效。以多数表决权通过的决议，对于全体业主（包括少数反对、弃权以及未出席会议的业主）都有约束力。

(2) 业主应遵守管理公约（即业主公约)。这是全体业主作为成员权人所应履行的另一项基本义务。对不按照管理公约的规定行使权利、履行义务的业主，管理人以及管理服务人应当责令其正确行使权利、履行义务，并可采取制裁措施，直至剥夺、拍卖其区分所有权。

(3) 业主应接受、服从业主委员会和物业公司的管理。业主委员会成员是由业主大会选聘的、代表全体业主的共同利益、负责建筑物的日常管理、使用、管理公约的执行以及对外进行民事活动和诉讼活动的人。物业公司是依据物业管理服务合同约定，提供专业化物业管理服务技术的行为机构。业

① 该权利在其他国家的建筑物区分所有权法中有明文规定。如在《德国住宅所有权法》中规定，单独住宅所有权人享有自治权限，有权要求正当管理公共关系事务，尤其有权要求公平衡量住宅所有权人之共同利益。对一切集会的决议，即使该决议依法定程序所为，也可依据《德国住宅所有权法》第二十一条规定：基于维持共同关系正当管理理由，向法院请求撤销；并且可依据《德国住宅所有权法》第四十三条规定：可请求法院依非讼事件程序裁定共同关系之事项；还可依据《德国住宅所有权法》第二十一条规定：采取有限度之救济行为。《瑞士民法典》第七百一十二条规定：若有部分价值比例之确定因错误而为不当，或因建筑物之改建或环境之变更致其不当者，分层建筑物所有人享有更正请求权。《法国住宅分层所有权法》第十二条规定：于住宅分层所有权人之负担份额发生错误时，住宅分层所有权人有要求或提请法院予以修正的权利。

② 《瑞士民法典》第七百一十二条规定：全体楼层所有人，有权以全体的名义通过共同管理行为取得财产，如收取定期金并从中提取楼房更新资金等。

主委员会和物业公司具有管理执行权限，业主作为成员权人，自然应接受、服从他们的管理。

(4) 业主应支付共同费用。业主具有对建筑物中属于全体共有部分的管理、维护、修缮、改良所需的负担和费用的分担支付义务。而这个共同费用实际上就是物业管理活动中的物业管理费用。

第 8 章　物业管理中的合作

8.1　合作理论与物业管理中的合作关系

有关人类合作问题的论述由来已久。霍布斯和卢梭都假定，开始的人类处于一种自然状态。在这个状态里，人们为了求利、求安全和求名誉而不断地争战，人们处于暴力、死亡的恐惧和危险之中，人们生活孤独、贫困、卑污、残忍而短寿（霍布斯，1997）[94]。在这个状态里，存在着不利于人类生存的种种障碍，在阻力上已超过了每个人在该状态中为了自存所能运用的力量。除非人类集合起来形成一种力量的总和才能够克服这种阻力，由一个唯一的动力把它们发动起来，并使它们共同协作（卢梭，2003）[18]。为了摆脱或改善人类自然状态的困境，霍布斯在假定个人自然权利①之后给出了人类自然合作行为②的 2 条戒律（自然律）和 11 项规则（自然法）（霍布斯，1997）[97]。在霍布斯看来，如果没有一个"利维坦"③，人类合作将是不可能产生的，因此，一个强权的政府对于合作是必要的。卢梭虽然不同意霍布斯的君主专制主张，但认为通过自由人的公意签立契约建立国家、形成政府并在政府的治理下实现合作是可能的，也是必要的。

---

① 所谓自然权利是指每一个人按照自己所愿意的方式运用自己的力量保全自己的天性——也就是保全自己的生命——的自由（霍布斯，1997）。

② 即在没有政府或国家情况下的行为。

③ 大致可以理解为"作为国家政府的集权体制机构"。

西方古典社会契约论的一个基本假定是，一个具有共同利益的群体会在某种外在强制力量和社会安排下为实现共同利益而采取行动。然而，除了接受霍布斯的“利维坦”和卢梭的“人民主权者”专制统治以外，还存在其他路径形成人类合作之秩序吗？人类合作的扩展秩序能否自发生成和自然增长？如果能，其自发生成和自然增长的外在条件和社会机制又是什么？回答这些问题，最终要涉及合作的原初发生机制和维系机理。①

在对个人行为给出理性假定的前提下，博弈论学者梅里尔·弗勒德（Merrill Flood）和梅尔文·德雷希尔（Melvin Dresher）在1950年发现了“囚徒困境”②，奥尔森在1965年给出了集体行动的逻辑。哈丁（Hardin，1971）的研究表明：对那些个人贡献影响不显著的潜在集团而言，集体行动问题的逻辑与囚徒困境相同。于是，自利的个人能否自愿参与集体行动和进行合作又成了争议的焦点。

基于社会中或人类发展史上的众多可见的合作行为，人们有理由怀疑奥尔森的观点，甚至怀疑经济学中有关人的理性行为假定的真实性。尽管科普作家理查德·道金斯出版了《自私的基因》，阐述了人类自私的生物遗传性，但人们为什么会合作，以及在什么情况下人们会合作等问题仍是今天理论探讨的焦点。

8.1.1 合作的缘由与形式

合作是人类经济与社会活动的一种基本形式。当个体或群体依靠自身的力量难以达到目标时，为了实现各自的利益，他们会相互配合，共同行动。合作的结果是合作各方共享其利或各得其利。

(1) 合作的缘由

合作的缘由主要有三个方面。

① 缘于人类生存和发展的需要。人类是万物之灵，但个体的人又是大自然中的弱者，人类的祖先能够在物竞天择的生存竞争中脱颖而出，靠的就是团结与合作。现代工业和市场经济是建立在社会分工基础上的，同时它们又把合作

① 见韦森“从合作的进化到合作的复杂性”，此文为阿克塞尔罗德《合作的复杂性》（2008）一书之序言。

② 此词由艾伯特·塔克（Albert Tucker）最先提出，它是艾伯特·塔克向斯坦福大学心理学家介绍梅里尔·弗勒德和梅尔文·德雷希尔的发现时所使用的术语。

推向了新的高度。有分工，才有交换；有交换，才有市场。有分工，就需要合作；有合作，才有社会化大生产。分工意味着专业化，意味着人尽其长、物尽其用。若没有合作，无论个人、企业还是区域都难以发挥自己的优势，就不可能享受到分工的利益。不同产品和服务的生产经营者之间需要有合作意识，为使用者着想，为社会公共利益着想。同行也并非就绝对是“冤家”，各种行业协会、同业公会、合作社就是生产同类商品、提供同样服务的个人和企业的合作组织。

② 缘于社会公平和正义的需要。善良的人遭灾落难，人们会感同身受；违反规则的人得不到惩罚，人们会愤愤不平。关爱弱者、扶危济困是人类进化过程中所形成的优秀品质。现代社会，人们不仅保留着利他的合作基因，而且将其外化为制度和程序，成为经济和社会正常运转的基本保障。通过合作性制度，竞争中的失利者有了东山再起的机会，社会中的贫弱者不再担心流离失所，“老有所终，壮有所用，幼有所长，矜寡、孤独、废疾者皆有所养”的社会理想有可能实现。

③ 缘于文明进化和社会发展的需要。合作是人类文明产生和发展的基础，是社会进步的根本原因，也是利益实现的主要途径。如果排除一切形式的合作，人类社会就只能退到原始社会。孤岛上的鲁宾逊之所以能生存下来，就是因为他的大脑里还装有人类合作的成果——文化知识，如果连这些也没有，那么他只能退到原始社会以前的状况。英国社会学家霍布豪斯在分析人类合作行为时指出，“某些企业的组织者认为，他们靠‘自我奋斗’获得了成功，并创造了自己的企业。而事实上却是整个社会向他提供了技术工人、机器、市场、安宁和秩序——这一系列条件和这个社会环境是千百万人经过许多代人的努力共同创造出来的。如果失去这些社会条件，那么，我们只不过是以树根、野果和野兽为生的野蛮人”。

(2) 合作的形式

合作有三种基本形式。

① 隶属合作。在人类社会发展的最初阶段，合作最大的困难是意志和利益难以统一起来。主要的解决办法是使弱者的意志服从于强者的意志，弱者的利益服从于强者的利益。在这种形式的合作中，虽然合作参与者都从合作中得到了好处，但利益分配是不均等的。作为强者一方，自然会以恃强凌弱的姿态强行获得更多的利益，但要实现强者利益的最大化，分配给弱者的利益就必须有

一个合理值。在一般情况下，这个合理值不能小于弱者不合作也能取得的最大收益值。正因如此，这种合作对弱者也是有利的。

② 非隶属合作。在强者与强者或弱者与弱者之间，威慑力并不存在。他们之间的合作只能在和平共处、平等互利基础上通过协商来实现。这种建立在平等关系上的合作是一种非隶属合作。由奴隶社会发展到封建社会，一个本质性的转变就是合作形式的转变，即由完全的隶属合作成功地转化解为了具有非隶属合作性质的“租赁合作”形式。在这种形式中，合作的难度和成本都大为下降，合作的可能性显著增加，并推动了生产力的发展。商品经济是在合作基础上发展起来的一种经济制度，租赁、赊借、产品交换都是非隶属合作的变通形式。

③ 隶属与非隶属混合合作。人类文明的发展，使人的基本权利能够得到有效的保证，隶属合作的强制性和非人道的特点被逐步淡化。这种进步使得隶属合作的形式也能被今天的人们所接受。在引入公平竞争机制以后，上下级之间的服从与被服从关系也已经被人们广泛接受。在劳动力自由市场中，在工人出卖自己的劳动力（即非隶属合作）的同时，也认同了一种处于服从地位的隶属关系。在企业兼并事件中，大企业与小企业通过协商达成了大企业和小企业之间的隶属合作。

8.1.2 博弈论对合作的解释

博弈论是研究决策主体的行为发生直接相互作用时的决策以及这种决策的均衡问题，也就是说，当一个主体、一个人或是一个企业的选择受到其他人、其他企业选择的影响，而且自己的选择反过来又影响到其他人、其他企业选择时的决策问题和均衡问题。博弈论要回答的问题是：决策主体的行为在发生直接的相互作用时双方所采取的决策以及这种决策之间的均衡问题。博弈论的核心问题是：决策主体的一方采取行动后，参与博弈的其他人将会采取什么行动，以及参与者为取得最佳效果应采取怎样的对策。一个完整的博弈包括了五个方面的内容：第一，博弈的参加者，即博弈过程中独立决策、独立承担后果的个人和组织；第二，博弈信息，即博弈者所掌握的对选择策略有帮助的情报资料；第三，博弈方可选择的全部行为或策略的集合；第四，博弈的次序，即博弈参加者做出策略选择的先后；第五，博弈方的收益，即各博弈方做出决策选择后的所得和所失。

从分析方法上看，博弈论改变了传统经济分析中的那种以个人孤立决策为基础的分析方法，而侧重于经济活动中多个利益主体的行为所产生的相互作用和影响的分析，从而使经济分析更接近于经济系统的本质。

根据博弈者之间是否能够通过某种契约的约束采取合作，可以将博弈论划分为合作博弈和非合作博弈。合作博弈强调团体的理性、有效性、公正、公平。而非合作博弈强调的是个人理性、个人最优决策，其结果可能是有效益的，也可能是无效益的。合作博弈区别于非合作博弈的主要特征在于，合作博弈所研究的行动参与人的行为在相互作用时，能达成一个具有约束力的协议；而非合作博弈所研究的行动参与人的行为在相互作用时，不能达成一个具有约束力的协议。

合作博弈强调通过有效磋商达到具有约束力的协议后，合作各方可以建立一个利益平衡机制，使得合作中获益较少的成员确信暂时的利益受损可以从长期稳定的合作中得到补偿，而获益较多的成员会自愿在某些方面为其他成员的利益做一定的让步。也就是说，从长远看，一种稳定的经济合作会使所有合作成员分得相对公平的收益。

非合作博弈建立在个人理性之上，也就是说，个体的行为始终是以实现自身最大利益为唯一目标，并且博弈的参与人之间没有一个具有约束力的契约来限制博弈者的行为，只是强调个人的理性。

现代博弈论的成果集中体现在非合作博弈方面。从参与人行动的顺序可以将非合作博弈分为静态博弈和动态博弈；从对其他参与人的特征、战略空间和支付函数的知识可以将其分为完全信息博弈和不完全信息博弈。这样可以得到四种不同类型的博弈：完全信息静态博弈、完全信息动态博弈、不完全信息静态博弈和不完全信息动态博弈。

1950 年和 1951 年纳什的两篇关于非合作博弈的重要论文，彻底改变了人们对竞争和市场的看法。他论述了非合作博弈及其均衡解，并证明了均衡解的存在性，即著名的“纳什均衡”，从而揭示了博弈均衡与经济均衡的内在联系，奠定了现代非合作博弈论的基石。纳什均衡是一个典型的非合作博弈问题。“囚徒困境”是该问题最经典的例子。

“囚徒困境”是指这样一种情形：两个嫌疑犯（A 和 B）作案后被警察抓住，隔离审讯，警方的政策是“坦白从宽，抗拒从严”。如果两人都坦白则各判 8 年；如果一人坦白另一人不坦白，坦白的放出去，不坦白的判 10 年；如果都不坦白则因证据不足各判1年。在这个例子里，博弈的参加者就是两个嫌疑犯A和B，他们每个人都有两个策略即坦白和不坦白，判决的年数就是他们的收益。可能出现的四种情况（A和B均坦白或均不坦白、A坦白B不坦白或者B坦白A不坦白）是博弈的结果。在此，两个嫌疑犯A和B面临着两难的选择——坦白或抵赖。显然最好的策略是双方都抵赖，结果是双方都只被判1年。由于两人处于隔离情况下无法串供，每一个人都是从利己的目的出发，他们选择了坦白。因为坦白交代可以期望得到最好的解决办法——释放，但前提是同伙抵赖，显然要比自己抵赖要坐10年牢好得多。这种策略是损人利己的策略。不仅如此，坦白还有更多的好处。如果对方坦白了而自己抵赖了，那自己就得坐10年牢，太不划算。因此，在这种情况下还是应该选择坦白，即使两人同时坦白，至多也只判8年，总比被判10年好。结果，两人合理的选择是坦白，原本对双方都有利的策略（抵赖）和结局（各被判1年）就不会出现。这样两人都选择坦白的策略以及因此被判8年的结局被称为“纳什均衡”，也叫非合作均衡。因为每一方在选择策略时都没有“共谋”（串供），他们只是选择对自己最有利的策略，而不考虑社会福利或任何其他对手的利益。也就是说，这种策略组合由所有局中人的最佳策略组合构成，没有人会主动改变自己的策略以便使自己获得更大利益。

“囚徒的两难选择”诠释了个人理性与集体理性的冲突，各人追求利己行为而导致的最终结局是一个“纳什均衡”，也是对所有人都不利的结局。他们两人都是在“坦白”与“不坦白”的策略选择上首先想到自己，这样他们必然要服刑8年。只有他们都首先替对方着想时，或者相互合谋（串供）时，才可以得到最短时间的监禁结果。因此，从“纳什均衡”中我们可以悟出一条真理：合作是有利的“利己策略”。但它必须符合以下黄金律：按照你愿意别人对你的方式来对别人，但只有他们也按同样方式行事才行，也就是中国人说的“己所不欲，勿施于人”，但前提是“人所不欲，勿施于我”。

困境的另一种解释是：特定的制度下才有困境出现。对于自利者而言，他们希望取得合作收益，同时希望出现公平收益。因此，促进合作的制度和公平分配的制度才是重要的。

“纳什均衡”对现代经济学的研究具有重要作用。首先，它对亚当·斯密的“看不见的手”的原理提出挑战。按照斯密的理论，在市场经济中，每一个人都从利己的目的出发，而最终全社会达到利他的效果。在他的《国富论》中有这样一句名言："通过追求（个人的）自身利益，他常常会比其实际上想做的那样更有效地促进社会利益。"从"纳什均衡"我们引出了"看不见的手"的原理的一个悖论：从利己目的出发，结果损人不利己，既不利己也不利他。两个囚徒的命运就是如此。从这个意义上说，"纳什均衡"提出的悖论实际上动摇了西方经济学的基石。

其次，"纳什均衡"是对合作博弈理论的重大发展。"纳什均衡"是一种非合作博弈均衡，在现实中非合作的情况要比合作情况普遍，所以"纳什均衡"是对冯·诺依曼和摩根斯特恩的合作博弈理论的重大发展，甚至可以说是一场革命。

合作是一种普遍的社会存在，它的复杂性虽被认识，但人们对为什么合作、如何维系合作等一些基本的合作问题仍没有充分的认识。博弈理论虽然讨论了合作问题，并且探讨了那些能改变博弈者报酬的特定策略，但它所假定的且赖以成立的清晰、明确而简单的世界与真实的、复杂世界之间仍存在着巨大差距。博弈论模型与新古典模型一样，采用了个人追求财富最大化的假定。实际生活中，人类行为显然比这种简单的假定所涵盖的内容复杂得多。总体看来，人的本性（本能）、惯例、文化传统、社会规范等非正式制度，正式制度及其实施机制等都对人类行为尤其是合作行为产生了直接或间接的影响。对处于不同地域、不同文化、不同语言、不同民族、不同经济环境中的人而言，他们的意识和行为对各种可能影响因素的敏感性会有所不同。同样环境中的不同个人对影响其意识和行动的因素的敏感性也存在差异。不同时段的同一个人对影响其意识和行动的因素的敏感性还有可能不同。因此，希望用一个统一的模式解决人类共有的合作问题是不可能的，一个可能的、具有普适性的原则或许是：因地制宜、因人而异、因时而变。

对自利的人而言，合作是一种自利性选择。人类长期的发展过程验证了合作对合作者的好处。合作本身就是一种理性选择。之所以有人不合作，并不是因为他不自利，而是因为他不会自利。关键问题是，缺乏知识者并不知道合作对他个人私利增长的至关重要性。对于这种人，通过权威影响或制度强制是必要的。

8.1.3 物业管理中的合作关系

物业管理中涉及的利益主体和服务主体主要包括业主、物业服务企业、开发商、地方政府和社区居民委员会。他们之间相互合作的关系构成了城市物业管理中的合作关系。目前，需要重点关注的合作关系有如下四类：

① 开发商与物业服务企业间的合作。物业服务企业的前期介入、物业服务企业的选聘以及物业的接管验收等都涉及开发商与物业服务企业间的合作。

② 业主与物业服务企业之间的合作。主要有两种表现形式，一是个体业主与物业服务企业间的直接接触，比如物业管理费的缴纳与收取、物业服务纠纷的调节与缓和等；二是业主委员会与物业服务企业间的委托代理机制。

③ 业主与地方政府和居民委员会间的合作。《物业管理条例》中规定由地方政府或居民委员会来监督、指导业主委员会的工作，因此他们间的合作关系主要指地方政府或社区居民委员会对业主委员会的指导与监督过程中的协作关系。

④ 业主之间的合作。业主作为物业的产权人，他们之间受一种共同利益的牵制，这种共同利益就是物业的正常使用和保值增值。由于这种共同利益的存在，业主之间必然存在某些配合与妥协，这就是业主之间的合作关系。现实中主要表现为业主与业主委员会之间的合作以及业主之间的交流沟通。

8.2 物业管理中的合作现状

8.2.1 开发商与物业服务企业间的合作现状

一般认为，开发商和物业公司之间具有非常紧密的经济联系，具有良好的合作关系。实际上，开发商与物业公司之间的合作并不愉快，物业公司感到了开发商的诸多不合作行为。

(1) 开发商不及时移交物业前期资料

一方面，开发商不重视前期资料的移交。开发商认为物业服务企业只是对工程项目进行后期的基本维修管理，因此只要有项目基本建设施工资料就可以了，认为工程的前期资料对物业服务企业没有用处。另一方面，开发商前期手续不齐全，无法移交前期资料。部分开发商为了抢进度，以尽快开工、销售，而没有严格按照开发建设程序办事，导致项目的手续不齐，无法进行正常的移交。有些开发商在已经报批认定的规划许可范围外，擅自增加建筑面积或增加建筑控制高度，导致最终的建筑产品与建筑规划许可证批准的规模不符，属违章建筑，而无法办理产权证书；有些开发商甚至利用一栋楼的规划开工手续，建设两栋甚至更多的住宅，然后共同进行销售，以获得非法利润，其多建住宅属于非法建筑，无法办理产权证书；有些开发商则是违反已经报批审定的小区整体规划，在原规划绿地或活动场地上建设，导致项目与审定的规划方案不同；还有些开发商则为了增加项目的容积率，扩大销售面积，人为地压缩小区的绿地面积和车位数量，致使项目的绿化覆盖率和人均停车数量不符合规划要求，因此项目不能通过园林部门与交通部门的审批与验收，以至缺少相应的文件和手续。

(2) 某些开发商留下了工程质量问题

某些开发商交付的房屋和设施设备存在质量问题，例如，房屋的门窗变形，基础下沉，墙体开裂，屋面漏水，卫生间、厨房渗水，等等；小区的设施设备质量差，路面坑洼不平，等等。这些问题本来在物业接管验收前就应由开发商妥善解决，但却留给了物业公司。

(3) 开发商的工程保修承诺兑现难

保修合同是建设合同的一部分，一般由开发单位与施工方订立，但开发商在保修过程中很少承担管理职责，而由物业服务企业负责具体工程保修管理，协调住户与保修施工单位间的关系。由于物业服务企业不是作为保修合同的主体，对工程保修金不能支配，对施工方缺少约束能力，从而加大了管理难度。

8.2.2　业主与物业服务企业间的合作现状

业主与物业服务企业间的合作状况主要体现在物业服务企业的选聘（即委托—代理关系）和物业的日常管理服务过程中。

(1) 业主的逆向选择

逆向选择是指代理人在签订契约之前就已经掌握了一些委托人所不知道的信息（经济学里也把这种信息称为“隐蔽信息”），这些信息可能是对委托人不利的，代理人因此与委托人签订了对自己有利的契约，委托人由于处于信息劣势地位，无法识别众多代理人中到底谁优谁劣，往往是越劣质的潜在代理人越是容易成为现实的代理人，从而出现经济学上通常说的“劣币驱逐良币”的“劣质品充斥的市场”的现象。在物业管理的委托环节中，“劣币驱逐良币”的现象并不鲜见。

在城市物业管理服务过程中，逆向选择之所以可能，是因为在目前制度约束条件下，社区业主与物业服务企业之间存在信息不对称。由于市场甄别成本较高，大多数业主对物业服务企业的现状及服务能力不了解。也就是说由于信息不对称的存在，作为委托人的业主不能识别优质的物业服务企业的资源禀赋。如果代理人市场中优质的代理人与劣质的代理人的数量各占一半，从理性的角度出发，委托人愿意付出的价格最多是劣质代理人的价值和优质代理人的价值的平均值，因为这个值是委托人聘用物业服务者的期望价值。由于优质代理人与劣质代理人的运行成本不一样，委托人愿意支付的市场价格低于优质代理人的市场价值，甚至也低于他的工作成本，于是委托人这种无奈的选择结果只能是优质代理人退出市场。随着优质代理人逐渐退出市场，市场中的优质代理人数量会进一步减少，委托人愿意支付的佣金也进一步降低。如此循环下去，最后，只剩下价值、努力工作意愿和成本最低的劣质代理人留在市场上。这是城市物业管理中的逆向选择问题，也是物业管理中的一个“劣币驱逐良币”过程。

(2) 物业服务企业的败德行为

败德行为又叫品行危害或道德风险，它是现代经济学上的一个概念，是指代理人在最大限度地谋求其自身效用时做出了损害委托人利益的行为。其表现形式包括权钱交易之类的腐败行为，还包括任人唯亲、独断专行、投机取巧、弄虚作假、铺张浪费等损害社区居民利益的行为。

代理人能否遵循委托人的意愿，代表委托人的利益，竭诚为委托人服务，是业主利益能否实现最大化的关键。委托—代理理论以经济人假设为前提，也就是说委托人和代理人在进行决策时都会进行成本—收益分析，都力求各自利益的最大化。代理人的目标函数与业主的目标函数名义上一致，实际上并不相同。委托人与代理人之间的利益不一致是代理人败德行为的关键原因。

在一般情况下，物业服务企业的目标函数就是在既定的约束条件下使自己的利润最大化；业主的目标函数是物业正常使用和保值增值。因此，在福利或效用一定的情况下，物业服务企业为了追求自身效用最大化就可能利用业主不易观察到的隐蔽信息，违背业主的意愿，损害业主的利益，以最大化其自身利益。作为理性代理人，物业服务企业是选择尽职尽责还是选择道德风险行为，就取决于这两种选择下预期收益的权衡。只有当物业服务企业选择尽职尽责得到的预期收益大于他从事道德风险活动所得到的预期收益时，才会把积极服务作为自己的最优选择。

(3) 业主对物业服务企业的满意度低

业主对物业管理服务的满意度是反映物业管理过程中业主与物业服务企业之间合作关系的一个重要指标。满意度高，说明业主与物业服务企业之间的合作关系融洽，反之，则合作关系有待进一步改善。目前各城市不同小区的物业管理满意度参差不齐，但总体现状是业主对物业公司尤其是开发商选定的物业公司的满意率普遍不高。根据浙江工业大学房地产研究所对杭州市1.4万位居民的“住房满意度”的调查，在影响住房的“八大不满意因素①”中，满意度最低的是物业管理，见表8-1所示。

表8-1 住房满意度表②

不满意因素	物业管理	配套设施	户型结构	房屋质量	居住面积	自然环境	采光通风	交通状况
满意度值	3.09	3.15	3.23	3.23	3.24	3.32	3.42	3.45

注：满意度满分为5分

广州市是国内最早推行专业化物业管理的城市之一，2007年4月广州市统计局利用万户居民调查网，对中心城区5000名居民就物业管理满意度进行了一次抽样调查。调查结果显示，市民对物业管理的满意度仅为44.6%，39.9%的居民评价“一般”，15.5%的居民评价“较不满意”与“不满意”。③ 其中对小区物业管理表示不满的居民，反映最强烈的问题是“小区保安队伍的服务差”，依次是“收费后没有提供相应的服务”和“业主与物业公司缺乏良好互动”，选择以上三项的人均超过三成。“公用水电的分摊”“公共物业的收益及使用不透明”“公共物业产权不明确”等也是居民反映较多的问题，选择的人在20%～30%。我们的调查结果相对乐观一些，64%的业主对物业服务表示满意，36%的业主对物业服务不满意。

(4) 物业管理费收缴困难

与业主对物业服务不满意相对应，物业公司对物业服务收费难问题很不

① 分别为居住面积、物业管理、户型结构、交通状况、采光通风、配套设施、房屋质量、自然环境。

② 数据来源：浙江在线 http://www.zjonline.com.cn《调查：杭州市民住房物业管理满意度最低》，2005年11月24日。

③ 数据来源：财讯 http://content.caixun.com。

满意，也很无奈。物业服务企业对业主的物业进行管理和维护，为业主提供保安、保洁、维修和其他业主所需要的各种服务，按规定收取物管费和服务费是理所应当的事，但实际上，费用的收取却很困难。目前，我国大部分地方的物业管理费收缴率都不是很理想。例如：北京市的物业收费率一般仅为50%～60%，最低的只有30%左右，能达到80%～90%的已属凤毛麟角。我们的调查结果显示，67%的物业公司遭遇物业收费难问题，业主随意拖欠物业费是物业公司最为关注的问题，也是最希望解决的问题。武汉市300多家物业管理企业中，运行较好的企业的物业管理费的收费率也只能达到80%，差的企业最低仅有20%。不交、少交、欠交物业管理服务费在物业管理行业中已成为一种司空见惯的现象，已成为制约物业管理行业生存和发展的瓶颈。

在不交或拖欠物业费的业主中，没有一个业主坦承自己想“搭便车”，而几乎所有的人都有自己的理由，如物业服务质量问题、物业质量问题、物业纠纷处置不当问题、收费高问题、未入住不应全额交费等。

8.2.3 业主与地方政府间的合作现状

《物权法》规定街道办事处、乡镇人民政府为成立业主大会、选举产生业主委员会的指导部门。在物业管理过程中，业主委员会是业主的主要代言人，居民委员会是政府设置的社区基层组织。从法律上讲，居民委员会和业主委员会都有各自的职责范围，居民委员会代表社区全体居民的公共利益，业主委员会是业主大会的执行机构，受业主大会委托代表全体业主的公共利益。

物业管理相关法律法规确定的“由居民委员会来监督、指导业主委员会的工作”受到了很多学者的质疑，因为居民委员会与业主委员会的区别在于，一个没有财产，不是财产权利主体；一个有财产，是财产权利主体。因此，如果让居民委员会来管业主委员会似乎侵犯了别人的财产权利。因此理清居民委员会和业主委员会二者关系显得十分必要。

从现实来看，一方面物业管理行政主管部门因人员所限，对成立业主委员会指导力度不大；另一方面居民委员会和业主委员会两者职责有交叉重叠之处。居民委员会是一个对上负责、具有行政化特征的基层组织；业主委员会是依靠业主自己的资源和自己的选择运行的业主自治组织。于是有人主张采取“谁付费、谁负责”的原则，但实际中不可能所有的组织设计都采取这一标准。已存在的业主与政府相关部门和居民委员会的关系争议，表明他们之间的合作关系未达到理想水平。

8.2.4 业主间的合作现状

业主间的合作涉及的利益群体主要是业主集体及业主委员会。就目前的调查结果来看，业主间的合作并不理想，主要表现在以下几个方面。

(1) 业主委员会成立难

物业管理法规规定，当物业已交付使用的建筑面积达到百分之五十，或入住达到两年的，应当召开首次业主大会成立业主代表大会，选举产生业主委员会，而现实情况是业主委员会的成立遭遇重重阻力。业主委员会成立困难的原因主要有三方面：一是交房后业主入住率低影响业主大会的召开。开发商交房两年内的入住率是业主大会召开以及业主委员会形成的一个重要指标。根据《武汉市住宅区业主自治管理实施办法》规定，小区符合以下两个条件之一，才可以召开业主大会、成立业委会：入住率达到 50%以上；小区房屋交付使用满 2 年。但一个不容回避的现实是，前几年房产投资热潮后，很多居民手中不只一套房子，大量新小区入住率不到 30%。① 二是物业管理公司基本上不支持成立业主委员会。由于新入住的小区内的业主之间并不熟悉，也缺少联系，所以法规要求开发商和物业公司出面进行协调。但是有的开发商在施工和管理中存在诸多问题，如拖欠物业维修基金、建筑质量有问题等，而物业服务企业有的由于自身的管理水平比较低，害怕业主委员会成立之后改聘物业公司，所以他们的配合并不积极。三是对于物业规模大的小区，特别是住宅小区，业主人数众多，组织召开业主大会、成立业主委员会在具体操作上确实存在一定的困难。

(2) 业主委员会工作不积极

业主委员会是由业主大会从全体业主中选举产生，经政府批准的代表物业全体业主合法权益的常设社团组织。业主委员会代表全体业主的利益，是全体业主参与民主管理的组织形式，是沟通政府与业主、物业服务企业与业主、业主与业主的桥梁。业主的大部分权益就是通过业主委员会实现

---

① 资料来源：长江网讯、《楚天金报》的《入住率成拦路虎》，2006 年 8 月 14 日。

或得到保护的。业主委员会经业主大会选举产生后，作为业主物业管理的自治组织，负责物业管理的具体组织工作，协助物业服务企业落实各项管理工作。

但现实中业主委员会的职责履行现状并不乐观。根据业主意见调查表统计结果，约 80%的被调查住宅小区成立了业主委员会，但由于业主委员会发挥作用有限，很多小区虽实际成立了业主委员会，但业主根本不清楚是否已经成立或是认为没有成立。

在绝大多数住宅小区，很多情况下业主不管碰到什么问题，往往不会想到业主委员会。我们的调查结果表明，当业主被问及“业主与物业公司发生冲突如何求助”这一问题时，22%的业主表示求助于居民委员会，9%的业主表示求助于街道办事处，13%的业主表示求助于房地产管理部门，26%的业主表示不清楚向谁求助，仅有 30%的业主选择向业主代表或业主委员会求助。这说明业主对业主委员会有一定的信任度和依赖度，但业主委员会还未成为真正意义上的业主自治维权组织，业主委员会在现实生活中未能积极发挥自身作用。业主对自身的维权组织缺乏认识，认为与己无关而不愿担任委员职责，即使当选为委员，也是虚占职位，导致业主委员会形同虚设。

(3) 业主间的沟通少

我们在调查走访中发现，生活在同一小区的业主彼此之间日常接触少，交流沟通更少。有些业主希望业主之间能多些了解与信任，部分业主希望物业服务企业能在此过程充分发挥业主联系的纽带作用，尤其渴望物业公司通过定期举办一些文化娱乐活动来增进小区业主成员之间的相互了解。大多数业主抱怨社区文化活动少，且在现有的文化资源利用上，存在“三多三少”现象，即：对有形资源重视多，对无形资产利用少；对现有资源使用多，对潜在资源挖掘少；对自家资源管得多，对盘活资源协商少。也有一些中青年业主对社区文化活动抱着无所谓的态度。他们往往喜欢通过更新速度快、符合时代特征的网络、电视、新闻报纸等来获取信息，满足自己的文化需求，提高自己的文化生活质量，而对物业服务企业是否组织文化活动不太关心。对大多数居民而言，居住小区只是生活区，参不参加小区活动并不影响他们的福利，从而出现了普遍性的参与冷漠。

8.3 基于博弈论的合作模型

从“纳什均衡”的普遍意义中我们可以深刻领悟到物业管理服务中的博弈现象。现假设社区中每一主体都是理性的，都有自己的利益诉求。政府和企业希望通过物业管理转嫁因体制改革而剥离出的大量的社会职能，实行政社分开、政事分开和企社分开；社区组织希望通过介入物业管理来进一步发展自己；小区居民则希望通过物业管理得到更好的福利、服务以及优美舒适的生活环境，最终达到人的全面发展。于是社区中每一主体都进行成本—收益计算：当收益大于成本，人们参与社区活动实现自身的利益越多时，就越是主动积极地参与社区活动；反之，人们的态度和行为就可能处于消极被动状态，对社区事务就不甚关心。

现以物业管理服务中业主与物业服务企业之间的博弈为例，阐述物业管理中的合作机制及其结果。

在物业管理过程中，可以将业主同物业服务企业的博弈过程分为：完全信息的静态博弈过程、以完全信息动态博弈为阶段博弈的重复博弈、以不完全信息动态博弈为阶段博弈的重复博弈。

业主同物业服务企业签订委托代理合同是一个完全信息或不完全信息的静态博弈。如果物业服务企业同业主长期合作，双方比较了解，信息相对完全，这时的博弈就是完全信息的静态博弈。下面就物业管理过程中常见的物业服务企业与业主之间经常产生矛盾的物业管理费问题用完全信息静态博弈模型进行分析。

(1) 博弈的条件

① 参加博弈的物业服务企业和业主都是理性经济人；

② 参加博弈的物业服务企业和业主有自己和对方的完全信息；

③ 在博弈分析中，不考虑其他条件约束，包括社区行政主管部门的管理，这是保证博弈能够在更加自由的情况下进行从而更能揭示博弈双方的选择的本质。

(2) 抽象的博弈模型具体化

① 博弈的参与人：$i \in \Gamma$，$\Gamma=$ (1，2)（1 表示物业服务企业，2 表示业主）；

② 双方的策略选择：S_i，$i=1$，2。

业主有两种选择：

① 按照国家规定，保证物业服务企业具有一定的利润空间，并且及时缴纳物业管理费；

② 降低物业服务企业的利润空间，并延期付款，即 $S_1=$（及时付费，延期付费）。

物业服务企业也有两种选择：

① 积极服务，保证物业服务质量；

② 不积极服务，降低物业服务质量，即 $S_2=$（积极服务，不积极服务）。

(3) 双方的收益集合

表 8-2 中的矩阵给出了双方的收益分布。

表 8-2 物业服务企业和业主的收益矩阵

业主 / 物业服务企业	及时付费	延期付费
积极服务	$F+I_1$，G	$F-I_1$，$G+I_2$
不积极服务	$F+I_1+S$，B	$F-I_1+S$，$B+I_2$

注：① 表中每个元素的第一部分表示物业服务企业的收益，第二部分表示业主的收益；

② S 表示物业服务企业为了解决短期的经济问题，采取各种措施而节省下来的成本，包括减少必要的人力、减少设备的使用费等，但不包括企业在保证服务质量的情况下运用科学的管理方法节省的费用，所以，S 一定小于 I_2，S 一定小于 I_1。

在表 8-2 中，G 为符合质量标准要求的物业服务（包括环境卫生、安全保障、绿化建设等方面）；B 为不符合质量标准要求的服务（至少有一项不符合物业管理的要求）；F 为物业管理费；I_1 为物业管理费利息收入；I_2 为业主利用物业管理费进行其他投资的收益或者延期付款的利息；S 为物业服务企业节约的成本。

(4) 博弈的“纳什均衡”

通过上述的矩阵分析可得，业主的最优战略为延期付款；物业服务企业在没有其他约束情况下的最优战略为不积极服务。所以，博弈的“纳什均衡”为延期付费、不积极服务，实际上双方的最优策略组合应该是及时付费、积极服务。

(5) 博弈结论

①“囚徒困境”的原因

上述物业管理的博弈模型中出现了典型的“囚徒困境”现象：各参与者都寻求自身利益的最大化，而整体利益却不是最优，甚至是最差。从博弈论的角度来说，造成“囚徒困境”的主要原因是双方不能进行合作，且这种不合作态度又主要源于每个参与者以“个人利益最大化”作为自己的决策指南。

② 模型的改进

改进模型的思路有两条：一是变非合作博弈为合作博弈。从理论上讲，有限次的“囚徒困境”博弈中的博弈参与者是没有兴趣合作的，是走不出“囚徒困境”的。现实中几乎所有的“卡特尔[①]”都会遭到失败，原因就在于此。从理论上，如果是无限期的合作，双方考虑长远利益，他们的合作会成功。但只要是有限次的合作，合作就不会成功。比如合作十次，那么在第九次博弈参与人就会采取不合作态度，因为大家都想趁最后一次机会捞一把，反正以后我也不会跟你合作了。但是大家料到第九次会出现不合作，那么就很可能在第八次就采取不合作的态度。第八次不合作会使大家在第七次就不合作，一直延伸反向推理，于是从第一次开始大家都不会采取合作态度。也就是说在其他条件不变的情况下，在有限次博弈中实现参与者之间的合作似乎不可能。二是改变“个体利益最大化”这一决策前提。对上述的“囚徒困境”模型，若引进一个相反的利益优先原则，即把“个人利益最大化”换成“共同利益的最大化”——只要朋友能提早出狱，自己多坐几年牢虽苦犹甜，其结果得到的纳什均衡和占优战略均衡就不再是坦白、坦白，而是抵赖、抵赖。同样，对于我们构造的物业管理过程中“囚徒困境”模型，如果追求业主和物业服务企业共同利益的最大化，则最优的占优策略即为及时付费、积极服务。结论很清楚：利他主义者在实现共同利益最大化的同时也实现了个人利益的最大化。因此，可以说共同利益的最大化，是个人利益

① 卡特尔（源自法语 Cartel），原义协定或同盟，是垄断组织的一种重要形式。指生产同类商品的企业，为了获取高额利润，在划分销售市场、规定商品产量、确定商品价格等方面达成协议而形成的一种垄断联合。

最大化的实现途径。最聪明的利己主义或许就是利他主义与利己主义完全相容的利己主义者。

③ 约束机制建立的必要性

在“囚徒困境”模型中，如果一个是信仰利他主义，另一个是信仰利己主义，则利己的受益，利他的吃亏。因此，当利他主义没有形成一种氛围时，利己主义者总是得到奖赏，利他主义总是得到惩罚。但这并不意味着利他主义因缺乏激励机制而将日益耗损其光辉。当按照“共同利益最大化”原理把损人利己的利己主义者不断从游戏中剔除出去时，就可以通过合作建立起越来越严格地剔除损人利己条款的游戏规则和文化氛围。在这个氛围中，损人利己者会受到惩罚，利他主义成为一种信仰，主体间合作的道路将变得越来越通畅。

8.4 物业管理服务中的合作案例

二十多年的物业管理实践是在缺乏系统规则的情势中摸索。通过对不断出现的问题和冲突的认识和理解，为制度的生成与系统化提供了基础。正式的制度《物业管理条例》确立了物业服务企业[①]（以下简称：物业公司）的特有地位，而一些非正式的规则则在尝试业主自治的做法。《物权法》突破《物业管理条例》中由物业公司管理单一模式的束缚，将业主自主管理和委托他人管理作为与物业公司管理的并列模式确定了下来。然而，正像许多学者所告诫的那样，自治、政府和市场都不是灵丹妙药，公共事务的管理经常会涉及公民个人的适当能力和资源处理的复杂任务，而且，自治组织的生存和运作通常被置于和被限定在更广泛的制度背景中（Ostrom，1992；Tang，1992；Lam，1998）。官员和居民之间的高度互补性，对许多物品和服务的有效供给和生产是必要的（林维峰，2000）。因此，不是力图推动政府和物业公司在物业管理服务过程中的退出，更为需要的是研究政府机构甚或党的组织和物业公司如何被设计为有效的运作单位，以在更广泛的制度背景中补充居民处理社区物业公共事务的努力，从而形成物业管理合作局面。

① 2007 年 8 月 26 日公布的《国务院关于修改〈物业管理条例〉的决定》将物业管理企业改称物业服务企业。

本节将通过对武汉百步亭社区管理服务成功经验分析，理解合作如何通过机制和制度安排可以被确立并得以维持的途径。由于社区管理服务涉及城市基层政权建设、民众权益和市场化等复杂关系，一系列的制度安排和运行机制的设计及其相互作用都有待分析。本节重点考察党政机构、企业和居民自治组织协作生产的制度安排和激励机制。我们发现邻里关系的传统美德和市场机制的结合以及“面对面”的平等沟通较好地解决了社区合作生产问题。

8.4.1 百步亭社区管理概况

(1) 社区概况

百步亭社区位于武汉市江岸区后湖居住新区南端，占地 2 平方公里①。社区建设始于 1997 年，在相对困难的开发条件②下，开发商通过认真论证、多方协商，运用政府主导与社会参与相结合的方式实施开发建设，将社区管理与服务职能纳入了开发建设规划，采用了“建设、管理、服务”三位一体的开发、管理与服务模式。经过近十年的开发建设和管理探索与实践，百步亭社区的管理效果已显现③，百步亭模式已成为社区建设与管理典范。

(2) 管理模式

百步亭模式即“建设、管理、服务”三位一体的社区管理模式。按照“市场能做的交给市场去做，社会能做的交给社会组织去做，居民能做的交给居民去做”的指导思想，将物业开发建设的任务交给了房地产开发公司，将社区基层政权的管理任务和其他公共服务交给了政府职能部门和居民自治组织，将物业管理和居民生活服务的生产任务交给了社区的物业公司和第三产业公司。房地产开发公司、物业公司和第三产业公司隶属于百步亭集团。社区党委是社区建设、管理、服务的集中领导机构，党委委员由社区党员代表投票选主产生。社区党委和管委会分别与区委、区政府对接，直接接受区委区政府的领导。社区不设街道办事处，将参与“建设、管理、服务”的企业员工、政府公务员和居民自治组织的工作人员统一称为“社区工作者”，

---

① 规划建成占地 7 平方公里、入住 30 万人的百步亭新城。

② 开发地原是一片鱼塘、沟渠，地势低洼，水、电、路等市政设施几乎没有。

③ 获首届“中国人居环境范例奖”、全国文明社区示范点、全国先进文化社区、全国和谐社区建设自主创新奖等 60 多项国家奖励。温家宝、李长春同志和中央百余位部委办领导亲临百步亭，肯定百步亭的做法及其效果。

让他们在社区同一平台上直接面对社区居民，为居民提供面对面的服务。

(3) 管理机制

社区采用了“党的领导、政府服务、居民自治、市场运作”的管理机制。通过党的领导保障运行，通过政府行为改变官员形象，通过居民自治还权于民，通过市场运作提高效率。党、政、民、企四方人员，在党组织和行政服务机构交互任职，形成党委总揽全局、政府真诚服务、居民积极参与和企业高效运作格局。

8.4.2 社区管理服务的生产

社区管理服务和小区物业管理服务具有公共物品属性，管理服务由社区居民或业主共享，要排除社区内某人享用管理服务成果很困难。不仅存在高昂的排除成本，而且也无法律保障，并被伦理道德所不容[①]。这意味着，只要是小区业主或社区居民，无论其是否为管理服务付费，他都可以自由享用管理成果，即经济学家认为的“搭便车”行为。当每一个人都“搭便车”时，除非政府提供管理服务，否则管理服务不会出现[②]。事实上，即便在市场状态下，公然“搭便车”者也不会是多数，更不可能出现全体“搭便车”行为。在政府支持的市场运作中，“搭便车”行为通常不以原貌出现。意欲“搭便车”和“搭便车”者都会隐藏自己的真实思想，为“搭便车”行为找借口，从而出现相互指责、互不配合的交易过程。在社区物业管理服务同一项交易过程中，就出现了收费难和乱收费共存现象[③]。

既然社区或小区业主是物业服务的共同接受者，物业服务又不具备排他性，不妨思考将物业服务与社区服务作为一个整体，将服务相关的组织或个人作为一个团体来整合社区管理服务和小区物业服务的供给和生产。为此，我们引入具有合作性质的团队生产和协作生产概念。团队生产是这样一个过

---

① 购买了小区住房的用户有自由进入自己住所的权利，或曰回家的权利。这是法律和伦理道德所支持的。而在其回家的路上他享用了小区干净的马路、美丽的风景。

② 物业管理作为住房制度改革的一个重要组成部分，其改革的目标就是要实现物业管理服务市场化。如果不能有效破解“搭便车”难题，物业管理市场化就难以持续。物业管理实践中出现的诸多问题的根源就在于此。

③ 这是目前物业管理市场中普遍存在问题。而对问题的原因和对策分析的焦点在物业管理服务的质量和价格以及政府的管理工作中。

程，通过它个人的努力和资源以互利方式组织，产生出更高水准的协作生产力（Lachmann，1978）。因此，在团队生产过程中，个人的边际生产力是其他人努力的函数（Alchian et al，1972）。协作生产是团队生产的一种形式，是指用于生产物品和服务的投入由不处于同一组织的个体提供的过程。其特征是物品和服务享用的相关各个组织及其中的每个成员作为物品和服务的提供者，即为物品和服务付费或投入。这种生产方式在产品生产以前，产品的享用者已经达成了协作生产的共识，有效避免了在后期市场交易过程中出现“搭便车”现象。

百步亭社区的管理服务采用了团队协作生产方式。党组织、政府机构、企业、居民和业主共同形成社区管理服务团队，共同提供社区管理服务。团队内清晰的责任界定是协作生产的前提。而责任界定过程实质上是其中的每一个个体的优势或特长的认定过程。一个由各有专长的成员或小团体组成的团体是优秀团体①的必要条件。让每一个成员发挥其特长符合责任界定的原则。在共同形成的协作生产团队里，谁也不能完全代替另一个（Parks et al，1982）。在管理过程中，党政公务人员、企业人员和居民的努力在很大程度上相互依赖。党组织具有组织能力与号召力，政府公务人员拥有相关的政策信息，物业管理人员拥有物业维护保养等专业化知识，或称“科学”知识，而居民或业主拥有他们赖以为生的系统的时空的地方性知识（Freeman，1990）。只有当这些知识都被利用的时候，社区管理服务系统才能有效运作。

然而，如何有效利用各方特有知识并不是想象中那样简单。在社区管理服务过程中，党委、政府、企业、居民或业主等四个群体知识的利用是一方面，其中任一群体内部的知识整合与利用是另一方面，而后者更为复杂。政府对居民或业主内部在社区物业管理服务关系上的协调主要涉及无形物品供应（业主之间有序的规则关系）。这就把社区物业管理置入到了政策领域，在此作为居民社区生活方式的个人间的关系类型，是政府机构打算处理的情况的一部分。政策的结果与业主个人之间以及业主与企业之间工作配合的状况相关。社区居民或业主能否享用良好的社区物业服务，在很大程度上依赖

① 优秀团体意指团体的作用会大于团体各成员或小团体单个作用之和。如果团体内各成员或小团体完全同质，则团体的作用就等于团体内各成员或小团体的作用之和。

于居民或业主是否自愿遵循物业管理规则，参与并自发维护社区物业以及在必要时致力于物业的修缮。这种类型的关系是社区物业管理结果的一个主要部分，但它们不可能由政府部门直接产生。因此，即使有一个处理社区物业管理问题的官方机构，也不会自动解决涉及物业管理运作和物业维护的业主集体行动的问题。

努力的相互依赖性还会引发类似于团队生产环境中容易出现的逃避问题。物业管理企业会认为小区治安是派出所的责任，派出所会认为物业公司对小区治安负有责任，居民委员会似乎也有治安责任。如果团队成员相互之间就社区管理的某些具体事务的责任不能达成共识，而认为是他方责任的时候，各方对该事务都不会投入很多的精力。如果最终都没有人对该事务投入努力，该事务就会停止。依此类推，社区管理运作就进入低效运行状态。构成协作团队中成员的模糊边界会加剧管理系统的低效运作。

重要的是以设计、监督和实施规则的方式设计结构，以便他们使团队内各小团体以及小团体内各成员之间都能够建立彼此间富有生产力的工作关系。

8.4.3 监督者与队员的激励

对一个成功的协作生产而言，协作并不是理所当然的。除了有规则来说明各自工作的责任界定以外，还必须有相关规则来为每一个参与者包括领导者贡献他们的努力创造积极的激励（林维峰，2000），并帮助他们保持彼此间稳定的相互期望。

已有研究表明，通过团队导向的生产可能提高生产效率，它所使用的生产技术，在直接衡量合作性投入的边际产品时是有费用的，它使得合作性投入之间通过简单的市场交换更难对偷懒予以限制①。而减少偷懒的一种方式是，有某人专门作为监督者来检查队员的投入绩效（Alchian et al，1972）。在社区物业管理服务团队中，监督者和队员角色的界定相对于一般企业团队似乎更为复杂。不妨假定，党委和管委会是监督机构，其成员是监督者，其

① 见《财产权利与制度变迁——产权学派与新制度学派译文集》（科斯等，1994）中阿尔钦和登姆塞茨在《生产、信息费用和经济组织》一文中的论述。

他参与者如政府公务员、社区普通党员、企业人员和居民等属队员。那么，监督者和队员是否具有克服“偷懒”的激励呢？[①]

首先要说明的是，作为监督者的党的干部和政府官员并不是团队生产的经济剩余的直接所有者。然而，具有党的干部与政府官员身份的民营企业的所有者具有经济剩余的索取权。在百步亭社区，党委和管委会虽是具有党组织和政府职能的两个管理机构，但其主要负责人都是企业负责人。他们是以企业事务为主导的社区党政事务负责人，这里我们不妨称之为作为企业负责人的党政负责人。该负责人具有双重身份和双重职责，因而他也具有双重收益。作为党的干部或政府官员，他会因管理业绩优秀而获组织及公众认可，从而提高其作为企业家的社会声誉[②]。作为企业家，他将从管理中直接获取管理的经济剩余。因此，有理由认为，当企业家作为社区党政机构的负责人时，即存在“作为企业家的党政负责人”时，有充分的激励让他们去管理好社区公共事务。尤其是他将经济利益、社会利益和个人声誉作为一个收益整体去综合经营并作长远发展的时候，他有更大的激励去做好管理与协调工作，甚至不惜放弃短期或局部利益。

作为专职的社区党政领导者处于参与领导（即非主要领导）的地位，他们的个人激励虽不明显，但也存在。相对于纯粹的官僚机构而言，在以企业家为领导者的管理机构中，处于非主要领导者地位的其他领导者或许会得到更多。第一，企业家的明确目标与追求目标过程中相对清晰的手段，会让他们领略更多。第二，相对较好的管理效果也让他们分享荣誉，甚至会成为其升迁的资本。第三，作为企业家的党政领导者在资金使用上的相对自由的决策权，让他们有相对宽松的经济环境。第四，作为企业家的党政主要领导者一般会对作为专职党政领导者即便是非主要领导者以特别的尊重和关照。

专职社区党政领导者能积极配合主要领导的工作。一方面，他们较好的经济收益与作为企业家的主要领导者的工作成效相关联。另一方面，在中国层级制结构中工作的人，往往更重视其上一级直接领导者对自己的看法，因为他的看法在很大程度上直接决定着下级的政治前途以及相应的福利待遇。因此，专职党政领导也会尊重主要领导者个人并拥护他依法做出的各项决

① 这是阿尔钦和登姆塞茨在《生产、信息费用和经济组织》一文中反复探讨的问题。

② 声誉也是一项重要资本，对企业家而言，它可以直接转换成经济资本。

策。相互的作用使由企业家作为社区党政负责人的社区工作领导集体成为一个相对团结的、和谐的利益共同体。

由企业家和专职党政干部组成的领导集体的利益，源自团队生产效率的提高。作为团队成员的个体利益保障是团队生产效率提高的保证。作为社区最大群体的居民或业主的个体利益包括三个方面：第一，享用价廉物美的社区服务；第二，享用方便舒适、优美整洁的社区硬环境；第三，享用温馨和谐的社区软环境。以长远利益和整体利益最大化为导向的企业集团的市场运作模式满足了居民利益的前两个方面，党、政、企、民的密切合作则满足了居民第三方面的利益。

在百步亭社区，我们能感到企业家的偏好对协调集体行动的力量①。社区领导成员大多关心他们在社区的地位和名声。地位和名声构成了领导层的一项激励性选择。

作为提供生产的物业服务企业，在集团运作的情况下具有较低的服务前期交易成本，在党政机构和居民、业主的配合下具有较低的交易协调成本，在众多志愿者参与的情况下，降低了生产成本。因此，在同样的收费水平下，该社区的物业服务企业也能获取相对高的净收益，企业员工的经济利益和福利处于相对较高水平。当这项收益的一部分用于政府的相关职能部门的工作时，政府公务员的境况也有所改善。这项收益的一部分再回报于民时，居民的境况又得到改善。

8.4.4 党政机构、企业和居民之间的合作

如果说激励是团队形成的一个必要条件，那么可以说，合作的维系机制是团队运作的必要条件。选举、企业家居民化和党政进社区，将作为三个重要的维护机制被分析。这三个机制是适应性机制，因为他们的构建适应了传统演进的节拍。传统体现在传统邻里关系的互信上。虽然中国人对他人的信任程度是以家庭、亲戚、邻居和朋友等关系依次递减，但邻里间的信任依然显著。现代社区的由院墙围合的封闭格局似乎也继承了传统家庭大院的建造方式，使社区具有由现代设备设施装备，兼有传统氛围的家居环境。演进则

---

① 布罗姆利（1996）认为，在一个小集团里，身份是明确的，名声是重要的，偏好也就占有主导地位。

表现在家庭成员之间意见的平等交流上。社区这个大家庭各成员之间意见的平等交流是演进的当代表现。适应性机制的设计，充分利用了传统演进的自然动力，促进党政机构、企业和居民之间的互动。

(1) 选举产生的组织

社区事务中有三种类型的选举：一是社区党委委员的选举，二是社区居民委员会自治组织成员的选举，三是社区业主委员会成员的选举。党委委员的选举在社区党员中进行，社区每一位党员都有选举权和被选举权，但党委成员的来源构成事先有所商定。商定来源构成的过程也是一个相对民主的过程，民主的一个广泛的基础是大众的参与性。为使党委决策的民主化有基础，各单位有代表进入党委是必要的。每一个单位都有代表进入党委的组织制度安排为后期各单位之间的协商、互动与合作提供了方便。社区居民委员会成员和业主委员会成员分别由社区居民和业主选举产生。社区居民委员会组织居民参与社区各项建设与社区事务管理，及时收集居民对社区建设和管理的意见，向相关职能部门反映、沟通，参与制订解决方案并共同实施。业主委员会主要就业主对社区建设和物业服务的意见汇总，直接与相关职能部门协商、谈判，参与并监督物业的建设和服务。居民委员会和业主委员会的职能有重叠，但不完全相同。业主委员会的职能主要从业主利益出发代表业主和物业服务公司就物业管理服务的生产达成共识，并作为供给方监督物业服务的内容和质量是否按合约规定履行。居民委员会除了对物业服务提出完善意见和建议外，主要职能在于基层政治、政策落实和社会文明建设等方面。居民委员会是居民参政议政的一个常设机构，也是居民自我教育的一个组织。居民委员会在社区各楼栋开展居民论坛，实施参政议政、自主学习、自我教育，同时提高公民素质。

三种类型的民主选举不仅分别在党员内部、居民内部和业主内部产生互动，而且产生了这些组织之间以及它们与其他组织之间的互动。当具组织能力、有责任感、热心为民的人士被选为相关委员会的成员，以及各有关组织相继成立以后，体现成员能力和组织效率的内外交往便开始了。

党组织通过在社区自上而下的广泛的基层组织建设将社区全体党员置于各级组织中。每一个楼栋都有党的最基层组织——党小组。通过各基层组织和其中的党员随时与居民、业主及其自治组织的行为互动。互动的结果是：党员更注意形象，居民自觉提高素质。

居民委员会作为居民的自治组织，居民在其内的互动是常态。居民委员会与其他组织的互动是其办实事、赢得居民信赖的重要手段。对于居民的意见，居民委员会及时收集。针对居民自身的可能或正在妨碍他人生活的行为，居民委员会及时组织居民按程序协商处理。居民委员会与派出所干警、物业公司人员共同组成区域自治管理协调小组，通过与派出所和物业公司的互动，有效解决社区安全保卫问题。通过与开发企业互动，及时有效地解决居民生活对开发建设的需求与开发商短期利益之间的冲突。居民委员会委员是社区永久居民，从社会意义上说，他们和其他居民是邻居关系。在邻里关系处理上，一方面他们会注重传统思想，采取“和为贵”的行为、处事方式；另一方面，居民委员会成员倾向于在自己社区长期服务，而能否做到在一定程度上取决于其他居民的拥护程度，因此与其他居民建立良好关系是上策。

业主委员会作为业主的自治组织，其内部的互动即业主和业主委员会之间的互动一般认为是普遍存在的。事实上不尽然。由于当前业主委员会成员的工作是完全义务性质，其工作的积极性、持续性以及抗外部冲击的耐力都有限。作为业主代表与之交易的另一方——物业公司或其他企业是利益导向的，他们愿意与这极少数成员交往以形成低成本的服务交易，甚至不排除企业向业委会成员的行贿行为。如果有业主委员会成员坚定地站在业主利益一边，业主会由衷拥护，但不排除物业公司不拥护。如果物业公司在不拥护的立场上散布有关他的虚假信息，业主委员会成员与业主间的利益同盟又会被摧毁。因为业主在不明真相的时候会产生对自身利益坚定维护者的不信任，进而中断业主委员会中坚定的业主利益维护成员与业主之间的互动。这是非常可惜的一种状态。作为完全义务性质的业主委员会成员在遭遇诬陷时，他的第一选择是不再从事这项工作。这种局面出现后，留在业主委员会中的成员就是物业公司所拥护的成员，业主短期可能会与他们互动，一旦发现他们与物业公司之间有某些真实的个人交易时，互动自然终止。另一种情形是业主委员会成员不能代表业主利益，此时互动也不存在。因此，业主委员会组织的互动较社区内其他组织要少。在百步亭社区，居民委员会在居民中的互动、在居民社区生活服务生产企业间的互动和与党政机构的互动都要明显强于业主委员会。业主委员会履行了一些形式上的职责，如代表业主与物业签合约、组织业主会议等。业主大会作为业主权益维护的重要会议或机构要对业主关注的问题做决策，业主委员会要就业主的决策与服务企业磋商以达成共识。由于大多数业主同时是居民，当业主委员会的沟通效果不及居民委员会的沟通效果时，业主会以居民身份通过居民委员会的议事程序由居民委员会去进行沟通以实现业主愿望。

在社区里党组织和居民委员会的党政背景使其较业主委员会有威信。党和政府为民的观念在百步亭社区的大多数居民和企业人士中属主流观念，他们相信党和政府对公平与正义的把持，尤其是相信党政参与后对具体问题的及时解决。其实，这也是经济考量的结果。如果通过业主组织能够顺利地通过市场协商解决业主的问题，业主自然会自己解决。当业主遇到的问题通过业主组织以市场协商解决要很高成本的时候，或花很高成本还需要第三方进行协调的时候，业主直接寻求第三方（基层党政组织）解决是明智的。

具有党政背景的组织（如居民委员会），较纯粹的私人组织（如业主委员会）在社区能更好地产生互动，或许说明了两个问题①：一是社区管理与物业服务结合通过协作生产方式是有效率的，因为通过完全市场化方式生产物业服务会遇到私人组织的相对无效率，甚或遇到业主集体选择问题。二是党政组织行为的边际成本要低于由个体自由组成的私人组织行为的边际成本。

(2) 企业家居民化

当开发商和物业服务商是其开发或管理的社区的居民时，企业家的行为可以称之为居民内部人行为。中国人向来以家庭为中心，以亲朋好友和邻居为信任对象。邻里的友善相处、互敬互让，是中华传统美德②。既然有传统可鉴，居民相信作为居民的开发商和服务商会在利益考量的同时兼顾传统。一个人的德行直接与一个人的声誉相联系，缺少德行的人必然没有声誉，没有声誉自然会加大他在商业上的交易成本，从而影响他的经济利益。作为一个成熟的商人自然明白与其客户间互利互惠的道理。当然，或许更重要的是，作为一个邻居如果采取了伤害其他邻居的不道德行为，他和他的家庭成

---

① 此命题将有专题论证。

② 相传“六尺巷”的故事就说明邻里相让传统。有两邻居因房屋界限问题闹矛盾，其中一家是当朝宰相的亲戚，本想借此占他人便宜，不料，宰相写信回家云：“千里来信为一墙，让他三尺又何妨；只见当年长城在，不见当年秦始皇。”于是，双方各让了三尺，形成“六尺巷”。通过互让产生互动。

员都会面临很大的社会压力甚或被置于社会放逐之下。如果将友善的邻里关系作为商业的基础，景况就完全不同。作为商人的居民，在遵守甚至发扬传统美德的基础上，与社区居民展开广泛的日常互动，不仅会赢得声誉，也可以获得有关社区建设、管理和居民生活等问题的信息。信息可以让企业家及时改进所提供的相关商品或服务，同时也为有“心计”的企业家提供了更多的经济机会。当企业家作为居民在社区生活时，他以及他的家庭成员都成为与其他居民互动的媒介，随时进行着邻里之间的沟通，互动的广度和深度都有所拓展。

(3) 党政进社区

党政机关进社区使党政工作人员与社区居民之间的关系似乎同于邻居关系，但又有别于邻居关系。在一定程度上说，企业家居民化是通过共有的邻里关系传统文化拉近了企业家和居民间的心理距离，产生了广泛而深入的邻里间的商业互动。党政机关进社区首先是通过在居民的生活区域内工作拉近了党政官员、工作人员和社区居民的地域关系，这种关系使原先的管理与被管理关系渐渐发展成了熟人关系、朋友关系。如果有社区居民是社区党政官员或工作人员，则自然形成了邻里关系。邻里关系加速了熟人关系和朋友关系的形成，并进一步拓展并加深了熟人关系和朋友关系。党政干部和公务员不再有“衙门面孔”和“摆架子”行为，居民也就愿意到党政机关办事，甚至无事也去“拉家常”。双方互动，双方得益。居民的问题能得到及时解决，党政机构能真实掌握民情，及时了解民意，利于把持社会公正。党政机关的公正性以及在一些居民内部事务上的权威，使居民很重视在邻里的氛围中业已形成的与党政官员、工作人员的关系，甚至不排除居民有意识地、自觉地建立并加深这种关系。在党政机关进社区以后，居民的这种想法可以低成本实现。地域拉近是一个方面，党政官员及其工作人员在社区相对亲和的态度是更重要的一个方面。出现亲和态度的原因或许很复杂。或许党政机关的相关制度或管理规定上有态度要求，甚至有把居民对其工作态度的评价作为其加薪、晋级的依据的具体规定，但不能排除或更需关注熟人关系、朋友关系和邻里关系对亲和态度生成的重要影响，这其中也包含先期的有关社区居民进社区党政机关的制度安排的影响。因此，党政官员、工作人员与居民的良好关系是双方都希望维系的关系，基于这类关系基础上的互动是可以预期的。

另要说明的是，三项互动机制具有本质一致性。在平等的、互信的氛围里，低成本地实现各得其所是可以做到的，那么，齐心协力也就可以做到。

8.4.5 社区管理服务的制度安排

许多公益物品和服务的提供涉及政府官员和相关的居民使用者，而生产还会涉及相关企业。尽管有党组织的领导，政府、企业和居民之间复杂的权益关系和协作生产仍需要大量的制度安排予以协调。

社区大量的制度安排是在社区党委领导下的管委会制度框架下按类别、分层级依次展开的。与一般社区不同，百步亭社区未设街道办事处[①]，而是成立了社区党委和社区管理委员会（简称“管委会”）。街道办事处的职能安排在管委会的工作职能中。

社区党委和管委会是社区事务的两个监察管理机构，但各自的监察管理重点有所不同。党委的管理对象主要是下层党组织和党员，管委会的管理对象是社区事务的各参与者和相关者。为体现党的领导和避免两机构在具体事务上的分歧与争执，在组织安排上由党委的副职领导兼任管委会的正职，形成党委直接领导管委会的工作格局。党委委员分别在管委会下的政府管理部门的社区服务单位和居民、业主的自治组织中任管理职位。社区党委委员由社区党员民主选举产生，在党内实行民主集中制。选举产生的社区党委由集团领导、政府职能部门、居民委员会和社区自治组织成员组成，党委书记由集团董事长担任。党委会上每一个与会者都可以充分发表自己的看法，最后由党委书记综合大家意见做决策。社区党组织有社区党委、1 个党总支，下设 6 个党支部和 211 个党小组。各层次的党组织除了开展党内活动以外，重点关注并具体参与协调了社区管理工作。党组织号召党员在社区做讲道理、讲大局、讲奉献、讲团结的典范。社区党委借鉴“支部建在连上”的做法，将党小组建在楼栋。制订了党小组楼栋组织制、24 小时党员责任制和社区与党员所在单位的联系制（称“三制”措施）。提出把离退休党员接回家、给在职党员安个家、为流动党员再安个家、给下岗党员一个温馨的家。社区共有党员 4300 多名，有 3500 多名党员积极投身于社区志愿者服务行列。建立有党员与党员干部的分工负责制，要求党员对家庭负责，党小组对楼栋负

---

① 街道办事处被认为是政府在城市最底层的一个官僚机构。

责，支委对片区负责，支部书记对苑区负责，党委对社区负责。建立了党组织对特殊事件的处理机制，居民有突发事件、有不满情绪或有大的家庭纠纷时党组织必须到访，对社区的住院病人、下岗失业人员、孤寡老人和刑释解教人员必须到访。

由于社区党员自然分散在社区的各类组织里，各类群体中，包括家庭中，他们的模范行为对社区各项工作的迅速开展以及各种矛盾的及时解决起到了关键作用。党员的这种作用的社会价值是可见的，但党员本人包括社区各党组织并没有因此获得经济上的回报。党员业余时间参与的社区工作是义务，没有报酬的。因此，可以认为党组织和党员在社区扮演了志愿者角色。这一角色与党的宗旨是一致的。

管委会负责具体协调社区的几乎各项社会活动的组织与服务工作，并在更高一层政府和社区居民之间起上传下达的作用。从形式上看，管委会类似于政府的基层行政管理部门。但从内涵上看，管委会内有了更多的自治成分和政府官员与居民之间的亲密关系。管委会下属社区服务中心和居民自治组织——居民委员会和业主委员会。社区服务中心是政府各行政部门汇集于管委会内的一个政府在基层的综合办公机构。派出所、城管执法队、交通会所、工商站、流动法庭等政府职能部门直接进驻，社保、计生等其他政府管理与服务部门也集中进驻社区服务中心，实行“一个窗口”对外、“一站式”服务。政务前移，贴近生活，方便了居民，也转变了党政工作人员的工作作风。

居民自治组织是由居民或业主代表组成，对社区事务进行共同商议、决策的民间机构，对涉及居民社区生活的各项具体事务有决策权力。居民代表大会是居民事务的最高决策机构。社区制订的居民自治程序是：居民提出问题——恳谈会讨论——参事会制定条例——公告社区吸收意见——社区专家审定条例——居民代表大会表决通过。凡居民认为要处理或要解决的问题都可以提出，提出的问题都可以进入自治程序，并得到广泛而深入的讨论。涉及个体的问题，由管委会或其下属相关部门协调解决，涉及社区全体居民的问题，由居民集体决策。因此，社区居民对社区公共事务具有发言权，也有决策权。

社区居民的自治组织有居民委员会和业主委员会，群众性组织有工会、妇联和共青团等。这些组织各负其责，高度自治。居民委员会按照“自我管理、自我教育、自我服务、自我监督”的原则，悉心为居民服务。组织居民参与社区建设和管理，行使议事决策职责。并与派出所干警、物业公司人员共同组成区域自治管理协调小组，做好社区治安工作。居民委员会的工作通过主管楼栋长、楼栋长、小小楼栋长等岗位的设立形成了居民自治网络。为调动各层次楼栋长的工作积极性，建立了楼栋长功绩档案。在新建成小区，委派老居民先期代任楼栋长直至有接班人后退出。

社区企业在管委会指导下按市场方式运作，同时企业的社会责任被强调。百步亭集团在社区实施了纵向一体化和经营多样化的运作模式，几乎包揽了社区内从开发建设到管理服务全程经营性业务。开发公司、物业公司及其外包业务的承接者，都属于集团下属公司，它们的业务联系形成了纵向一体化。集团内有专门企业经营社区商业、饮食和娱乐等业务，形成了社区经营多样化格局。纵向一体化和经营多样化加强了集团在社区市场的垄断力，同时也降低了企业的平均成本（罗必良，2005）。因此，它一方面会给企业提高价格提供了可能性，另一方面通过成本的降低和效率的提高对消费者产生有利影响。这两个相反方向的综合是否对消费者有利要视具体情况而定(彭德琳，2002)。对一个相对小范围（如社区）的垄断企业而言，实际上存在很多的因素所构成的制度环境制约了价格提升的可能性，甚至还有可能引导垄断力偏向消费者权益的维护，或在平衡交易双方利益的基础上偏向效率提高。由于社区内外市场化业务的高度关联性和信息的易得性，社区外部的竞争力直接主导了社区内各类商品和服务的价格。社区内的垄断力并不能左右社区内商品和服务的价格。当垄断力不能用来提高价格的时候，垄断力对消费者的利益威胁就不存在。垄断力将会用来稳定、拓展市场业务和降低企业运营成本，以求获得企业整体利益和长远利益的提高。社区企业可以用社区外同样的价格和同样的质量提供商品和服务，甚至可以采用相对低一点的价格或相对好一些的质量让社区消费者受益，从而稳定和拓展企业在社区的各项经营业务。社区企业还可以利用垄断力安排下属不同类型的企业不同的经营目标，如百步亭集团安排物业公司和三产公司作为集团内不以赢利为目的企业，其经营目标主要是引导消费、培育市场、沟通关系。物业公司每年从物业管理费和租位费中提出5%作为管委会的办公经费。开发公司是以市场为导向的集团的创利企业，同时也是社区大型公益活动的赞助者。从本质上讲，作为一个民营企业的百步亭集团，没有也不会脱离“利润最大化”的追求，关键是“最大化”必须是一定约束条件下的最大化。除了市场制度约束外，政治和社会约束也都制约了企业“短期利益最大化”行为。故企业将“理性利润”“长远利润”和“多赢效应”作为其经营方针，自觉将企业发展和社会进步联在一起，希望通过企业发展促进经济与社会的协调发展。企业主动承担社会责任，与业主结为利益共同体。

社区居民之间以及社区居民与企业之间的权益关系协调是制度的一个重要功能，也是保持团队优势不可或缺的手段。社区中的权益界定很难做到清晰透明，其间的交易也很难做到一笔一清。团队的优势在于其各具特色的成员通力合作所形成的整体优势。要获得这个整体优势，一方面要充分运用激励机制和市场制度，提高社区事务处理的效率；另一方面要倡导长远的总体价值观。每一个成员不能局限于细节和短期的权益分配以及个人的货币收入。一种统一观点的形成要有倡导者、先行者和跟随者。百步亭社区将党员定位于团体总体收益观的倡导者、先行者的位置。党组织引导党员讲奉献、讲大局、讲团结。社区服务志愿者就是团体总体收益观的率先跟随者。其他成员以总体收益观作为行为基准去通力合作。另外，通过党员对邻里之间的传统美德的倡导和践行，使非正式制度在居民之间、居民和企业之间、居民和党政公务员之间的经济或社会关系处理中也发挥了重要作用。尤其在市场失灵的时候，邻里间的互信、互让、互敬、互助的作用很明显。

制度设计中的权力安排与制衡机制对社区协作生产的作用显著。在管委会制度下，居民自治组织拥有充分的社区事务的商议权和决策权力。只有在他们形成的决议在实施中受阻的时候，管委会才会行使协调的权力。该权力在很大程度上是为了促进居民决议的实现而行使的。当然，如果居民的集体决议与普遍的市场制度或国家的法律法规有悖，管委会会运用它的协调权力向居民做工作，说明情况，赢得居民理解。居民在社区中拥有的在国家法律法规约束下的社区事务商议权和决策权是相当充分的。居民拥有的权利给居民参与社区管理提供了足够的激励。企业所拥有的相对占优的长期开发管理权为企业的商业和社会责任的混合运作提供了激励。开发建设与管理服务纵向一体化的企业运作模式使企业在获取一体化收益的同时必须承担一体化的责任，有效避免了开发商获高收益、物业公司背包袱、业主权益难保障的分散市场化行为。党政机构、居民自治组织有动力、有责任监督企业的运作，而对一体化企业的监控也相对简单，因此在社区创建一体化企业集团公平运作的遏制与平衡机制，通过居民自治和市场化等制度安排，保障居民和企业的收益分配相对均衡。民众对党组织和政府的拥护，维护了党组织在意识形态领域和政府在行政事务管理领域的领导地位。

8.5 物业管理服务的合作供给

《物业管理条例》修改稿①中将物业管理公司改称物业服务企业，其意图似乎是强调物业管理公司的服务职能而淡化其管理职能。管理层希望物业公司通过强化服务意识、提高服务质量让业主满意从而化解物业公司与业主之间不断出现的矛盾，以改善他们之间的关系，强化他们之间的合作意愿。然而，这只是问题的一个方面。作为小区物业管理服务的需求者——业主是一个集体，这个集体能否有效地合作对物业服务交易效率有着直接影响。合作是有成本的，一项强制性的合作行动的制度安排，如一个小区内的全体业主必须接受同一个物业服务企业的服务，可以减少合作行动的决策成本，但未必能降低甚至可能是增大了服务交易后期的执行成本。合作能否出现取决于合作的收益增量与合作达成和合作实施成本之间的关系。当合作的收益增量小于合作达成和合作实施的成本时，合作就会遇到障碍，业主间的集体行动就会出现问题。

8.5.1 合作的成本

物业管理服务中存在众多相关者，使物业管理服务具有很高的交易成本。由于物业管理服务的公共属性和可能存在的外部性问题，物业管理市场不能对物业管理服务提供充分的供给，更有效的产出水平要求集体行动。集体行动有两种方式：一是业主集体行动，由业主集体统一招募工作者、支付报酬并检验行动结果。每一个受益业主都按相应比例支付一定的费用给业主集体。二是由地方政府采取行动，地方政府用税收支付工作者费用。

第一种行动方式面临很高的在业主间达成统一意愿的成本。当事人越多，该成本就越大，集体行动越困难。尽管可以依据一定的规则将小区内的每一个业主界定为业主集体的成员从而形成集体，但让每一个业主都及时向

① 根据 2007 年 8 月 26 日《国务院关于修改〈物业管理条例〉的决定》修订。

集体交费却是困难的。由于小区内每一个业主在业主集体中的身份都是其第二身份[①]，缺乏持续的动力为这个集体的利益持续地贡献。可能出现的极端情形是：这个集体中会没有一个人愿意无偿地专门去收取这项费用。另外，这个集体没有强制收费权，集体决议并不能对少数不交费者产生实质性影响。换句话说，单靠业主集体无力有效地排除“搭便车”者。这种境况下，严格意义上的集体已不存在。

现行物业管理模式是在开发商选定了物业公司或业主集体选择了物业公司作为工作者以后，由物业公司直接向集体中的每一户业主收费并向全体业主提供物业管理服务。它是业主集体能有效行动前提下的一种理想化模式[②]。《物业管理条例》对该模式给予认可，并对具体运行做出了安排，明确了业主的交费义务，即物业公司的收费权利[③]，也明确了业主委员会的权利和责任，包括代表业主与业主大会选聘的物业管理企业签订物业服务合同的权利。如此安排，解决了业主集体向业主收费的难题，但同时出现了物业服务企业的收费难题。物业服务企业尽管拥有物业管理服务收费的权利（法规和合同的双重约束），并有专人进行收费，但物业管理收费难问题依然普遍。借助收费授权和收费者转移以明确收费主体的改进方式似乎仍停留在事件的表面上[④]。

第一种行动方式中的服务外部性问题以及可能出现的“搭便车”行为，在现行物业管理模式中依然存在。集体如何像个人那样的行动，是集体行动有效率的前提，也是集体行动市场化的要求。通过协调、权威、命令、法规，甚至暴力等措施可以形成集体也能使集体统一行动，关键是这种集体行动的净收益到底有多大（能否大于零?）。

形成集体并统一行动是有成本的，有时会有很高的成本。当收益一定

① 第一身份指在工作单位的身份，现今的人们更重视在工作单位的表现，因为该表现会有直接激励。

② “业主集体选择物业公司”，说明业主集体是在有效运行，如果业主集体不能有效运行，其选择行为与结果的有效性就受到挑战。开发商选定物业公司的行为已经受到了挑战。

③ 《物业管理条例》第四十二条规定，业主应当根据物业服务合同的约定交纳物业服务费用。业主与物业使用人约定由物业使用人交纳物业服务费用的，从其约定，业主负连带交纳责任。

④ 无专人收费和未授权收费是第一种行动方式中集体收费困难的表面原因，集体服务的外部性才是它的本质原因。显然，改良方式通过转移收费主体（由业主集体转向物业管理公司）和授权是基于表面原因的解决方法。

时，实施成本的大小决定了实施方案的取舍。以第一种集体行动为核心的物业管理成本 C 的构成是：

$$C=C\ (C_1,\ C_2,\ C_3,\ C_4) \tag{8-1}$$

式（8-1）中 C_1 为一定管理服务（收益）标准下的物业管理服务费用，即支付给服务生产者的费用[①]；C_2 为集体的形成与运行成本，包括相关制度制订与实施成本、业主大会和业主委员会的成立与运作成本等；C_3 为促使个人交费的成本，包括协调、劝解、强制执行的成本；C_4 为达成物业管理服务交易的成本。也可以认为，C_1 是物业管理服务的生产成本，C_2 和 C_3 是集体行动的交易成本，C_4 是物业管理服务的交易成本。C_1 由业主分担，C_2 和 C_3 由政府和业主分担，C_3 由政府和物业服务公司分担，C_4 由业主、物业服务公司和政府共担。

C_1 大小与服务内容 Q 和服务标准 S 有关，即：

$$C_1=C_1\ (Q,\ S) \tag{8-2}$$

C_2 与业主数 N 有关，即：

$$C_2=C_2\ (N) \tag{8-3}$$

C_3 与业主数 N、“搭便车”行为人数 n 以及促进方式的影响力 Y 有关，C_1 和 C_2 也对 C_3 产生影响，即：

$$C_3=C_3\ (N,\ n,\ Y,\ C_1,\ C_2) \tag{8-4}$$

C_4 大小取决于服务内容 Q、服务标准 S、政策规定 Z 和物业管理生产市场的供需状况 R，即：

$$C_4=C_4\ (Q,\ S,\ Z,\ R) \tag{8-5}$$

业主数 N 是成本 C 的关键性影响因素，它通过直接影响 C_2 和 C_3 的大小而影响 C 的高低。业主数 N 越多，C_2、C_3 越大，C 越大。第一种集体行动状态下，以小区为单位的成百上千的业主是交易成本高的原因，也是集体行动失灵的主要因素之一。降低业主间交易成本的一个直接方法是缩小集体行动中集体的规模。

一般而言，在非排他性公共物品情况下，“搭便车”会阻止合作。集团越大，个人提供公共物品的消极性越强，“搭便车”的潜能越大，离集体物品的最优供给越远，甚至获得最低限度集体物品的可能性都极低。简言之，

---

① 一般支付给物业管理公司，该费用即通常的物业管理费用。

集团越大，推进其共同利益的可能性越弱……除非存在强制和某种外部诱导，否则，集体物品肯定不会被提供（奥尔森，1995）。现行物业管理服务的业主集体供给方式，之所以能存在并被较为广泛地推行，是制度与合约的强制和外部诱导的结果。除了政策法规的强制外，在出售房屋之时，开发商通过合约①要求购房者在一定的时间内接受开发商聘请的物业服务公司进行物业管理②，购房者必须通过物业管理公司方可进入并使用房屋③。在新建的商品房屋销售过程中，对物业管理的强制推行是普遍存在的。另一方面，开发商将物业服务作为诱导，将物业管理服务与时尚、高档、安全、舒适等连在一起，并让普通民众体验“尊贵”的感受。然而，开发商的行为毕竟是短期行为。在市场发展到一定程度以后，市场中的强制与诱导便难以控制市场，因为强制和诱导都需要成本。当激情的购房者成为现实生活中的一员时，他们会对开发商所定的物业管理者的服务行为和自家每月的物业费开支进行重新审视。于是，有人开始对物业管理服务不满，有人不交物业管理费，有人要求解聘物业管理公司。从小区物业管理实践看，强制和诱导的集体行动维系的时间有限，除非有进一步的强制和诱导的成本投入。

我们知道，当收益一定时，投入增大意味着净收益的减少。如果一种方式的净收益小于零，该方式便不宜采用。如果一种方式的净收益大于零，但存在净收益更高的其他方式，那么进一步的比较仍是必要的。

现在考察集体行动的第二种方式，即由地方政府采取行动实施小区物业管理的效果。在该方式下，小区的物业管理服务由地方政府供给，物业服务公司提供物业管理服务的生产。此时，政府支付给物业管理公司的物业管理费用为 C_1，政府与物业管理公司达成交易的成本为 C_4，物业管理服务的成本 C^* 构成是：

$$C^* = C^*(C_1, C_4) \quad (8\text{-}6)$$

比较式（8-1）与式（8-6），可知：

$$C > C^* \quad (8\text{-}7)$$

$$C - C^* = C_2 + C_3 > 0 \quad (8\text{-}8)$$

---

① 即《临时业主公约》。

② 这也是《物业管理条例》第二十二条的规定。因此，该强制实际上也具有法规的强制性。

③ 购房者要通过物业公司拿房屋钥匙，购买水、电、煤气等房屋使用必备品。

式（8-7）和式（8-8）表明，在物业管理服务收益一定时，第二种集体行动方式的成本低于第一种集体行动方式的成本，物业管理服务的净收益也将大于第一种集体行动方式的净收益。当 C_2 和 C_3 很高时，第二种行动方式的净收益更为显著。

第二种行动方式的低成本和较高的净收益表明，采取第二种方式会更有效率。“蚊子控制”是西方经济学家常用的一个公共供给的典型例子。而且的确很多年来它一直是被认可的地方政府的功能（史蒂文斯，1999）。因控制手段的技术特点和高交易成本的存在，“蚊子控制”基本上是非排他的。小区的物业管理服务不仅有集体共有物业的维修与养护问题，也有“蚊子控制”等环境营造、维护与改善的问题。因此，小区物业服务的政府供给似乎也有理论依据。

然而，政府供给并不具备帕累托效率。因为当政府用税金支付城市住宅小区物业管理服务费用使小区业主得益的同时，未享受小区物业管理服务的纳税人的利益受到了损害。另外，政府供给的公平性也受到置疑。当政府对城市住宅小区的物业提供管理服务时，没有城市住宅物业的国民便受到了不公平对待，对有产者实施资产补贴似乎不是社会公平之举。

8.5.2 物业管理服务的供给方式选择

在考虑效率和公平的均衡中，有两种物业管理服务的供给方式可供选择。一是开征“物业税”前提下的政府供给方式。二是业主与政府的联合供给方式。

(1) 开征“物业税”前提下的政府供给

使政府供给方式具有帕累托效率与公平性改进的方法是开征城市物业税[①]，并将物业税的全部收入用于城市物业管理服务。物业税的征收对象是城市范围内的各类物业。无论是单位、还是个人所有的房屋，都是物业税的征收对象。具有城市房屋所有权的单位和个人均按房屋建筑面积缴纳物业税。

假定 C_1、C_4 是一年内城市物业管理服务的成本，城市物业税一年的收

① 此税不同于拟开征的“物业税”，但可以考虑将拟开征的“物业税”改为此税，即为提供物业公共服务所征收的税负。

取总量为 T，则：

$$T=C_1+C_4 \tag{8-9}$$

城市房屋每平方米平均每月应缴的物业税 t 为：

$$t=T/(12\times S) \tag{8-10}$$

式（8-10）中 S 为城市房屋总面积（平方米）数。当个人 i 拥有 S_i 平方米的建筑面积的住宅时，其每月缴纳物业税为 $S_i\times t$。由于规模效应和交易成本的大幅降低，容易证明：$t<t_1$。t_1 为每月每平方米建筑面积应缴纳的物业管理费，$t_1=C/(12\times S)$，C 为第一种方式下一年物业管理服务的总成本。

作为统一的由政府主导的集体行动而言，强制性的征税和支出是不可避免的。关键要看它有没有更高的"收益/成本比"存在，再看是否损害了社会公平，或改善了社会公平。

(2) 业主与政府的联合供给方式

由于物业服务具有个人物品、集体物品的属性，也有公共物品的属性，依据现有的公共物品理论，我们可以考虑采用业主和政府联合供给的方式。业主供给个人以及业主集体的小区物业管理服务，政府供给公共利益的小区物业管理公共服务。在联合实施物业管理服务过程中，首先要明确私人服务、集体服务和公共服务的内容，以便业主、业主集体和政府之间在物业服务供给上既能相互合作又能各司其职。物业私人服务内容相对简单，它指可以完全排他的、单个业主所需要的服务。集体服务和公共服务的区分相对复杂。为了方便运作，我们将物业集体服务限定于房屋及其设施设备的维修与养护方面。业主集体仅供给"房屋及其设施设备的维修与养护"，并为它的实施付费。在这样的安排下，一个单栋楼宇内的业主就是一个业主集体，这个集体共同商议他们共有楼宇的维修与养护事宜，包括是否维修或养护、委托谁实施维修或养护以及经费多少等，并将供水、供电、供气、供热、通信、有线电视等设施设备的维修养护工作直接委托给它们的供给商，由供给商各自负责其供给系统的维修与养护工作，用户通过支付使用费用的形式支付设施设备的维修养护费用。现行的做法将住宅小区的日常管理服务如清洁卫生、安全保卫、园林绿化等归属于物业集体服务。实际上，在没有围墙的情况下，我们很难区分"街道的清洁卫生"和"小区的清洁卫生"，一个具有一定规模小区中的街道本来就是公共街道，因此，清洁卫生服务可以作为城市公共服务。同样的原理，小区的安全保卫、园林绿化等也属于城市公共服务。地方政府可以现有的服务系统或通过市场方式提供城市住宅小区的这些服务。

业主和政府的联合供给方式是一种更高层次的合作行为，具有效率和公平双重性，从而具有可行性。首先，基于物业产权和管理服务属性的物业管理服务联合供给方式具备公平性。业主为所购房屋的维修与养护付费，通过房屋的正常使用和保值增值获得收益。政府为小区的公共秩序和环境治理与改善付费，通过社会安定、环境优美等社会效益获得补偿。水、电等生活资料供给部门为其设施设备的正常运行提供维护，通过水、电等收费获得补偿。第二，具有较低的成本。混合式的成本构成是：

$$C^{**}=C^{**}(C_{11},C_{12},C_{22},C_{32},C_{41},C_{42}) \tag{8-11}$$

式（8-11）中的 C_{11} 为物业公共服务的生产成本，C_{12} 为物业集体服务的生产成本，C_{22} 为集体的形成与运行成本，C_{32} 为促使个人交费的成本，C_{41} 和 C_{42} 分别为政府和业主集体与服务生产商达成物业管理服务交易的成本。由于混合式中的集体为单栋楼宇的业主所组成，集体规模小，相互间关系密切，故 C_{22} 和 C_{32} 很小。而由于管理服务项目和内容的清晰化、公共服务的规模化和综合化，服务的生产成本将有所降低，即：$C_{11}+C_{12}<C_1$。另外，管理服务项目和内容的清晰化和完全的市场化，将有效降低物业管理服务的交易成本，即 $C_{41}+C_{42}<C_4$。因此，混合式的成本较第一种行动方式的成本有大幅降低。尤其是交易成本的大幅降低和公共服务的分离，使集体行动有效成为可能。第三，将小区公共服务从业主供给方式转变为地方政府供给方式以后，业主供给的物业管理服务仅限于其所有房屋与设施设备本身了，以单栋房屋为范围的业主集体也可以形成了。基于业主产权房屋的管理服务供给是业主义不容辞的责任，业主是乐于接受的。当业主集体中业主数目较少时[①]，集体行动的成本也大大降低。

政府介入小区物业管理公共服务虽增加了地方财政支出，但降低了公共服务的成本，减轻了业主负担，增加了管理的社会效益。增加的地方政府的财政支出，可以通过物业增值税弥补。政府的公共设施建设和物业的公共服务供给是物业增值的一个因素。因此，将物业增值税用于物业公共服务也是

① 如一栋两门多层住宅的业主数不会超过 28（4×7＝28）。

理所当然的，属良性循环。

政府介入物业公共服务的供给并不会对市场机制产生冲击，相反，由于政府的介入更加清晰了私人以及集体的产权，从而使得业主个人、业主集体和政府分别作为服务的独立需求者适应了市场的运行机制。

8.6 传统文化和道德约束对合作的维系

中国传统文化源远流长、博大精深，在修身治家、安邦治国、企业管理、成就事业等方面，给我们留下了大量可资借鉴的宝贵遗产。其中所蕴含的思维方式、价值观念、行为准则在今天仍具有重要的现实意义。

8.6.1 中国传统文化的特点

从文化的价值取向角度看，中国传统文化有两个显著特征：一是以家族为本位的宗法集体主义文化，二是以“义利关系”为中心的文化价值体系。[①]

中国传统文化的第一个显著特征表现在对集体主义的价值认同。对集体主义的价值认同，在中国文化传统中是有深厚根基的，只不过随时代的不同，集体主义的内容发生了变化而已。在中国漫长的封建统治中，伦理政治型文化模式维护以血缘为纽带的宗族集体的绝对权威性，由于宗法制度与专制制度相结合，因此，它同时也维护了以封建君主为代表的封建国家的绝对权威性。生活在当时社会中的个体同时受到宗族和封建国家双重集体束缚，个体必须在家服从宗法集体主义的利益要求，在外服从封建国家意志。“在家从父，在外事君”是当时宗法集体主义所要求的最基本的原则。在宗法观念下，个人被重重包围在群体之中，个人首先要考虑的不是自己的利益需求，而是自己对集体的责任和义务。因此在中国宗法集体主义文化的土壤里难以滋生出像西方那样的个人主义的文化价值观念。

中国传统文化的第二个显著特征表现在对待“义”“利”关系的态度上。“义”与“利”是道德生活中一对最基本的范畴，中国文化作为伦理型文化体系，对“义”“利”关系是十分重视的。其基本态度是“重义轻利”“以义抑利”。孔孟儒家认为：“何必曰利？亦有仁义而已矣。”而且还把人们对待

---

① 邹顺康：论中国传统文化的特征 [J]，西南师范大学学报，2002 年第 2 期。

“义”“利”的不同态度作为划分君子与小人的标准，即“君子喻于义，小人喻于利”(《论语·里仁》)。经过历史的沉积，“以义为重”“以义抑利”的义利观被中华民族心理所广泛接受，成为中华民族最基本的价值取向。它培育了中华民族讲仁、求义的高风亮节的品质，也激励了无数志士仁人在民族危亡的关键时刻“杀身成仁，舍身取义”，创下了无数可歌可泣的光辉业绩。

8.6.2 传统文化的现代借鉴与融合

中国传统文化中的伦理型管理思想为以自我管理为起点，以社会管理为过程，最终实现“平天下”的目标。格物—致知—正心—诚意—修身—齐家—立业—治国—平天下，是其管理思想的逻辑演绎，将家、业、国、天下的管理只看作是人口和范围的不同，而管理的模式和方法没有本质的差异，因此物业管理也可以立足于博大精深的中国传统文化，深挖中国传统文化的资源宝库，将物业管理与我国传统文化有机地结合起来。

前述“合作的实现条件”是需要有一种有效的规则或共同的习惯和文化的制约，要改变物业服务企业与业主的非合作博弈导致的两败俱伤的局面，迫切需要有一种制度或者规则制约使两者能实现有效合作从而达到双赢结局。中国传统文化正好具有这方面的特质。将传统文化引入到物业管理中来，可以收到事半功倍的效果。

(1) 业主应信奉的文化哲学

现代社会中的人是有意识、有感情和有社会关系的“人”，每个人都有其特殊的社会关系及以此为依托的复杂的人文背景，而人的心理观念、道德准则和价值取向又是多元多变，人们的社会利益关系也是多种多样的。中国传统文化强调通过主体的修养来实现人与人、人与社会之间关系的和谐，要求具备恭、宽、信、敏、惠五种品德。孔子认为这五种品德的作用是：“恭则不侮，宽则得众，信则人任焉，敏则有功，惠则足以使人。”意即为人庄重，就不致遭人侮辱；待人宽厚，就会得到大家拥护；做人诚实，就会得到任用；办事敏捷，就会收到良好效益；待人慈惠，给人好处，就能够使唤人。这实际上是用温柔敦厚的君子人格，来规范主体的修养，进而调节群体中的人际关系。以此为准则并加以自我的节制和自律，做到“己所不欲，勿施于人”，“己欲达而达人，己欲立而立人”以维护群体人际关系的和谐，营造友好合作的良好氛围。

(2) 物业服务公司应信奉的文化哲学

一是“忠恕之道”。忠恕之道是孔子“仁”的思想核心。张岱年在《中国哲学大纲》中提出：“己欲达而达人，己欲立而立人”，是忠道；“己所不欲，勿施于人”是恕道。这里构筑了物业管理人最重要的两条信念：为业主创造财富，为业主规避痛苦。一名物业管理者如果没有一种“忠恕之道”的信念，没有一种时时刻刻为他人、为业主作考虑的精神境界和奉献情怀，则不可能在此行业中自存，更不能平息物业管理过程中的种种冲突与摩擦。

二是“清静无为”。老子最伟大的言论之一“生而不有，为而不恃，长而不宰，是谓玄德”，用现在的话理解来说就是“生存而不占有，奉献而不依赖，培养而不主宰，这就是至高的德行”，所以物业管理人至少要明白两点：第一，既然自己是代理人，就永远不要把自己放到委托人那个位置，随便承诺什么事，或者容忍什么事，否则就会角色错位，过犹不及；第二，要去掉非物业管理的私心杂念，要明白社区利益的来源与归属，车位费、广告费、物业经营租赁费、维修基金本来都是业主的，就不要随便伸手。

三是“勇以赴义”。古人云“见义不为，是无勇也”；《左传》又云“怒不作乱之谓勇”。物业管理者之勇，在于路见不平拔刀相助，不要向恶势力低头，不要对侵权、违章的行为姑息，有的时候认为自己没有执法权，碰见部分业主侵犯其他业主权益，比如砸墙、高空抛物、乱挂广告、扰乱秩序等，躲躲闪闪和睁一只眼闭一只眼，这就是一种不作为，这也是对自身职业的侮辱。

(3) 物业管理中的文化建设与文化传播

物业管理属于服务行业，其产品就是服务，产品质量的好坏实际就是服务质量的好坏。这些服务的提供者和接受者都是人，“产品”的交换均以人为载体，在“产品”即服务的交易过程中不可避免会产生各种行为和冲突：一方面是在提供服务的过程中服务提供者之间产生的，另一方面则是提供者之间的差异造成的。这些冲突，归根到底都是人的价值观冲突。

物业服务企业应充当价值冲突的主要调节者。一方面，物业服务企业以一种特定的程序、环节、方式作用于业主；另一方面，它又以无法量化的文化、习惯、氛围等影响着业主，透过物业管理表层的房屋、绿化、保安、保洁等因素，其内在的因素是物业管理特有的法规、法律程序，以及伴随着整个服务过程的人与人之间的关系。

当今的城市家居生活，邻里关系淡薄，各自封闭、老死不相往来成为都市流行病，如何营造良好的社区生活氛围，使人们走出自己的家门，传播中国人和睦友好、互帮互爱的传统美德，并使之发扬光大，已成为社会的一个共同的话题。作为业主间的中介——物业管理者，拥有天时、地利、人和之优势，通过社区文化建设这条途径，可取得明显效果。

同时，物业管理者要想赢得业主的心，就必须以诚感人，以情动人。古人云："感人心者，莫先乎情。"如何提供富有人情味的服务，如何去吻合人们崇尚自然、注重生存环境的文化意识，成为物业管理人的共同话题。作为以人为中心的服务性行业，倡导人性化管理，需要将人的精神需求——文化，引入物业管理。

物业管理通过以优质服务、文明家庭、文明居住区、社区文化节等系列社区活动，架起居民的实际利益、思想感情与住区文明的"桥梁"，使小区内各种职业、性格的住户和社会团体，形成一条以居住区为依托、共同为居民服务、发挥各自功能的纽带，这样既建立了良好的社区秩序，也促进了居民身心健康和文明素质的提高，形成奉献爱心、尊老爱幼的良好社会风气，增强住户对社区的归属感和凝聚力，从而利于提高物业管理中业主的参与度和配合度。

从长远来说，物业公司应当逐步从社区活动的组织者过渡到社区文化的协调者与引导者。社区文化最终应逐渐发展为以业主为主、自发开展的自主式和自助式社区文化活动。逐步将业主委员会也吸引到社区文化的建设中来，从业主自身的角度出发，尝试采取业主自主、服务企业配合的方式开展一些社区文化活动，增强业主的参与感和成就感，以利于业主满意度的提高，同时也能引领社区文化的时代潮流。另外，可考虑将在某方面具有一定特长的业主组织起来，组成社区的某种社团（如合唱团、足球队、英语沙龙等），定期进行交流，可以提高业主参与社区文化活动的积极性，既能保证活动的频率及适合性，又能减轻物业管理者工作的压力。

通过前面分析，我们对物业管理中各利益主体间的合作问题有了比较深入的认识。不论是物业服务企业与物业开发商之间、还是业主与物业服务企业之间，也不管是业主之间、还是业主委员会与社区居民委员会之间，都存在不同程度的合作与非合作因素。彼此间的合作能产生巨大的经济效益，而非合作状态则会造成两败俱伤。

本章借助经济学理论模型（主要是博弈论）分析物业管理参与主体间的合作机制。博弈论模型分析表明：基于个体利益最大化的原则，博弈双方在个体利益最大化时整体利益不是最优，甚至是最差，其主要原因是参与双方不能进行有效的合作。博弈论分析还表明：基于整体利益最大化原则，博弈双方在实现共同利益最大化的同时也实现了个人利益的最大化，走出物业管理服务困境需要相关的约束机制和制度安排。本章第四节以案例分析的方式探讨了促进物业管理主要利益相关者间合作的机制和制度安排。认为党政进社区、企业家居民化和决策民主化等政府机构、企业和居民自治组织协作生产的制度安排和激励机制，有效地促进着物业服务相关者间的合作。在对合作的成本做简要分析的基础上，认为地方政府与业主合作供给物业服务是一种可期待的有效率的选择。收取物业税这种方式具有公平性。传统文化和道德规范无疑有益于人们之间的合作，但更深入的分析还有待进行。

物业管理合作问题很复杂。除了博弈论给出了促成不同利益主体之间合作的方法以外，集体行动理论给出了同一个集体中个人之间的合作观点。在一个小区里，业主与业主之间的合作关系属于同一个业主集体内部的关系，更多地涉及集体行动理论。下一章将重点分析业主的集体行动问题。

第9章　业主集体行动

业主间的合作更多地涉及集体行动问题。业主集体行动是指业主作为一个集体被组织起来，为了某些特定的目标（集体的，或个人的目标），依据约定的规则共同实施的行动。现有的集体行动理论试图解释个人是否会参与集体行动，以及个人参与集体行动可能需要的条件。在集体行动过程中，普遍存在着三个共有环节：一是集体形成环节，二是约定集体行为规则环节，三是行为规则实施环节。虽然每一个环节都有相应的成本，并且可能决定着集体行动能否实施，但只有三个环节的统一才能最终决定集体行动能否实施以及集体行动的收益，包括集体行动的整体收益和集体中个人的收益。

在商品住宅小区中，单个购房者通过自愿购买同一小区的房屋而自然而然地成了同一个小区的业主。某小区的房屋成了该小区业主集体形成的媒介。或是因为价格，或是因为环境，抑或因为格调，总之，存在某种物业方面的因素，让一些大多互不相识的购房者共同选择了同一个小区的物业。由于这些因素是开发商给定的，我们也可以认为，开发商无意间组建了业主集体。

形成业主集体是业主集体行动的必要条件，但不是充分条件。业主集体的存在，并不意味着必然会出现业主集体行动，更不用说获取业主集体行动的收益。从理论上讲，只有存在业主集体行动的潜在收益，业主集体才有可能采取行动。如果集体行动的成本超过了集体行动的潜在收益，集体行动一般不会发生。虽然集体行动的净收益大于零，但个人是否参与集体行动，还取决于个人对集体行动中个人净收益的估量。

在存在集体行动潜在收益的情况下，约定集体行为规则包括投入和分配规则又是后续集体行动实施的先决条件。实际上，约定集体行为规则本身就是一项集体行动。要实施集体决策之后的集体行动，必须先有约定规则的集体行动。

在业主集体伴随着房屋交易过程自然而然地形成以后，这个集体并不会自然而然地自行组织起来去制定规则、采取行动以获取或保障这个集体的或集体内个人的收益。因此，一个必须思考的问题是：通过什么方式让这个集体能被组织起来去制定规则、采取行动？具体而言，如何让这个自然而然形成的业主集体能够成为一个可以行动的组织——“业主大会”或“业主委员会”或其他。

尽管已有的政策法规要求业主集体必须形成业主组织——业主大会和业主委员会①，并给出了具体的组织办法②，但现实中业主组织的形成率和运作状态并不理想。据统计，目前北京市共有3000多个住宅小区，由2000多家物业公司提供管理服务，按规定成立业主委员会的仅511个，占小区总数不足两成，80%的小区没有成立业主委员会。在已成立业委会的小区中，大多数业主委员会在行使业主物业管理主体权利时，受到百般阻挠，处境艰难，有些业主委员会已流于形式或形同虚设③（郭莹，2008）。广州市2004年统计数据显示，当时有物业管理小区（大厦）3617个，约259万居民接受物业管理服务，但代表业主权益的业主委员会仅429个，所占比例仅为11.9%。2005年全市共有小区（大厦）约4200个，业主委员会约560个，所占比例为13.3%（陈晓莹，2006）。至2005年初，汕头市有住宅小区400多个，设立物业管理企业175家，成立业主委员会仅37个，所占比例仅为9%。居物业管理行业前列的深圳市，截至2005年底，全市共有住宅类物业小区2003个，其中721个小区已经成立业主委员会，占全部住宅小区的36%。上海市已建成业主委员会6114个，组建比例居全国第一，但其中能够充分发挥作用的不足10%（冯兰蔺，2008）。

业主组织的成立和运作困难似乎是普遍现象。巴顿和斯沃曼（Barton et al, 1987）对加利福尼亚居民协会的一个研究综述表明：有23%的业主协会未能成立业主委员会；在19%的业主协会里，一个业主委员会做了几乎所有的工作；

---

① 美国称该组织为业主协会（Homeowner Associations，简称：HOAs），台湾和香港地区也借用了该称谓。按规定，每一个业主都是业主协会的一名成员。

② 按现行的《物业管理条例》规定，业主委员会必须由第一次业主大会选举产生，因此，业主委员会的数目与业主大会数相一致。现实中存在着由开发商组建业主委员会而没有通过业主大会组建的情况，因此，现实中的业主委员会数目可能要多于业主大会的数目。

③ 该内容摘自“民进北京市委作为党派提案提交至北京市政协大会的《关于北京社区业主经济自治组织存在问题制度和制度创新的建议》”。

少于 1%的居民曾经服务于业主协会或业主委员会；仅有 11%的成员参与了业主协会的志愿者活动。同样的问题在台湾也存在。有研究表明，大多数居民不热衷于业主委员会层次的管理，只有很少的业主想加入业主协会以治理商用物业，某些社区已经采用“抽签”方式来选择业主委员会成员。业主协会在台湾的不受欢迎，更确切地说，在一些国家和地区形成缓慢，不是由于缺乏净利润意识，而是缺乏个人期望净利润的数据以及涉及“搭便车”问题。这似乎证实了奥尔森（Olson，1965）的观点，即使存在集体行动的总的净收益，但个人的期望所得并不足以触发个人参与集体行动。史蒂文斯（Stevens，1993）也给出了同样的观点。当然，还有其他因素影响着业主协会的形成。如建筑类型、社区管理中个人责任的文化认同、立法授权的强度、地方治理的力度和邻居的同质性（Guo，1999；Chin，2002）。

业主集体行动的困难不仅仅局限于业主组织形成的困难，还包括业主组织持续运作的困难。从理性角度看，业主必须有持续可见的激励才会持久地参与业主集体的治理过程之中。

9.1 集体行动问题

经济理论假定个人按理性行为以最大化其利益，并假定集体也会按照理性以最大化集体利益。这种假定貌似合理，实际上却存在着张力。因为集体由个人所组成，当个人把自己的利益看作高于（优于）集体利益时，或集体利益与个人利益最大化存在冲突时，尽管存在集体利益最大化的可能性，个人也不会合作以获得这个最大的集体利益或解决集体行动中的问题。奥尔森（Olson，1965）由此给出了“集体行动的逻辑”：仅仅在有足够激励的地方才会产生合作行为。布坎南和图洛克（Buchanan et al，1965）认为，“由于私人行为外部性的存在，集体行动不仅没有必要，也没有足够的条件”。亚当·斯密认为他看到了那只“看不见的手”。在竞争的市场中，这只手使消费者购买了更多的物品，使企业提供了相应的物品，从而把个人的私利转换成了社会的美德。但哈丁挖苦道：看不见的手还有手背，即存在私利阻挠集体利益实现的现实可能性。当物品是非排他性和非竞争性的集体物品或公共物品时，我们确实看到了私人利益和集体利益的冲突，其原因被认为是个人的“搭便车”行为。在奥尔森（Olson，1965）看来，“除非集体内个人的人数相当少，或者存在强制、或者存在某些特别的手段使个人参与他们共有利益的行动中，理性的自利的个人将不会采取行动以取得他们共有的或集体的利益”。这个论断不久就成为众所周知的“零贡献命题”（Ostrom，2000）。

在奥尔森的逻辑里，必须有某个人或集体要为选择性激励付费。在这个过程中，激励的供给者将使集体的每一个个人受益，而不仅仅是他个人受益。按奥尔森的逻辑，这个人不会存在。因此，奥尔森的逻辑本身出现了问题，他所给出的通过激励解决集体行动问题的命题便是一个被他自己的逻辑否定了的命题。或者说，他给出了由其他人提供集体物品以解决初始的集体行动问题的逻辑（Frohlich et al，1970；Frohlich et a1，1975；Oliver，1980）。

布坎南（Buchanan，1965）在俱乐部理论中也阐述了集体规模与集体行动之间的关系。他认为很少有物品的供给是无限的，集体消费品的收益和成本随着消费人数的变化而变化，俱乐部的吸引力是供给分享的“俱乐部物品”的成本和所创造的收益的函数。当某些可供物品或服务的数量一定时，个人所得的收益和分摊的成本将随着参与消费和为它付费的人数的变化而变化。单从成本上看，参与的人数越多，个人分摊的成本会越少。然而，当人数增加以后，个人收益也会发生变化，个人的收益曲线是一条凹曲线。在平均收益和费用曲线之间距离最大所对应的人数点上，俱乐部成员得到最大净收益，该点所对应的人数定义了固定数量物品下最优的俱乐部成员数量。当然，对不同量的物品或不同的设施规模，会有不同的成本—效益曲线，从而对应着不同的最优成员数目。

按照布坎南的理论，存在一个独特的、高效率的俱乐部规模。只要集体成员数和俱乐部物品的数量可以协调，任何规模的集体都能有效地在其成员间分配费用和收益。这意味着任何规模的集体都是可能存在的，通过缴纳会费方式而形成的企业家俱乐部的理性消费也是可能的。在一个俱乐部里，会员克服了“搭便车”问题，他们之间能有效地分配成本和收益。该理论已被广泛应用于各类非企业化的城市俱乐部的分析中（Heikkila，1996；Webster，2002，2003；Webster et al，2003），它同时表明了地方公共物品通过俱乐部方式进行有效供给的可能性（Tiebout，1956）。

奥利弗和马威尔（Oliver et al，1988）的证据显示，奥尔森的“集团规模”主张不具有普遍性，大多数集体物品在大规模集团中有更高的供应平台。赫卡索思（Heckathorn，1988）则分析了制裁系统对集体规模和集体稳定性的影响。

他认为，服从系统的稳定性与外部制裁的强度正相关，与控制成本负相关，并与集体成员间的控制程度正相关。而只有非常小规模的群体才能提供最好的制裁系统。帕梅拉·E.奥利弗（Pamela E. Oliver，1993）则认为，优化的集体规模随着背叛制裁系统风险的下降而上升。

科斯在《企业的性质》(Coase，1937）一文中不仅给出了企业存在的原因，同时也给出了企业的优化规模。他用“合作费用”[①] 的存在解释了为什么现实经济没有被组成一个大企业。在企业内部通过等级（层级）制管理方式组织合作的成本会随着组织规模的扩大而不断提高，以至通过市场合约方式进行交易会更加便宜。当企业内部的组织成本和企业外部的市场成本在边际上相等时，对应着企业的优化规模。科斯从成本与收益角度给出了集体形成的原因和企业规模优化的内涵。

自哈丁（Hardin，1971，1982）将集体行动问题与 n 个人的“囚徒困境”博弈结构相联系以后，“囚徒困境”以及其他的社会困境已被看作是集体行动问题的标准表示法 (Lichbach，1996)。许多学者使用博弈论的收益矩阵讨论了集体行动可能的结果，包括那些不认为是“囚徒困境”而是协调或保险博弈的人 (Runge，1984)。集体行动中个人决定模型的大量变化已组织了许多理论和研究方法来探讨集体行动问题。然而，其核心依然是成本—收益分析。

在假定集体行动中参与者 i 的净收益为 N_i，集体物品收益为 B_{i1}、选择性激励收益为 B_{i2} 和参与成本为 C_i 的情况下，存在：

$$N_i = N\ (B_{i1},\ B_{i2},\ C_i) \qquad (9\text{-}1)$$

式（9-1）为集体行动中个人收益的通用模型。对不同的研究者而言，模型的函数式或许不同，收益和成本的识别和计量也有可能不同。研究者除了探索性地运用它们来组织讨论以外，并未能运用这个模型来阐述一个新的理论或产生一个新的结果。

20 世纪 90 年代以后，一些研究者试图通过博弈论方法[②]提供可供选择的个人行为微观理论以解释现实中的一些异常发现（McCabe et al，1996；Rabin，1993；Fehr et al，1999；Selten，1991；Bowles，1998)，也有学者试图通过经

---

① 也称管理成本或另一种形式的交易费用，它是发生在企业内部管理过程之中。言下之意是，企业规模越大，管理成本越高。因此，可以认为，科斯给出了大集体不能形成的交易费用解释。

② 多数是基于来自经验研究证据的共生关系分析。

验研究辨认影响成功的集体行动的关键因素（Feeny et al，1990；Baland et al，1996）。而梅西（Macy，1989，1990，1991a、b）运用“向后看的随机学习者”模型说明了集体行动中的个人行为选择模式。在一次性选择的决定过程中，决策者必须具备有关成本和收益的快速计算能力，并要经历一个复杂的信息处理过程。而随机学习者有许多重复的选择机会，不需要较高的智力，其行为选择方式只是过去行为的奖励和处罚的概率函数。梅西的模型预言，最初的“个人不行动”是由于行动的“低激励”所导致的，但随着对不行动后果厌恶程度的积累会导致群体进化到一个行动的临界状态。在该临界状态，一个小的事件，如某一个任意的贡献者开始行动，集体行动便有可能开始。

奥斯特罗姆（Ostrom，2000）认为，世界上有多个类型的个人，有些人比其他人更愿意合作以取得集体行动的收益。核心问题是潜在的合作者怎样用信号通知其他人以及如何设计制度稳固而不是毁坏有条件的合作。当没有完整的集体行动理论存在时，演变（或进化）论似乎最能解释各种不同的来自实验室和现实中的发现，并有可能形成集体行动理论的内核。

新发展的进化理论，包括文化演变的研究，已经开始向基于社会规范发展的合作习性提供起源性解释。尽管在现代经济中集体行动情况在频繁变化，基于进化论的解释比“零贡献命题”呈现了更加“乐观”的合作景象。当然，这一乐观景象仍要求有进一步的研究来论证。

古斯和克里姆特（Guth et al，1998）认为，在一个具备完全信息的进化过程中，仅有可信类型的人将生存。作为文化的进化过程，新加入者很可能偏好已获得更高的物质支付者所遵循的程序（Boyd et al，1985）。而那些相对不成功的人则试图学习已取得了更高的物质支付的人的价值观（Borgers et al，1997）。在完全信息的环境里，局中人的类型是共有知识[①]，理性的利己主义者将无法生存，只有可信者能生存。

与通常的观点不同，奥斯特罗姆（Ostrom，2000）认为西方国家的政策有可能挫败，而不是促进了公共物品的私人供给（Montgomery et al，1999）。因为政府政策虽然鼓励了基于理性利己者支付结构的集体行动，但可能妨碍了他们以自己的路径去提高人们之间合作行为的社会规范的形成。在奥斯特罗姆看来，理性的个人具有自己参与集体行动的逻辑，增加个体构建他们自己行为规

① 当然，关于所有局中人类型的充分和准确的信息是一个强假定，现实世界里很少遇见。

则的权利，或许能有效推进社会规范的演变，也有利于增加个体更好地解决集体行动问题的可能性。

有意思的是，今天的一些理论家又回到了奥尔森问题的后面，即从集体行动的老概念入手。集体行动的老概念意味着“人们一起做事”。他们认为，虽然利益是研究集体行动的一个要素，但要更多地关注使集体行动成为可能的社会过程和组织过程。虽然大多数正式的集体行动理论在它们的核心区都含有通过理性计算的成本和收益考量，但是个人与集体利益的对抗已不是他们所关注的焦点。因为个人利益与集体利益之间除了对抗关系以外，确实存在着共赢关系，甚至很多情形下是共赢关系。个人利益与集体利益的共赢关系意味着个人的收益和集体收益均为正。当然，共赢关系也不一定意味着个人就一定会愿意参与集体行动。在个人利益与集体利益的共赢的格局中，如果集体内的个人都有正的净收益，并且每人的净收益值相等，那么，可能存在“搭便车”行为；如果集体内个人都有正的净收益但个人间的净收益值不同，那么，会出现因分配不公而导致有些人的不参与行为。当个人利益与集体利益完全对抗时，个人不参与集体行动是理所当然的。因此，真正需要讨论的问题是如何解决个人利益与集体利益共赢关系下的“搭便车”行为和个人不参与情形。

“搭便车”问题在一定程度上属于道德问题，而收益不公则属于制度问题。然而，是否存在收益分配不公，并没有客观的判定标准，个人往往依据自己的主观判断或比较给出结论。由于个人之间存在这样或那样的差异，即个人具有异质性，故存在个人判断差异是可以理解的。马威尔等（Marwell et al，1988）调查了异质性（利益、兴趣或资源等方面）群体之间的互动与群体的组织成本、网络密度和集中化之间的关系。他们认为，组织成本对群体的互动有负面影响，而网络密度对群体互动有正面作用。当小组成员具有异质性时，通过增加一个组织者并通过他联合一些奉献者将增加集体行动的概率。马威尔和奥利弗（Marwell et al，1993）强调信息对有能力进行集体行动动员的组织者的重要性。他们发现：随着小组异质性的增加，信息的价值会越高，并且存在一个优化的信息水平。

快速发展的业主集体或组织以及他们的私人治理活动提出了许多需要回答的社会、经济和政治问题。一个基本的问题是：业主集体能够在业主集体物品的供给或业主权益的分配、维护上进行有效地运作吗？如果业主集体不能有效地运作，那么，业主集体行动问题就可能存在。已有的研究表明，在共有财产环境中，当很多决策者必须单独决定是否愿意供给某些集体物品时，集体行动问题就出现了（Hovi et al，1995）。集体物品意味着集体内所有成员都将受益的物品，无论其是否为该物品付费。这就允许了个人机会主义行为和依赖他人贡献的搭便车行为存在。在经济学家看来，对非排他性的公共物品而言，搭便车会阻止合作（史蒂文斯，1999）。尽管一个集团拥有共同利益，它的成员也未必采取集体行动，必须解决“搭便车”或集体行动问题（史蒂文斯，1999）。

在史蒂文斯（1999）看来，许多人仍在思考“人们会‘搭便车’吗”“集体行动是理性还是非理性的”等一些太普通的问题。真正有用的问题是：人们什么时候会“搭便车”？什么条件下集体行动是理性的？怎样协调集体行动？什么因素影响着集体行动者相互作用的结果？集体行动的重要形式（tapys）是什么？等等。

集体行动的内容太多、太丰富、太复杂。四十多年来，最重要的集体行动理论研究的结果或许仅表明了集体行动不是一个单一现象。社会科学家已将人类所有形式的共同行动归入到“集体行动”的名下，以致不能简单地去分析它产生的原因、影响及变化。

集体行动问题已引起了太多的关注和争议。很多经济学家都注意到了集体行动问题，他们或接受或反对奥尔森的观点，但并没有真正理解他的意图，尤其是忽视了“零贡献命题”的条件。在奥尔森看来，集体行动问题并不一定就是一个现实问题，也不是一个时时会出现的问题，而它是一些条件共同作用的结果。从奥尔森的“零贡献命题”中，我们不难发现他给出的集体行动问题形成的四个前提条件：一是集体人数；二是强制；三是某些特别手段；四是个人的行为假定。这四个条件形成了一个条件系统。奥尔森的意思是，只有这个系统条件或四个条件同时满足时，集体行动问题才会出现。对奥尔森命题进行这样的理解，有利于统一各家包括政治家和社会学家的观点，也有利于我们集中精力寻求集体行动问题的有效解。

9.2 集体行动的可能性与问题的解

政府、私人组织和人们不得不解决“搭便车”问题或集体行动问题。解决问题的路径有两条：一是通过个人之间的自愿合作，包括适当制度激励下的市场行为；二是通过政府所施加的强制压力。通过个人间的自愿合作或利用市场提供共用物品是一种可能的路径，但其可用性在很大程度上取决于交易费用的大小、责任界定的清晰度和策略行为实施的可能性。尽管自愿行动提供了一种解决问题的可能性，但政府的强制具有现实性。在某些方面，它是一种意愿的现实性（史蒂文斯，1999）。对某些非纯粹的公共物品而言，通过俱乐部方式可以有效地提供。

今天的研究者还发现，“搭便车”似乎不是一个普遍现象。即便存在“搭便车”的环境或条件，仍有许多人没有选择“搭便车”。选择性激励、社会压力、私人物品、利他主义和非营利组织在决定集体行动问题能否被克服和如何克服方面都在起作用。公共物品供应的实验研究也为有关个人偏好和行为提供了有用的信息。对损失和收益具有完全不同看法的前瞻理论，也有助于说明人们在受到激励时的行动，通常是保护性行动。但有关个人行为和集体行动的很多内容，仍待获悉和理解。

9.2.1 联合提供共用物品的可能性

考虑两个当事人联合提供共用物品的情形。假定 A、B 二人具有独立的效用函数 U_A 和 U_B：

$$U_A = f\ (X,\ Y_A) \tag{9-2}$$

$$U_B = f\ (X,\ Y_B) \tag{9-3}$$

在式（9-2）和式（9-3）中，X 代表共用物品，Y 以货币形式代表其获得的其他所有物品。A 和 B 都把自身利益限于自己的消费，但每个人都能从额外供给的共用物品中获得效用。[①]

假定共用物品为保障 A、B 居住安全的物业安保服务，该服务可以从生产者处进行“微量”购买，边际成本 MC 不变。在只存在 A、B 的二人世界里，A、B 的共用物品也就是公共物品。作为公共物品，无论是 A 还是 B 购买了任一水平的安保服务，双方都有同等的可获性，并且不能撤出。然而，他们对安保服务的评价可能不相同，从而使得他们对安保服务的需求也有所不同。图 9-1 中 D_A 和 D_B 分别为 A、B 的安保服务需求曲线，A 的需求曲线高于 B 的需求曲线。假定严格出于私利的 A 决定自己购买 Q_A 的安保服务量，所支付的价格为 P_0。此时，A 有消费者剩余 abP_0。在不支付费用的情况下，B 也享受了 A 所购

① 该模型由林达尔首先提出，并由布坎南（Buchanan，1968）重新复活。

买的服务 Q_A，他的消费者剩余为 cdQ_AO。

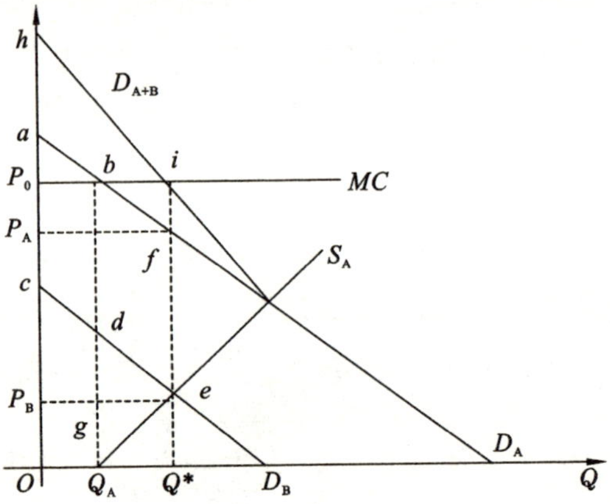

图 9-1　A、B 联合提供共用物品

当 A 意识到把大于 Q_A 的服务增量提供给 B，他自己的境况也得到改善时，实际上存在着双方获利的机会。A 的供给函数 S_A 反映了 A 对服务增量所必须支付的费用（MC）和他从中所得到的边际收益 D_A 之差。进一步假定 A、B 两人之间的协商成本为零，则存在 A 和 B 之间进行共同协商的可能性。A 对 B 说："如果你愿意弥补我为安保服务所支付的费用和它们对我所值之间的差额，我就愿意购买更多。"当 B 接受这一建议时，他将依据自己的需求状态决定购买 Q^*-Q_A 的安保服务，因为在 Q^* 点他所支付的价格正好等于他对安保服务的需求。此时，Q^* 为 A、B 共同决定购买的数量，B 为之付费 P_B，A 为之付费 P_A。价格 P_A 和 P_B 被称作公共物品的林达尔价格（Lindhl prices），它表示每个人都愿意支付他认为对他所值的那部分的价格。这种情况下，A 的消费者剩余是 afP_A，大于 abP_0；B 的消费者剩余为 ceP_B。问题是：B 也可以选择"搭便车"，当 B 选择"搭便车"时，B 的消费者剩余为 cdQ_AO。由于消费者剩余 deg 大于 gQ_AOP_B，故 B 在接受 A 的建议与 A 进行合作时其所得消费者剩余 ceP_B 大于"搭便车"时的消费者剩余 cdQ_AO。因此，B 会接受 A 的建议。

当 B 接受 A 的建议愿意购买 Q^*-Q_A 时，他们的共同利益是否最大化了呢？假定集体利益为每一个个人的消费者剩余的加总（采用功利主义方法，而非效用方法），在服务水平或服务量为 Q^* 时，集体的消费者剩余为 afP_A（A 的）和 ceP_B（B 的）面积之和。由于它们是公共物品，需求曲线被垂直加总，故集体消费者剩余在面积为 hiP_0 时达最大，它是 afP_A（A的）和 ceP_B（B的）的面积之和。该结果在服务量为 Q^* 时发生，因此，Q^* 是均衡解。

上述分析表明：两个人有可能商定一个公共物品的帕累托有效水平，从而不仅使个人私利最大化，也使集体利益最大化。值得注意的是，该结论成立有两个条件：一是每个人都不隐瞒偏好，或不采取“搭便车”，或其他策略行为；二是两人之间的协商成本为零。在存在协商成本时，即使 A、B 都不隐藏意愿或需求，协商成本也会降低 A、B 的安保需求量，因为用于购买安保的费用有一部分要用于支付协商成本。A、B 需求曲线和他们集体需求曲线的下移会减少 A、B 以及集体的消费者剩余。所以，卡拉布雷西（Calabresi，1968）坚持认为，如果交易费用高至足以排除自愿解时，谈判会因降低了效率而被放弃，也就根本不存在市场失灵。换言之，当考虑所有的行动成本时，放弃市场本身就是一种市场解决方式。这个认识是深刻的。对于社区物业管理服务而言，在业主之间的交易成本很高的情况下，除了市场方式以外，或许还有人们至今尚未认识的其他方式。史蒂文斯认为，卡拉布雷西的问题在于，他未曾考虑达成协议的其他方式，如投票、抛硬币和服从独裁者指令（史蒂文斯，1999）[133]。实际上，在二人世界里，如果二人没有达成协议，那么，该结果本身就已经排除了这些方式。即便投票、抛硬币或服从独裁者指令方式能够达成协议，但选择哪一种方式依然是一个集体选择问题。换言之，他们又如何达成选择这个决策方式的决策呢？经济学家似乎有一种倾向：当某个具体问题的选择出现困难时①，便建议采用另一种方式或手段来解决这个问题。但他们忽略了选择“另一种方式”所需要的成本以及选择这种方式本身或许也面临着同样的问题。

我们不妨考察一下 A、B、C 三人共同决定是否提供安保服务的问题。假定让每个人都同意某一具体的提供方案存在很高的协商成本，安保服务已经不能被提供。现假定有投票、抛硬币或采用服从独裁者指令三种决策方式供 A、B 和 C 选择以期达成安保服务的供给决策，那么，他们会如何选择呢？第一，无论他们如何选择或选择哪一种决策方式，选择的成本都会存在。这项选择的成本是否就一定小于先期的具体问题的选择成本，依然是一个问题。第二，当 A、B、C 三人在安保服务供给这一个问题上不能达成共识的情况下，我们又怎么能期望他们在决策方式的选择上一定能够达成共识呢？中国有一个典故叫“伯乐

① 通常将其原因归结为交易费用太高。

相马”。该典故告诉我们，想知道哪匹马是好马首先要寻得伯乐，因为伯乐会相马；同时感叹世间好马常有但伯乐不常有。是的，既然好马常有而伯乐不常有，为了识得好马而去寻找更加难寻的伯乐是否是成本更高的行为呢？况且伯乐相马的招数也是通过比赛以最终确认好马，那么，运用竞赛方式相马不是更直接，同时具有更低的识别成本？当然，我们可以通过法律法规来明确集体行动的决策方式，例如，由《物业管理条例》给出业主通过投票方式来统一业主的集体行动。然而，这种方式并不能有效地调动业主自愿参与的积极性。让业主按照这种决策方式积极主动地参与到业主的集体决策中来，似乎还有很长的路要走。在这条路上，制度如何适应参与者的需求尤其是他们需求的变化是一个难以解决，但又必须认真思考的问题。

9.2.2 私人提供公共物品的可能性

集体行动的逻辑意味着大集团的成员在匿名的隐身衣后面有强烈的“搭便车”倾向，人们不会自愿支持那些不用负担费用就可获取利益的活动，所以，只能由政府为公共事业提供经费（史蒂文斯，1999）[139]。然而，这种传统智慧并非总是正确。在以自利为前提的个人遇到了公共物品市场供给失灵时，许多人包括经济学家和社会学家都注意到了社会上普遍存在着私人提供公共物品的情形。

现实世界中每年有数十亿美元被捐赠给慈善机构、政治组织、宗教和文化团体，他们是那些没有选择“搭便车”的人（斯蒂文斯，1999）[139]。美国家庭平均每年捐赠 650 美元，约占家庭收入的 2%～3%（《美国新闻和世界报道》，1986 年 4 月 28 日）。1989 年的私人捐款达 964 亿美元，来自各种基金会、公司和去世者遗产捐赠为 183.72 亿美元，其中大约一半给了宗教团体，依次是社区活动（如 Unit Way）、医疗捐款、社会福利组织、国际性救济和援助、大学、医院、环境组织、图书馆和艺术团体（《高等教育编年史》，1990 年 6 月 13 日）。在现实生活中，确有许多人在支持公益集团。这些集团的目标是“集体利益，而它们的实现并不能给这些组织成员和活动家带来物质的和其他可选择的利益”（Berry，1989）。换言之，公共利益集团的目标是获得某些可能被别人“搭便车”的非排他性的公共物品，而不是私人物品。华盛顿特区的“绿色院外集团”有 500 多万成员和大约 8500 万美元的集体预算，从每个会员处收取的会费从 7.5～20 美元不等（Smith，1985）。史蒂文斯称其为克服集体行动问题的一个重要尝试（史蒂文斯，1999）[140]。

在意识到现实生活与集体行动逻辑之间存在距离的时候，经济学家试图通过实验考察人们是否“搭便车”或在多大程度上会“搭便车”。一篇被广泛引证的文章《只有经济学家才搭便车：舍此有谁?》(Marwell et al，1981) 其标题就使人联想到了结果。该作者通过 12 项精心设计的实验①对“搭便车”在公共物品供给中的主导性思想提出了质疑。实验结果表明：尽管有部分人“搭便车”，但大多数人仍会参与集体行动。有研究者通过对美国的非营利组织的考察，也发现人们并不总是在“搭便车”。美国的非营利组织在美国经济中具有举足轻重的作用。早在 1976 年，它们雇佣了全美全职劳动力的 20% (史蒂文斯，1999)[43-44]。维斯博德提醒说：“值得注意的是，在 16 世纪的英国，政府提供的民用物品或服务都非常不足。私人慈善机构 (自愿组织) 提供的资金用于范围广泛的集体利益，如学校、医院、免费道路、消防器材、公园、桥梁、堤坝、排水沟、排灌网、码头、港口清理、图书馆、关怀囚犯和救济穷人，简言之，用于今天我们认为属于政府职责的所有非军事物品。”(Weisbrod，1988) 汉斯曼 (Hansman，1986) 指出：“非营利组织倾向于生产具有合约失灵特征的某些服务，因为消费者在购买这些服务时愿意与非营利组织打交道。这种偏好……建立在某种信任的基础上，即非营利组织不会利用因合约失灵而出现的对消费者的优势。”史蒂文斯 (1999)[43-44]认为，对非营利组织的考察有助于理解非营利组织寻求和花费来自捐赠和成员货币的原因和方式。政府和捐赠人都可以支持非营利组织。一些人认为，政府的支出增加会导致挤出效应，即捐款人的捐款将随着政府支出的增加而下降 (Abrams et al，1978)。但 20 世纪 80 年代的实际结果表明，扩大对非营利组织的私人捐赠并不能弥补所减少的联邦支出和对慈善捐款的税收减免带来的损失。

为什么有人不“搭便车”(或会捐赠)? 按奥尔森的理性选择观点，人们提供公共物品是为了获得某种私人物品或选择性激励。“在不存在强制的情况下，提供诸如保险、团体旅游折扣和杂志这样的正向激励或私人产品是必要的。个人只有作为集体利益集团的成员，才能获得这些属于个人的、非集体性物品。”

---

① 在他们的实验中，每位参与者有 225 张代价券，既可用于私人投资，也可用于集体投资。在一项实验中，私人投资的收益为每张代价券获益 1 美分，即每个人有保障的总收益为 2.25 美元。在集体投资中，如果只有少数人参与，参与者获益将小于 2.25 美元，但如果大家都投资于集体，每张代价券获益 5 美分，个人总收益为 11.25 美元。结果是：40%～60%的代价券投资于集体。在另一项将个人投资收益提升至 3.25 美元的实验中，投资于集体的比例只有轻微的下降。

(Mitchell, 1979) 注意，这里可能存在的问题是：当私人的回报小于其捐赠时，私人是否还会捐赠？如果是，该观点依然没有解释人们为什么会无偿捐赠。如果不是，捐赠不存在，由捐赠提供公共物品的命题不成立。因此，理性选择理论实质上是在表明，只有捐赠的物质收益大于捐赠的金钱时，捐赠才会出现。这样，捐赠似乎是一种投资。不同的是，该投资并没有直接将私人资金转换成私人资产，而是通过捐赠将私人资金转换成了公共资产或公共物品，再通过公共资产或物品的运作获得了个人的物质收益。摩尔（Moe，1980）的研究表明，很多企业是为了得到会员服务才加入了利益集团，60%～70%的企业认为在利益集团中保持会员资格对政治后果具有影响。捐赠的第二种解释是存在利他主义行为。捐赠者的利他主义行为解释并不表明捐赠者在捐赠行为中完全没有收益，而是把收益转换成了非常规的形式。霍克曼（Hochhman）和罗杰斯（Rodgers）就认为，当富人自愿地将收入再分配给穷人时，富人会因为帮助了穷人而感到自己的境况改善。这个改善显然不是金钱的增加，而是另一种形式的收益增长。在富人看来，这种形式的收益或许要大于其捐赠的金钱。相对于第一种解释，第二种解释的说服力要强一些。事实上，许多人会相信自己的捐赠是有意义的。

对集体行动的“理性选择”解释和“利他主义行为”解释，并不像人们通常所认为的那样，属两种完全对立的解释。实际上，它们都使用了收益/成本比较法，只不过收益（成本）的含量（义）不同。理性解释者使用了可计量的物质或金钱作为收益衡量指标，而在利他主义者的收益矩阵中，虽然没有可供计量的物质或金钱收益，取而代之的却是诸如自我感觉之类的主观衡量指标，如心灵安慰、成就感、荣誉等。由于大多数经济学家不善于处理这类收益，他们更多地支持理性选择观点。在“理性选择”未能有效解释集体行动的现实存在时，其他的解释有必要进入被考察的视野。或许正是那些难以计量的感知，对集体行动有至关重要作用。

9.2.3 制度对集体物品供给的激励

“囚徒困境”实质上是一种制度困境，是一种特定的制度安排所导致的个人选择困境以及个人利益与集体利益相冲突的境况。就“囚徒困境”而言，如果允许两囚犯交流、协商，困境就不一定存在。现有的实验研究和慈善行动的结果已经表明，自愿行动会提供一些公共物品，只是提供的数量与有效率的数量不符而已。在这种情况下，制度对结果的改善是可以期待的。

(1) 公平分摊和货币返还制度

道斯（Dawes，1986）通过实验对比了公平分摊和货币返还两种制度①对集体物品供给的影响。结果表明，在公平分摊情况下的捐款人明显要多于货币返还保证下的捐款人数，前者为77%，后者仅为43%。一般认为，货币返还制度使人感到他人在返回货币的保证下或许会倾向于捐款从而增加了自己“搭便车”的激励，而公平分摊制度则从相反的方向减少了其他人不捐款的可能性。实际上，在公平分摊制度下，已经排除了“搭便车”的可能。当捐款收益存在时，每一个享有收益者都必须支付相同的金额，无论已经支付还是没有支付。人们意识到，在集体收益为正时，没有人能够“搭便车”。同时意识到，在捐款没有收益时，捐款不能返回，故存在捐款风险。公平分摊制度中没有设置风险防范机制，但它允许捐款人可以通过延迟捐款方式而自行规避风险。于是，23%的受试者选择了风险规避。在货币返还制度下，没有不许“搭便车”的规定，但存在风险防范机制。当存在集体收益时，每一个集体成员无论是否付费都可以均享收益，因此，人们具有“搭便车”的激励。当不存在集体收益时，捐款者可拿回其捐款，捐款风险为零。货币返还制度的实验结果似乎表明，相对于投资风险而言，人们更看重公平以及是否存在“搭便车”机会。在实验中，大多数人（57%）通过不参与来抵制货币返还制度下可能出现的收益分配不公。②另一方面，公平分摊制度是一种强制性制度，货币返回制度更多地体现了参与者的自愿。这两项制度实验给出了如下启示：对具有集体正收益的集体行动而言，制度强制是必要的，它在更大程度上体现了公平，有效抑制了“搭便车”行为；而意在规避参与者风险的制度则有可能给出“搭便车”机会，从而导致集体行动力量的缺乏。

(2) 俱乐部制度

布坎南认为，对于市场不能有效提供的介于私人物品和纯粹公共物品之间的物品（故称俱乐部物品）可通过组建各种各样的俱乐部来提供。不同的俱乐

---

① 公平分摊制度：如果受试者没有对集体有利的结果作出贡献，他将被摊派一定的金额（不许“搭便车”）。货币返回制度：集体结果未出现时，返还受试者的货币（可规避风险）。

② 在此可用收益与成本的比率（收益/成本）来反映收益分配的公平性。公平意味着每个人具有相同的收益与成本的比率。

部可提供不同的产品，同一俱乐部也可提供几种产品。俱乐部有三个特征：第一，只有想得到这种物品并愿为之付费的人才能加入俱乐部，并且它能以相当低的成本排斥他人。第二，非纯粹公共物品存在拥挤现象，仅有有限的会员有加入某一俱乐部的激励。第三，当会员人数超过有效的成员规模时，形成新的俱乐部是有效率的。第三特征是第二特征的必然结果。因为拥挤现象限制了参与者的人数，更多的参与者只能加入另外的俱乐部。如果没有人数的限制，拥挤会降低参与者的收益，从而减少加入俱乐部的激励。最大化个人效用是个人加入俱乐部的激励。图 9-2 给出了有效的俱乐部的规模。

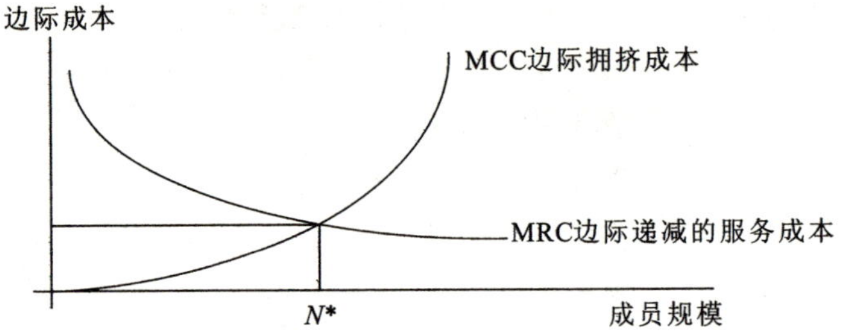

图 9-2　有效的俱乐部规模

图 9-2 表明，有效的俱乐部规模 N^* 是下降的边际服务成本与上升的边际拥挤成本相等时的会员人数。这里，假定了每一个会员都是相似的，他们对拥挤成本有相同的主观评价，并都会将 N^* 视为有效的俱乐部规模。当然，有效的俱乐部规模还受到服务水平的影响。当服务水平增加或可用资源量增大时，有效的俱乐部规模会随之增大。但它最终还会反映在拥挤成本上。当服务水平提高时，拥挤成本会降低。布坎南同时揭示了最优会员规模和服务水平的机制。在史蒂文斯（1999）[159]看来，现在的问题是，俱乐部是否令社会满意？俱乐部的定价政策对促进效率是否是必要的？一个私人的保安公司，不仅为会员提供了安全防卫，也降低了对非会员的危害，从而补充了公共执法机构的努力。但也有可能因会员得到了更好的保护而将犯罪转移给非会员。

俱乐部生产什么、如何生产或许并不总是公平、正义和平等的。这意味着俱乐部运作过程中或许存在着公平、正义和平等问题。就取得会员资格而言，存在积极和消极两种方式。积极方式表现为希望与他人交往，消极方式则表现为希望排斥某些人的加入，即不希望与某些人交往。积极与消极的区分似乎在于个人的态度。人们态度是什么或人们希望得到什么取决于人们对公平的看法。取得会员资格或许有益健康、或者有明显优越感，它取决于一个人的价值观。俱乐部物品的定价也是一项既涉及公平又涉及效率的问题。如果不仅要确保会员的效率，也要确保他人的效率，有效俱乐部定价政策（定价政策、产出政策和关于会员资格政策）就必须满足三个条件（Sandler et al，1980)。一是“供给”条件，需要提供的劳动和资本，直到会员从减少的拥挤成本中所获得的边际收益总和等于供给的边际成本时达到均衡。二是“费用”和“使用”条件，一个有效率的服务费用，将使会员由使用得到的边际收益等于强加给其他会员的拥挤成本。一辆消防车正在执行任务，他人便无法使用，因而应对任何消防要求征收服务费。有效俱乐部定价政策的第三个条件是“会员资格条件”，在从新会员获得的新收益（他人成本的减少）等于他使用服务而强加其他会员的拥挤成本之前，都应该增加新会员。

复杂一些的思考是，如果会员有不同的偏好和收入，受保护的财产在数量和价值上就会有区别。有些会员就会比其他会员有更高的使用率。在使用相同消防资源支付相同费用情况下，会员之间的会员资格成本（相对于其使用量）就会不同，这决定于会员的特征。因此，有异质会员的俱乐部很可能采用两套定价方案（史蒂文斯，1999)[160]。如果会员异质性的表现不是简单的 A、B 二分法，而是分布于 A→B 上，那么定价方案会不会有更多种呢？在定价方案随着异质性的变化而变化时，意味着不同特征的会员对同一种服务有不同的价格。假定 R_i 为反映异质性会员的异质特征的指标，则成员 i 的价格方程为：

$$P_i = KR_i \tag{9-5}$$

式（9-5）中 P 为同一种服务出售给异质性会员的价格。K 为以 C 为依据的定价系数。$K=C/R$，C 为提供服务的总成本，而 R 为每一个会员一致性指标 R_i 之和，即：

$$R = \sum R_i \tag{9-6}$$

如果能够清晰而准确地确立每一个会员在异质性系列中的位置，依据式(9-5）和式（9-6）可以确立每个会员对同一服务的不同出价。问题可能出在反映需求特征的指标（或异质性指标）的计量上。当财产作为反映会员的消防使用率指标时，指标虽是唯一的，但确立并不容易。如果会员有意隐藏其财产，要认清此财产的真实数量便是困难的。在双方就财产量有分歧时，会员不会轻易接受一个相对较高的价格。当服务的偏好是属于心理或精神方面的感受时，异质性的计量更为困难。

在一个住宅小区里，物业服务包括安保服务、环境服务、房屋维修服务等，不同的服务对应着不同的业主特征，统一定价肯定不合适，进行分类定价或许更为必要。在蒂布特（Tiebout，1956）看来，人们会根据对不同社区所提供的公共服务的偏好，“用脚投票”选择他们的社区。由于存在许多社区，相应存在有不同公共服务构成的公共服务束。其中每束公共服务按某一“税率”出售，该税率反映了生产的成本和使用者人数（见人数分摊费用）。流动的消费者能够根据自己的偏好、生产成本和人口规模，在公共服务束（社区）之间进行选择。社区本身就是俱乐部，消费者的进入和退出不受强制，社区之间的竞争使服务和它的使用者以最低成本相匹配。该模型称为蒂布特模型。保守主义经济学家喜欢这个模型，因为它减少了对政府强制的需要。具有相同志趣的人被吸引到相同的社区，而不必强制他们对自己不喜欢的服务纳税。

尽管公共服务对人们有重要性，但在影响人们迁移的决策方面，模型的实际重要性并不清楚（Zodrow，1983）。许多经济学家认为，该模型的假定过于苛刻，尤其是独立于居住地区的收入支持家庭消费的假定（实际上，居住地区的经济收入不同，家庭消费也不同，迁移受到地区经济不同的限制）。如果人们迁移只是为了更高质量的公共服务，那么他们的收入会大大下降。当然，也有人愿意接受收入的下降，把它作为支付诸如户外休闲和风景区这类环境产品的价格（Stevens，1980）。美国在70年代出现了大量从城市到农村的迁移（之后又恢复了从农村到城市的常规模式），因此，也有大量迹象表明模型在起作用（Brown et al，1980）。消费者的自愿迁移或社区提供各种公共服务，都不可能完全消除政府的强制性征税和支出。只要一个人不想要人行道，但又拒绝迁入没有人行道的小镇时，我们就面临通过集体选择实施强制的可能。

9.2.4 强制与集体行动

尽管个人的自愿行动提供了解决集体行动问题的可能性，但政府的强制更有现实性。因为政府的本性就是运用强制并有能力使消费和生产模式偏离效用最大化的个人或利润最大化的企业所偏好的模式（史蒂文斯，1999）[166]。然而，人们接受政府强制的意愿在很大程度上影响着政府强制或政策的效果，因此，一项有效的政策必须充分反映公众的意愿。

几个世纪以来的道德哲学家一直在寻求为了集体利益而抑制个人私利而无

需牺牲个人自由和尊严的途径。卢梭认为：“问题是找到一种团体形式，它会以整体的共同力量，维护和保护每一个成员的人身和财产；并在团体内，每个人在他自己和他人联合的同时，仍然可以依从他自己，从而保证了如同过去一样的自由。”（卢梭，2003）卢梭解决问题的理想方式是通过一个普遍接受的社会契约以界定国家和公民的权利和责任，从而协调国家与公民之间的关系。

由于公民需求存在差异，希望所有公民对同一份契约有同一的接受程度是不现实的，甚至不排除有人反对契约内容的实施。也就是说，对所有公民而言，他们可能不会一致同意同一份契约。如何协调全体公民或集体成员的意愿，便成了政策实施或政府强制的一个前置性问题。在民主体制下，投票作为集体决策或社会决策的方法①，为直接的政府强制行为提供了民主化手段。

运用投票方法，必须首先制定并认同投票规则，包括选票或投票权的分配规则和投票决定规则。不同的投票规则对集体决策结果会产生不同的影响，进而影响参与者的权益或财富分布。一致同意规则保证了效率上的帕累托改善，但现实中的很多情况下很难达到。任何低于一致同意的规则都不同程度地未能考虑某个、某些或更多个人的损失而只关注集体行动的总体结果，于是，必然出现有人或者会蒙受损失或比其他人得到了更少的利益。卡尔多-希克斯补偿检验（即当获益者在补偿受损者的损失后仍有所获）准则，为投票规则的强制提供了效率依据。但是，任何非一致同意的投票决定规则是否公平，似乎是一个更为复杂的问题。

布坎南和图洛克在《同意的计算》中认为，人们之所以接受强制是基于其对决策成本和政治外部性成本②的考量后自愿的结果。不同议题的决策成本和政治外部性成本的分布有可能不同，换言之，不同的人在不同的议题下有可能承担不同的成本。按布坎南的模型，一个人可能喜欢在不同情形下使用不同的

---

① 社会决策还有另两种方法：一是独裁；二是传统。在独裁决策过程中，只用单个人或小团体的意见就可以作出集体的决策。在传统决策过程中，人们依据传统规则如宗教法规等进行决策。这两种方法在某种意义上与民主决策截然相反。单个人的统治是自由管理的一种极端情形，而神圣法规统治则是法律统治的极端情形（阿罗，2000，《社会选择：个性与多准则》，首都经济贸易大学出版社，第 11 页）。

② 它是与布坎南描绘的“政治过程将成本强加于不被代表的个人”相一致的概念，正如不完全竞争市场强加于非垄断者的成本。比如说，你没有加入公共保卫决策集团，保安人员就可能较少地在你住宅周边巡逻，你或许会承担更大的盗窃损失。更大的盗窃损失和不成立集团时的盗窃损失之差为政治外部性成本。即政治外部性成本＝更大的盗窃损失－不成立集团时的盗窃损失。

投票规则，而具体用哪一种投票规则要取决于个人的成本评价。布坎南和图洛克的模型有五个方面的含义：①对自利者而言，如果面对很高的决策成本，他会倾向于由少数人决策；而面对政治外部性成本时，他会倾向于一致同意规则；②一致同意作为一般的决策规则可能是非常昂贵的；③集团的性质可能影响总成本和最有效率的决策规则，相互信任的人们会同意由小集团做决策，而相互不信任的人则宁愿选择一致同意规则；④过半数决策规则并不必然是有效的决策规则[①]；⑤个人对强制的自愿接受可运用于俱乐部和政府。事实上，一些经济学家坚持俱乐部和政府并非完全相互对立，政府基本上是以地域界定其成员的俱乐部。无论在俱乐部里还是在政府体制中，个人出于私利可以将某些决策委托他人。

9.3 业主特征、经济计量与业主集体行动

9.3.1 业主特征和业主的经济计量

有学者认为，集体行动的结构性问题——信息不对称、机会主义、“搭便车”和寻租——在 HOAs（业主协会）内和公共治理中一样，是固有的。当开发商、物业公司和政府都希望成立业主大会和业主委员会时，较低的业主委员会成立比率或许说明业主群体自身组建业主组织的意愿不强或在组建时面临某些阻力。对业主而言，是否会“搭便车”呢？分析并解释业主参与意愿不强的原因，将有利于验证甚或完善已有的集体行动逻辑，也可能给出一些新的集体行动的逻辑。

在中文字典里，与外来词“搭便车”相近的一个单词是“占便宜”。我们知道，在中国文化里，“占便宜”是一种“小人”行为。社会各阶层包括普通老百姓都不愿意被他人认为是一个爱“占便宜”的人。即便在乞丐群体里，也没有哪一个乞丐愿意其他乞丐说他爱“占便宜”。因此，属于同一个住宅小区的业主，要是因为“占便宜”而不付物业服务费，势必会遭遇其他业主的讥笑，其个人也会觉得“掉架子”“失面子”。也就是说，在中国社会里，明显的“搭便

---

① 关键要看能否通过卡尔多-希克斯补偿检验。如果过半数规则导致的净收益小于净损失，其结果显然无效率。

车”或者“占便宜”行为，要承担很高的社会信誉成本。虽然文化是一种看不见、摸不着的东西，但它具有深入骨髓、潜入神经细胞进而控制个人思维和行动的强大力量。自利的个人即便有“占便宜”的想法，他也不能让他人看出他有这种想法，更不愿意让人认为他因此而行动。即便采取了“占便宜”行为，他也会给出其他的解释，或其他的行动理由。在同一种情势下，不同文化环境中人会作出不同的选择。要理解并解释业主的选择，有必要先分析他们的特征。

1. 业主特征

在分散化的集体行动中，业主个人的参与意愿是业主是否行动的一项重要因素。而个人参与行动的预期收益对个人参与意愿有重要影响。在业主成长过程中相关因素所型塑的业主特征，直接影响着业主个人对预期收益的判断。

1) 计划经济、市场经济与业主特征

我们不妨假定当前业主的年龄处于 18～100 岁之间。以改革开放的起始点 1980 年为界，新中国历经了计划经济和市场经济两个不同的发展阶段。30 岁以上的业主经历了计划经济和市场经济两个阶段，而 40 岁以上的中老年业主大多会记得计划经济时期的生活方式和生活状态，只有 30 岁以下的业主是在改革开放的市场环境中成长。

对大多数历经计划经济的人来说，他们非常熟悉集体行动。在计划经济时期，从城市的单位（街道、工厂、大学等）到农村的生产队，每个人都有一个明确的集体归属，每一个人都是集体中人，每一个人都必须参与集体行动，并且接受集体中其他人尤其是领导人对自己或明或暗的监管。计划经济的行动方式普遍采用了集体行动方式，人们只有通过参与集体行动才能得到必要的生活保障和相应的社会地位。参与集体行动是计划经济时期人们的不二选择。在那样的环境里，大多数集体中人，尽管付出了努力，但并没有得到期望的回报。大多数城市居民仍居住在拥挤的房间里，大多数农民仍生活在缺衣少粮的境况中。在经历了计划经济的中老年人的潜意识里，已经将“集体行动”与“物资匮乏”连在了一起。经济体制改革以后，人们亲身感受了改革的实惠：经济环境宽松了，物资丰富了，住房条件改善了。社会主义市场经济体制受到了大众的认同和欢迎。在这个时候，如果再让大家去接受或参与某种集体行动，即便是一种有益于大家的集体行动，他们的忧虑、迟疑是不可避免的，也是可以理解的。尤其是在他们通过市场方式购置了在计划经济时期梦寐以求的、现今属于自己的住房的时候，让他们再回到一个集体里接受集体的约定与安排，或许会有一种似曾相识的“大集体”感觉。与西方学者对东亚民众集体主义的高度评价（Littlewood，1999）相背离，中国内地的这批业主对集体主义有一种莫名的恐惧，但他们不会表现出强烈的反对，因为集体的力量曾经太强、太大。强烈的反对已在过去导致太多的不幸。他们会采取静观、拖延、应付或随大流的策略，应对新时期的集体行动。

在市场环境中成长的新生代业主，虽然没有亲身经历计划经济时代的集体行动，也没有体验其后果，但他们具有西方学者所认识到的典型的个人自由主义倾向，同时又缺乏市场经济体制下所必需的道德教育和道德自律。在自由理念的引导下，新生代业主会在集体行动上出现选择分化。有些人完全不愿参与集体行动，并认为这是他个人的权利；而有些人特愿意参加集体行动，尤其是组织集体行动，不仅认为这是他个人的权利，并认为这是他个人的社会责任。有些人不仅乐于为自己争取相关物业权利，也乐于为业主集体争取权利，但有些人完全不在意这些现实中的权利，他们或许更喜欢在网络或游戏的虚拟世界里生活。

2）单位人与业主特征

作为一个业主，大多是一个单位人。无论是单位的领导，还是一名普通的员工，单位和单位间的科层管理体制和单位内部无休止的目标考核机制对他们的心理、思维和行为方式都产生直接影响。在单位系统里，下级单位必须服从上级单位，作为下级的个人必须服从上级领导。每一个单位人都有自己的上级或管理机构，每一个人都要无条件地服从他的上级或管理机构，并接受他们的考核。久而久之，下级，实际上是几乎每一个单位人，都形成了服从的习惯，但这种习惯并不是他们内心之所愿，大多数单位人在内心深处想成为一个能控制他人的“上级”。当单位人离开工作场所回到自家住所时，单位中工作关系上的下级再也不愿成为生活中的下级，而单位中的上级更不愿成为生活中的下级。于是，在业主集体里，如果再有上下级的区别，或一些人要接受另一些人的管理，那么，大多数业主会选择退出这个集体或这个组织。作为业主集体的组织，如何才能成为一个没有上下级区分的完全自由平等的组织呢？显然，这需要一系列的协商、谈判和相应的制度安排。然而，协商也好，谈判也好，制度安排也好，都是需要时间、精力甚或经费投入。单位人在繁重的工作之余，还愿意为此支付时间、精力和费用吗？在单位领导没有要求员工扮好业主角色时，作为员工的业主会根据自己真实的心理倾向、偏好自主选择是否参与业主集体活动。如果认为业主集体内部有可能出现上下级关系，而改变这种格局又必须投入个人的时间、精力甚至经费时，大多数业主会选择不参与业主集体行动。

3) 信任、自信与业主特征

无论是单位人还是业主，相互的信任有可能改变他们在单位或业主集体中人与人之间的关系。如果下级（一个人）对上级（另一个人）有充分的信任，无论上级（另一个人）下达何种指令，下级（这个人）都会自愿地、出于内心地服从，而无需其他的制裁机制或激励措施。在这样的环境里，下级对上级的服从是下级主动的自觉性行为，而上级对下级的考核几乎不存在。大多数的考核生发于不信任的环境之中。

如果业主之间相互信任，邻里关系和睦，业主集体的形成是一种自然而然的事。这个集体的成员不仅会为集体的利益而努力，也会为每一个集体内业主个人的利益而努力。集体里每一个人的行为都会照顾到集体中他人的利益，从而加深彼此间的互信。信任是一个不断延续的过程，也是一个有可能被中断的过程。信任的基础是对对方行为结果的预期。当一个人意识到他人的行为只会有益于自己，而不会对自己构成威胁（利益、身心等方面）时，这个人便对他人产生了信任。面对一个陌生人，除了观察他的言谈举止和外貌衣着之外，你不会知道他过去的真实行为和结果。因此，信任一个陌生人，并不是一件容易的事情。许多被骗的案例说明，真正的信任需要时间，甚至是很长的时间。时间能让一个人有所行为或有所表现，从而能使他人观测到他的行为结果。一个单位人在工作过程中可能认识许多人，包括他的上下级、业务往来者和其他人等，而对他们的信任程度则取决于相互间的交往（或交易）次数和对每一次交往结果的具体感知程度。当每一次交往结果都令其中的一方满意时，则满意方对另一方的信任程度会随着交往次数的增多而不断提高。当每一次交往结果都令交往中的双方满意时，则双方的互信程度会随着交往次数的增多而不断提高。

在新建的小区里，大多数的业主是相互陌生的，业主间的交往也相当少。因此，在业主集体里产生信任或互信就需要一个更长的时间。换言之，在较短的时间里，业主之间是难以产生信任或互信的。在信任缺乏的环境中，欲在较短的时间里形成有效的业主集体行动是困难的。个人的自信或许在一定程度上影响着相互间的信任。长期的服从心态抹杀了许多人固有的自信。个人自信心的缺失妨碍了个人对集体行动的参与，同时也加剧了对他人的不信任。当一些上了年纪的业主将这类因自信缺失所引起的集体行动不参与行为理解为一种成熟或一种必要的圆滑时，下一代业主的集体行动会受到消极影响。互信与自信缺失的交互作用，加剧了集体行动的困难。

建立邻里之间的信任看似容易，实际上可能很难。当一个家庭的成员分别对另一个家庭的成员给出自己的信任度评价时，不一定会有相同的结果。一个家庭中的几位成员有可能会得到另一个家庭中的某一位成员的不同的信任评价，一个家庭中的几位成员也可能给另一个家庭中的某一位成员以不同的信任评价。尽管我们尚不知道家庭成员间不同意见的相互影响机制和影响程度如何，但可以肯定的是，同一个家庭中不同成员的观点往往会相互影响。当一个家庭的成员分别对另一个家庭的某成员持信任、不信任和一般三种观点时，是否信任另一个家庭便是一个问题。因此，信任在邻里之间似乎也难以被建立起来。

当然，信任具有相互性。有人天生或其经历就让他养成了猜疑或不信任的习惯。即便求人帮忙办事，也不由自主地会隐藏一些没必要隐藏的信息。对他人隐藏信息就是一种对他人的不信任。当一个人感到另一个人对他隐藏信息时，他也不会对另一个人产生信任。只有当一个人敞开胸怀、相信他人的时候，他得到他人信任的时间才不远了。遗憾的是，这样一件看似简单的事，却很少有人率先去做。也许经历过一段“信任被利用”的历史，在那段时间里，信任得到的回报更多的是背信。因此，通过信任而自发参与集体行动还需要时间。

4）地位、职业与业主特征

中国社会是一个“有事找熟人”的社会。在这样的环境中，人们应该乐于参与集体活动，因为集体活动为他们认识更多的人提供了机会。然而，这只是一个方面。对那些在社会上没有太多社会关系、“面子不大”并且经常有事要找人的人，或许会如此。而那些当权者则不屑参与一些普通人的集体活动。业主集体活动属于普通人的集体活动，不会给那些当权者带来他们认为值得参与的价值；相反，在集体活动中认识了一些可能找他们办事的人，这些人有可能给他的工作带来麻烦。我们调查的已成立的业主委员会里，其成员的职业大多为自由职业者或一般单位的工作人员，而很少见当权者。在自由职业者中，个体经营者和私人企业负责人占很大比重。与富有的人比贫穷的人给出了更低的“收入比”用于施舍（Sugden，1984；Bergstrom et al，1986；Andreoni，1988，1989，1990）类似，有权的人比没权的人参与了更少的社区集体事务。由于有更多金钱和自由时间的人有更低的机会成本，个体经营者和私人企业负责人之类的“忙人”更有可能参加一项新活动（Oliver，1984），政府官员参与业主集体活动的机会成本或许很高。

5）互敬互谅、礼尚往来与业主特征

在西方学者看来，利己是人的天性，个人依据自身利益决定是否行动。而中国的传统观点则认为，利己是不体面的行为，损人利己是可耻的行为，损人不利己纯粹就是捣乱行为，个人依据习俗而行动。在尊重个人私利的氛围里，西方把竞争作为一种协调利益关系的公平手段。而中国传统则强调个人在集体行动中的互敬互谅和礼尚往来，“你敬我一尺，我敬你一丈”。在人际交往过程中，人们一直沿用着这个传统。即便在偏僻的乡村，当他人送来10元的探病礼金以后，在他人生病时应回礼金数不能少于10元，一般是15～20元。在他人礼金或礼品价值之上加一些作为回礼是礼尚往来的通常做法，也算一种习俗。在人际交往过程中，即使在言语或态度方面，也普遍存在着“礼尚往来”。当一个人面带微笑地向他人表示尊重的时候，大多会得到友善的回应。文化传统之所以对中国人的思维和行动有更多、更深的影响，同中国悠久的历史和不断的实践有关系。人的本能或许是自利的，但长久的经验通过传统或风俗的方式告诉后来者：完全脱离了他人的、自利的个人也是无法生存的。因此，中国的业主有可能在传统的感召下自愿参与集体行动。

6）相对效用与业主特征

自利即便是一种客观存在的人类特征，实现自利目的的手段也不一定是个人完全独立的形式，合作是另一种手段。真正的问题是，个人不仅仅是自利的，而且有可能更看重人与人之间的相对效用。这种相对效用是比较的结果，也是信息传输的结果。在一个封闭的世界里，相对效用并不存在。而在一个相互交往的、信息畅通的世界里，个人的所得尤其是相对所得对一个人的社会地位和声誉的影响至关重要。人们更多地追求一种相对收益，对那些因自身能力或其他因素而无法获取较高相对收益的人来说，不希望他人获得更高的收益便成为他们的行动目标，他们往往乐于甚或怀念那种绝对收入水平很低，但相对收入差别很小的生活，也可把这理解为对平等的需求。这种需求使得他们更乐于参与相对公平或平等的集体行动。

2. 业主的经济计量、“搭便车”及其他

除了业主特征影响着业主的集体行动以外，业主对集体行动的经济计量或评价结果将决定他是否会参与集体行动。不妨用一个简单的例子来考察业主对集体行动的经济计量过程。

假定某大厦由 n 个拥有相同单元的业主所共有，现决定是否要通过集体行动来整修大厦的大堂。大堂的整修总成本为 C_x，每个业主都预期整修大堂将提升其物业价值，其值为 MV。现假定 $C_x > MV$，且 $C_x < nMV$。在 $C_x > MV$ 的情况下，显然没有一个理性的业主将愿意由其个人承担全部费用去实施共有大堂的整修。如果每一个业主都愿意为整修均摊费用，则每个业主承担的费用为 C_x/n。由于 $MV > C_x/n$，在每一个业主都均摊整修费用的情况下，每一个业主会获得正的净收益，即 $MV-(C_x/n)>0$。

问题是：每一个业主是否都愿意参与整修大堂？对业主 i 而言，如果其他业主愿意出资整修大堂，他也能获益，其净收益为 MV，且 $MV > MV-(C_x/n)$。即在其他业主承担整修费用时，业主 i 选择不参与会获得更高的净收益。之所以出现这个结果，原因在于大堂整修具有公共物品属性。其一是非排他性。大厦的 n 个业主中都能从大堂整修中受益，而不能排除其中的任一人，包括那个不付费的 i。其二是非穷尽性。每一个业主的受益不依赖于有多少业主分摊了整修费用，即便一个业主承担了全部费用，其他 $n-1$ 个业主也能和该业主一样受益。业主 i 为了更高的净收益选择不参与，业主 j 也可能选择不参与以获得更高的净收益。在所有业主都这样行为的时候，整修大堂的工作也就搁浅了，每个业主的净收益为零。面对非排他性和非穷尽性的物品，个人经济计量的结果是选择“搭便车”，而选择“搭便车”的结果有可能增加其净收益（在有其他人愿意支付费用时），但也有可能使其净收益为零（也没有其他任何人愿意支付费用）。

什么情况下其他人愿意支付费用呢？从经济角度看，可能存在这样一种人：只要他的净收益大于零，他都愿意投入，而不管其他人是否从中得到好处。对这种人来说，愿意支付费用的条件为：

$$MV > C_x/m \tag{9-7}$$

式（9-7）中 m 为愿意支付的业主数，或不愿意“搭便车”的业主数，$0<m<n$。

由于“搭便车”并不是所有人的所想、所为，不愿意“搭便车”者确有可能形成一个付费集体。当 m 达一定数量时，式（9-7）成立，出现 m 个业主为共有物品付费、$n-m$ 个业主“搭便车”的局面。

当然，如果存在 k 个不计个人经济得失的、利他的业主，他们也会在其他业主不支付的情况下进行支付。这时，即便存在 $MV < C_x/k$，大堂整修工程也可以实施。

当然，允许或确有“搭便车”现象的存在是非强制参与的结果。在不存在任何合约、法律或其他制度安排对所有业主都必须参与的强制要求时，每一个业主是否参与就完全属于他个人的自由选择。如果业主是合作组织的成员，作为一个组织，它会要求所有业主都支付 C_x/n。如果业主集体通过投票程序决定是否实施这个项目，从理论上讲，当 $MV<C_x<nMV$ 时，应该出现一致同意的投票结果。但由于没有强制性参与的假定，当有人希望在他人支付上“搭便车”时，让所有人参与是困难的，极端的结果是没有任何共享性工作可以实施。公共物品的非排他性和非穷尽性，意味着任何自愿的公共利益的供给行动注定将以失败而告终。

9.3.2 业主集体行动的规模经济与决策成本

具体的管理实践结果似乎已经暗含了购房时的规模经济与后期管理成本的规模不经济之间有必然联系。有学者（Guo，1999）通过对台湾地区物业调查结果分析，认为业主协会的成立比例与社区规模有关联。社区规模越大，业主协会成立的比例越低。在 1996—1998 年，小型社区（不到 100 个单元的社区）业主协会的形成率在 64%～72%，中型社区（101—200 单元的社区）的形成率在 19%～24%，大型社区（超过 201 个住宅单元的社区）的形成率在8%～12%。通过对香港地区的调查研究发现，居民集体决定行动的成功率与居民人数成反比，更大私人社区的业主会更加不愿意形成自己的私人社团以取代开发商的管理委员会（Chin，2002；Lai et al，2004）。

当我们将业主集体内个人间的交易成本作为业主集体组织能否形成的一个重要影响因素时，上述研究结果实际上表明了交易成本与居住区规模之间的关系，即居住区规模越大，业主间达成一致意见的交易成本越高，业主集体实施物业管理的管理成本越高，业主集体行动的难度也就越大。

为了说明业主个人的经济计量模型，大堂整修的例子中已经暗含了业主间交易成本为零的假定。实际上，共同拥有部分物业的业主间的联系、协商、谈判、沟通乃至获得信任都需要成本。德姆塞茨（Demsetz，1967）从协商成本角度比较了财产的个人拥有与共同拥有方式之间的优劣。他认为，随着拥有者人数的增多，财产使用的协商成本将增加，从而出现不经济，其结果将导致共有财产向私人所有形式的转变。然而，德姆塞茨也注意到了问题的另一方面，在存在规模经济情形下，许多私人所有者又会渴望形成一个股份公司。在公司形成以后，如果每个所有者都参与公司必须做出的每一项决策，那么，公司在经营中的规模经济又很快被很高的（内部）谈判成本所压倒。通过对规模经济与协商成本对立关系的描述，德姆塞茨揭示了个人与集体之间可能存在着冲突。

如果说住宅小区的购房者在购房时得到了规模经济的好处，那么，在后期共同管理决策成本上的增加是否是一种必然呢？当然，这个问题已超出了本书的讨论范围。然而，寻求一些方法降低后期的共同决策成本，无论是对后期业主共同管理效率的提高还是维系前期已有规模经济都是有益的。图 9-3 描述了集体行动的规模经济、决策成本与参与决策人数之间的关系。

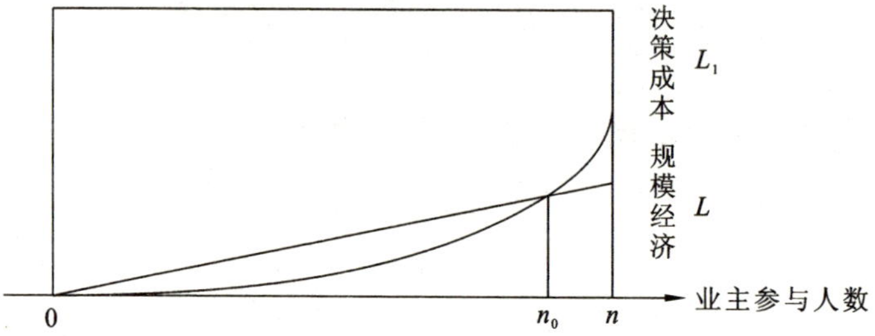

图 9-3　规模经济、决策成本与决策人数关系曲线

在图 9-3 中，规模经济与参与决策人数的关系用直线 L 表示，决策成本与参与决策人数之间的关系用曲线 L_1 表示。由图 9-3 可见：

1）在参与集体决策的人数为 n_0 时，L 与 L_1 相交于 Q_0，即规模经济等于决策成本，$L(n_0)=L_1(n_0)$。

2）当参与决策人数大丁 n_0 时，决策成本将大于规模经济。

3）只有当参与决策的人数少于 n_0 时，规模经济才有正收益。

在物业构成决定了购房必须是一个集体行动时①，利益最大化的途径便是尽量减少业主的决策成本。当决策成本与参与人数之间的关系如图 9-3 所示时，减少决策成本的最简单的办法便是减少参与决策的人数。最极端的一种状态是 n 个业主共同享有了规模经济，但仅由 1 人为这个集体做决策。此时，规模经济达最大，而决策成本最小，两者之差或称净收益达最大。与之对应的另一个极端是：n 个业主共同享有规模经济，但 n 个人都为这个集体做决策。此时交易成本达到最大，净收益最小。当规模经济一定时，净收益 L_2（指规模经济与决策成本之差）随参与决策人数的增加而不断减少，见图 9-4。

① 这里的集体购房行动并不意味着个人先形成购房集体而后再购房，而是指尽管每一个购房者单独实施了购房行动，但房屋的整体构成使所有独立的购房者成为一个事实上的集体，这个集体包括集体中的每一个人享受了规模经济。

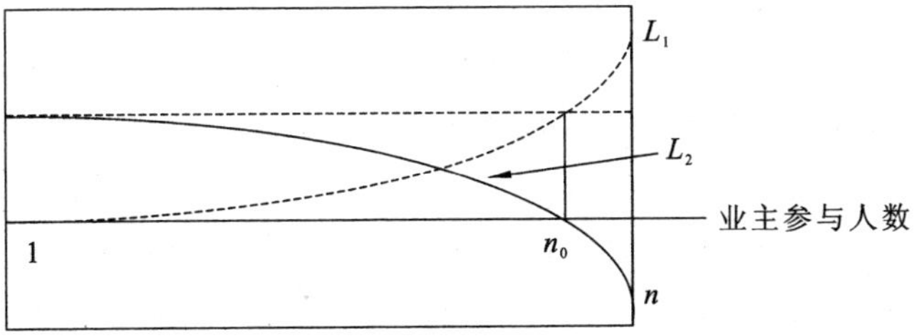

图 9-4　净收益与业主参与决策人数关系曲线图

由于"1 人的决策机制"是独裁机制或绝对信任机制，一些显见的独裁机制的弊端和绝对信任的稀缺，使得人们在大多情况下不得不放弃对它的运用。权衡之下，人们会考虑由一个小的管理团体（其人数大于1，小于 n）代表全体参与者（或所有者）n 对大多数议题做决定，从而降低集体的决策成本(Demsetz，1967)。在业主集体决策过程中，业主委员会可以看作是这样一个团体。在规模不等的小区里，业主委员会成员数虽有差别，但一般在 5～17 人(取单数)，具体人数由业主大会筹备组根据物业管理区域的实际情况确定。

值得注意的是，由开发商直接为业主集体作决策的机制类似于"1 人的决策机制"。在这种情况下，业主可以享用规模经济与决策成本之差或两者间净收益的最大化。问题在于，业主不一定能够享用总净收益的最大化。只有在开发商的决策满足了大多数业主的需求，维护了业主的权益，进而让大多数业主满意时，大多数业主的总净收益才会最大化。在中国内地，有些知名的开发商为业主集体做决策，获得了较高的业主满意度，也有效地规避了大型社区或小区中业主集体决策可能遇到的困难。

9.4　开发商对业主集体行动的影响

荷维和福斯（Hovi et al，1995）将集体行动分为分散化集体行动和集中化集体行动。在分散化集体行动过程中，集体决定将由集体内成员在没有一个中心代理人或代理机构情形下自由做出。而在集中化集体行动过程中，集体决定最终将由一个中心代理人或代理机构强制做出。由此可见，分散性集体行动和集中化集体行动之间的差异在于是否存在一个中心代理人或代理机构。他们对集体行动的分类方法，可以直接应用到业主集体的存在方式上。当集体内没有一个中心代理人或代理机构时，该集体以分散化方式存在；而当集体内存在一个中心代理人或代理机构时，该集体以集中化方式存在。

区分业主集体的存在方式，对识别约束和激励人们参与集体行动的相关因素至关重要。在分散的集体中，其成员的社会职责是通过他们对集体物品供给的利他主义行为而体现，其中的“搭便车”行为通过中止合作或依靠合作的社会道德规范得到抑制或阻止。按奥尔森的理论，要使分散化状态的集体能够运行，集体必须是小规模的，人们必须有足够的耐心等待组织中人形成社会合约，以鼓励他们自愿地向集体目标做出贡献。

香港的业主公约或称大厦公契（DMC）允许业主可以自愿组成一个分散的集体以实施集体决定。然而，从政府有关物业管理状况的统计数据和业主集体的注册数目可以看出，分散状态下的业主集体似乎难以有效地做出集体决定。

大陆的有关规定则要求新开发的住宅小区的业主必须以集中化的业主组织方式存在，通过市场化购买物业公司的物业管理服务。开发商在业主集体行动过程中扮演了“中心代理人”角色。

尽管《物业管理条例》中没有明确开发商或物业公司对业主大会组织形成的责任和义务，但在实际运作中，他们一直是业主大会组织形成的主要协助者甚或直接组织者。在开发商所开发的住宅小区中，几乎所有的开发商都参与了小区业主大会或其他形式业主组织的组建工作，而具体的组织工作大多由开发商聘用的前期物业管理服务公司实施。通过与购房者签署《临时业主公约》，开发商直接介入了业主集体行动，如替业主集体决定物业服务的内容、标准和价格以及选聘物业公司等。

一些地方性物业管理条例中明确提出了开发商或物业公司协助组织业主大会的要求，并给出了开发商或物业公司在业主大会筹委会中的人员安排①。有

① 《深圳经济特区物业管理条例》（深圳市人大常委会2007年10月17日颁布，2008年1月1日实施）第十九条和第二十条规定，物业管理区域符合业主大会成立条件后六十日内，建设单位（即开发商，下同）或者物业服务企业应当书面告知物业所在地街道办事处。街道办事处应当在收到书面告知后一个月内，负责核实并组织、协调成立首次业主大会会议筹备组（以下简称筹备组）。筹备组由五至七名成员组成，其中社区工作站负责人一名、建设单位或者物业服务企业代表一名、业主代表三至五名。《郑州市物业管理条例》第十三条规定，业主大会筹备组成员由业主代表、建设单位代表、居民委员会代表、辖区公安派出所代表组成。其中，业主代表应不少于成员总数的二分之一。

些条例还明确给出了开发商必须承担业主大会筹备组经费开支的规定[①]。地方性法规为开发商以及物业公司介入业主大会成立提供了法定依据，同时为开发商和物业公司的商业活动提供了法律保障。这样一来，开发商和物业公司对业主集体行动产生了显著影响。

9.4.1 开发商售房与业主集体的形成

在房屋销售阶段，随着房屋销售不断进行，开发商所有的物业在不断地减少，购房者所有的物业在不断地增加。小区房屋开始由原先的开发商个人所有转变为售后的与购房者共同所有[②]。在这个过程中，购房者自愿加入了这个集体，或者说，是市场而不是强制使购房者自愿形成了一个集体。如果开发商仅仅作为房屋的初始所有者和卖者，他通过其所有房屋的区分所有权的市场交易引致新的业主集体的形成。开发商和购房者一道形成新的业主集体，并不是开发商售房行为的目标，也不是其行为的诱因，仅仅是房屋区分所有权交易的一种无意的结果。在这个结果（集体）里，开发商和其他购房者一样，都拥有一套或多套单元住房或其他类型的物业，而购房者也有可能和开发商一样，随时准备以较高价格出售其已有的房屋。

随着交易不断进行，开发商最终售完了其所开发的物业。在开发商不再拥有其所开发小区的任何物业的时候，开发商就脱离了销售过程中所形成的业主集体。在市场里，开发商并不需要和其他已购房业主商议并取得他们的同意，就可以通过市场卖出其所有的房屋而退出这个集体。当然，其他的购房者也可以在这个过程中转售他已购的房屋，从而退出这个集体。在由市场交易所形成的这样一个集体里，尚未存在一个中心代理人或代理机构，业主集体以分散化的隐形方式存在着。

上述分析表明，新的业主集体的形成是市场交易的产物，区分所有权的市场交易使原先的一个业主（开发商）演变成了一个具有众多业主组成的业主集体。在这个过程中，开发商区分了物业所有权，并通过市场路径渐渐转让了其所有的整体性物业。

---

① 参见《郑州市物业管理条例》第十三条。

② 该状态意味着开发商所开发建设的房屋还在销售之中或开发商还拥有部分房屋的情形。开发商所有房屋全部售完的情形将在随后讨论。

9.4.2 《临时业主公约》与开发商的“中心代理人”地位

由于房屋是一种耐久性物品，耐久性物品使用过程中的维护与保养对于耐久性的维系至关重要。在开发商的保修期满以后，当房屋结构自基础、楼地面层、梁柱、楼梯、外墙体到屋顶均不可分时，房屋结构性维修与保养便是业主集体的责任。当业主集体以分散方式存在时，该集体难以肩负这样一个因物业特征所必须承担的责任。

如何形成一个有效的业主集体以处置或维护业主的共同利益是一个必须解决的问题。现行政策规定[①]，购房者在签署购房合约的同时必须书面承诺遵守《临时管理公约》，并同意接受开发商指定的物业公司所提供的一定阶段或一定时间内的物业管理服务。这项政策具有两方面的意义。一是为分散的业主集体拟定了共同的公约，为业主集体的正式形成提供了政策依据和基本的议事规则；二是明确了开发商在业主集体形成过程中的责任。开发商在销售区分所有权房屋时，有责任、有义务制定或完善《临时管理公约》，并让购房者在签订购房合同时必须书面承诺同意并遵守《临时管理公约》。由于开发商在房屋销售的同时必须准备并且召集每一个购房者签署《临时管理公约》，开发商不仅仅是一个纯粹的房屋的卖者，而且是一个业主集体或组织形成的倡导者，担当了业主集体行动的“中心代理人”角色。这是政策赋予开发商的责任，同时也是一种被赋予的权力。

开发商可利用《物业管理条例》所赋予的公约的制定权，控制并直接干预业主和业主集体的物业使用权。尽管地方房地产行业相关主管部门给出了《临时管理公约》的参考版本，但公约条款的最终决定权在开发商手中。当开发商具有承担形成业主集体的责任并有权最终决定临时管理公约的条款时，很难保证开发商不利用这项权力以获取与其责任相应的利益。在公约内容极其宽泛的情况下，开发商很容易利用这项授权去创造收益。比如说，利用共有设施设备

---

① 《物业管理条例》第二十二条规定：建设单位应当在销售物业之前，制定业主临时公约，对有关物业的使用、维护、管理，业主的共同利益，业主应当履行的义务，违反临时管理公约应当承担的责任等事项依法作出约定。第二十三条规定：建设单位应当在物业销售前将临时管理公约向物业买受人明示，并予以说明。物业买受人在与建设单位签订物业买卖合同时，应当对遵守临时管理公约予以书面承诺。

的使用限制[①]、增大物业维护强度、从严的业主行为约束以及违规的罚款等，都可以增加开发商的权益或收入。在开发商就约定的内容向物业买受人明示并予以说明之后，物业买受人在与开发商签订物业买卖合同时就应当对遵守约定予以书面承诺。当收入要通过物业公司获得时，开发商会欣然组建物业公司（下属）进行前期物业管理服务。政策制定者也意识到了开发商可能会借机谋利，故在《物业管理条例》第二十二条规定："建设单位制定的临时管理公约，不得侵害物业买受人的合法权益。"

当开发商运用权力最大化自身利益的时候，开发商的经营行为发生了偏离。按理说，开发商的房屋开发销售赢利远高于物业公司的管理服务赢利，开发商不会选择物业管理服务业务。然而，当开发商拥有临时管理公约条款的最终决定权和物业公司选聘权的时候，便很难抵制潜在的利益诱惑。一项授权的意义是什么，在授权时或刚开始拥有这项权利时，或许并不清楚。它可能意味着风险，也可能意味着垄断，还可能意味着有潜在利益。组建下属物业公司是开发商获取潜在利益的一种形式，而直接或变相将小区部分共有物业、设施或设备列归已有，则是获取潜在利益的另一种形式。前一种形式又为后一种形式的实施提供了保障。无论哪种形式，在超出了一定限度之后，业主的权益会受到侵害。

在开发商具有业主临时管理公约制定权时，开发商侵害业主权益具有比较优势。一方面，开发商和购房者拥有不对称信息。从物业层面看，开发商对其所开发小区的物业功能及其相互联系有完全信息。无论是通过隐藏功能信息，还是隐藏功能之间的联系，开发商都有可能将部分共有物业的功能收益权置于自己手中或其下属物业公司手中。从政策法规层面看，开发商具有政策信息优势。他们有充分的时间、精力对有关房地产开发、经营与管理服务的制度和文件进行认真分析，利用购房合同规范文本和临时业主规约建议文本中的空白栏目设置有利于开发商利益的条款。与开发商相比，物业买受人处于信息劣势地

---

① 例如小区道路边停车位的收费使用、游泳池的收费使用等。大多开发商通过对共有物业使用权的限制，将共有物业的实际所有权留于自己手中。在一个小区里，存在很大比重的这类产权。专家希望通过《物权法》协调这个问题，结果仍留有遗憾。实际上，问题的原因，一是《物业管理条例》对开发商的授权过多；二是政府相关管理部门在开发项目的规划许可阶段和销售许可阶段未对开发商提出界定所售物业产权的要求。解决办法是，首先，政府相关管理部门对开发商界定所售物业产权提出明确要求，审核确认，公之于众。第二，通过修订政策条例，回归开发商的市场角色，清晰界定开发商在物业保修期内的物业保修责任。

位。买受人既不知道整个小区物业之间的具体联系，也不知道其购房行为会涉及哪些制度文件。当开发商告知合同或临时管理公约是采用了政府相关主管部门给出的标准化合同或规约时，买受人大多很快签署了合同或在临时管理公约上签字认同。当然，这并不表明购房者完全相信了开发商之言，其背后的原因可能因为存在很高的个人信息成本，也可能出自对政府的信任①。另一方面，开发商所得授权并没有随着开发商整体产权向购房者个体分散产权的转移而有所转移。

既然物业买受人在与开发商签订物业买卖合同时对遵守《临时管理公约》予以了书面承诺，那么，开发商就自然而然地成为物业买受人承诺的接受者，进而成为物业买受人承诺实施或执行的监管者。从交易角度看，由于开发商出售的单元房是不可以在物质层面上被分割的商品，每一套单元房（公寓式商品房）都与另一套或多套商品房在物理构造上相依存，一栋或多栋楼房内的每一套商品房共有着某些设施和设备，分开出售后的全体业主共享室外各项游乐、庭院和交通等设施，因此，开发商作为房屋的卖者，有义务向每一个买者说明他们的交易对象，界定他们所交易的产权，并就物业使用和维护的相关事宜作出说明。开发商在界定购房者所购单元房屋的产权时，除了要向购房者说明其所购单元的室内空间的私人所有以外，还必须强调该单元房屋与其他单元房屋在物理构造上的相互依存性，以及业主在单元房屋和室外设施设备使用上的相互关系与有关限制。由于这些内容都会反映在售房合同和临时管理公约上，所以，开发商对售房合同和临时管理公约的执行具有监管权。

开发商从一个单一的房屋卖者或一个大业主变成了各位物业买受者——业主是否遵守公约的监控者。在第一次业主大会会议召开以前，开发商或其聘任的物业公司对业主集体行动进行着控制、引导和组织，业主在被动地接受着开发商或物业公司的组织与指导。

现行《物业管理条例》尽管没有否认开发商对《临时管理公约》实施的监管权力，但也没有明确开发商的这项权利。实际操作中，开发商具有灵活性。也就是说，开发商也可以不行使监管权。

开发商有义务向物业买受人说明其所购物业与他人所购物业之间的关联以

① 实际上对政府信任，也是为了减少交易成本。在开发商主导物业管理服务期间，业主不断向政府相关管理部门投诉开发商或物业公司侵权行为。业主前后行为的不一致，似乎是采用了一种“先签合约，再求政府”的策略。

及这种关联对物业使用的影响，但开发商并没有义务去监管物业买受人的物业使用行为。正如一般产品的卖者在提供了产品使用说明书包括使用注意事项以后，他们并不会去监管产品购买者的具体使用情况。对产品购买者的使用行为进行指导或监管以维护买者的最大利益似乎是必要的，但如果由产品的卖者来实施，其成本将会相当高。买者按卖者提供的使用说明书进行操作是通用做法，也是低成本的做法。相对于售房合同，开发商没有积极性去监管业主临时管理公约的实施与执行情况。即便开发商有义务、有责任向物业买受人说明物业的关联情况，并要求他们都承诺按物业关联性的要求有效地使用物业，但开发商依然没有义务去监管物业买受人的承诺执行情况或物业实际使用情况。就一般的私人物品而言，购买者是否使用它以及如何使用它都是购买者自己的事，产品的卖者无权过问。当然，我国现阶段商品住房的物理关联性或不可分割性，对商品住房的个人处置权限或使用权限提出了要求，即个人并没有充分的自由以处置他所购买的房屋，如捣毁楼地面、撤除承重墙体等。在开发商售完了其所有的物业的情况下，即便有人捣毁楼地面或撤除承重墙体对开发商的利益也不会造成影响，因此，开发商没有激励因素去监管他们的行为。如果开发商同其他商品的卖者一样，在出售物业的同时给出物业使用的注意事项（临时管理公约）但又不对物业实际使用情况进行监管的情况下，可以认为，开发商仅仅通过市场以整体所有权分割销售的方式组建了业主集体，而不会对这个集体的内部权益关系运作提供更多的监控、支持或约束。换句话说，开发商和业主、业主集体的关系仅仅是一种市场化的物业交易关系，而不具备物业使用过程中的管理与被管理关系。

无论是否行使监管权，思考开发商是否适合拥有这项权利是必要的。当开发商拥有全部产权时，将如何使用物业的决定权授予开发商是没有疑义的。开发商作为一个卖主，他有义务介绍所卖物的用途，但他并没有强制买者一定要按他所言用途使用所购物品的权利，即便开发商所言有利于买者，甚或有利于众买者的利益。在私人市场上，买者之所以买，原因在于其估价①高于卖价；而卖者之所以卖，原因在于其估价②低于卖价。让卖者为买者确定其所购物品

---

① 此处“估价”意味着买者对所买物品未来使用过程中所得的价值估计。

② 此处“估价”为卖者的估价。即卖者对所卖物品未来使用过程中所得的价值估计。交易过程中，只有当卖者的估价低于（或等于）交易价格，而买者的估价高于（或等于）交易价格时，交易才能成功。

的用途，意味着买者只能按卖者的低价值用途去使用物品。显然，这有违资源的有效配置。从市场角度看，开发商除了有义务向购房者界定其所售分散物业的产权以外，至多拥有作为一个建设者所能有的对未来该物业使用的技术建议权。基于物业财产权之上的使用权只属于业主，而不属于不再拥有任何物业财产权的开发商。如果在开发商售完所开发物业以后，除了按合约收取购房款以外，仍然拥有某些权利或权力，那么，有必要思考一下这种权利或权力基于什么或来自哪里。很显然，如果延续了开发商的物业使用决定权，即使是公有部分的物业使用权，都侵害了其他购房者或业主的权益。当然，开发商有可能为业主无偿做好事，但是否接受还得业主做主。更何况开发商有可能利用授权直接获取某些经济利益，也有可能将部分共有物业产权留于自己手中以长期获益。

9.4.3 开发商的选择

对开发商而言，利益最大化是其行为选择的唯一标准。当开发商的权利仅仅与其所有的物业产权相关时，与业主或购房者建立良好关系，积极协助业主组建业主组织将是其利益最大化的一项选择。在开发商还拥有未售完物业时，通过组建业主大会，营造和谐人居氛围，将有利于物业销售。而当开发商售完了所有物业以后，协助组建业主大会，及时结束与该物业的关系，是减少开发后期管理成本的直接方法之一。在 20 世纪 80 年代和 90 年代初，为了促进房屋销售，大多数开发商在公司内部成立有“物业管理部”或单独成立有下属的物业公司[①]。物业管理服务不仅作为促进房屋销售的一项举措，也被看成房地产公司垄断的、稳定的收益来源。当然，前提是必须存在良好的开发商和购房者之间关系。在卖方市场情况下，或市场处于启动阶段时，建立良好的客户服务关系是物品销售的一个必要环节。开发商拥有的物业管理部门或物业公司是以房屋销售者的身份为业主提供物业服务，服务态度和质量的好坏与开发商的房屋销售直接相关，开发公司的物业管理人员与销售人员几乎有相同的收入。此时，物业服务质量不是业主主要关心的问题，而是开发商和管理者要时刻关心

---

① 开发商当时对成立物业管理部或物业公司的认识是“一举两得”，既可以促进销售，又可以垄断后期的物业管理。当然，那时社会上也没有或几乎没有承担他人所开发物业管理服务的物业公司。

的问题[①]。开发商和物业公司将组织业主集体活动，包括各类业主组织的建立、文娱体育活动等视为其物业服务工作的一个部分。随着房地产市场格局的变化，房地产开发利润不断提高甚或趋向暴利时，对开发商而言，直接介入物业管理服务的机会成本太高。房地产开发项目，即使是单个小型项目的开发，都有可能获得很高利润，因此，开发商会毅然舍去直接提供物业服务业务而投入新的房地产项目开发之中。中国物业管理协会的《物业管理行业生存状况调查报告》(2007) 显示，在被调查的 4600 家企业中属于房地产开发单位下属的物业服务企业为 1260 家，仅占企业总数的 27.39%。该结果表明，开发商已经快速地退出了物业管理服务行业。因此，人们长期以来认为开发商既赚取房屋销售收入又赚取物业费用的观点是值得怀疑的。

当物业公司的亏损面占 60%以上、盈利企业的平均盈利仅 82.1 万元（中国物业管理协会，2008）、物业纠纷不断涌现之时，很难想象一直享有超额收益的开发商会有强烈的动机拖延业主组织的形成，以把握其物业管理子公司的物业管理权。当通过市场方式引进社会化的物业公司以后，这个公司的盈亏与否与开发商没有任何关系，开发商不会为它提供物业管理服务的各项成本，或进行补贴。开发商仅需要为该物业公司的运作支付部分合约成本，包括合约形成成本和部分合约执行的监督成本[②]。

在业主组织形成以后，业主委员会与物业公司签署新的物业管理服务合约。随后的物业管理服务中的各项问题与纠纷发生在业主与物业公司之间，与开发商无关。开发商无需为物业管理服务再支付任何形式的成本，包括物业管理服务的合约成本，甚至减少了因物业质量问题而引发的业主与开发商之间的交易成本。因此，对开发商而言，即使为业主大会筹委会提供经费，也远远胜过长期担负物业服务责任与相关成本。当一些地方规定开发商必须为业主大会筹委会提供经费时，开发商的悄然接受已经显示了其成本计量的结果。有意思的问题是，地方政府为什么规定开发商必须为第一次业主大会的筹备提供经费支持？在开发商售出了其所开发的所有房屋以后，协助组织业主大会工作是开发商的一项社会责任，而自愿提供组织经费则是开发商经济计量的结果。或许不能用同样的原因来解释政府的行为，但除此之外，也没有更好的理由。果真如此，

---

① 从万科物业公司的早期运作对万科房地产公司发展的作用中，不难看出这种关联。

② 实际运作中，开发商对物业公司的管理服务是疏于监督的，故其承担的监督成本很低。

政府的制度行为已经显示了政府对开发商经济行为的准确把握，开发商并不是一定要在物业管理服务上获取附加收益，而是愿意积极协助成立业主组织并愿意支付一些成本以了断与购房者和已开发物业的关系。

9.5 物业公司与业主集体行动

现行《物业管理条例》规定了开发商的前期物业管理责任，而物业管理服务的引入实质上是市场导向的。当最初的海外业主向开发商提出了物业管理服务需求以后，开发商在企业内部及时组建了物业管理服务机构或成立物业管理服务公司[①]。到目前为止，物业管理服务机构经历了由开发公司的一个服务部门向一个公司转变，再由开发公司下属部门或公司向社会化物业公司转变的过程。

9.5.1 作为开发商下属的物业管理部门或公司

(1) 开发商对物业公司进行补贴

由于开发商最先，并且直接感受到了房屋销售市场上的这种关联性需求，故在房地产开发的早期阶段，大多数开发公司都在公司内部组建了一个物业管理部门或出资设立了物业管理公司。从售后服务角度看，开发商为其所开发的物业提供管理服务是理所当然的，也不可以回避。无论是开发商下属的一个部门还是一个公司，作为开发商所开发物业的管理服务职能是相当清晰的。一方面，它要为开发商所开发的物业提供售后服务；另一方面，它必须及时处理各类开发遗留问题。良好服务可以提升开发商的声誉，有效促进房屋销售。在此阶段，对开发商而言，与其说物业管理服务是一项权利，不如说物业管理服务是一项义务。当开发商将物业管理服务作为一项义务时，许多物业质量问题被开发商所属的物业管理部门或公司及时解决了，有时是在业主并不知情的情况下自己就悄然解决了。由于物业质量问题直接影响着开发商的市场声誉，进而影响开发商的房价和销售量，故开发商要求下属物业管理部门或公司及时、悄然地解决物业质量问题。作为开发商下属的物业管理部门或公司很清楚开发公司的意图，在给业主提供服务的同时，一个主要的职能就是及时处理开发商遗

---

① 深圳市物业管理有限公司隶属于深房集团，成立于 1981 年 3 月 10 日，是中国内地第一家物业管理公司。

留的各类问题，包括物业质量问题。

当开发商和其下属的物业管理服务机构将物业服务作为一种权重很高的市场营销手段时，开发商、物业公司和业主之间的关系相对融洽。物业公司除了提供日常物业服务和及时发现并解决开发商遗留问题之外，经常会组织一些业主联谊、沟通和交流活动。在这些活动中，物业公司成员和业主之间、业主相互之间建立了良好的私人关系。在物业公司的倡导下，业主中的积极分子很快活动起来，于是各类业主组织，如文娱类的小区摄影协会、老电影之家、舞蹈队，自治类的业主委员会、治安联防队、小区巡逻队等相继成立。在各类组织成立和运行过程中，业主投入了时间、精力和技能包括表演技能，而开发商（物业公司）提供了经费和活动场所。业主在享用良好物业服务的同时，感受了丰富多彩的生活氛围。开发商和物业公司在赢得业主信任的同时，赢得了良好社会声誉，甚或形成了开发商的物业管理服务品牌。当开发商提倡“买房就是买服务”，而购房者也认为“买房就是买服务”的时候，是开发商将物业服务作为其所开发产品的一个部分进行出售，也是购房者将物业服务作为房屋产品一个部分购买。这个时候，开发商将物业服务作为自己的责任，而购房者将物业服务作为自己购房应得的一种权利。这种情况下，市场有效地协调着开发商、物业公司和业主之间的关系。作为开发商下属的物业公司有效地协调着开发商和业主之间的关系。由于物业服务作为物业交易的一个环节，它直接影响着开发商的物业售价和销售量。当物业服务对物业售价和销售量产生正面影响时，出现因物业管理服务所产生的开发收益增量 W_s。大多数开发商会拿出该收益增量的一部分（$W_s \times i\%$）①对下属的物业管理部门或公司进行补贴。因此，除了物业服务收费以外，物业公司还得到了来自开发商的补贴（$W_s \times i\%$）。在有开发商补贴时，物业管理服务人员有较高收入，他们大多会一心一意去协调开发商与业主之间的关系，并通过提供良好的服务极力维护开发商的形象和声誉。这个过程中，开发商因物业管理服务所得的净收益为：$W_s-(W_s \times i\%)=W_s(1-i\%)$。在房地产市场和物业管理市场中，出现了开发商、物业公司和购房者（业主）三方共赢局面。

(2) 开发商不对物业公司进行补贴

随着房地产市场供求关系的变化，当房地产市场成为卖方市场时，物业管理服务对房价和销售量的影响或贡献不再明显，W_s 趋于零，$W_s \times i\%$ 趋于零，

① 其中 $i\%$ 为开发商返还物业公司贡献的比率，$0<i\%<100\%$。

开发商对物业公司的补贴就会减少甚或不再有。开发商会将时间、精力和经费集中投到房地产项目开发上，而不再愿意将经费投到已建成小区的物业服务上。对开发商下属的物业公司而言，不仅失去了开发商的补贴，同时在公司或集团公司中的地位也明显下降。物业管理人员包括领导层的服务热情降低，服务质量受到影响。已成立的各类业主组织也会因经费和组织的缺乏而停止活动。物业质量问题不能及时解决，物业公司和业主组织的协调工作有限，各类物业管理服务纠纷相继出现。

人们通常将物业服务纠纷的原因归于开发商未能按市场化程序外聘高水平的物业公司。因为在物业公司服务水平不高时，物业服务质量会没有保障，业主对物业服务质量的不满意会引发物业服务纠纷包括物业收费纠纷。但要注意的是，国内相对水平较高的物业公司正是开发商在买方市场情形下所培养出来的一批开发商下属的物业公司。由于小区物业产权的复杂性以及管理服务的风俗习惯性，国外物业管理服务公司很难为国内居民小区提供良好服务。因此，对那些拥有专业物业服务公司的开发商而言，要求他们一定要外聘物业公司不一定是最好的选择。在卖方市场情形下，开发商并不想为物业管理服务耗费更多的时间、精力和经费，甚至不想拥有自己的有待补贴的物业公司。当政策规定开发商必须通过市场化方式选聘物业公司时，开发商愿意按政策规定实施。在具体实施过程中，有些开发商甚至将房屋售后的市场责任转移了出去。

9.5.2 接受开发商委托的社会化物业公司

在通过市场化程序以合约方式引入前期物业管理公司情况下，物业公司通过市场途径介入开发商和业主之间。由于接受了开发商的委托，自开发商交房之日起，物业公司几乎完全代替了开发商与入住业主进行全方位的接触。业主或许感受到了物业服务人员与房屋销售人员在态度上的差异，有不少业主在接收房屋时仍在打听售房时所遇到的某某先生或某某小姐，因为在购房期间他们的热情服务（实为“推销”）曾给购房者留下了深刻印象。或许是售楼人员的过于热情，也可能是物业服务人员的相对淡漠，作为购房者和作为业主的同一个人有着不一样的感觉。这种不一样的感觉很可能不知不觉地成为业主与物业公司之间后续冲突的一个潜在要素。

开发商外聘的物业公司与开发商之间的关系是一种完全的市场交易关系。在与业主接触过程中或在业主组织组建过程中，物业公司有可能采取最大化其自身利益的行动。而业主在心理上仍愿意将它作为开发商产品的售后服务机构。

当开发商委托物业公司协助筹备业主大会会议之时，也就是物业公司与开发商前期物业管理服务委托合约即将结束之时。物业公司面临两种选择：一是继续提供物业服务，二是中止物业服务。如果物业公司拟中止物业服务，他会选择不介入业主组织的筹备。如果物业公司欲继续提供物业服务，他就必然会参与业主组织的筹备。在筹备工作中，有些公司采用了积极策略，他们积极主动地协助组建业主组织并赢得了业主的信任，得以继续为业主提供物业服务；也有些公司采取了消极策略，他们消极被动地协助组建业主组织，甚或采用某些借口或设置一些障碍阻止业主组织成立以延续开发商与其已签署的物业服务合约。当然，这类公司继续提供物业服务的机会较小，即使拖延，其延续时间也不会太久。除了开发商不希望长时间介入物业管理服务事宜之外，新出台的地方物业管理条例对第一次业主大会会议召开的时间也作出了明确的规定，并给出了具体的政府责任单位①。在开发商和政府期望早日建立业主组织的情况下，物业公司的消极拖延或阻止行动，只会给物业公司带来不良声誉，给未来的经营增添压力。在业主也有意愿尽快组建业主委员会的情况下，除非物业公司不想再提供物业服务，否则，还是会积极主动地协助组建业主组织。

无论物业公司的前期物业服务是否令业主满意，物业公司在业主组织组建过程中的消极抵制态度都会令业主反感。即使物业公司的前期物业服务不能令业主十分满意，在公司积极主动地协助组建业主组织情况下，公司仍有可能获得物业管理服务业务。原因在于，在物业公司服务态度积极主动、服务质量和收费基本满意情况下，业主选择新的物业公司将面临较大风险。一方面，可能要承担较高的物业和物业资料的交接成本；另一方面，新物业公司实际提供的物业服务质量存在不确定性。对前期介入的物业公司而言，在业主组织形成过程中，物业公司采取积极主动的行动策略，或许是获取后期物业服务供给业务的良好选择。

---

① 《辽宁省物业管理条例》规定："县房地产行政主管部门或者街道办事处、乡镇人民政府接到建设单位的书面报告或者业主的书面请求之日起30日内，应当组织成立业主大会筹备组（以下简称筹备组），负责业主大会筹备工作。"根据《广州市政府关于加强街道工作的意见》（2005），街道办事处对城市管理工作履行的职责和任务包括"对未实施物业管理的住宅区，由街道负责组织推进物业管理""处理物业公司与业主委员会、业主委员会与业主、业主与业主之间的矛盾和投诉，负责调解小区居民群众的投诉"等。

当物业公司积极主动地做好业主组织工作时，物业公司与业主之间自然建立了良好关系，提高了获取更大物业服务市场份额的可能性。物业公司在获得物业服务的生产权以后，日常物业服务费是一项经常性收入，而物业维修管理则有可能使公司获得较为可观的间断性收入。按《住宅专项维修资金管理办法》(2008) 规定，无论是否成立业主大会，物业公司都有资金使用的建议权。在未成立业主大会以前，经大多数（面积和业主数均为 2/3 以上）业主和地方人民政府建设（房地产）主管部门审核同意后或业主委员会同意后，物业公司具有使用权。在业主大会成立以后，经业主委员会同意并报业主和地方人民政府建设（房地产）主管部门备案后，物业公司可获得资金使用权。因此，无论是否成立业主大会，物业公司都必须与业主建立良好关系，以获得物业维修资金的使用权。当然，对新建小区而言，政府规定的业主大会成立期限以前，几乎很少涉及专项维修资金的物业维修问题，大部分的维修工程仍处于开发商的保修阶段。物业公司为获得后期的维修资金使用权，积极主动地协助组建业主大会是一种必然选择。有学者（Shiu，2001）报告了台湾桃园社区的情况，认为那里 HOAs (业主协会) 迅速发展的原因，不在于成立 HOAs 以后能对居民提供多少的集体舆论导向，而是因为存在大量公共资金可供利用。此观点可谓“一语中的”。

在业主大会组建过程中，业主得到了物业公司积极主动的建议，从而支付了很低的或者几乎没有负担业主组织的建立成本。在友好与合作中发展起来的物业公司和业主组织之间的良好关系，容易建立随后的物业管理服务运作合约，业主组织只需承担很低的物业服务合约的前期交易成本。物业公司则经历了成功创造需求的过程。

我们在新建小区的业主大会会议召开和业主委员会形成过程中，随处可见物业公司的身影。大多数物业公司，包括一些在前期物业服务过程中与业主有过纠纷的物业公司，都积极参与业主组织的组建工作中。台湾的情况也不例外，研究者随机地从业主协会中选择了 73 个协会，发现几乎 70％的协会的组建得到了物业公司的帮助，10％由开发商帮助，只有 15％的业主协会由居民自己建立 (Guo，1999)。

从开发商、物业公司和业主组织的发展历程及其相互间关系演变的分析中，我们不难发现，无论在早期的开发商提供物业服务阶段，还是后来的物业服务市场化阶段，开发商和物业公司在业主组织的形成中都做出了贡献，并且大多以组织者和出资者的身份介入了业主组织的组建过程。开发商和物业公司之所以如此，并不是因为他们乐施好善，也不是他们具有崇高的社会责任感，关键在于他们的利益与业主组织的形成密切相关：早期的开发商需要通过业主的口碑提高声誉，促进房屋销售；后期的开发商希望尽早组建业主组织以尽快转移其物业管理服务责任；物业公司需要通过业主组织重新获得物业服务供给权以取得物业服务的日常收入和可观的物业维修管理服务收入。

物业公司在业主组织建立和发展方面扮演过重要角色，我们可以将他们看作是奥尔森所指的集体行动的市场欢迎者。另一方面，物业公司的生产性垄断、不作为或侵权行为，也有可能激发业主的维权行动。诸多的业主维权行动就是在业主感到垄断、物业公司不作为或侵权的情况下出现的。如果业主集体由此形成并在行动中学会了如何有效地实施集体维权，那么，物业公司的短期利益最大化行为产生了正外部性，可谓“无心插柳柳成荫”。但这个“荫”更多地属于业主，而不是物业公司。

今天，业主委员会，这个发轫于开发商并由其主观意志推动的民间组织，似乎正被开发商、物业公司、政府和业主四方共同要挟着，蒙上了一层浓厚的具有社会责任的意识形态色彩。它也被更多的人当作是一种区别于开发商、物业公司和“官方”的“民间力量”。

总之，对业主而言，传统习俗和生活环境塑造了其性格与行为特征。业主特征和其经济计量的结果共同影响着业主集体行动。业主可能会因“多一事不如少一事”的想法而不参与集体行动，也可能会因“搭便车”的企图而不参与集体行动。比较而言，“多一事不如少一事”比“搭便车”或“占便宜”能解释更多的业主不参与行为。从经济学角度看，“多一事不如少一事”是基于成本的考量，“搭便车”或“占便宜”是基于收益的考量。两者虽然有关联，但前者更符合中国传统[①]，而后者则与之相悖。人们更多地出自成本和公平的考虑放弃了集体行动。

就业主集体而言，存在规模经济问题。一个居住区的规模越大，业主间达成一致意见的成本越高，业主集体实施共同管理的成本越高，业主集体行动的难度也就越大。而开发商“1人决策机制”有可能最大化大多数业主的总收益，尤其是那些知名的开发商。

从开发商、物业公司和业主组织的发展历程及其相互间关系演变的分析中，

① 如“各人自扫门前雪，莫管他人瓦上霜”等俗语，就传递着这种习俗。

我们可以看到，开发商和物业公司在业主组织的形成中做出了贡献，并且大多以主导者的身份介入了业主组织的组建过程。他们的介入是他们理性计算的结果，是市场引导的一种自发行为。

为了更加有效且公平地组织业主集体行动，进一步的制度设计是必要的，尤其是考虑人的自利属性和他们参与公共事务的被动态度对制度效果的可能影响更为必要。现有的制度设计未能充分认识并体现这一认识，在鼓励业主自愿介入方面存在不足。

在给定的技术前提下，制度趋向于降低交易成本，并真正与各种不同模式的优势相对应。一系列国家和地方性法规的颁布，虽然明确了业主组织如业主大会和业主委员会的组建方式，但组织的职能和权限依然不清，业主大（协）会的性质也有待探讨和明确，业主大会的议事规则应当就业主大会的具体议事方式、表决程序、业主委员会的组成和成员任期等事项做出更加清晰的约定。

当操作层面规则缺乏、内容要求不明确或明确但难以做到时，业主集体运作依然会遇到困难。在操作层面上，部分业主不交物业费是客观存在的一种现象。尽管《物业管理条例》明确规定业主有义务按时交纳物业服务费用，但当部分业主实际上不支付物业服务费用时，物业公司并没有强制收费的权力，业主委员会也没有这个权力。从委托关系上看，业主委员会是接受了全体业主的委托①，而物业公司是接受了业主委员会的委托。当物业公司与业主委员会签约并提供物业服务以后，在没有明确"由每一位业主支付物业费"的合约条款的情况下，物业公司只能按约向业主委员会收费，而业主委员会向每一位业主收费。即便合约明确了"由每一位业主支付物业费"，虽然减少了业主委员会的收费环节，但却增加了物业公司的收费成本。当部分业主选择不按期付费或拒付物业服务费时，物业公司尽管付出了收费成本，但也不一定有特别的效果。假定物业公司将此事上告法庭，那么它的文件依据只能是物业服务合约。由于该合约是业主委员会主任代表业主委员会②签署的，因此，无论拒付物业服务

---

① 《物业管理条例》规定，2/3 以上的业主同意即可成立业主委员会。或许有人不属于 2/3 团体，他不同意成立业主委员会，或不同意某些成员进入该委员会，但此时他必须服从 2/3 成员的决定。《物业管理条例》在此给出了合作性强制。因此，可以认为，全体业主对业主委员会进行了委托。

② 要注意这里出现的业主间的两层代理关系，因为在业主委员会主任代表业主委员会之前，业主委员会已代表了全体业主，当然包括现在拒付物业服务费的业主。

费的是何人，业主委员会主任都将成为被告。当然，业主委员会主任要会同具体的当事人来应对。于是，当事业主、业主委员会主任、业主委员会其他成员以及物业公司都将为这个法定的处理程序支付时间、精力和金钱。另外，在业主个人认为业主委员会的决定或行为侵犯了其个人利益的时候，新修订的《物业管理条例》明确了业主个人的法律诉讼权。其结果是，当事业主、业主委员会主任和业主委员会其他成员又将为这个新的法定程序支付时间、精力和金钱。因此，在各层次水平上的规则未能形成一个利益协调、纠纷处置和违规制裁的自我调节机制的情况下，无论法院介入的是哪一种情形，进入法院程序的各项费用将使物业服务的交易成本和业主集体间的交易成本大幅上升，从而形成集体行动的新难题。

一个理想的格局是，业主委员会能有效地处理好业主之间的关系，从而有效地代表业主集体。在这种格局下，业主委员会好似一个参与物业服务市场化交易的个体——物业服务的单个卖主。显然，形成这种格局的制度协调是必要的。

第10章　业主组织与制度安排

诺思指出，当人们探究由制度框架所引起的成本时，会发现这些成本不仅来源于这一框架本身，而且还来自这个框架下所发展出来的组织（诺思，2008)。在物业服务交易领域里，主要存在业主集体和企业两种形式的组织。企业是由企业家或创建者设立的一种生产产品或服务的组织，业主组织是为了统一需求或行动而联合的组织。

在前期物业服务期满以后，业主或业主集体和物业公司分别是物业服务交易的主体。如果业主为一人或一个家庭，物业服务交易相对容易，服务价格的确立也不是一件难事。当物业管理区域或小区里业主的人数众多（少则几十，多则成百上千或更多）时，物业服务交易便不是单个业主与物业公司之间的交易，而演变成了业主集体和物业公司之间的交易。物业公司通过市场在向一个集体供给服务，而不是仅为某一个特定的单个业主提供服务。在这个交易里，需求方是一个集体或一个组织，而不是某一单个人，需求类别和需求量等的确定要经过业主集体决策过程。因此，能否形成有效运作的业主集体或组织是后期物业管理服务能否市场化交易的前提。在不同的制度安排下，形成业主组织所费的成本以及业主组织的运作效率会有所不同，业主组织与物业公司的交易成本和交易效率也会有所不同。本章将分析不同制度安排下的业主组织组建和运行状况，给出以市场为导向的业主组织形成的制度安排以及业主组织主导的物业服务招投标制度安排。

10.1 制度治理的理论框架

在不考虑成立以及运作业主委员会所需成本的情况下，组建业主委员会有利于降低业主决策成本，并扩大业主集体的规模经济净收益。当业主对业主委员会成员充分信任、业主委员会成员也一心为业主集体利益无偿工作并且总是正确地作出了使业主集体利益最大化的决策时，业主委员会的成立和运作确实减少了业主集体的决策成本，扩大了规模经济的净收益。问题是，每一个业主委员会成员是否都能做到一贯地无私奉献？每一次的业主委员会决策是否都是正确无疑？当我们采用个人的有限理性假定或有限理性的经济人假定时，物业管理服务过程中的每个参与者都不是一贯的无私奉献者，并且也不可能做到一贯的决策正确。这时，最大化结局就不会出现。实际存在的业主委员会不仅存在成立以及运作业主委员会的常规性成本，而且监督业主委员会或其成员按集体利益最大化原则行为更需要成本。一系列的制度安排将被设计和运用，以规范业主大会的形成和业主委员会的组建、运行以及业主委员会成员的行为，从而减少或降低业主集体行动的成本。

10.1.1 制度、制度层级与分析层次

制度是有层级的。分析制度对业主集体行动的影响，层次分析法是较好的选择。凯瑟和奥斯特罗姆（Kiser et al，1982）给出了制度和分析层级之间的相互联系，见图 10-1 所示。

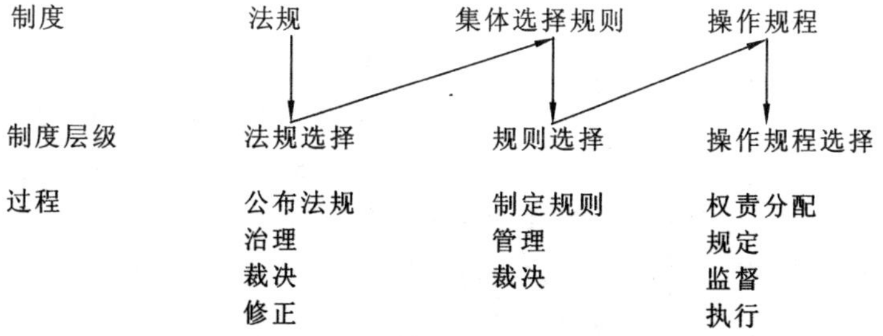

图 10-1 制度和分析层级之间的联系

基于凯瑟和奥斯特罗姆的模型，我们将规范或引导业主集体行动的制度分

为法规、业主集体选择规则和具体的操作规程三个层级，这三个层级制间的关系符合凯瑟和奥斯特罗姆所给出的逻辑关系。法规作为最高一个层级的制度，包含了宪法、法律和相关的政策规定等。在业主集体行动问题上，作为对法规的一种选择，其内容要对产权保护、建筑物的分层所有权或区分所有权系统等进行立法规定，同时要求处于集体行动水平上的管理代理人去尝试建立共有业主的合作机制。《中华人民共和国宪法》（2004 年修正）给出了对公民私有财产进行保护的明确规定①，《中华人民共和国物权法》界定了共有物业业主的区分所有权，国务院颁布的《物业管理条例》进一步规定了业主的权利和义务、业主组织的形成和运作机制等。为了维系法规所界定的产权系统，还必须建立一套管理机制来协调并解决业主间的各类冲突。地方政府依据当地实际情况制定了一些地方性的物业管理规定，进一步明确了业主集体的形成和运行机制，如业主大会形成的程序、负责单位、参加单位、参与人、经费开支等。《中华人民共和国宪法》《物权法》中有关产权的内容和各级政府有关物业管理的相关规定，共同构成了业主集体行动的法规体系。显然，它们是从整个社会法规体系中“选择”的结果，也是形成业主集体选择规则的基础。业主集体选择规则是指由业主自行决定的用于业主集体选择的各种规则，如业主规约、业主大会章程、业主议事章程和业主投票规则等。它们属于第二层级的制度，受到法规体系的原则性或框架性的约束。为了处理物业管理服务的日常事务，业主集体或业主集体的代表机构要进一步给出各种操作规程，如业主委员会的权责安排和运作规程、业主委员会成员的激励与约束机制、保障业主规约实施或执行的具体措施等操作性规章制度。它们属于制度的第三层级。第三层级的制度基于第二层级，并受第二层级制度的原则性约束。

在制度层次上，业主集体行动三个层级的制度如法规、业主集体选择规则和操作规程，依次从上到下排列。每下一层级的制度来源于或基于比它更高一个层级的制度。或者说，上一层级的制度对下一层级的制度安排给出了原则性的约束。具体而言，处理各种日常事务的操作规程（第三层级）起源于集体选择规则（第二层级），或者说，集体选择规则决定了具体的操作规则。而集体选择规则（第二层级）又起源于特定的社会法规（第一层级），或者说，社会法规

① 《中华人民共和国宪法》（2004 修正）第十三条规定，公民的合法的私有财产不受侵犯。国家依照法律规定保护公民的私有财产权和继承权。

决定了业主集体选择规则（第二层级)。业主集体行动三个层级的制度安排，共同构成了业主集体行动的制度系统。

在凯瑟和奥斯特罗姆的模型中，制度层级之间具有自上而下的单向运行机理，即首先确立法规，再确立集体选择规则，然后确立操作规程。与他们的模型不同，大陆业主集体行动制度间具有相互作用机理，自上而下的关系并没有与时间上的先后关系相对应。以业主委员会制度为例，20 世纪 90 年代初，开发商出面组建业主委员会。1994 年，深圳市出台《深圳经济特区住宅小区物业管理条例》，明确业主委员会的性质和职能。同年，建设部颁布《城市新建住宅小区管理办法》(建设部 1994 年第 33 号令）界定业主委员会成员资格。时隔 10 年，国务院于 2003 年颁布《物业管理条例》，重新界定了业主委员会委员资格，首次以私人“产权”概念作为是否可进入业主委员会的必备条件。直到 2004 年，《中华人民共和国宪法》(2004 修正）第十三条才作出明确规定“公民的合法的私有财产不受侵犯”。2007 年，国务院颁布《中华人民共和国物权法》，明确提出物业管理权归业主或者业主委员会。随后，国务院依据《中华人民共和国物权法》修改《物业管理条例》，各省市相继出台实施细则。业主集体按上述制度运作。业主委员会的一系列相关制度安排，反映了大陆的业主集体行动制度各层级之间具有双向互动性，见图 10-2 所示。

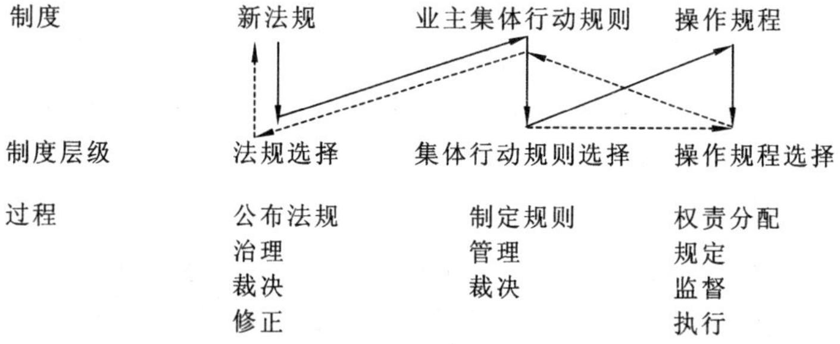

图 10-2　中国内地业主集体行动制度的相互关联

图 10-2 中虚线箭头的流向表示了内地业主集体行动制度层级的初始连接，它有别于西方市场经济国家的制度层级连接。该连接的流向是：以市场为导向的、由开发商主导的业主集体行动安排为起点，经过实际运作过程将结果反馈到政府相关管理部门，政府相关部门据此出台相应的政策法规，最终修改宪法。这种流向，与我国市场经济发展历程相一致，反映了我国市场经济制度经过摸

索、试点、完善、再成型的制度运行轨迹。由于计划经济时期的财产公有制安排，相应的宪法不可能给出以个人私有产权为前提的市场经济运行规则，市场经济发展的相关制度不可能依据宪法作出具体的安排。改革开放30年来，我们一直坚持着“实践是检验真理的唯一标准”，而没有墨守计划时期的成规。经过不断摸索，积累了经验，认清了一些规律，从而形成了一系列新时期的新法规。这些新法规成型以后，制度层级之间的连接才会步入凯瑟和奥斯特罗姆的模型轨迹，见图12-2中实线箭头所表示的流向。

大陆业主委员会设立制度间的双向互动性是总体制度变迁过程中的一个必然选择。无疑，它也增加了制度的协调和实施成本。现行的制度状态，虽然对制度优化提出了更为迫切的要求，同时也为制度优化留有很大空间。

按照系统论的观点，清晰的层级结构对系统构建具有重要性。然而，对制度系统而言，清晰的层级结构或许仅具有结构上的重要性，并不一定具备产出效率的必然性。节约是制度的最基本功能，即让一个或更多的经济人增进自身的福利而不使其他人的福利减少，或让经济人在他们的预算约束下达到更高的目标水平(林毅夫，2000)。产权制度作为一项具有节约功能的制度，它能有效地将外部性内部化（Alchian，1950，1965；Demsetz，1967）。进一步分析不难发现：制度是通过三种途径实现了节约功能，一是建立有效协调与信任；二是保护与限制了个体自由权益；三是防止与化解冲突。然而，如果制度系统内部各层级的制度选择不合适乃至他们之间尚需要另外的制度进行协调的时候，制度系统的整体节约功效就降低了。业主集体行动的理想状态是业主为了业主自身利益或集体利益自发地组织起来统一实施集体行动。与之相应的、一种简单的或许也是理想化的制度安排，是提供相对清晰的、可供操作的产权安排和可见的参与者激励。我国香港地区并没有立法要求设立这样的层级管理机制，而是将每一个层级的治理规则依次与香港普通法中的所有权规则相对应。这些规则的详细内容在业主公约中列出，让共有业主依据普通法的相关规定自行处置他们之间的权益关系。就香港业主集体行动的制度而言，其内容和其间的联系包括上一级对下一级的控制和授权等，对业主集体行动效果的影响似乎更直接、更明显。

10.1.2 制度对共有资源(共有建筑物)治理的概念框架

从资源配置角度看，物业管理的本质是业主的共有财产（资源）如何被有效利用问题。如果集体中人的“搭便车”假定成立，那么，这个问题正如奥斯特罗姆（Ostrom，1990）所言："当所有人都面临搭便车、偷懒和其他机会主义行为诱惑时，处于相互依赖状态下的一群人怎样能被组织并自觉管理他们自己的行为以得到持续的收益呢?"实际上，即便没有"搭便车"因素，而存在其他因素影响着一群相互依赖者间的合作时，这群人"怎样能被组织并自觉管理他们自己的行为以得到持续的收益"，依然是一个问题。这个问题由两个部分组成，一是集体组织问题，二是自我管理问题。

为了考察制度对共有资源所有者集体行动（合作或利用效果）的影响，我们不妨将共有资源的物理特性和技术从制度框架中分离出来。我们知道，决定资源如何使用的过程不同于资源的可能性用途，资源的可能性用途取决于该资源的物理特征和可供使用的技术水平。而决定将它用于哪一种具体的用途则取决于一定制度安排下的收益比较。例如，在现有技术条件下，一块共有土地的可能性用途就有很多，如建造不同类型的房屋、停车场、公园、游乐场、种植大棚菜等，而该地块最终用途的决定则取决于相关的制度安排。这个制度安排不仅包括如何进行集体决策的制度安排，还包括对同一资源不同用途的具体规定，如相关的激励与约束性安排。激励和约束性安排构成了理性决策的基础。当采用投票规则决定地块的用途时，通常情况下，多数人的意见将最终决定该地块的具体用途。如果采用"年长者决定"或"权威决定"制度，那么单个人的偏好就决定了该地块的最终用途。不难想象，不同的制度安排将对应着不同的资源利用效率。按照资源的物理特征和技术与资源使用制度分离的思路，我们给出制度对共有财产治理的一个概念性框架，见图 10-3。

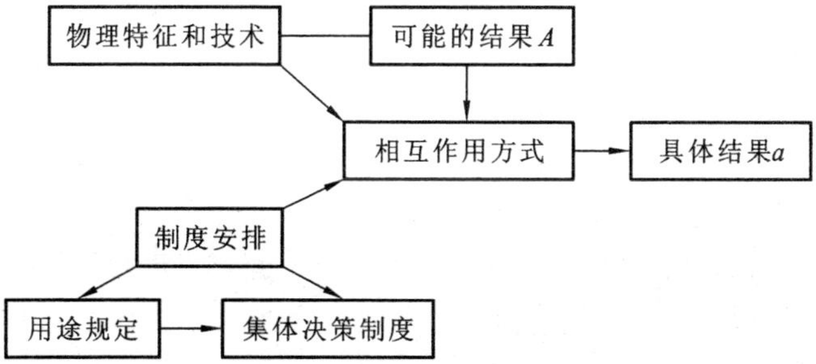

图 10-3　制度治理的概念框架

该框架表明，资源的物理特征和技术给出了资源可供利用的结果集 A。只有当它们（指资源的物理特征和技术）与制度安排发生作用之后，才会产生一

个具体的结果 a，$a \in A$。无疑，我们期望 a 是 A 集合中的最优。问题是，什么样的制度安排能引致资源最优利用状态的出现呢？

在多人拥有一幢建筑或共有一个住宅小区的情形下，业主对共有物业部分的维护、使用与管理过程，包括集体决定过程，一直受到了物业物理特征、技术水平以及制度安排的共同影响，同时受到了市场力的影响。单栋共有建筑的一个主要物理特征是：其中的所有单元房在室内空间上相互分离而在建筑结构上相互依存。依存的方式可分为横向（水平方向）依存和纵向（垂直方向）依存两种。在横向依存状态下，各单元之间通过墙体串联或并联。在纵向依存状态下，各单元通过楼地面层串联。随着建筑技术的发展，单元房在纵向串联的数目越来越多，单位土地面积上承载的房屋（面积）越来越多，单位房屋面积上所分摊的土地量（费用）越来越少。在土地日益紧张情况下，各单元房沿水平向或纵向的并联或串联，都有效降低了单位房屋面积内所分摊的土地成本。因此，开发商开发共有房屋是基于经济目的，而购房者选择购买共有房屋也是基于经济目的。开发商和购房者在共有住房的经济性上达成了高度的市场共识，从而出现了大量的业主共有型房屋。

由私人市场交易引发的大量共有财产的使用与管理问题，对信奉市场的人或希望通过市场完全解决财产分配和使用问题的人，或许是一个意外。在住房作为商品在市场上销售近 20 年以后，一部旨在协调共有物业使用与管理的《物业管理条例》的出现，已经说明了这个意外的真实存在。为防止物业公司、业主大会、业主委员会滥用职权侵害单个业主的权益，《中华人民共和国物权法》规定，业主对侵害自己合法权益的行为，可以依法向人民法院提起诉讼；业主大会或者业主委员会作出的决定侵害业主合法权益的，受侵害的业主可以请求人民法院予以撤销。该项制度给出了物业相关者间权益争执的解决程序，有利于形成个人集体行动的收益预期，但并不一定具有成本优势。

面对市场交易中因交易物的物理特征和技术限制而存在的利益相关群体，制度对他们行为的引导将直接影响着他们共有资源的利用效率。业主集体行动问题不仅仅局限于业主集体组织形成的困难，关键在于如何让业主有激励自愿参与其中进行自我治理。影响业主参与意愿的经济因素，无外乎是参与者参与的预期收益和成本。在预期收益一定时，个人对成本的估量成为其是否参与的决定性因素。有学者认为，这个成本主要是合作成本，它们能够被制度设计所减少（Webster et al，2003）。这是否意味着制度必须具有减少合作成本的功能或必须具有成本优势呢？答案是肯定的。

美国是一个倡导并保护私有产权的市场化国家，私人拥有独立住房的现象是一种普遍的存在。然而，有超过25万的美国人，现在仍居住在由HOAs（业主协会）治理的开发商开发的房子里。他们的安居可能说明了合约（市场）治理的有效性，同时也表明了“公共物品和服务作为私人物品的关联性物品被供给”的可能性存在。他们的联合体或俱乐部能够通过地租、会员费、房租和其他特别费用来筹集资金（Foldvary，1994）。但是，合约治理的成本并不一定比通常的公共治理成本更低。在合约治理过程中，清晰地界定产权，通过合约、条件或规则描述或许（paradoxically）会得到一个更好的监督、执行和阻止合约成本上升的效果。但许多美国的实例表明，人们已经引入了相关制度来降低业主集体行动的成本，包括近年来在美国实施的用来使日益增多的HOAs的诉讼独立于公共法庭之外的条例（Mckenzie，2003b）。这个法律使得HOAs有效地通过使用私人调解和仲裁的方法内在化了其自身的组织成本。

面对市场交易中出现的共有财产问题，香港地区在通过制度进一步明确相关权责的同时，加强了公众教育和研讨工作。20世纪90年代以后，香港几乎在不断地实施物业管理的公众教育和研讨工作。尽管在一个强调私人产权的财产系统中存在着操作上的实际困难，香港政府仍在不断强调业主维护和管理他们共有物业的责任，同时指出，政府的作用只是协助并支持业主对他们的物业负责，并会对不负责任者采取行动。对不负责任者采取的行动，也就是对“搭便车”者采取的行动，行动的本质无非是不同形式、不同程度的惩罚。台湾的公寓管理法也给出了相似的诉讼威胁。可以想见，制度所给出的惩罚威胁有可能导致集体行动。而在奥尔森看来，正面激励会给予一个潜在小组的成员以鼓励，进而参与集体行动。激励可能是物质的，也可能是非物质的。除此之外，他认为特许（权）团体和联邦团体也会导致集体行动。一个特许团体是在这个团体里至少有某些或一个成员有激励见到集体物品供给，甚至在其承担充分的费用情况下被提供。而一个联邦团体是指由一些更小的团体所组成的团体，其中的每一个都有一个原因加入到代表着全体小团体的联盟之上。

现实世界里，更多的人在法律规定的制度空间中自发地选择了正面激励。在台湾，在大陆，我们都可以看到，一个商业机会给了开发商和物业公司作为一个组织者介入业主集体行动的激励。同时也可以看到，物业公司在物业服务市场上生产并提供着业主集体所需要的集体服务。这就涉及制度经济学中的一个概念：存在趋向于组织合作行动的稀缺要素的所有者，例如，他们将形成企业、组织治理和修建城市等（Barzel，1997）。相对于单个业主，物业公司具备更多的将业主集体服务变成赢利的知识，包括选择管理方式、如何接近和利用政府部门、如何使用制度和筹措资金等方面的知识。另一个方面，他们可以以低成本和低风险的方式组织生产和供给。然而，由于信息优势的存在，不排除出现机会主义行为和寻租的可能。相关的制度安排又成为必要。

总之，形成业主组织需要相关的制度安排，而使业主组织能够有效地运作，还需要另外的制度安排。对有限量的共有财产而言，在个人有权尽情利用的情况下，理性的个人会采取不支付任何维护费用而最大限度地使用资源的方式，从而出现哈丁（Hardin，1968）所预见的公地悲剧。而当每一个共有者都有权制止资源利用时，又到了另一个极端，出现海勒（Heller，1998）所言的悲剧，布坎南（Buchanan et al，2000）称其是公地悲剧的对称性悲剧。为避免这两个悲剧的发生，人们似乎需要在这两个权利极端之间进行合适的产权安排或制度选择。正如韦布斯特（Webster et al，2005）所言，无论组织规模大小以及成本和利益在组织成员中如何有效地分配，有效的集体治理必须集中思考哪一种制度安排能够促成组织中所有成员的合作。诺斯（North，1990）认为，当人们应支付的价格足够低时，他们选择的集中化将含有利他等社会动机，而该价格依赖于治理成员间交易的制度。实际上，如果交易制度未能有效降低交易成本，甚或提高了交易成本，业主应支付的价格高，业主就很少有合作的激励，其选择的集中化就不可能包含利他等社会动机。如果发现了降低交易成本或应支付价格的制度或方法，人们更可能改变他们的行为。在诺思看来，制度将通过对交易成本的影响决定着人们的自愿合作行为是否会发生，而交易成本又可以通过正式和非正式的制度规则所治理（诺思，2008）。

10.2 制度与业主组织形成

10.2.1 业主与制度确认

业主的认定是业主组织成立的前提。业主的认定过程是一种制度实施过程，认定的依据则是相关的制度安排。《物业管理条例》第六条规定："房屋的所有权人为业主。"该规定将业主和房屋的所有权人视为同一事态，或者说，它们是同一种事态的两种不同表述方式。这个事态的内核是房屋所有权，只有拥有房屋所有权的人才能作为业主或称为房屋的所有权人。当房屋所有权是清晰可辨认的时候，业主的含义是清晰的，业主也是可辨认的。实际上，要辨认房屋所有权，又涉及另一个制度安排。该安排要明确可用来确认房屋所有权的物件或状态。比如房屋产权证（简称房产证）、购房合同或居住状态等。具体安排哪一种或几种物件、状态作为确认产权的要件，不仅要考虑法理要求，也要注重实际情况。具体的制度安排，要在体现公平的前提下，尽量降低制度的实施成本。

对商品住宅而言，一般认为，房产证是辨识房屋所有权人的唯一要件。如果每一个购房者在按合同接受房屋的同时领取了房产证，那么，每一个单位的房屋就对应着一份房产证，房产证作为房屋所有权人的法律要件是合适的，它不会遗漏任何实际所有而没有办证的人。由于现行办证过程复杂，并在办证时购房者要缴纳一笔数额不菲的房屋维修基金，有些购房者在付清了全部房款、接受房屋以后没有及时，也不急于办理房产证。在贷款仍未还清的情况下，即便以购房者名义办理了房产证，该证也往往被贷款银行所扣押。对每一个购房者而言，影响办证的因素或许不会相同，当这些因素影响购房者办证时，房产证的件数就会小于购房合同件数。如果一味地以房屋产权证为业主确认的要件会将那些未办证的购房者排除在业主之外。新近的《北京市业主大会议事规则（示范文本）（征求意见稿）》（2009）已考虑了这个问题，规定：房屋竣工并已交付使用，但尚未办理房屋登记的，按照房屋买卖合同载明的买受人认定业主身份。

实际上，《物业管理条例》中将房屋所有权人作为业主的规定，虽然排除了房屋租用者的业主权利，但没有排除购房合同中约定的房屋购买者作为业主的权利，也没有明确房屋产权证是界定业主的唯一要件。当以购房合同作为认定业主的要件时，业主集体不仅包含了已经办理房产证的业主，也包括了未办理房产证的房屋所有权人。前者为法定的房屋所有权人，后者能否称之为市场中实际存在的房屋所有权人？无论怎样称呼后者，业主集体都不能排除他们。宪法保护通过正当的市场交易所获取的财产，包括购房者通过市场所购买的房屋以及他的房屋所有权。《物业管理条例》之所以没有明确房屋产权证是界定业主的唯一要件，是否已经考虑了这种实际存在？因此，实际操作中如果将产权证作为界定业主的唯一要件，有可能与现行的制度内涵相悖。

以购房合同作为界定业主的要件，具有公平性和效率性。可以想象的是，未办证者实际所有的房屋，很可能与已办证者的房屋在结构上具有不可分性。如果将他们排除在业主集体之外，相当于免去了他们遵守业主公约的责任和房屋维护的责任，从而加重了已认定业主（即办证者）的物业维护负担，造成了费用分摊上的不公平。以购房合同作为界定业主的要件也具有效率。以业主大会筹备为例，当已购房合同作为业主资格认定要件时，开发商便可直接向筹委会提供业主名册，无需等待办理和核实房产证以后再确认业主。这个简化了业主确认过程，不仅没有将未办证的购房者排除在业主之外，而且节约了时间，降低了成本，提高了业主组织形成的效率。

强调以购房合同可以作为业主认定的要件，并不是否定产权证或房屋权属证明的作用。在法治社会里，房产证作为官方认可的一种财产证明，不仅可以通过它确认房屋所有权人，还可以通过它界定房屋所有权人的相关权利。在我们的调查中发现，许多业主大会的筹备者在实际运作中除了将房产证上记载的权利人认定为业主以外，也将购买了商品房（含经济适用房）但尚未取得房产证书的、房屋买卖合同记载的购房人视为业主。所以，我们建议，确立并推广《北京市业主大会议事规则（示范文本）（征求意见稿）》中有关业主的认定方式，将房屋产权证或房屋买卖合同中记载的购房人都界定为“业主”。

10.2.2 业主组织成立的制度安排

业主组织是由业主所构成的集体，也就是房屋所有权人的组织。严格意义上说，我国的业主组织是业主大会，而不是业主委员会。业主委员会是由业主大会选举产生的、一个执行业主大会决议的执行机构，它享有业主大会授予的权力并接受相关约束。鉴于业主委员会源于业主大会并作为业主大会的常设机构，我们也不妨将其看作业主大会中的一个二级组织。作为业主，他们具有参与业主组织的资格或权利，但不能说，他们具有自由选择是否参与业主组织的权利。现行《物业管理条例》规定，除了小区业主数只有1人，或相当少[①]以外，业主都应参加业主大会（即业主组织），并选举产生业主委员会。业主参加

① 《物业管理条例》第十条规定：只有一个业主的，或者业主人数较少且经全体业主一致同意，决定不成立业主大会的，由业主共同履行业主大会、业主委员会职责。

业主组织，不仅是他的权利，也是他应尽的义务。原因在于，在共同享有物业相关权益的同时，业主应共同承担物业有关的共有职责。

业主组织是业主集体行动的必要机构。《中华人民共和国物权法》《物业管理条例》和一些地方性的法规，对业主组织的成立都给出了一些规定。但在“由谁负责组建业主组织”以及“如何组建业主组织”等具体问题上，相关的法规并没有给出统一的规定。在中国内地，早期的业主（管理）委员会由发展商直接组织。从表面上看，业主委员会是业主的组织，但事实上，它直接为发展商服务。自 1994 年《深圳经济特区住宅小区物业管理条例》颁布以后，业主委员会的性质及服务职能发生了变化，业主委员会必须由业主选举产生，必须向业主负责，为业主服务。不足的是，该条例没有明确被选者的资格。建设部于 1994 年颁布的《城市新建住宅小区管理办法》（建设部 1994 年第 33 号令）和北京市于 1995 年颁布的《北京市居住小区物业管理办法》（北京市人民政府 1995 年第 21 号令）补充了这方面的内容，规定房屋所有权人和房屋使用人都可以成为物业管理委员会成员。2003 年，国务院颁布《物业管理条例》，首次正式提出了“业主委员会”概念，明确业主委员会是业主大会的执行机构。《物业管理条例》在明确业主自行组建业主大会的权利的同时，似乎更多地强调了业主组建业主大会的责任和地方政府及相关职能部门的指导责任①，认为只有业主才具有成为业主委员会委员的资格，房屋使用人不能进入业主委员会，这是首次以“产权”概念作为是否可进入业主委员会的资格条件。同年 6 月 26 日，建设部印发了《业主大会规程》的通知。2004 年，北京市制定了《北京市业主大会议事规则》、《业主临时公约》、《业主公约》等示范文本。2007 年，《中华人民共和国物权法》出台，明确提出物业管理权归业主或者业主委员会。依据《中华人民共和国物权法》重新修订的《物业管理条例》，变通了业主大会的形式，其第十二条规定：“业主大会会议可以采用集体讨论的形式，也可以采用书面征求意见的形式。”但是，召开业主大会的条件并没有变化。

既然业主大会是业主的组织，由业主自行组织业主大会便是理所当然的事。

① 《物业管理条例》第十条规定：“同一个物业管理区域内的业主，应当在物业所在地的区、县人民政府房地产行政主管部门或者街道办事处、乡镇人民政府的指导下成立业主大会，并选举产生业主委员会。”该条款表明，业主应承担成立业主大会的责任，基层政府和其相关管理部门有指导责任。

然而，大多数业主缺乏组织的积极性。按照北京市2004制定的《北京市业主大会议事规则》，成立业主委员会必须由业主发起组成筹备组，同时需要准备包括产权清册、小区规划总平面图、规划批准文件等十多种文件，并负责做好召开业主大会的前期组织准备工作。满足这些规定的要求不是一件容易的事。单就准备文件一项，筹备的业主可能就要花费很多的时间和精力。因为这些文件大多掌握在开发商或物业管理公司手中，只要开发商或物业管理公司拒绝提供相关文件，业主大会便难以召开，业主委员会也无法形成（民进北京市委，2008）。当开发商或物业公司的侵权并不明显或不普遍时，大多数业主不愿意按相关的政策规定[①]去组织或筹备业主大会。在武汉市江夏区一个规模中等（619位业主）的住宅小区里，业主杨某自2007年初开始，自愿张罗业主大会事宜，但历时三年多，业主大会仍未召开。其间，杨某遇到了许多先前未曾想过的问题，包括政策法规的理解问题、业主联系问题、业主资料收集难问题等。为解决这些问题，杨先生个人花了大量的时间和精力，甚至不少的经费。杨先生感言："在不断地咨询过程中，也确实给人家（指基层政府的房地产管理部门）添了不少麻烦。看来，业主自己组织业主大会还真难！"除非存在严重的、大范围的开发商或物业公司侵权行为，并且该侵权行为对业主所造成的危害已大于业主集体行动的成本，否则，业主很难积极主动地自行组织起来以成立他们自己的组织。

有些地方政府已经意识到了业主组织业主大会的实际困难，将业主组织的筹备权或责任交给了基层政府或它们的相关管理部门或居民委员会。在首次业主大会的组织安排上，有些省市要求街道办事处或乡（镇）人民政府负责筹备，有些省市要求地方政府的房地产主管部门负责筹备，有些省市要求社区居民委员会负责筹备，还有些省市要求地方房地产主管部门、街道办事处会同居民委员会、开发商等共同筹备。从目前已出台的地方法案或草案来看，各地对业主组织形成的具体规定有所不同，见表10-1所示。

---

① 《物业管理条例》第十二条规定："业主大会会议……应当有物业管理区域内专有部分占建筑物总面积过半数的业主且占总人数过半数的业主参加。"除此以外，各地根据各地实际还要求提供一系列的关于成立业主大会的相关资料，包括物业信息、业主信息、开发商和物业公司信息等。

表 10-1　业主委员会成立条件和筹备者安排

地方规定	业主大会成立条件（满足下述条件的其中之一即可）	筹备者安排
《天津市物业管理条例》(2008年12月1日起施行)	1. 业主入住率达百分之五十以上。 2. 首位业主实际入住达二年以上。	居民委员会、村民委员会、社区工作站（以下统称居民委员会）应当协助街道办事处、乡镇人民政府做好业主大会成立和业主委员会换届工作，监督业主大会和业主委员会依法履行职责，调解业主、业主委员会与物业服务企业之间的物业管理纠纷。
《郑州市物业管理条例》(2008年3月1日起施行)	1. 商品房屋出售并交付使用建筑面积占总建筑面积百分之五十以上的。 2. 商品房屋出售并交付使用建筑面积占总建筑面积百分之三十以上百分之五十以下，且首套房屋交付使用已满十二个月的。 3. 商品房屋出售并交付使用建筑面积占总建筑面积不足百分之三十，但首套房屋交付使用已满二十四个月且业主总数在三十人以上的。小区房屋出售并交付使用面积达50%的，应该成立。	筹备组成员由业主代表、建设单位代表、居民委员会代表、辖区公安派出所代表组成。其中，业主代表应不少于成员总数的二分之一。筹备组组长由居民委员会代表担任。筹备组成员名单应当以书面形式在物业管理区域内的公告栏内公告，公告时间不得少于七日。筹备组工作所需经费，由建设单位承担。
《广东省物业管理条例》(2009年3月1日起施行)	1. 物业已交付使用的建筑面积达到百分之五十以上。 2. 百分之二十以上业主联名提出书面要求。	物业所在地的物业管理行政主管部门应当指导业主召开首次业主大会。业主大会筹备组由业主代表、建设单位以及街道办事处、乡镇人民政府代表七至十五人组成，其中业主代表应不少于首次业主大会筹备组人数的百分之六十。

续表

地方规定	业主大会成立条件（满足下述条件的其中之一即可）	筹备者安排
《武汉市物业管理条例》（2011年1月1日起施行）	1.专有部分交付使用的建筑面积达到建筑物总面积百分之五十以上。 2.首次交付使用专有部分之日起满两年且交付使用的专有部分建筑面积达到建筑物总面积百分之二十以上。	由所在地的房地产行政管理部门会同开发建设单位、街道办事处或者镇（乡）人民政府召集第一次业主大会，选举产生业主委员会。
《浙江省物业管理条例》（2006年10月1日起施行）	1. 房屋出售并交付使用的建筑面积达到物业总建筑面积百分之六十以上的。 2. 首套房屋出售并交付使用已满两年，且房屋出售并交付使用的建筑面积达到物业总建筑面积百分之三十以上的。	物业主管部门应当指导业主成立业主大会筹备组，筹备召开首次业主大会会议，街道办事处、乡镇人民政府、居民委员会应当予以协助。 业主大会筹备组由业主推举的代表和建设单位、居民委员会的代表组成。筹备组成员名单应当自成立之日起三日内在物业管理区域内书面公告。
《山东省物业管理条例（征求意见稿）》（2009年5月1日起施行）	1. 业主已入住面积的比例达到百分之五十以上的。 2.业主已入住户数的比例达到百分之五十以上。 3.自首位业主入住之日起满二年且已入住户数的比例达到百分之二十五以上。	街道办事处、乡（镇）人民政府负责组织、指导本辖区业主大会成立和业主委员会换届工作。
《北京市住宅区业主大会和业主委员会指导规则》（自2009年1月1日起施行）	首次业主大会会议自物业区域内物业交付首户业主之日起即可筹备，具备法定表决条件的，应及时召开，开发建设单位应及时书面告知物业所在地的街道办事处、乡镇政府，业主也可以提出书面申请。 筹备召开首次业主大会会议所需费用由开发建设单位承担。	社区居民委员会负责首次业主大会会议的筹备工作。社区居民委员会人员担任筹备组召集人（未成立社区居民委员会的，由街道办事处、乡镇政府指派工作人员担任），负责组织业主代表、开发建设单位、社区居民委员会、派出所等单位代表组建首次业主大会会议筹备组（以下简称筹备组）。其中，业主代表人数不低于筹备组总人数的一半。

注：①《郑州市物业管理条例》第八条明确了何为业主：已领取房屋所有权证的，房屋所有权证上记载的房屋所有权人为业主。新建商品房已交付使用但未进行房屋权属登记的，经房地产管理部门登记备案的商品房买卖合同记载的买受人，在物业管理活动中视为业主。

②《郑州市物业管理条例》明确了建设单位提供首次业主大会筹备经费。

③《物业管理条例》第十二条规定，业主大会会议应当有物业管理区域内专有部分占建筑物总面积过半数的业主且占总人数过半数的业主参加。业主可以委托代理人参加业主大会会议。业主大会决定本条例第十一条第五项（筹集和使用专项维修资金）和第六项（改建、重建建筑物及其附属设施）规定的事项，应当经专有部分占建筑物总面积 2/3 以上的业主且占总人数 2/3 以上的业主同意；决定本条例第十一条规定的其他事项（制定和修改业主大会议事规则；制定和修改管理规约；选举业主委员会或者更换业主委员会成员；选聘和解聘物业服务企业；有关共有和共同管理权利的其他重大事项）应当经专有部分占建筑物总面积过半数的业主且占总人数过半数的业主同意。

按北京市政府原先的相关文件规定（后面称其为“第一个规定”），成立业主委员会必须由业主发起组成委员会筹备组，同时需要准备包括产权清册、小区规划总平面图、规划批准文件等十多种文件，并负责做好召开业主大会的前期组织准备工作。现行的《北京市住宅区业主大会和业主委员会指导规则》（自 2009 年 1 月 1 日起实施）（后面称其为“第二个规定”）将业主大会的筹备工作交由社区居民委员会负责[①]，并规定由开发建设单位承担筹备召开首次业主大会会议所需费用。

10.2.3 业主组织形成的制度比较

(1) 筹备的成本、效率与政府直接介入的困难

尽管各地对筹备者的安排有所不同，但都采用了“政府或相关部门（当地政府、或政府房地产管理部门，或半政府性质的居民委员会）＋开发商”模式。在该模式中，政府或其相关部门成为业主大会的筹备者，实际上承担着成立业主组织的组织责任，开发建设单位承担筹备经费。相对于业主自行

① 《北京市住宅区业主大会和业主委员会指导规则》第十三条明确规定：在物业所在地街道办事处、乡镇政府的指导下，社区居民委员会负责首次业主大会会议的筹备工作。社区居民委员会人员担任筹备组召集人（未成立社区居民委员会的，由街道办事处、乡镇政府指派工作人员担任），负责组织业主代表、开发建设单位、社区居民委员会、派出所等单位代表组建首次业主大会会议筹备组（以下简称筹备组）。其中，业主代表人数不低于筹备组总人数的一半。

组织，在政府或其职能部门或具有半政府性质的居民委员会出面组织情况下，开发商的经费和相关的配合工作更容易到位。

从筹备者人数（或单位数）的制度安排看，不同的筹备者人数安排对应着不同的筹备成本和效率。明确地说，筹备成本与筹备人数成正比，筹备效率与筹备人数成反比。我们先假定筹备者为一人或一个单位，且该参与者有外在的激励或内在的压力去进行筹备工作，那么，筹备者的动员成本将很低，行动效率会相对较高。如果筹备者是两个或两个以上的个人或单位，则筹备者之间的协同成本就会增加。如果给出筹备激励，激励数量也会相应增加。然而，激励数量的增加并不一定意味着集体行动的效果就一定会改善。实际上，人人得到激励的机制往往达不到激励效果。因此，明确一个人或一个单位作为筹备责任者的制度，具有相对低的成本和高效率，而给出由两个或两个以上个人或单位共同负责的制度，则具有较低效率和较高的成本。给出由A、B或C负责的制度类似于两个或两个以上个人或单位共同负责的制度，也具有较低效率和较高的成本。北京市虽然先后给出了两个不同的规定，但每一个规定中都只明确了一个筹备者。与多个筹备者参与筹备的制度安排比较，北京的单个筹备者的制度安排无疑降低了成本，提高了效率。

值得注意的是，即便是单个筹备者，安排的人或单位不同，筹备的成本和效率也有区别。北京市的第一个规定，安排业主为单个筹备人。对筹备的业主来说，单就准备文件一项工作，就可能要花费很多的时间和精力。北京市的第二个规定将单个筹备者变为了居民委员会。尽管目前还没有具体的业主组织的新增数据来说明此制度变迁的效果，但可以肯定的是，由居民委员会直接参与组织业主大会，减少了业主所负担的业主组织形成成本，也在一定程度上降低了业主组织的实际形成成本。虽然居民委员会也是一个群众性的自治组织，但它是按政府要求建立并接受政府经费支持的具有“半官半民”性质的组织①。由他们承担业主大会的组织筹备工作，相当于同意使用政府财政拨款支付一部分业主组织的成立成本。

政府机构或政府职能部门作为业主组织的单一的直接筹备者，将面临两

① 一般而言，居民委员会主任由政府委派，居民委员会的设立、撤销、规模调整由政府决定，居民委员会成员的工资福利和办公经费都来自政府的财政拨款。故可以认为，居民委员会实质上是一种半行政性的基层自治组织，是政府基于“基层政权建设”出资设立的一种群众性的自我管理组织。

难选择。一方面，由城市基层政府（乡镇人民政府或街道办事处）直接出面组织或筹备业主大会，虽然会降低业主的组织成本，但存在政府干预个人基于财产权的自愿选择的嫌疑。无论是业主个人，还是业主集体，物业服务的收益都归他或他们（业主）享用。一个人，或一个小团体是否利用市场改善他或他们的处境，是他或他们自己的事。在市场经济环境中，政府除了给出相关信息提示、至多给出相关建议以外，实在没有理由也没有必要对个人或小团体的行为进行强制，进而担负起强制的责任并承担强制的后果。业主集体是一个基于各自物业产权的利益共同体，每一个业主有权决定是否参与集体行动。尽管一个物业管理区域内存在着业主共有利益，但它不同于一般意义上的公共利益，它是一个区域内的小团体利益。政府直接干预业主集体形成事务有悖市场经济原则。另一方面，由于一个物业管理区域内的事务多，物业相关者如开发商、物业公司和业主等，因物业的使用、维护和管理问题所产生的利益冲突随时会出现，政府的协调必不可少。为了减轻政府协调工作量，帮助构建有效的业主集体的自我协调与自我管理体系，似乎是必要的。政府或政府职能部门直接介入业主组织的成立过程，面临“两难”选择。

(2) 居民委员会主导的业主组织筹备制度

相对于政府部门，介于政府和业主之间的居民委员会具有两面性，即“半行政性”和“自治性”①。由居民委员会主导筹备业主组织可有效调解政府的“两难”，也可弥补业主自愿性的不足。对业主而言，其购房行为是他们自己积极主动的、自愿的个人行为。但购房行为中的个人的积极主动性和自愿性，并不会自行延伸到后期的物业管理服务过程之中。在购房过程中，

① 《中华人民共和国城市居民委员会组织法》第二条、第三条表明，居民委员会是居民自我管理、自我教育、自我服务的基层群众性自治组织。不设区的市、市辖区的人民政府或者它的派出机关对居民委员会的工作给予指导、支持和帮助。居民委员会协助不设区的市、市辖区的人民政府或者它的派出机关开展工作。具体任务包括：1）宣传宪法、法律、法规和国家的政策，维护居民的合法权益，教育居民履行依法应尽的义务，爱护公共财产，开展多种形式的社会主义精神文明建设活动；2）办理本居住地区居民的公共事务的公益事业；3）调解民间纠纷；4）协助维护社会治安；5）协助人民政府或者它的派出机关做好与居民利益有关的公共卫生、计划生育、优抚救济、青少年教育等项工作；6）向人民政府或者它的派出机关反映居民的意见，要求和提出建议。由此看来，居民委员会工作涵盖了宣传教育、社会福利、治安保卫、文教卫生、调解民间纠纷、就业等，主要侧重于社会政治稳定。

购房者面对一个交易对象——开发商，交易成本相对较小（因为交易发生在一个“有意”买房者和一个“有意”卖房者之间），购房者有信心同这一个交易对象谈妥购房条件，从而实施购房行为。物业服务是一种多内容的、每天都需要的集体物品。物业公司为提供这样的服务，需要投入大量的人力、物力和财力。当单个业主欲购买这项服务时，他将面临物业公司总和了各项投入（人力、物力和财力）、利润和税金之后的高额报价。为了分摊物业服务费用，该业主可能与其他业主协商，但协商的成本即业主间的交易成本是不可估量的。一方面，每一个业主对物业服务的估价可能不同，而甄别他人估价是否含有策略行为很困难，故统一估价需要很高的成本；另一方面，与其他业主一个个地协商如何分摊费用也必然面临很高成本。于是，在物业服务市场中，单个业主面临的高价格或高成本，足以阻碍他们的自愿行动，即便他个人非常期望能够通过市场得到物业服务。因此，需要一个外在的组织者去组织并协调业主集体行动。

在居民委员会作为业主组织的主要筹备者的安排下，开发商、物业公司和政府相关部门介入并进行协助也是必要的。开发商作为物业的出售方，有责任向全体业主说明其所售物业的正常使用所必需的服务性需求，并且有责任帮助业主形成业主组织，以便业主能够共同供给物业服务，分摊物业服务费用。开发商拥有全部业主的信息，这些信息为联系业主提供了便利。因此，开发商协助居民委员会组建业主大会是必要的，也是可行的。由于第一次业主大会之前的物业服务商是开发商聘请的，大多数开发商已将小区的物业管理办公用房和业主相关资料等交给了物业公司，物业公司在一定程度上成了开发商与业主进行具体交往的代理人。在已建成并投入使用的小区里，开发商聘请的前期物业服务公司与业主有了更多的交流，从而掌握了更详细的业主信息。物业公司的代理人角色和它所有的信息优势，使其成为协助筹备第一次业主大会的合适人选。虽然政府直接介入业主组织的筹备存在“两难”选择，但政府房地产主管部门毕竟具有解释或把握政策的优势。在筹备业主大会过程中，他们的介入有助于居民委员会工作。

综合以上分析，一个由居民委员会主导的业主组织筹备的机制和流程见图 10-4 所示。

在图 10-4 中，居民委员会作为主导性的独家组织者，开发商、物业公司和地方政府的房地产主管部门作为协助者，共同筹备、召开业主大会，选

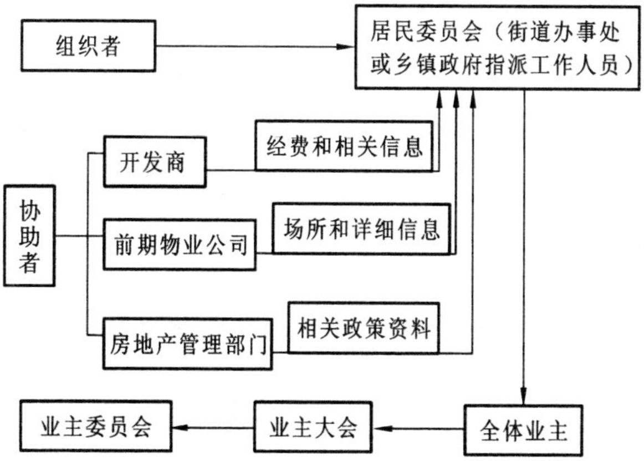

图 10-4　业主组织筹备机制与流程示意图

举产生业主委员会。该项安排具有较低的成本和较高的效率，目前已被部分省市推荐应用。

(3) 开发商主导的业主组织筹备制度

政府或其相关职能部门或居民委员会替业主筹备业主组织，无疑会降低业主自行组织业主大会时所需负担的组织成本，从而改善业主委员会成立难问题。[①] 问题是：政府或居民委员会的介入是否比由市场导向的由开发商直接组织更有效率或更为公平？

首先，由政府介入组建业主组织，对维护业主权益不一定是正面的，可能是中性的。一个整体财产被分开交易的行为并没有偏离市场交易的轨道。对于这类交易，政府除了界定分开交易的产权之外，要做的事并不多。当政府介入分散的购买者的行动时，自发的市场功能将受到影响。开发商应尽的

① 在业主自行组织业主大会的制度安排下，业主大会和业主委员会成立难是一个普遍问题。据统计，北京市共有 3000 多个住宅小区，由 2000 多家物业管理公司实施管理服务，按规定成立业主委员会的仅 511 个，占小区总数不足两成，80%的小区没有成立业主委员会（郭莹，2008）。据广州市 2004 年统计数据，当时有物业管理小区（大厦）3617 个，约 259 万居民接受物业管理服务，但代表业主权益的业主委员会仅 429 个，占比例为 11.9%；2005 年全市共有小区（大厦）约 4200 个，业主委员会约 560 个，所占比例为 13.3%（陈晓莹，2006）。至 2005 年初，汕头市有住宅小区 400 多个，设立物业管理企业 175 家，成立业主委员会仅 37 个，所占比例仅占 9%。居物业管理前列的深圳市，截至 2005 年底，全市共有住宅类物业小区 2003 个，其中 721 个小区已经成立业主委员会，占全部住宅小区的 36%。目前尚没有准确的数据来反映政府直接介入的效果。

市场责任，随着政府的介入而被“挤出”。业主与开发商之间有关商品房售后的讨价还价行为，因政府的介入而停止。政府承担了更多的维权责任，而业主并没有比由开发商组建业主组织时得到更多。

第二，政府直接接入业主组织筹备至少说明两个问题。一是业主自行组建业主组织已经出现困难；二是政府接受了“开发商组建的业主组织不能有效地为业主维权”的假定。在一个自由市场里，业主自行组建业主组织确实面临成本分摊问题。当业主间没有人愿意牵头包括自愿承担组织成本以及在业主间执行成本分摊时，业主自行组建业主组织会面临困难。而“开发商组建的业主组织不能有效地为业主维权”的假定并不一定属实，因为市场中那只“看不见的手”时常在起作用。当人们人为地束缚了市场中那只“看不见的手”时，自利的开发商或物业公司的行为或许真的不能再为业主维权。在现行市场中，有一些开发商或物业公司的自利行为损害了业主的权益，而另一些开发商或物业公司的自利行为却间接并有效地维护了业主的权益，尤其是那些有实力、有影响且有远期目标的开发商的行为。当政府介入组建业主组织时，有可能维护了一部分业主的权益，同时损失了另一部分业主可能得到的开发商行为的间接收益。

第三，政府介入有可能导致开发商卸责。一幢楼宇的所有者对该楼宇进行管理与维护是非常正常的事。在业主组织形成以前，为保证由其分销的小区内各单元房的正常使用，开发商负责管理和维护小区的共有财产也是再正常不过的事，甚或是他们应有的责任。如果开发商要转移此项责任，在政府未介入的情况下，他们会积极主动地组建业主组织。这是市场力的驱动，业主也可借此讨价还价以保障自己的权益。而政府部门的介入，有可能淡化了开发商的责任，并给了开发商一个无需努力便可成功卸责的机会。

在业主组织组建过程中，真正需要思考的问题是，如何保障业主在获得开发商自利行为的间接收益的同时，又能有效避免开发商的自利行为可能带来的伤害？一种可能的方法是：在鼓励开发商组建业主组织的同时，通过相关的制度安排规范业主组织和组织中人的行为。这种方法可以称为市场主导型方法，它将组织形成和运行分为两个阶段，在组织形成阶段，强调市场力的发挥；在组织运行阶段，强调制度的影响力。在组建组织需要成本的情况下，比较组建的方式是必要的。借助市场力组建业主组织，将业主组织看成是市场交易品正常使用的一种维护性机构，或实施市场交易的一种衍生品。

于是，开发商组建业主组织成为最经济的做法。然而，人们担心，开发商组建的业主组织会维护开发商的利益而损害业主的利益。实际上，这种担心是多余的。真正有可能出现的情形是，组织中的个别或某些人得到了开发商私下的好处（私下交易或寻租），从而维护开发商的利益或损害其他业主的权益。这种情形是组织成立以后的可能性事件，但不是必然事件。防止这种情形出现的措施有很多，不一定只有“禁止开发商组建业主组织”一条路。即使开发商不组建业主组织，也不一定就能保证开发商不再与组织中人进行私下交易。如果开发商真的想与业主组织中人进行私下交易，他更有可能不参与任何活动以避免闲话。实际上，私下交易或寻租行为与“谁组建业主组织”并没有必然的联系，只不过由开发商组建业主组织更容易让人产生联想而已。解决私下交易或寻租的有效措施是构建相关的制度安排，如业主集体决策机制、重大决策公示制等。在组织形成阶段，市场力能有效降低组织的形成成本，开发商组建业主组织具有效率优势。在组织运行阶段，有效的制度安排将抑制可能出现的私下交易行为或寻租行为。在开发商已基本退出物业管理服务行业后，或开发商与物业公司不再是利益共同体以后[①]，开发商从自身利益出发，更有可能积极协助组建业主组织，以便早日从已销售的项目中撤出。因此，由开发商直接协助组建业主组织或许更为理想。

(4) 成立业主组织的业主人数要求

筹备者可能期望每一个业主都参加业主大会，但实际上很难实现每一个业主都参会的目标，因为每一位业主都参会的成本很高。《物业管理条例》已经明确给出了成立业主大会的要求。省市地方政府进一步细化了业主大会的成立要求。2008 年 3 月实施的《郑州市物业管理条例》规定：①小区房屋出售并交付使用 50％的，应该成立；②不够 50％，但在 30％以上，且第一套房屋已经交付满一年的，应该成立；③连 30％都不到，但第一套房屋已经交了满两年，而且业主总数在 30 人以上的，也要按规定成立。规定条件中的 50％、30％的比例是针对已交付的建筑面积而言的，但同时考虑了第一套房的交房时间和业主人数。

---

① 中国物业管理学会于 2007 年给出的《全国物业管理行业生存状况调查报告》显示，目前大多数物业公司已不再是开发商下属公司。开发商与物业公司之间的关系渐渐演变成了交易关系，而不是隶属关系。

对首次业主大会而言，“要求成立”不同于“能够成立”。前者是一种主观的要求，或政府认为有必要的行动；而后者更多地涉及现实环境的限制。除了确认由谁牵头筹备以外，召开业主大会的条件是业主大会能否成立的一项前置性制度安排。一次会议得以合规召开，或会议的决议能够拥有效力的一个必要前提条件，就是出席会议的人数必须达到规定的“法定人数”。该条件是为了防止少数人以组织整体的名义作出不能代表整体意见或利益的决定而给出的。美国宪法规定，参众两院会议的法定人数均为“所有成员的过半数（a majorty of the members)”，既采用了简单多数决策规则。现行《物业管理条例》也将简单多数规则作为了业主大会召开的条件，业主大会“应当有物业管理区域内专有部分占建筑物总面积过半数的业主且占总人数过半数的业主参加”。无论由开发商、业主，还是政府相关者筹备首次业主大会，都要面对这项制度安排。

在“法定人数”的决定过程中，不仅要防止少数人以组织整体的名义作出不能代表整体意见或利益的决定，还要考虑组织的属性、决定事项的性质对现实可行性的影响。对立法机构的会议，如美国参众两院的会议，过半数的规定是合适的。但对一般的自愿性组织来说，过半数规定是否合适，仍是一个有待争论的问题。业主大会是一种什么性质的组织？它的法定人数是多少才合适？目前尚没有专门的理论研究来回答它们。依据罗伯特的通用议事规则，对于成员关系明确（有明确的入籍、身份保持和退籍管理，有成员名录）的组织，它的法定人数是“全体成员的过半数”。虽然业主组织的成员关系明确，但它又是一个自愿的组织，按罗伯特议事通则似乎也难以确定业主组织的法定人数。

《物业管理条例》虽然给出了过半数的规则，但从现实情况看，过半数规则遇到了困难。在物业区域所在地召开业主大会，虽然对入住业主是低成本的，但存在一个“入住率”的问题。随着入住率的不断降低，满足会议条件的成本将显著上升。宁波新城区委员会（2008）新近调查结果显示，2006年后交付的住宅小区入住率为 41.4%。我们在武汉近郊的调查结果表明，业主的入住率平均为 46.7%。武汉市江夏区的 A 小区，在交房后的 5 年内，实际入住率仅为 23%。对入住率低于 50%的小区而言，达到过半数（面积或业主数）的要求要耗费更多的时间。郑州市虽然给出了明确的必须成立业主大会的要求，但实际操作中也很难依据“过半数”规则及时召开业主大会。假定一个中等、偏小规模的小区，其中住宅套数为300套，每套建筑面积为80 m^2，总建筑面积为24 000 m^2，对应业主300人。假定现在交付使用的面积数为2480 m^2，为总面积的10.3%（不到30%），但第一套房屋已经交了满两年，而且接受房屋的业主总数为31人。当另69名购房者尚未接受房屋时，在满足表决条件的要求下，想尽快成立业主大会的可能性太小。

人们已经意识到，满足过半数的条件需要花费很长的时间。《北京市住宅区业主大会和业主委员会指导规则（2008)》将物业区域内物业交付首日作为了筹备起始日。2007年《物业管理条例》修订稿专门就业主大会的形式进行了修订①，以提高业主“参会”率。相对于集体讨论的会议形式，书面征求意见的形式减少了业主的参会成本，特别是拓宽了“参会”的内涵。一位外地的业主，他很可能放弃到达会议现场参与集体讨论式的业主大会，但不至于放弃填写书面征求意见表。在开会和表决的条件（业主数）不变的情况下，对填写并反馈书面意见表便视同参会的认可，直接提升了业主的参会率，同时提高了条件的可执行性。需要注意的是，在缺乏讨论环节时，业主的选择可能比较分散。因此，在业主集体行动的具体问题的决策上，适当降低投票决策规则水平又是必要的。

如何确定不同类型组织会议的法定人数成了会议能否召开的一个前提。或许有人说，对于一般的组织，其章程中应该已经规定了会议的法定人数。这个解说并没有真正回答问题，因为章程的通过也有一个法定人数问题。在公平与效率（成本）的权衡中，我们倾向于这样一个基本原则：法定人数或比例应该是多数情况下都能够达到的人数（可以不考虑诸如恶劣天气之类的特殊情况），以保证现实可行性；但它又必须尽可能地大，以保证尽可能地代表整体性，或以示公平。从现实情况看，以实际入住（即常驻）业主的一定比例作为业主大会召开的法定规则更具操作性。当然，理论家会质疑这个想法的公平性。他们会认为，在大多数业主未入住的情况下，即便入住业主一致同意，其结果也不能代表全体业主的意愿。以少数人的意愿作为全体的意愿，对多数人是不公平的。实际上，问题具有两面性。当入住业主急需与

---

① 修订后的《物业管理条例》第十二条规定：“业主大会会议可以采用集体讨论的形式，也可以采用书面征求意见的形式。”

未入住业主一道商议物业服务事宜（如召开物业大会）的时候，如果未入住业主能够积极主动地接受入住业主的邀请，共商业主集体事宜，过半数规定便容易达到。问题更多在于，未入住业主往往会以各种理由，也可能不用任何理由拒不参与业主集体活动。如果因为未入住业主的不参与而影响了物业服务相关事宜的协商，物业服务不能有效供给，已入住业主的日常生活会受到影响，那么，对已入住业主来说，更不公平。在入住和未入住业主权益平衡基础上，我们倾向于出现这样的条款："在告知了 2/3 以上业主会议信息之后，即便与会者未能达到法定要求，但仍然有入住业主的 70%参会，会议决定有效。"我们的调查发现，物业服务与入住业主有更高的关联度，入住业主对物业服务有更真切的感受，从而具有提出更符合实际的决策建议的可能性。因此，当法规授权给入住业主的多数以便他们能够进行集体决策时，非入住业主的权益不至于被侵害。

人们已经将参会的业主人数和其代表的物业权重数作为业主集体行动的一个门槛。显然，如果为了尽快实施集体行动，似乎要有一个更低的门槛。但是，更低的门槛意味着少数人可以替多数人做决定，这又有违公平。于是，过半数或简单多数规则变成了一种调和性的选择。在台湾地区，大多数物业管理参与者并不在意立法对建立业主协会的（人数）要求（Guo, 1999）。按照他们的经验，这个问题可以通过召开多次小规模的会议来解决。例如，可以按区（面积）分组，或按栋分组，或按单元分组召开业主小组会议。在小规模的小组会议上，参与的业主数能容易达到立法所规定的要求。这是一个好经验，它类似于奥尔森的联邦小组（federal group）战略。即将一个集团分为许多小组，让各小组独立决策并相互形成联盟来影响大集团的行动。

台湾的经验与我们基于单栋建筑物共有产权基础上的"单栋业主集体"[①] 概念和主张相吻合。我们倾向于将"单栋业主集体"成为业主的"初级行动集体"，由这个集体选出 1～2 名代表参加"业主代表大会"，由"业主代表大会"选举产生"业主委员会"。

---

① 指一栋建筑物内的所有业主所形成的集体。在一个由很多栋建筑物所组成的小区里，单栋业主集体的规模要远小于一个小区内所有业主的规模。

10.3 业主委员会职权安排与现有法规的对接

我们已经将业主委员会定位于业主“代理人”角色。作为代理人，不能没有委托人的信任，但也不能仅有委托人的信任。有效的委托代理关系还需要经济激励。与股份公司的管理团队类似，作为业主集体的代表机构，业主委员会应负责经营管理业主的共有资源。然而，现行的业主集体或业主大会并没有明确业主委员会的具体职权，而只是规定了业主委员会的职责，履行《物业管理条例》所规定的职责必须有对应的职权。比如说，当规定业主委员会具有报告物业管理实施情况的职责时，如果没有授予它对物业管理实施状况进行监督和检查的权力，它就无法履行这项职责。

现有法规给出了非常有限的业主委员会的管理权安排。一是签订物业服务合同；二是监督物业服务；三是监督管理公约实施；四是督促业主交纳物业服务费用等。其中几乎没有提及业主委员会对业主共有资源或财产的经营权利或责任。在没有代理佣金或没有经济激励的情况下，这样的规定是可以理解的。但如果没有经济激励，再少的要求，只要是长期的要求，都难以持续地被满足。在采用委托代理佣金制的框架里，业主委员会的主要职责是通过有效地经营管理以最大化业主的共有财产收益，业主委员会和业主之间关系依靠具有激励作用的佣金维系，而不仅仅依靠业主委员会成员的积极主动和无私奉献来维系。对一些至关重要的决定，比如说，物业公司的解聘和选聘，维修基金的使用和其他重大经营管理事项等，业主大会可保留最终的决定权。在重大事件的业主大会决定过程中，业主委员会具有为业主大会决议做充分准备的责任，并在业主大会上具有充分的解释权和建议权。

我们想进一步知道，业主大会应授予业主委员会哪些具体的职权以最大化各自的收益？我们不妨从具体操作层面来看这个问题。在首次业主大会上，业主可以通过选举选出业主委员会成员，形成业主委员会，但不能同时决定聘请哪一家物业公司（是否聘请物业公司是业主的集体选择）。因为聘请哪一家物业公司，必须有可供选择的公司及其相关的资料。谁去组织这项工作或收集相关资料，是作出聘请决定的一个前置性问题。一般情况下，我们会寄希望于业主委员会。这样一来，我们就会给出业主委员会第一项授权：负责筹备或组织物业公司的聘用事宜。在招投标制度下，业主委员会将承担一系列的物业服务招投标的组织工作。具体包括：①着手起草小区物业管理服务招标书；②发布招标信息，分发标书；③接受物业公司投标书；④对物业公司的服务进行实地考察等。当然，授权业主委员会实施物业公司聘用的组织工作，虽然意味着业主委员会有权按照相关程序自主开展各项具体的组织活动，但并不意味着他们具有最终的决定权。现有规定将物业公司选聘的决定权授予了业主大会[①]。无疑，选聘或解聘物业公司，是一项与业主利益密切相关的物业服务重大行动。业主的共同参与，或许会使决定的公平性有更多保障。但是，由每一个业主都参与的决策肯定是无效率的，其结果也不一定是公平的。在有业主大会及业主集体共同决定物业公司聘用的制度安排下，业主委员会的组织工作仅是业主集体决定的前期工作。为了决定聘用哪一家物业公司，必须再次召开业主大会，以便全体业主在业主大会上作集体决定。相对于业主委员会会议，业主大会的组织、召开和集体决定过程都要复杂得多，从而缺乏效率。现行《物业管理条例》第十一条和第十二条明确了聘用和解聘物业公司的业主集体行动要求和决定的通过标准[②]，从而将“业主大会决定物业公司的聘用和解聘”作为了业主集体选择的唯一形式。实际上，如果业主大会授权业主委员会去选聘或解聘物业公司，那么，该行为也是一种业主的集体选择。这种选择是信任的表现，也是效率的选择。在这样的授权下（第二项授权），业主委员会的成员有更强的责任感去履行业主的重托，他们会组建一个专门的招标小组（其成员由业主委员会成员和业主代表组成，业主委员会主任任组长。也可邀请居民委员会代表列席），并通过邀请相关的专家负责评标和定标工作。为进一步推进小区的民主，保证决策的公开和公平，不妨假定业主委员会将招标小组的定标结果在小区内进行公示。在公示一定时间且无异议后，业主委员会代表全体业主再与中标物业公司签订物业服务合同。

相对于业主集体决定而言，由评标委员会采用“分值法”或许更为科学有效、公平合理。不妨假定物业管理的入围企业为 5 家。当通过业主大会的投票表决方式决定时，5 家不同的企业势必会分散业主的选票，以致很难保

---

① 《物业管理条例》第十一条第四款规定：选聘和解聘物业服务企业由业主共同决定。

② 应当经专有部分占建筑物总面积过半数的业主且占总人数过半数的业主同意（简称：双过半规则）。

证某一家企业一定能在一次性表决中获得过半数的业主同意且专有部分占建筑物总面积过半数的业主同意，尤其在入围企业的实力相当（或势均力敌）之时。于是，在制度门槛之下，集体表决结果成为无法达成共识的无效结果。在每位业主坚持自己主张时，多次投票表决也难以解决这个问题。业主投票表决的方式或许适合于仅1～2家入围企业的情形。在首次业主大会上，决定是否聘任的物业公司，往往是已经介入的前期物业管理服务企业，这时，表决结果可能是有效的。但业主并不希望仅有这一家物业公司可供选择①，物业服务市场会给出更多的物业公司让业主选择。在市场竞争情形下，由全体业主参与的集体选择过程（包括表决方式）很可能在现有通过标准下产生集体决策无结果。为了满足法定的通过标准（即过半数标准），在不改变全体业主决定方式的前提下，必须引入新的制度安排。比如说，在没有企业满足业主集体决定的通过标准时，按企业得票数的高低选取得票数居前两名的公司作为新一轮的选择对象，同时淘汰其他的公司。再让全体业主对得票居前的两家公司进行投票选择②，或许可得到满足制度门槛的有效投票结果。这样的制度安排并没有改变"通过标准"，仅将原先的一次投票变成了两次或多次，从而将业主的一次选择变成了两次或多次选择。另一种方式是业主授权业主委员会组建招标小组开展物业公司的选聘工作。当业主委员会通过双过半规则得到授权以后，招标结果相当于通过了"双过半"规则。更为重要的是，由业主委员会成员和聘请的转接组成的招标小组组织的评标、定标过程会更有效率。物业管理服务的评标工作是由评标委员会进行的，评标委员会不同于业主委员会组建的招标小组，它是招标小组直接聘请的或通过地方政府相关管理部门聘请的由物业管理专家和业主代表共同组成的一个评定委员会（一般为5～7人）。通过该委员会的成员对每一个投标物业公司评价的综合，可得出候选企业的排序，从而最终确定中标人。

一般而言，当甲方与乙方签订了服务购买合同，乙方向甲方按合同提供了服务以后，甲方向乙方进行支付是甲方的义务，乙方向甲方收取服务费用

---

① 如果只有1家公司，实际上谈不上选择公司，只是选择"同意"或"不同意"。

② 该选择仅在新一轮的入围企业A和B中选择。简言之，一个业主，要么选A，要么选B，而无其他选择。在只有一个物业公司存在时，业主的选择是"同意"还是"不同意"。这两者之间是有区别的。

是乙方的权利，并且是受法律保障的权利。如果我们把业主委员会看作一个独立的行为主体，当其与物业公司签署了购买物业服务合同以后，业主委员会必须向物业公司支付物业服务费，同时，物业公司具有向业主委员会收费的权利。问题在于，业主委员会是受业主的委托，与物业公司签订了合同。于是，人们建议（当然，现在就是）让物业公司直接找合同签署者的委托人——单个业主去收费，而不找合同签署者——业主委员会收费。这种做法，似乎简单，但混淆了市场交易关系，模糊了交易的产权。实际上，在单个业主、业主委员会和物业公司之间，存在两项交易：一项是单个业主与业主委员会之间的委托代理交易；另一项是业主委员会与物业公司之间的物业服务交易。在前一项交易未完成的情况下，实施基于前一项交易的后一项交易，其困难是必然的。具体表现为物业服务收费难。要完成第一项交易，必须明确单个业主向业主委员会支付费用（物业服务费，甚至包括代理费）的义务，同时业主委员会具有向单个业主收费的权利。这项权利，构成了业主集体向业主委员会的另一项授权。

10.4 业主委员会的运作与制度创新

选举业主委员会成员并成立业主委员会，是首次业主大会的重要事项之一。在业主委员会成立以后，如何保证它能按预期履行其职能是业主必须思考的问题。现实中不仅存在业主组织组建难，也普遍存在业主组织作用不明显问题。至 2007 年底，上海市已建成业主委员会 6114 个，组建比例居全国第一，但其中能够充分发挥作用的不足 10%（冯兰蔺，2008）。据银川市高台寺住宅小区（银川市第一个业主委员会诞生的地方）第一届和第二届业委会主任马先生介绍：银川市市区现在有 100 多个业委会，真正起作用的不到 30 个。

什么原因导致业主委员会未能按业主的预期发挥作用呢？现在最多的一种解释是，开发商组建的业主委员会只可能代表开发商的利益，而不可能为业主的权益而努力。言下之意是业主委员会成员拿了开发商的好处，而不能在业主所期待的事务上发挥作用。从我们走访的实际情况看，业主委员会未能充分或持续发挥作用的原因，比我们已知的或想象的要复杂得多。除了开发商自行组建（未经过业主大会选举）业主委员会以外，业主集体和业主委员会之间的“链接”是一个薄弱环节。

现行政策似乎倾向于业主委员会的工作是一种公益事业，业主集体与业主委员会之间的“链接”主要依靠业主的奉献。比如，我们要求业主委员会委员应当热心公益事业、责任心强并具有一定组织能力①，但没有对他们的工作给出任何的回报承诺，而是寄希望于他们无私的奉献。在公益事业中，我们确实看到了志愿者的身影。在承担这项工作的过程中或以后，志愿者得到了社会的认同，至少是受其服务的相关者的认同。在大多数小区里，我们也发现了积极或曾经积极自愿参与业主集体活动者的身影。在他们的心中，社会的认同，业主的认同，即便是语言上的，也是他们最大的满足。然而，业主的奉献在缺乏基本信任的环境里并不具备持续性。在直接涉及权益分配的业主委员会的工作中，自愿者的动机令人生疑。对大多数业主而言，他们似乎已不再相信有人会为了他们的共同利益而甘愿奉献。大多数业主不会慷慨地对奉献行为者的行为予以赞扬，少数业主甚至给出了非议。对曾经出色工作过的委员不愿再继续工作一事，一位业主委员会主任坦言：“他们都是热心为业主办事的人，从没要过一分薪酬，也从没想要，但干着这个工作总是出力不讨好，落得个‘里外不是人’的结局。”在猜疑和非议的环境中，无私奉献难以成为风尚，也就不可能成为业主集体与业主委员会之间的有效“链接”。

实际上，业主委员会的工作完全不同于公益事业，业主委员会是一个典型的利益集团（即业主利益集团）的代理机构。业主委员会成员，作为这个利益集团的代理人，既可能积极主动地去维护、争取业主的利益，也可能被动消极的去应付相关事务，甚或有可能去寻租。在一些具体的工作中，他们的行为既可能维护某些业主的权益，也可能损害另一些业主的权益。目前，理论界尚未充分认识到业主利益集团与业主委员会之间的委托代理关系，从而缺乏对委托代理关系媒介的认识和研究。在实践过程中，虽然社会舆论在不断地对业主委员会成员呼吁，希望他们为了业主的集体事务乐于奉献，但鲜见有舆论倡导广大业主在受奉时给予积极的反馈。当前，大多数的业主委员会成员在为全体业主的利益工作着，但未能得到这个利益集团的任何物质利益，甚至不能得到他们的信任。在业主间的委托代理关系里，当利益和信

---

① 此为《物业管理条例》对业主委员会委员人选所做的规定。

任两种媒介同时缺乏时，市场动力没有了，良知也不能发挥作用，关系只能勉强地维系着。

在委托代理关系里，信任是关系成立的前提，也是关系得以维系的基础。业主在业主大会上的投票是一种信任表达方式，当选的业主委员会委员是业主信任投票的结果。业主委员会在这样一种被信任的氛围里成立了。可以想象的是，一个被他人充分信任的人，会有一种激情并采取某种实际的行动以回报这种信任。“士为知己者死”，作为信任的一种极端的回报或反馈理念，在我们的文化里已经流传了很久，即便在今天，人的行为或多或少地还在受其影响，甚至不排除少数人会按此去做。信任与反馈的互动过程，维系着信任者与被信任者之间的关系。对信任者而言，信任是一种付出，也是一种“心智模式”[①] 的聚集。当被信任者的回报（作为一种对信任的反馈）被信任者所感知时，信任会被稳固并得以持续。按照曼特扎维诺斯和诺思的观点，当心智模式被不断的反馈所支持时，该模式将被“稳固化”进而形成“信念”。在不断地信任反馈过程中，信任也会被强化为一种“信念”，一种对某人信任的“信念”。

这个命题是基于信任者对被信任者的反馈的一致性理解和认识之上的。如果信任者对被信任者的反馈的感知是反向的（与其信任或期望中的行为或结果），即便被信任者是在积极满足或回报信任者的信任，信任也不会被固化并生成“信念”。先前的信任会被对反馈的误解所动摇，从而降低了信任程度甚至产生不信任。当被信任者感到了信任者信任程度的变化时，反馈的积极程度也会随之下降。被信任者反馈的积极程度与信任者的信任程度的关系式如下：

$$Y=KX\ (\delta) \tag{10-1}$$

式（10-1）中 Y 为被信任者反馈的积极程度，X 为信任者的信任程度，K 为比例系数，$K>0$，δ 为信任者对被信任者的误解程度。式（10-1）表明，被信任者反馈的积极程度与信任者的信任程度成正比，信任者的信任程度和被信任者的误解程度成反比。而信任者的信任程度受其对被信任者反馈行动的误解程度所影响。当信任者的误解程度 δ 上升，则信任度 X 下降；

① 按诺思等的定义，心智模式（mental models）指心灵对环境所做的预测或期望。（诺思，2005）

当信任者误解程度 δ 下降，则信任度 X 上升。在信任者误解程度 $\delta=0$ 时，$Y=KX$。

在信任的环境中，被信任者的约束力是公共道德。然而，当信任者没有按习俗对被信任者的积极反馈给予补偿（物质和精神）时，道德偏向于被信任者。即便被信任者不再给予积极反馈，道德对被信任者的心灵作用也会非常有限。如果信任者未能真切地感知或误解了被信任者的积极反馈时，信任的链条会断裂。

在业主与业主委员会成员间的关系处理上，没有信任便不能维系其间的关系，但仅有信任也是不够的。信任是维持关系的必要条件，而不是充分条件。需要进一步思考的问题是，被信任者是否会长期满足于信任者的信任而无需其他的实际利益（如金钱、礼品、帮忙办事等）？对经济学家而言，这个问题是不言而喻的。自利是人的本性，也是市场运行的前提，甚或是市场效率的保证。在现代市场中，委托代理关系是一种交易关系。当一个人委托他人办理某些事务的时候，他人要为此付出时间和精力，我们不妨称其为"劳务"。购买他人的劳务是公平的，而无偿占用他人的劳务是不光彩的。委托者有义务支付一定量的货币给被委托者，以作为他办理事务的报酬。支付报酬不仅是公平交易的需要，也是后续交易能维系的需要。在纯粹不支付报酬的情况下，一个人让另一个人办理某项事务是难以想象的。即便是父母让子女办一些事，也是因为父母先期支付了一定数量的报酬（花费时间、精力和金钱看护抚养）。在巴泽尔（1997）看来，为了获得有效的奴隶的劳务，奴隶主不得不给奴隶以某些自主权甚至赎身。在信任的环境里，一个人之所以愿意为信任他的另一个人办理事务，不是因为仅仅存在他人信任，更多的是基于他自己对信任者会支付报酬的"信任"，或是对信任者先前已支付了报酬的回报。在大多数情况下，报酬虽可延迟支付，而不是无需支付。可以延迟支付的原因，在于被信任者对信任者的信任。换言之，是信任者的信用在为其延迟支付行为作担保。在这个交易里，道德或社会规范是交易双方共同的行为规范。信任者相信被信任者会按道德规范积极行动，同时，被信任者也相信信任者会按道德规范支付报酬。由于道德规范的执行不能依赖于第三方，当交易的任一方未能按道德规范行为时，除了另一方直接采取行动回应以外，别无他法，有效地的回应方式是改变先前的行动或"不再"行动。当信任者没有按道德规范支付报酬时，被信任者的有效地回应方式是"不再”行动。在被信任者看来，信任者没有遵守道德规则，缺乏社会信用。在依靠个人社会信用维系的交易里，一旦信用缺失，即便是感觉上的缺失，都会阻碍交易的执行。在我们的文化里，对一般的百姓而言，更多的讲究“礼尚往来”，讲究“你敬我一尺，我敬你一丈”。他们会为了信任做一些事情，但不能期待他们仅仅为了信任（即便有是不断的信任）而持续地去做一些没有任何实际收益的事情。在只有“空头”信任的情况下，具有理性的被信任者的回馈动力将不能持续或呈现衰减态势。

从本能上看，人是一个需要被满足的动物。冯友兰先生在《人生哲学》中说：凡人皆有欲，有天然的或本能的欲，也有人为的或习惯的欲。种种活动皆由“欲”起。既然如此，当我们希望他人采取某项行动或参与某项活动时，满足其欲就成了一个必要的媒介。经济学家说得更为直白一些：等价交换。当你希望得到他人某种物件或某种劳务时，你必须支付等价的物件、劳务，或直接支付等价的货币。这样一来，双方之欲都得到满足。为实现公平有效的等价（实际上是交易双方都愿意接受的价格）交换，经济学家鼓励交易双方讨价还价或自由竞争并就其结果签订合约。当业主希望得到业主委员会成员的劳务时，业主不能完全期待业主委员会成员的奉献，而忽视“等价交换”的市场原则。虽然小区的全体业主是一个集体，业主的需求是一个集体需求，但并不意味着该需求必须被无偿地满足。即便在人民公社时期，也没有让某个人或某些人为了集体事务而无偿地劳动。在生产队里，一般采用了给劳动者计工分的制度。工分对应着年终“分红”，制度体现了多劳多得。

鉴于小区业主的集体属性及其交易对象（业主委员会成员）的特殊性和局限性，业主集体与业主委员会成员之间的交易不同于一般的市场交易，而具有特殊性。该特殊性决定着交易的价格、执行方式和结果。业主是一个集体，业主委员会成员是集体的一员。当这个包括了业主委员会成员的集体与业主委员会成员进行交易时，实际上已含有业主委员会成员“自己与自己交易”的成分。然而，这个成分的比重很低。假定业主委员会成员为1人，小区业主总数为n，则该成分仅占总交易份额的$1/n$，并不足以作为集体无需支付的依据。为了更清晰地说明这个问题，我们不妨假定业主委员会成员的劳动所应得的报酬是R，在n个业主（包括他自己）均摊的情况下，即便他自己无需给自己支付，他也应收到其他$(n-1)$个未参与服务的业主所支付的报酬。当然，如果每一个业主轮流为这个集体提供等量的服务，则一个业主的劳务就作为了其他业主劳务的支付，业主相互间的支付就无需他物了。在大学生宿舍里，我们看到了轮流值日的安排，一个人的一定量的劳动支付了他人一定量的劳动。在没有对业主委员会成员进行现金支付的情况下，某些社区已经采用“抽签”方式来选择业主委员会成员（Chin，2002）。人们很难对由“抽签”方式产生的业主委员会成员的工作热情寄予厚望。即便他们真的未能有效地工作，也没有任何可见的或可操作性的手段对他们实施约束。在自由竞争的环境中，约束是对激励的约束，激励是约束的前提，没有激励就没有约束。在业主委员会成员没有得到任何可见激励的情况下，你能约束他什么呢？在没有激励、没有约束的环境中，效率很难出现，公平也不一定流行。

可喜的是，有些地方已经开始尝试向业主委员会成员支付报酬。北京某小区通过业主大会会议决定对业主委员会成员进行工作补贴。具体标准是：①主任和副主任的报酬。每工时按 25 元计算，每周例会时间按 2.5 小时计，其他研究落实工作时间按 4.5 小时计，每月共 4 周，计总补贴数不超过 700 元；通信、交通费每月 100 元。②委员的报酬。每工时按 25 元计算，每周例会时间按 2.5 小时计，其他研究落实工作时间按 2.5 小时计，每月共 4 周，计总补贴数不超过 500 元；通信、交通费每月 100 元。

一般认为，向业主委员会成员支付报酬加重了业主的负担。实际上，这是一个认识误区。业主委员会成员的报酬，既可以来自业主共同出资，也可以来自业主共有的资源或财产的经营收入。当业主委员会成员的报酬要来自业主额外的支付时，无疑加重了业主的负担。然而，这不是唯一的途径。当业主委员会成员的报酬与业主共有资源的收益相联系时，不但不会加重业主的经济负担，还有可能提高业主的收益。更明确地说，如果业主大会授权业委会成员代表全体业主经营管理小区公共资源，并同意他们按一定的经营收入比获得报酬，那么，业主委员会成员的积极性就有可能被调动起来，他们从自身利益最大化角度会去极力维护并不断拓展业主的共有权益，以获得更高的业主共有资源的经营收入，同时增大其收入基数。在这样的制度安排下，一个基于理性的运行机制在“看不见的手”的作用下自我运行着。

我们不妨以小区停车服务为例进一步说明这个观点。目前，在大多数小区，马路边停车位的收入是物业公司收取的，业主并没有从中得到收益。可以想见的是，在业主共有资源收入的一定比例作为业主委员会成员津贴的制度安排下，业主委员会成员会思考小区马路停车权的归属问题。当他意识到小区马路是业主的共有财产时，停车收入可能就存在一个再分配问题。物业公司的保安或许为车辆停放进行了必要的指导或安全服务，但业主则提供了车辆停放的空间。在业主委员会成员与物业公司之间，基于业主权益的谈判有可能会更深入、更具体。以市场为导向的各方的讨价还价或谈判行为，有可能使共有资源配置和利用更为有效，业主与业主委员会之间会出现双赢。

为了避免业主委员会与物业公司之间的权益争执，开发阶段的清晰的物业产权界定是必要的。《中华人民共和国物权法》给出了一些清晰的产权安排，但也留有未界定部分。因此，需要进一步给出物业产权制度的操作细则以明确业主的物业共有产权。这个要求（即清晰物业产权的要求）不是从普通的市场交易角度提出的，而是从集体行动组织的角度提出的。满足这个要求，不仅能避免业主与物业公司之间的权益争执，更为重要的是，它会有效地保障业主与业主委员会之间的双赢机制的建立，包括业主集体行动组织的建立和有效运行。

在一个股份公司里，投资者成为公司的股东，投资额成为他们各自权益大小的衡量标准。一个公司内的众多股东，为了自身的利益，通过股东大会聘任公司的管理团队，并建立相应的经济激励机制，如与经营收益成正比的年薪制、股票期权激励等。本书倾向于将业主集体看作一个股份公司，单个业主看作一个小区物业投资项目的股东，同时将业主委员会看作是管理团队。在这样的思路下，我们认为当前的主要问题是，如何将业主委员会尽快打造（首先是从观念上，而后在从行动上）成类似于企业经营者这样的团队，以便他们为了业主物业的保值增值以及业主共有权益的提升而工作。我们给出的答案是，通过观念改变和制度创新，在业主集体内部（相当于股份公司内部）建立类似于企业管理团队激励机制的业主委员会的激励机制。

第11章　业主权益分布与投票规则选择

购房者通过投资购买物业而成为业主，同一个小区或同一个建筑物内的业主形成了业主集体。在这个集体里，他们有着各自的权益，也有着共同的权益。

在业主入住或开发商交房以前，每位业主或购房者的物业权益都来自与开发商的房屋交易。由于交易是交易双方平等协商的结果，不难想象，每一位业主在交易中都获得了他所满意的权益。对业主集体或后来的集体行动而言，这项权益是业主的初始权益。在众业主入住以后，每位业主的初始权益会随着业主集体行动的实施而发生变化。我们期待，每一位业主的权益在业主的集体行动中都得到提升，并且是公平或平等地提升。但出现这样的结果则有赖于业主集体行动的决定方式和相关的规则。目前，业主集体行动普遍采用了投票决定的方式。当业主的集体行动通过投票方式进行决策时，投票规则的选择将直接影响并决定着业主间的权益分布。

投票，作为共有资源管理的一种方式，在许多共有资源的利用决策中普遍存在。采用投票方式进行集体决策，需要首先确定投票规则。投票规则包括投票权分配规则和决定规则。目前业主的投票权有两种分配方式：一是按业主人数分配（记为 R_1），代表一人（一个业主）一票制①；二为按面积数分配（记为 R_2），代表每单位面积一票制②。决定规则水平为 m 或 m_p，$m=n/N$ 和 $m_p=$

① 在假定每位业主仅购买了一个单位的、可独立出售的房产时，按业主人数分配选票或许是合适的。如果同一个业主在同一个住宅小区甚或同一栋商品楼内购买了 n（$n>1$）套单元房，那么，按该业主所购买的单元房套数分配选票会更合适。

② 见《中华人民共和国物权法》（2007）和《物业管理条例》（修订稿）（2007）。

$m_0/m_1 \in (0, 1]$，n 为支持、同意或赞成某项议题的人数，m_0 为 n 所专有的建筑面积数，m_1 为 N 个业主所共有的建筑面积数。当 $m(m_p)=1$ 时，属一致同意规则；$m(m_p)=1/2$ 时，属简单多数规则；$m(m_p)=2/3$ 时，属超多数规则。

巴泽尔和萨斯认为，投票方式虽然能避免伴随市场交易的道德风险和机会主义，但同时承担着财富转移成本和决策成本。布坎南和图洛克（Buchanan et al，1962）集中讨论了组织内成员间财富转移问题。他们认为最优的投票规则应该能减少组织内少数人所承担的损失和决策成本。由于决策成本和财富转移成本随投票决定规则水平变化出现不同的变化趋势，所以，不能认定使其中一类成本为最小的投票规则水平就一定是最优的投票规则。当采用一致同意规则时，虽然财富转移成本为零，但讨价还价成本很高。言下之意是，两者之和并不一定是其他投票规则水平下的最小值。

泰勒（Taylor，1969）的研究表明，给出一组投票者，每一个投票者以相同的概率独立表达支持某潜在的未来建议，简单多数规则是唯一的能减少社会福利自利化功能的规则。柯蒂斯（Curtis，1972）认为，当不考虑投票者的不确定性以及是否相互依靠时，简单多数投票规则唯一最小化了失望的投票者的期望值。哈尔斯塔（Harstad，2005）认为，如果偏好的影响具有对称分布，即其均值为零，那么，简单多数规则是最优规则。

根据艾利克逊（Ellickson，1982）以及巴泽尔和萨斯（Barzel et al，1990）的证据，异质（同类的）选民需要一个超级多数（少数）投票规则。丹尼和艾亚尔（Danny et al，2005）的研究模型在总体上支持了这个结论。例外的是，在某些情况下，从单个选民的角度看，异质选民又要求采用少数投票规则。其最后的结论是，在公寓类建设项目管理制度中，也许没有一个单一的、能吸引所有潜在消费者的投票决定规则。

在物业管理服务过程中，拥有共有物业的业主形成了一个业主集体。业主集体通过投票方式决定物业服务相关事宜。通过投票方式选择物业服务项目时，不仅存在业主间财富转移成本，也面临相应的决策成本。当以减少业主间财富转移和决策等投票成本为优化目标时，分析业主投票成本与投票规则之间的关系对业主投票规则选择至关重要。本章分别考察了物业服务费用按面积和按业主数分摊方式下投票过程中业主的财富转移问题与投票规则之间的关系，以及选票分配规则、投票决定规则水平与决策成本之间的关系。结果表明，提高投

票决定规则水平 m 有效抑制了业主间的财富转移，但仅在一定的区间内提高了投票决策成本。按面积计票和按业主数计票的决议形成成本，在理论上有较大差距，而在实际操作中几乎相同。当采用一致同意规则时，业主间的财富转移成本和决策成本有可能同时为零。业主间的讨价还价成本与业主集体规模仅在一定区间内有线性关系，其结论协调了布坎南和图洛克（Buchanan et al，1962）与基斯林（Kiesling，1968）间的争议。

11.1 抑制业主间财富转移的投票规则

11.1.1 基本模型

假定选票只有赞成和反对两种选择，无弃权选择。即小区业主对物业管理服务相关事项的建议只能持赞成和反对两种观点中的一种。同一种观点的人形成一个联盟，其观点被决定规则水平所接受的联盟称为多数联盟，记为 M，而观点未被接受的联盟称为少数联盟，记为 S。投票过程中多数联盟 M 征用财富的途径有两个：一是通过 M 的一致同意接受 M 内成员收益较高的议题，二是通过 M 接受不利于 M 外成员费用分摊的议题。在不同的约束条件下，两个途径或单独发挥作用或同时发挥作用。

当多数联盟 M 建议并主导一个项目实施的时候，如果少数联盟不能在项目实施中得到任何的效用但仍需支付物业服务费 r 时，少数联盟中的每一个成员得到 $-r$ 的净收益。即：对于 $i\in S$，均有：

$$R_i\ (i\in S)\ =-r \qquad (11\text{-}1)$$

式（11-1）式中 R_i（$i\in S$）为 S 中业主的净收益，$-r$ 是 S 中每个业主（少数人）所承担的损失，也是 S 中每个业主向 M 中业主的财富转移量。

假定多数联盟的成员数正好满足决定规则水平 m 的要求 mN，那么少数联盟成员数为（$1-m$）N。在业主间交易成本为零时，多数联盟中在多数联盟主导的物业服务项目实施过程中所得总效用 U_M 为：

$$U_M=\ [E+r\ (1-m)\ N] \qquad (11\text{-}2)$$

式（11-2）中 E 为物业服务对多数联盟的效用贡献量。

对于 $i\in M$，都有同一的物业服务效用 U_i（$i\in M$）$=$ $[E+r\ (1-m)\ N]\ /$

mN，这里假定U_M在M业主间平均分配①。

此时，多数联盟的成员不仅享用了物业管理项目实施所带来的效用E，同时也让未受益的少数成员为其支付了成本：$r(1-m)N$。少数人的财富向多数人转移，转移量Q等于少数成员为仅有多数联盟业主受益项目所支付的成本，即：

$$Q=r(1-m)N \tag{11-3}$$

11.1.2 R_1 和 R_2 情形下的财富转移问题

(1) R_1 情形下的财富转移问题

在R_1情形下，大面积业主和小面积业主获得相同的投票权。设物业管理区域内的业主按其专有建筑面积大小分为两个联盟：面积大者联盟和面积小者联盟。面积大者联盟的成员数为m_0N，面积小者联盟的成员数为$(1-m_0)N$。某服务项目议题使面积小者联盟人均获益E_s，面积大者联盟人均获益E_b。在R_1情形下，假定专有面积大的业主将获项目决定的主导权，则项目决定结果将有利于面积大的业主，即存在：

$$E_b/(kX_b)>E_s/(kX_s) \tag{11-4}$$

式(11-4)中X_b和X_s分别为面积大者和面积小者专有建筑面积的平均数。k为按面积分摊的物业服务费用分摊比率。

此时，面积大者将征用面积小者的财富，其值Q_1为：

$$Q_1=m_0N[(E_bX_s-E_sX_b)(1-m_0)]/[m_0X_b+(1-m_0)X_s] \tag{11-5}$$

每一位面积小者被征用的财富量或其损失Q_2为：

$$Q_2=Q_1/(1-m_0)N=m_0N[(E_bX_s-E_sX_b)(1-m_0)]/[m_0X_b+(1-m_0)X_s][(1-m_0)] \tag{11-6}$$

当$m_0=0.5$时，$Q_{1(0.5)}=N(E_bX_s-E_sX_b)/2(X_b+X_s)$，$Q_{2(0.5)}=(E_bX_s-E_sX_b)/(X_b+X_s)$。

(2) R_2 情形下的财富转移问题

假定面积小的业主联盟获主导权，某服务项目议题使面积小者人均获益

① 实际上该收益在M中如何分配取决于服务项目的性质以及M中成员的谈判结果。如果谈判失败，项目不能实施，原状将会维持。此假定是在物业服务属私人物品属性下依据纳什（1950）讨价还价均等解给出，认为每个成员得到同样剩余。

E_s，面积大者人均获益 E_b，且 $E_s > E_b$。当按面积分摊费用时，面积大者分摊的费用为 kX_b，面积小者分摊的费用为 kX_s，则有 $kX_b > kX_s$，k 为费用分摊系数。财富转移在两个途径同时发挥作用，面积小者对面积大者的财富征用量（或称投资大者的财富损失量）Q_3 为：

$$Q_3 = m_0 N\left[(E_s X_b - E_b X_s)(1-m_0)\right] / \left[m_0 X_b + (1-m_0) X_s\right] \quad (10\text{-}7)$$

每一位面积大者被征用的财富量或其损失 Q_4 为：

$$Q_4 = Q_3 / m_0 N = \left[(E_s X_b - E_b X_s)(1-m_0)\right] / \left[m_0 X_b + (1-m_0) X_s\right] \quad (10\text{-}8)$$

当 $m_0 = 0.5$ 时，$Q_{3(0.5)} = N(E_s X_b - E_b X_s) / 2(X_b + X_s)$，$Q_{4(0.5)} = (E_s X_b - E_b X_s) / (X_b + X_s)$。

11.1.3 补偿与协调

解决财富转移问题有两条路径：一是补偿，另一是调整决定规则水平。

(1) 损失补偿

布坎南和图洛克将财富转移所造成的损失称为“外部成本”。认为，如果少数人承担的损失可以被多数人的所得所补偿，那么，项目实施是有效的。哈尔斯塔（Harstad，2005）也认为多数联盟应该向少数联盟中的每一位成员提供再转移支付 r 以弥补他在项目实施中的损失，将有利于吸引少数联盟对共有项目的投资。由多数联盟支付给少数联盟的总费用等于从少数联盟成员中所征收的总费用。如果该费用由多数成员中的每一个成员均摊，那么，每一位多数联盟中的成员所分摊的费用为 Q/m。

该结果相当于遵循了“谁受益谁付费”原则。当少数联盟成员没有在某物业服务项目中受益时，受益的多数联盟成员将负担全部费用并退回少数联盟成员在该项目中的支出，相当于少数联盟中成员 i 不负担无效用项目费用。巴泽尔（1990）给出了一个例子。巴黎一开发商采用了一个特别的方案来分摊电梯的运行费用。在一栋四层的公寓（condo）里，底层不分摊任何费用，一层分摊二层费用的一半，分摊三层费用的 1/3。我国有些高层建筑的电梯管理费用也采用了分层计费的办法。

(2) 决定规则水平的选择

在小区物业服务过程中，大多数服务项目难以清晰区分受益者、未受益者，以及准确计算他们的损益值，实施受益者向受损者转移支付的成本太高，以至“谁受益谁付费”原则只能在有限地区、有限服务项目的某些特别的管理服务收费上有所体现。大多数物业服务项目实施中的财富转移问题要依靠其他的解决办法。

以下是这个问题的制度化解决办法。

由式（11-3）可知：当 $m \to 1$，则有 $Q \to 0$；M 增大，Q 减小。即随着 m 的提高，财富转移量越来越小。因此，为降低部分人财富被他人侵蚀的程度或减少少数人财富损失，一个制度性的解决办法是提高决定规则水平 m。换句话说，从降低投票过程中财富转移成本角度看，宜选择高水平的投票决定规则。

在选票分配规则采用单位面积一票制和一人（一个业主）一票制时，财富转移成本与投票决定规则水平之间关系与基本模型相同。

由式（11-5）可知，如果 $m_0 = m$，当 $m \to 1$，则有 $Q_1 \to 0$。此结论意味着：当所有业主都趋向于大面积业主时，财富转移量 Q_1 趋向于零。

由式（11-7）可知，如果 $(1 - m_0) = m$，当 $m \to 1$，则有 $m_0 \to 0$，故有 $Q_3 \to 0$。此结论意味着：当所有业主都趋向于小面积业主时，财富转移量 Q_3 也趋向于零。

巴泽尔从成员自愿的角度思考了类似的问题。认为组织内对某议题同意的人越多，用于影响和组织该议题所产生的财富转移的资源就会越少（Barzel et al, 1990）。

11.2 选票分配规则对决策成本的影响

当不同的选票分配规则对应不同的选票数时，不同的选票分配规则便对应着不同的决议形成成本和讨价还价成本。

11.2.1 决议形成成本

假定决议形成成本包括选票制作成本、分发成本、投递成本和计量成本等，它们的大小与不同选票分配规则下所出现的选票数成正比，即：

$$C_v = \sum_{j=1}^{n} c_j = \sum_{j=1}^{n} k_j v \tag{11-9}$$

式（11-9）中 C_v 为决议形成成本，v 为不同选票分配规则下所产生的选票数，c_j 为与选票数 v 关联的第 j 个决议成本，n 为与选票数 v 关联的决议成本的总数，k_j 为单位选票所对应的成本 j 的值。

在物业服务集体决策过程中，业主选票分配的依据是业主专有部分的建筑面积和业主人数[①]。当业主 i 所有的建筑面积数为 M_i 时，按面积分配选票通常有以下四种情形：

① 严格执行按单位面积分配选票的规则。该情形下，当业主所有房屋的建筑面积带小数点时，会出现带小数点（或分数）的选票。如，当 $M_i=111.3\ m^2$ 时，i 业主拥有的选票数为 111.3 票。

② 按每 1 m^2 分配一张选票，同时采用"四舍五入"规则将小于 1 m^2 的面积化小（分）数为整数。该情形下，i 业主拥有 M_i 张选票（取整数）。当$M_i=111.3m^2$ 时，i 业主拥有的选票数为 111 票。

③ 按每 10 m^2 分配一张选票，同时采用"四舍五入"规则将小于 10 m^2 的面积化小（分）数为整数。此时，i 业主拥有 $M_i/10$ 张选票（取整数）。当 $M_i=111.3m^2$ 时，i 业主拥有的选票数为 11 票。

④ 按每 100 m^2 分配一张选票，同时采用"四舍五入"规则将小于 100 m^2 的面积化小（分）数为整数。此时，i 业主拥有 $M_i/100$ 张选票（取整数）。当 $M_i=111.3m^2$ 时，i 业主拥有的选票数为 1 票。

假定小区业主总人数为 100，每个业主有相同的建筑面积 111.3m^2。在上述四种情形下，如果按每个业主所有的票数去制作选票，分别要制作的选票数为：11 200（每个业主得到以 1m^2 为单位的选票 110 张，而得到以 0.3m^2 为单位的选票 1 张）、11 100、1100 和 100。在严格按照业主所有建筑面积分配选票的情形①下，因小（分）数选票的缘故，选票张数要多于总面积数，本例中的选票数比总建筑面积数多 70 张。随着选票计票基数的提高以及"四舍五入"化零为整规则的实施，情形②～④的选票制作张数不断减少。

由于选票的制作成本、分发成本、投递成本和计量成本等都与选票数成正比，因此，情形①～④中的成本 C_v 将依次减少，即存在：

$$C_1>C_2>C_3>C_4 \tag{11-10}$$

式（11-10）中 C_1、C_2、C_3、C_4 分别为 C_v 在情形①～④中的取值。情形①的成本最高，是情形④的 112 倍，是情形③的 10.2 倍，情形②的 1.01 倍。即存在：

$$C_1=1.01C_2=10.2C_3=112C_4 \tag{11-11}$$

① 见《中华人民共和国物权法》（2007）和《物业管理条例》（修订稿）（2007）。

值得注意的是，情形④中该例的选票分配结果与一个业主一票制所需的选票数相同。的确，在保证每个业主至少有一票的前提下，提高面积的计量基数并采用“四舍五入”化小（分）数为整数的规则，最终会导致按面积计票的规则向按业主人数计票的规则转化。因此，可以认为按业主数分配选票的方式是面积分配选票的特例，是按面积分配选票中选票制作成本、分发成本、投递成本和计量成本等最低的一种形式。因此，不妨称一个业主一票制的选票分配方案为情形⑤。

式（11-9）～式（11-11）解释了巴泽尔等观察到的现象：人们希望一单元或一户一张选票，特别是单元数很大时，这种希望会越强烈（Barzel et al，1990）。

当然，在实际操作中，人们会选择更经济的做法。即使按情形①运作，每个业主所分选票依然只有一张，但每个业主所填写的选票的权重是严格按其专有的建筑面积进行计量。与情形⑤相比，选票的制作成本、分发成本、投递成本均相同，仅有计量成本一项略高①。按此做法，双重计票规则较情形⑤也仅仅只提高了小量的计量成本，而几乎与情形①相同。因此，在每个业主只有一张选票的情形下，无论采用何种选票分配规则与计票规则 T，C_v 几乎不变。此结论意味着，从决议形成成本角度看，选择按面积分配选票（①～④情形）和按业主数分配选票几乎无差异。

11.2.2 讨价还价成本

然而，选票分配规则不同会引起业主间讨价还价的对象不同。如果在不同的讨价还价对象之间进行“交易”存在不同的成本，那么，选票分配规则将影响业主间的讨价还价成本。在一个业主一票制情形下，每一个业主都具有相同的投票权重，业主间的竞争降低了业主间讨价还价的成本。比较而言，在一单

---

① 当每张选票的权重相同（如一人一票制）且只有“赞成”或“反对”两项选择时，计票时清点出赞成票或反对票的数目，就可以通过比较“赞成票的数目/总票数”与决定规则 m 的关系判断所建议的服务项目是否被接受。当每张选票的权重不同时，计票时除了要清点出赞成票或反对票的数目外，还要统计出赞成票或反对票所代表的专有面积数。通过比较“赞成票所代表的面积数/总面积”和决定规则 m，判断所建议的服务项目是否被接受。与前者相比，按面积计票方式仅仅增加了统计赞成票所代表的建筑面积数这项统计工作，该工作的成本是按面积计票方式所增加的计量成本。另外，因按面积计票方式的计票结果里包含有赞成者的人数和其所代表的面积数两个指标，因此，双重计票规则与仅按面积计票规则几乎具有相同的计量成本。

位面积一票制情形下，拥有不同建筑面积的业主具有不同的投票权重，业主相互间在进行讨价还价时要对各自所拥有的面积和权重进行比较，因而，讨价还价成本会相对较高。

另一方面，选票分配规则会通过潜在的财富转移问题影响业主间的讨价还价成本。假定存在一个利于大面积业主而不利于小面积业主的项目议题需要进行表决，此议题包含有潜在的小面积业主财富向大面积业主转移问题。如果在决定规则 m 的要求下，大面积业主必须与部分小面积业主进行协商，小面积业主必然会要求补偿他的损失，甚至要求与大业主有同等的收益。此时，大面积业主与小面积业主之间的讨价还价成本提高。

当采用按业主数和面积数双重计票规则并取相同的投票规则水平时，业主间的讨价还价成本将接近于按业主数分配选票时的讨价还价成本，而低于按面积分配选票时的讨价还价成本。原因有二：一是业主间的充分竞争降低了业主间的讨价还价成本；二是业主间的财富转移问题不存在，由财富转移导致的讨价还价成本为零。因此，从讨价还价成本角度看，选择按业主数的计票规则与按业主数和面积数双重计票规则几乎无差异。

11.3 投票决定规则与决策成本

由于“要挟”问题所产生的战略讨价还价成本随着决定规则水平 m 的提高而增加，经济学家似乎倾向于不采用一致同意水平的投票决定规则（Buchanan et al，1962），或采用较低水平的决定规则（Taylor，1969；Harstad，2005）。

11.3.1 一致同意时的讨价还价成本

实际上，经济学家对决定规则水平与讨价还价成本之间关系的认识只说明了问题的一个方面。在一致性同意规则情形下，当业主意识到有人会利用“要挟”手段或者对某项议题坚决持反对观点时，业主间的讨价还价成本会降低，甚至为零。

以住宅小区游泳池的维护为例。假定：

① 需要决定的议题是游泳池维护问题，议题中费用分摊方案合理公正；

② 议题的决议形成成本为零；

③ 每一个业主在该项目实施中的期望净收益均为 R_i；

④ 投票决定规则为一致同意规则；

⑤ 有且只有一个业主 j 明确反对对游泳池进行维护，即否决该议题。

由于每个业主的净收益为 $R_i>0$，故每个业主所能承担的最高讨价还价成本 $C_i=R_i$。在假定④下，如果其他业主为了实施该项目都愿意与 j 讨价还价，则其他业主所能承受的最高讨价还价成本（包括对不同意业主同意时的补偿）C 为：

$$C=\sum_{i=1}^{n=1}C_i=(N-1)R_i \tag{11-12}$$

式（11-12）中 N 为集体总人数，C 是其他业主所能承受的最高讨价还价成本，也是一致同意规则下讨价还价成本的一个极限值。

当 $C=(N-1)R_i$ 时，如果 j 依然反对，则议题仍然不能通过。此时，其他业主在该项目议题上的净收益为 $-(N-1)R_i$，j 以外的每个业主的净收益为 $-R_i$。

如果 j 以外的每个业主意识到 j 的反对态度很坚决，其理性做法是：一开始就放弃与 j 的讨价还价，即讨价还价成本为零。此时，j 和 j 以外的每个业主的净收益均为 $0>-R_i$。

当然，对 j 的损益状态需要做进一步的分析。

当 j 在讨价还价中的成本 C_j 为 $-[0, R_i)$ 时，即存在 $|C_j|<R_i$ 时，那么，对业主集体的每一位业主而言，做反对者似乎是合适的。但由于 j 的净收益依然为负，j 以外的每个业主的理性做法依然是一开始就主动放弃与 j 的讨价还价。讨价还价成本为零，所有业主的净收益也为零。

如果 C_j 取值区间为 $-[R_i, (N-1)R_i]$，即做一名反对者并不比其他人有更少的损失甚至是其他人损失的 $(N-1)$ 倍，那么，做反对者是不合适的。此时，业主集体内将没有反对者，一致同意规则下业主间的讨价还价成本也为零，所有业主的净收益为 R_i。

j 在讨价还价中的目标净收益是：$R_j>R_i$。为实现该目标，j 要尽量降低与其他业主的讨价还价成本 C_j 并能够获取其他业主的转移支付。假定 j 用很低的成本在小区里贴了一则告示：当其他业主给 j 提供 $K_j(N-1)R_i$ 的转移支付收益（$0\leqslant K_j\leqslant 1$）时，$j$ 将同意该项议题，并不参加任何其他的讨价还价活动。此时，j 的讨价还价成本几乎为零。当其他业主要就此告示进行协商时，每一个其他业主的协商与讨价还价成本将大于零，记为 $T_i>0$。显然，当 K_jR_i+

$T_i > R_i$ 时，其他业主不会接受 j 的条件。对 j 而言，通过“要挟”以实现其收益最大化的条件是：

$$K_j \leqslant (1 - T_i / R_i) \quad (11\text{-}13)$$

反对者通过“要挟”可获得的净收益极大值为：

$$R_{j\max} = (1 - T_i / R_i)(N - 1) R_i \quad (11\text{-}14)$$

式（11-14）中 $R_{j\max}$ 为 j 的净收益极大值，此时，j 以外成员的净收益为零。当然，j 以外成员不会同意接受 j 的目标收益极大化状态。因为此时他们的净收益与不参与讨价还价而不实施该项目时一致。只要 j 以外成员并不都希望 j 获得 $R_{j\max}$ 或 $R_j > R_i$，它们的理性选择依然是不参与讨价还价，故讨价还价成本仍为零。

由此可见，在一致同意规则下，因为要挟问题的合法存在，作为一个反对者似乎是理性的。而当集体内所有成员都意识到其结果的时候，谁也不会参与讨价还价。因此，各种状态下的讨价还价成本均为零。讨价还价成本为零并不意味着一致同意规则一定是优化规则。只有在做一名反对者并不比其他人有更少的损失甚至是其他人损失的（$N-1$）倍时，讨价还价成本为零，业主净收益为 R_i，一致同意规则才是优化规则。而其他情形下，一致同意规则的结果是：讨价还价成本为零，业主收益也为零。

该结论意味着：当不能用强制手段明确规定并使得做一名反对者将承担更多损失时，一致同意规则并不能形成任何集体决议，因此，即使讨价还价成本为零时，一致同意规则也不会被选择。

11.3.2　投票决定规则、集体规模与讨价还价成本

投票决定规则、投票集体规模和决策成本之间的关系是一个有争议的话题[①]。可以明了的是：决策集体的规模越大，决议形成成本包括选票制作成本、分发成本、投递成本和计量成本等会相应提高。但是，集体成员间的讨价还价成本是否随着集体规模的增大而增加或减少的仍值得商榷。

现假定业主 i 在一项待决议的议题 s 被接受时的期望净收益为 R_i（$R_i > 0$），

---

① 布坎南和图洛克（1962）宣称，投票规则和选票分配方法在一成不变的情况下，团体规模越大，要求取得一致同意的人的绝对数就越大，做决定的成本就越高。凯琳（Kiesling，1968）认为随着组织规模的增加，讨价还价的战略成本会降低。

他与集体内每一位其他业主讨价还价的成本为 c_j（>0），则 i 所能接受的讨价还价的人数要满足下式：

$$\sum_{j=1}^{n_0} c_j < R_i \tag{11-15}$$

式（11-15）中 n_0（舍小数取整数）为业主 i 所能接受的讨价还价的人数。

进一步假定：当业主集体内业主总数为 N、业主 i 不与集体内任何其他成员讨价还价时议题的期望通过率为 $m' < m$，则成员 i 期望议题被接受所需要谈判的人数 n 要满足下式：

$$(n/N)+m' \geqslant m，即\ n \geqslant (m-m')N \tag{11-16}$$

比较式（11-15）和（11-16），可得如下结论：

① 当 $n>n_0$ 时，i 将不会与集体内任何其他业主谈判。当 i 与集体内其他业主谈判时，i 的净收益为：$R_i-n_1c_j<0$，n_1 为 i 所谈判的人数。

② 当 $n<n_0$ 时，i 将与集体内 n 个其他人谈判。i 的净收益为：$R_i-nc_j>0$。

③ 当 $n=n_0$ 时，i 将与集体内 n_0 个其他人谈判。i 净收益等于 0，此时的净收益与不讨价还价时相同。

由式（11-16）可知，当 m 增大而 N 和 m' 为定值时，n 增大。当增大的 $n=(m-m')N>n_0$ 时，业主间讨价还价的成本 $C_j=0$。当增大的 $n=(m-m')N<n_0$ 时，业主间讨价还价的成本 $C_j=nc_j=(m-m')Nc_j$。当增大的 $n=(m-m')N=n_0$ 时，业主间讨价还价的成本 $C_j-n_0c_j=R_i$。

图 11-1 给出了投票决定规则水平 m 与讨价还价成本 C_j 之间的关系曲线。

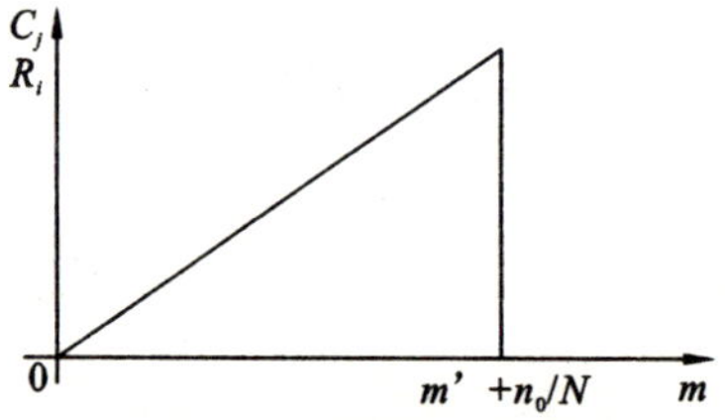

图 11-1　投票决定规则水平 m 与讨价还价成本 C_j 之间关系曲线

由图 11-1 可见，当 $m<m'+n_0/N$ 时，$C_j=nc_j=(m-m')Nc_j$。当 $m=m'+n_0/N$ 时，$C_j=n_0c_j=R_i$。当 $m>m'+n_0/N$ 时，$C_j=0$。

同理，$C_j=0$ 并不意味着投票决定规则最优。因为此时讨价还价成本为零，但项目也不能实施。投票决定规则不能在集体决策中发挥作用。相反，该结论意味着：当 $m>m'+n_0/N$ 时，尽管 $C_j=0$，该规则却不能被采用。由于 n_0 大小取决于成员 i 对项目议题 s 的期望收益 R_i 以及单个业主间讨价还价的成本 c_j，它与集体规模 N 无关，故可以认为它是一个定值。然而，由式（10-16）可知，n 会随着集体规模 N 的变化而变化。将式（11-16）分别代入上述结论①至③，可以得到集体规模 N 与讨价还价成本之间的关系，其结论如下：

④ 当 $N>n_0/(m-m')$ 时，因为 i 将不会与集体内其他人谈判，故讨价还价成本 $C_j=0$。

⑤ 当 $N<n_0/(m-m')$ 时，因为 i 将与集体内 n 个他人谈判，故讨价还价成本为 $C_j=nc_j$。

⑥ 当 $N=n_0/(m-m')$ 时，因为 i 将与集体内 $n_0/(m-m')$ 个人谈判，故讨价还价成本 $C_j=n_0/(m-m')\ c_j$。

由结论④～⑥可得集体规模 N 与讨价还价成本之间的关系曲线见图 11-2 所示。

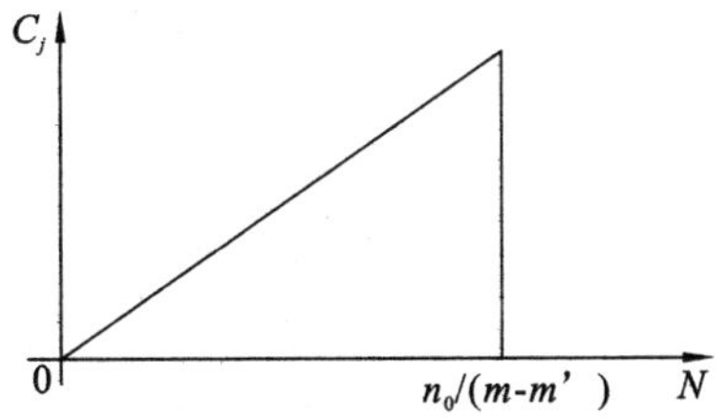

图 11-2　集体规模与讨价还价成本之间的关系曲线

由图 11-2 可见，当 $N<n_0/(m-m')$ 时，讨价还价成本随集体规模的增大而升高。该结论与布坎南和图洛克（1962）的研究结论一致，即团体规模越大，要求取得一致同意的人的绝对数就越大，故做决定的成本（讨价还价成本）就越高。而当 $N>n_0/(m-m')$ 时，成员之间不会进行讨价还价，讨价还价成本为零。该结论与凯琳（Kiesling，1968）的观点具有方向上一致性，即随着组织规模的增加，讨价还价的战略成本会降低。

讨价还价成本与集体规模关系模型给出了物业管理区域规模的极值。当 $N>n_0/(m-m')$ 时，虽然业主间的讨价还价成本为零，但投票决定规则在集体决策中已经失效。如果要利用投票规则决定业主集体事务，就必须使得业主集体的规模 $N<n_0/(m-m')$。

上述分析表明，影响决定规则水平 m 取值的因素有：业主 i 在物业服务项目议题 s 中期望净收益 R_i、业主与其他业主沟通成本 c_j、业主集体的规模 N 以及未进行讨价还价时业主中支持 s 议题的比率 m'。

在不同的物业服务区域内，对存在异质性（购买面积、位置，偏好等）的业主来说，不同的物业服务项目会有不同的 R_i，因此，在未进行讨价还价时业主中支持不同物业服务议题的比率 m' 会有所不同，业主 i 与其他不同业主的沟通成本 c_j 也会不同。

此结论意味着，在不同的物业管理服务区域内，针对不同的业主、不同的物业服务项目有区别的选择投票决定规则是合适的。统一的投票规则有可能在某些状态下失效，或遇到很高的讨价还价成本。该结论与丹尼和艾亚尔（2005）的看法相一致。

11.4 基于业主特征、服务收益的投票规则选择

第一次业主大会召开以后，业主与开发商在物业管理服务上的合约关系结束。业主委员会与物业公司的合约关系将取代开发商与物业公司的合约关系，业主公约将取代临时业主公约，物业管理服务进入业主自主抉择阶段[①]。

在业主自主抉择阶段，业主集体将依靠投票方式决定物业服务内容、服务标准以及物业费用分摊等集体决策问题。当投票规则支持业主集体净收益为正的议题时，由于业主间异质性的存在，部分业主的净收益仍有可能为负。在不存在对负收益业主进行转移支付的情况下，负收益业主的总体负收益构成了业主间的财富转移成本，或称少数人所承担的损失。

当投票决定规则水平越来越高、几乎接近于一致同意时，极少数人所承担的损失降低了，财富转移问题被有效抑制。在一致同意情况下，因为没有他人的同意便没有一个投票人能将成本强加到其他人身上，故外部成本（即财富转移量）为零，布坎南和图洛克（Buchanan et al，1962）。言下之意是，当决定规则水平取小值时，则有可能导致较大的财富转移。

对一个物业管理区域的业主而言，业主的投资、偏好、所购房屋的位置和建筑面积等业主特征的不同形成了业主的异质性。当业主间存在异质性时，投

① 该论断的依据是《中华人民共和国物权法》（2007）和《物业管理条例》（2007 修订）。

票决策过程所伴随的财富转移成本和决策成本会在业主间呈现不均衡分布，同一服务项目会使不同的业主得到不同的物业服务价值。因此，需要选择合适的投票规则，抑制业主财富转移，降低业主集体决策成本。

11.4.1 基本模型

不同的业主对不同的服务内容甚至对同一服务内容会有不同的需求。当同一项服务内容有不同的服务标准和服务价格时，同一服务的需求者也许还会在不同的标准和价位上进行选择。物业服务内容和服务标准的多样化、业主的异质性和投票规则的不同，会使业主在物业服务内容和标准选择上充满变数。

对业主 i 而言，其所得的某项物业服务净收益 E_i 等于该项物业服务项目实施时所得收益 R_i 与所负担的成本 C_i 之差，即：$E_i=R_i-C_i$。影响 R_i 和 C_i 的因素有：市场因素 s、业主异质性 d 和投票规则 R_j 和 m。市场因素 s 内含了该项物业服务的市场价值 R_s 及其成本 C_s。异质性 d 内含了单个业主 i 对 R_s 的接收份额 $K_{i1}R_s$ 及 C_s 的分摊份额 $K_{i2}C_s$。投票规则 m、p 通过选择物业服务项目对 R_s 和 C_s 产生影响，并通过业主异质性 d 对业主 i 的接收份额 $K_{i1}R_s$ 及分摊份额 $K_{i2}C_s$ 产生影响。投票规则对业主 i 的接收份额 $K_{i1}R_s$ 及分摊份额 $K_{i2}C_s$ 产生影响的过程中，伴随着业主间的财富转移。另外，投票方式的决定成本 C_t 通过决议形成成本 C_{t1} 和讨价还价成本 C_{t2} 将由业主分摊。业主 i 分摊的决议形成成本 C_{t1} 和讨价还价成本 C_{t2} 分别为 $K_{i3}C_{t1}$ 和 $K_{i4}C_{t2}$。服务市场、投票规则和业主异质性与业主净收益关系见图 11-3。

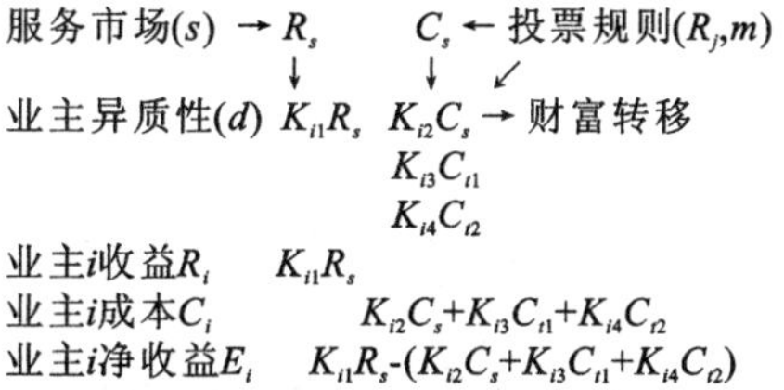

图 11-3　服务市场、投票规则和业主异质性与业主净收益关系图

故业主 i 的物业服务净收益可表述为：

$$E_i=K_{i1}R_s-\left(K_{i2}C_s+K_{i3}C_{t1}+K_{i4}C_{t2}\right) \tag{11-17}$$

其中：

$K_{ij}\ (j=1,\ 2,\ 3,\ 4)=f_j\ (d,\ R_j,\ m)$

$$R_s = R\ (s,\ R_j,\ m)$$
$$C_s = C\ (s,\ R_j,\ m)$$
$$C_{t1} = C_{t1}\ (R_j,\ m)$$
$$C_{t2} = C_{t2}\ (R_j,\ m)$$

由式（11-17）可知，当市场和投票规则决定了 R_s 和 C_s 以后，业主 i 的净收益取决于业主 i 的异质性 d。当投票规则（R_j，m）一定时，C_{t1} 和 C_{t2} 为定值，R_s 和 C_s 由 s 决定。当 $R_s - C_s \geqslant 0$ 时，每一位业主都有相同的正净收益。正净收益的高低也完全由市场决定。

当 $d=0$，即业主间无差异时，则有：

$$K_{ij}\ (j=1,\ 2,\ 3,\ 4)\ = f_j\ (R_j,\ m) \tag{11-18}$$

式（11-18）表明，当投票规则（R_j，m）一定时，K_{ij} 为定值，即每一位业主有相同的 K_{ij}。

由于同质性的业主会一致接受具有高收益的市场服务项目，因此，无论采用什么水平的投票决定规则，只要存在高收益，业主集体的投票结果都能满足投票决定规则水平的要求。当 $d=0$ 时，无论采用什么形式的选票分配规则，每一个业主都会得到相同的投票权，因此，选票分配规则对业主也无关紧要。

同时，由于业主的物业服务净收益相同，故不存在财富转移问题。如不存在财富转移问题，财富转移成本便不存在，业主间的讨价还价成本也不存在。因此，伴随着投票过程的成本仅有决议形成成本一项，即 $C_{t1} > 0$。

要注意的是，当 $d=0$ 时，每个业主所得净收益与市场服务的属性相关。当市场服务为公共物品时，每个业主都接受相同的市场服务价值 R_s、均摊市场服务成本 C_s，故存在：

$$E_i =\ (R_s - C_s / N)\ + C_{t1} / N \tag{11-19}$$

当市场服务为私人物品时，每个业主均享市场服务的价值 R_s、均摊了市场服务成本 C_s 时，存在：

$$E_i =\ (R_s - C_s)\ / N + C_{t1} / N \tag{11-20}$$

式（11-19）和（11-20）表明，如果业主间无差异，包括业主的投资、偏好和所购物业等都无差异，那么，服务内容和服务标准的选择将依靠市场 s，而与投票规则 R_j 和 m 的大小无关。

如果业主间存在异质性，物业服务内容和标准的决策将依赖于投票规则 R_j 和 m，并有可能出现投票决策困难。

200多年前，孔多塞（Condorcet，1785）在其社会选择理论中首次指出了多数决定规则在多种选择（三种）下的困境。认为，若存在：A＞B＞C、B＞C＞A和C＞A＞B，将会出现投票循环，依靠多数规则无法从A、B和C中做出选择。政治学家和经济学家一直在研究并试图解开这一困惑（Black，1948a，b；Arrow，1951；Zeckhauser，1973；Caplin et al，1988）。为避免出现投票循环问题，我们假定业主对一个议题投票时只有赞成和反对两种选择。

11.4.2 物业面积（投资）差异与投票规则选择

当业主所购物业面积（或投资）上存在差异时，业主在同一服务上的净收益 E_i 有可能不同。

假定物业管理区域内的业主按其专有建筑面积大小分为两个联盟：面积大者联盟和面积小者联盟。面积大者联盟的成员数为 $m'N$，面积小者联盟的成员数为 $(1-m')N$，m' 为面积大者联盟人数占业主集体人数 N 的比例。面积大者联盟中每位业主人均建筑面积为 X_e，面积小者联盟中每位业主人均建筑面积为 X_f。

情形1：某项服务使每一个业主具有相同的收益 $K_{i1}R_s$，但该项服务将按业主专有建筑面积的多少分摊费用，即面积大者联盟中业主人均分摊 kX_e，面积小者联盟中业主人均分摊 kX_f，k 为费用分摊系数，$k>0$。面积上的差异导致了业主间在此项服务上的净收益不同。

面积大者联盟中业主的期望净收益为：

$$E_i\ (i\in m'N)=K_{i1}R_s-kX_e \tag{11-21}$$

面积小者联盟中业主的期望净收益为：

$$E_i\ [i\in (1-m')N]=K_{i1}R_s-kX_f \tag{11-22}$$

将（11-22）—（11-21），得：

$$E_i\ (i\in (1-m')N)-E_i\ [i\in m'N]=kX_e-kX_f=k\ (X_e-X_f) \tag{11-23}$$

式（11-23）表明，面积小者联盟中业主的服务净收益比面积大者联盟中业主的期望净收益要多 $k\ (X_e-X_f)$。

与每个业主面积相同时比较，每一个大面积业主 i 多支付的费用 C_{ci} $(i\in m'N)$ 为：

$$C_{ci}\ (i\in m'N)=k\ (X_e-X_f)\ (1-m') \tag{11-24}$$

由式（11-24）可知，面积大者联盟向面积小者联盟的财富转移量为：

$$\sum C_{ci}(i \in m'N) = m'Nk(X_e - X_f)(1 - m') \qquad (11\text{-}25)$$

当选票按业主人数分配、投票决定规则水平取 $m \leqslant (1-m')$ 时，业主集体的投票结果将接受情形 1。此时，无需任何大面积业主的同意，小面积业主的投票权重和票数便能满足投票决定规则要求。投票决议形成成本为 C_{t1}，讨价还价成本 C_{t2} 为零。

综合式（11-19）和式（10-22）可知，面积大者联盟中每个业主在选票按业主人数分配、投票决定规则水平取 $m \leqslant (1-m')$ 时的期望净收益 E_{i1} $(i \in m'N)$ 为：

$$E_{i1}\ (i \in m'N) = K_{i1}R_s - kX_e - K_{i3}C_{t1} \qquad (10\text{-}26)$$

综合式（11-17）和式（11-23）可知，面积小者联盟中每个业主在选票按业主人数分配、投票决定规则水平取 $m \leqslant (1-m')$ 时的期望净收益 E_{i1} $[i \in (1-m')N]$ 为：

$$E_{i1}\ [i \in (1-m')N] = K_{i1}R_s - kX_f - K_{i3}C_{t1} \qquad (11\text{-}27)$$

将式（11-27）—式（11-26）：

$$E_{i1}\ [i \in (1-m')N] - E_{i1}\ (i \in m'N) = k\ (X_e - X_f) \qquad (11\text{-}28)$$

式（11-28）的结果与式（11-23）相同。进一步推算不难发现，当选票按业主人数分配、投票决定规则水平取 $m \leqslant (1-m')$ 时，面积大者联盟向面积小者联盟的财富转移的状态和转移量都没有改变。

在选票按业主人数分配、投票决定规则水平取 $m > (1-m')$ 时，业主集体的投票结果是否接受情形 1，取决于各联盟中不同业主的期望净收益是否为正以及是否存在转移支付①。

如果不存在转移支付，当面积大者联盟中业主的期望净收益为正时，虽然存在面积小者联盟对面积大者联盟的财富征用问题，也不能完全排除面积大者联盟中的每一位业主都不会接受上述议题。如果面积大者联盟中接受上述议题的业主数和面积小者联盟的业主数之和满足了投票决定规则水平 m 的要求，那么，情形 1 依然被接受。面积大者联盟向面积小者联盟的财富转移的状态和转移量依然没有改变。如果面积大者联盟中接受上述议题的业主数和面积小者联盟的业主数之和不能满足投票决定规则水平 m 的要求，那么，情形 1 将不被

① 一般情况下不存在转移支付，此文不讨论转移支付情形。

接受。

如果不存在转移支付，当面积大者联盟中业主的期望净收益为负时，面积大者联盟中不会有一个业主接受上述议题。即 $m>(1-m')$ 时，情形 1 也不会被接受。

当选票按面积分配、投票决定规则水平取 $m_p \leqslant (1-m')X_f/[m'X_e+(1-m')X_f]$ 时，结果与选票按业主人数分配、投票决定规则水平取 $m \leqslant (1-m')$ 时相同。当选票按面积分配、投票决定规则水平取 $m_p>(1-m')X_f/[m'X_e+(1-m')X_f]$ 时，结果与选票按业主人数分配、投票决定规则水平取 $m>(1-m')$ 时相同。

综上分析可知：当所有业主的期望净收益为正时，如果选票按业主人数分配、投票决定规则水平取 $m \leqslant (1-m')$ 或当选票按面积分配、投票决定规则水平取 $m_p \leqslant (1-m')X_f/[m'X_e(1-m')X_f]$，情形 1 被接受，尽管存在面积大者联盟向面积小者联盟的财富转移，但每个业主都会得到正的服务净收益。当服务项目的总体净收益为正、而面积大者联盟中业主净收益为负时，如果选票按业主人数分配、投票决定规则水平取 $m>(1-m')$ 或当选票按面积分配、投票决定规则水平取 $m_p>(1-m')X_f/[m'(X_e-m')X_f]$，情形 1 不被接受，面积大者联盟向面积小者联盟的财富转移不会出现，但每个业主要承担决议形成成本 $K_{i3}C_{t1}=C_{t1}/N$，相当于投票决策过程使业主的净收益小于零。

如果该项目的 $\sum E_i>0$，且是物业服务必备项目之一，通过调整服务项目的成本分摊方案，对提高 m 时业主依然有正的净收益会有帮助。如果对每个业主收益相同的项目按业主数分摊项目费用，将避免业主间的财富转移，并能在满足高值 m 条件下，使全体业主获得相同的正净收益。

情形 2：某项服务使每一个业主具有不相同的收益，但收益与面积成正比，比例系数为 k_0，项目费用按面积大小成比例 k 分摊。

面积大者联盟中业主的期望净收益为：

$$E_i(i\in m'N)=k_0X_e-kX_e=(k_0-k)X_e \tag{11-29}$$

面积小者联盟中业主的期望净收益为：

$$E_i[i\in(1-m')N]=k_0X_f-kX_f=(k_0-k)X_f \tag{11-30}$$

由式（11-29）/式（11-30）得：

$$E_i(i\in m'N)/E_i[i\in(1-m')N]=X_e/X_f \tag{11-31}$$

由式（11-31）知，面积大者联盟中业主的服务净收益与面积小者联盟中业主的期望净收益之比为 X_e/X_f。此结果表明，情形 2 中业主的净收益与业主所有的面积成正比。面积大者联盟和面积小者联盟中的业主具有相同的期望收益率。

情形 2 相当于按投入和相同的投资回报率分配投资收益的情形，按惯例，此情形应被全体业主所接受，并得到投票规则的支持。

如果业主都愿意接受情形 2，无论采用何种选票分配方案和多高的投票规则水平 m，投票的结果都能满足投票规则的要求。

值得注意的是，在情形 2 中，面积小者联盟中业主的服务净收益将小于面积大者联盟中业主的服务净收益，因此，面积小者联盟中的业主反对议题实施的可能性是存在的。

当选票按业主人数分配、投票决定规则水平取 $m \leqslant m'$ 时，业主集体的投票结果将接受情形 2。当选票按业主人数分配、投票决定规则水平取 $m > m'$ 时，业主集体的投票结果就有可能不接受情形 2。

同理，当选票按面积分配、投票决定规则水平取 $m_p \leqslant m' X_e / [m' X_e + (1-m') X_f]$ 时，业主集体的投票结果将接受情形 2。当选票按面积分配、投票决定规则水平取 $m_p > m' X_e / [m' X_e + (1-m') X_f]$ 时，业主集体的投票结果就有可能不接受接受情形 2。

由此可见，无论采用哪种选票分配规则，选择较低水平的投票决定规则对支持情形 2 是有利的。当选用较高的投票决定规则时，按投入分配收入的常规都有可能被否决。

11.4.3 物业自然特征差异与投票规则选择

再看业主物业自然特征上的差异性。业主物业自然特征的差异主要表现在物业的空间位置上。物业所在的层数和物业所在的平面定位（位置）决定了物业的空间位置。

情形 3：某项服务使不同楼层中的业主有不同收益，但该项服务将按业主面积大小来分摊费用。该情形下，业主的期望净收益取决于其物业所在的楼层和他所购物业建筑面积的大小。

假定服务使得底层（计为第 0 层）到顶层（第 $n-1$ 层）业主的收益 R_i 为线性分布，即存在：

$$R_i = \beta n_i \tag{11-32}$$

式（11-32）中 β 为常数，$n_i=0, 1, \cdots, n-1$。

当各楼层业主的建筑面积相同时，从底层到顶层业主的净收益分布函数为：

$$E_i=\beta n_i-D \tag{11-33}$$

式（11-33）中 D 为各楼层业主分摊的服务费用，为定值，且大于零。

令式（11-33）左边 $E_i=0$，得 $n_i=D/\beta$。因此，当业主物业所在楼层数大于 D/β 时，业主在此项服务中的净收益大于零；而当业主物业所在楼层数小于 D/β 时，业主在此项服务中的净收益小于零。

在此情形下，虽然存在服务的总净收益 $\sum E_i\geqslant 0$，但楼层数低于 D/β 的业主有负的净收益。故存在净收益分布不均、D/β 楼层下业主财富被转移问题。

当决定规则水平 m 满足 $m\leqslant 1-[D/\beta(n-1)]$ 时，情形 3 被接受。

当决定规则水平 m 满足 $m>1-[D/\beta(n-1)]$ 时，情形 3 不被接受。

情形 3 被接受时，服务项目的总净收益大于零，但存在业主财富转移问题。情形 3 不被接受时，业主财富转移问题消失，服务项目正的总净收益也会消失。

走出决定规则取值困境的路径是改变费用分摊方式。

改变 D 为定值的假定。假定服务费用分摊与收益成正比，即存在：

$$D=k_1\beta n_i \tag{11-34}$$

式（11-34）中，$0<k_1<1$，为常数。将式（11-34）代入式（11-33），得：

$$E_i=\beta n_i-k\beta n_i=(1-k_1)\beta n_i \tag{11-35}$$

式（11-35）表明，当 $0<k_1<1$ 时，每层业主的净收益均为正。即，当项目总净收益为正时如果服务费用分摊与收益成正比，不同楼层的所有业主都有正的净收益。此时，较高的 m 值也能满足。

式（11-32）解释了巴泽尔的电梯费用分摊方案。由式（11-32）知：当顶层（第三层）分摊的费用为 $k_1\beta(4-1)=3k_1\beta$ 时，第二层分摊的费用为 $k_1\beta(3-1)=2k_1\beta$，第一层分摊的费用为 $k_1\beta(2-1)=k_1\beta$，底层分摊的费用为 $k_1\beta(1-1)=0$。故存在：在一栋四层的公寓（condo）里，底层不分摊任何费用，一层分摊二层费用的一半，分摊三层费用的 1/3（Barzel et al，1990）。

情形 4：某项服务使位于不同平面位置上的业主有不同的收益，但该项服务将按业主所购物业的建筑面积来分摊费用。此时，业主的净收益取决于其物业所在的平面位置和他所购物业的建筑面积的大小。

假定该服务使得位于区域 A 的业主人均获益为 R_a，而其他区域业主人均获益R_o，存在$R_a>R_o$，那么，在A区和其他区域业主的建筑面积相同时，A区业主在此服务项目上的净收益将大于其他区域业主的净收益。在A区业主人数为Q_a，其他区业主数为Q_o时，将有Q_o个业主为Q_a个业主所获得的更多收益付费。

在A区和其他区域业主的净收益均为正时，如果决定规则水平m满足：$m \leqslant Q_a/(Q_a+Q_o)$，则情形4被接受，服务项目将得到实施。如果决定规则水平m满足：$m>Q_a/(Q_a+Q_o)$，则情形4有可能被拒绝，服务项目不能实施。

情形4下的m取值也面临两难选择。当m取小值（$m \leqslant Q_a/(Q_a+Q_o)$）时，全体业主所得的服务项目总净收益大于零，但存在净收益分布不均以及A区业主征用其他业主财富问题。当m取大值（$m>Q_a/(Q_a+Q_o)$）时，全体业主所得的服务项目总净收益会小于零。

存在两种方法解决m取值难问题。一是在项目整体规划时尽量做到区域景观的均好性，以减少或消除后期区域内休闲娱乐设施、景观等服务收益的差异性，即存在：$R_a \rightarrow R_o$或$R_a=R_o$。二是按受益分摊费用。A区业主收益总量为Q_aR_a，其他区业主收益总量为Q_oR_o。令$Q_aR_a/(Q_aR_a+Q_oR_o)=K_a$，在A区服务总成本为$C_w$时，A域内业主承担$K_aC_w$的费用，人均负担费用为$K_aC_w/Q_a$；而其他区域的业主承担（$1-K_aC_w$）的费用，人均负担费用为（$1-K_aC_w$）$/Q_o$。

由$K_aC_w/Q_a=(1-K_aC_w)/Q_o$可知，当$K_a=Q_a/[C_w(Q_a+Q_o)]$时，A区业主和其他区业主均摊服务费用。当$K_a=1$时，A区业主承担全部项目费用。

两种方法的实施都保证了收益与费用分摊的一致性。因此，在任一方法实施时，无论m取大值还是取小值，项目都会被接受并实施，全体业主的服务净收益大于零，净收益分布不均以及财富转移问题不存在。

11.4.4 业主偏好差异与投票规则选择

业主偏好上的差异性在投票过程中会有所反映。即使专家和他人都认为某服务项目会使所有业主有相同的正净收益，但个人的偏好会使他本人对该项目有不同于他人的价值判断。尤其当项目的服务收益不能直接用金钱衡量的时候，偏好会进一步放大或缩减服务的效用。

假定小区内有游泳池、网球场、篮球场等多项共有服务设施需要物业服务，每项服务为每一个业主提供了相同的收益，而每个业主负担相同的费用。在存在业主偏好差异时，每项服务提供给个人的相同收益仅仅是相同的收益机会。

对不愿游泳的业主而言，尽管他可以去游泳，但他不会去游泳。因此，游泳池并不能给他提供现实收益。同理，对不愿打网球或打篮球的业主而言，网球场和篮球场也并不能给他提供现实收益。

现实中，业主会按照个人偏好去评价共有设施服务给他的现实受益，从而决定是否赞成对该设施的物业服务。在业主只有赞成和反对两种选择时，如果只有一项服务设施且该设施所提供的服务被大多数业主所偏好，那么，在决定是否向该设施提供物业服务时业主的投票结果会满足较高的投票规则水平 m 的要求。随着共有服务设施数的增大，业主偏好分散，投票结果便难以满足较高的投票规则水平 m 要求。

开发商通常在房屋开发阶段就同时兴建了许多不同的休闲、娱乐和运动设施，如游泳池、网球场、篮球场、广场和小公园等。不同的设施吸引了许多偏好不同的购房者。而不同偏好的购房者成为业主以后，业主的维护性偏好就会分散。在 m 一定时，业主偏好的分散，增大了投票的决策成本。

在许多设施已存在的情况下，采用较低的投票规则水平会有利于对设施提供及时维护，但不同偏好者要为此支付费用。而采用较高的投票规则水平时，设施维护议题难以通过，不同偏好者虽可不支付设施维护费用，但也不能及时对设施进行维护。

当开发商将新建各类休闲、娱乐和运动设施的决策权留给后期业主时，业主偏好在设施建设与维护服务两方面达成统一，投票规则也在这两方面决策中保持一致。假定有 N' 个业主的偏好相同，主张兴建设施 S'，则这 N' 个业主肯定赞成对 S' 进行维护。当建设决策时的投票决定规则水平 $m \leqslant N'/N$ 时，建设 S' 的议题被接受；在 S' 维护决策时，取 $m \leqslant N'/N$，维护 S' 的议题也同样被接受。

值得注意的是，投票虽是决定业主间资源分配的一种有效规则，但它也为业主的机会主义行为留有余地。单元业主享用的好处可能是居民数和居民特征的函数，也可能是单个单元在贡献和价值上的函数。在费用和收益之间如果存在比例上的差异，则意味着某些人的部分产权被置于公共领域，或被其他人享用。由多数人投票作出决定能容许多数人得到少数人的开支。例如，当选票按物业单元的价值分配、费用按户分摊时，拥有较大价值物业单元的业主就可以利用投票过程收获小价值业主的支出（Barzel et al，1990）。

多数人的寻租行为，“多数人的暴力”，在台湾地区已被发现。例如，一楼业主和其楼上业主缴纳同样的电梯费用；无论是否有车，居民都要缴纳停车场费用；等等。这些行为已经导致台湾修订了相关法规（Cheng，2002）。

11.5 投票规则对物业投资的影响

当物业面积或业主作为物业管理服务（或称：物业服务）投票权分配指标时，投票规则与物业投资之间的关系似乎已不言自明。一方面，基于物业面积之上的投票权安排是对物业投资的一种激励。物业投资越多，购买的物业面积越多，所拥有的物业管理投票权重就越高。另一方面，当投资少的业主可以以业主的身份获得与投资多的业主以同等的业主投票权时，投资的负面激励会出现。

实际上，投票规则与物业投资之间的关系还涉及更多的其他变量。当投票决定规则水平使权重高的业主易进入物业服务决定的多数联盟①时，他们便能够建议、决定并且实施有利于该联盟利益的物业服务项目，从而达到少数联盟的财富向多数联盟转移的效果。因此，增加投资不仅有利于获取后期的物业服务收益，并有可能获得部分投资少者的财富转移。在以业主数作为投票权分配指标时，当投资少的业主数与总业主数之比大于投票决定规则要求时，利于投资少者的物业服务项目会通过投票决定方式被业主集体所接受。投资多者的利益或财富将被投资少者所征用，出现投资大者的财富向投资少者转移的情形，投资激励受到负面影响。当物业服务项目的性质和费用分摊方式不同时，投票规则与物业投资激励之间关系还会随着业主间的差异性而发生变化。在业主特征、投票决定规则不同时，投票规则与物业投资激励之间关系会随着服务项目性质和费用分摊方式的不同也有所不同。

11.5.1 基本模型

对投资者而言，是否进行物业投资取决于投资者对物业未来价值的判断。物业服务影响着物业未来价值，投资者在投资决策时会考虑物业服务因素，包括物业服务决定的投票权分配规则和物业服务议题的决定规则。以下依据基本

① 有学者给出了多数联盟由赢者组成的假定（Aghion et al，2003），阿克塞尔罗德（Axelrod，1970）专门进行了论证。

的投资准则给出投票决定规则、物业服务价值和物业投资之间关系的基本模型。

假定：①小区业主集体的集合为 I，人数为 N。②业主 i 在小区物业上的投资为 X_{i0}，物业未来的价值预期为 V_{it}。③法规、合约、集体决定均具有强制力 p。④业主分摊的物业服务费用为 r。假定表明：一个小区或一个物业管理区域内的 N 个业主形成了一个业主利益共同体 I。他们要共同为物业服务相关议题作决定。通常情况下，业主就物业服务相关议题通过投票作决定之前，存在一项法定的或公认的投票权分配规则 R_j 和决定规则水平 m 或 m_p。决定规则水平 m 决定了接受一项未来可能实施的议题所要求的支持者的最少数目为 $n=mN$，由 mN 个成员所组成的集合为最小的建议获接受（或通过）联盟。决定规则 m 意味着只有当支持者的数目 $L\geqslant mN$ 时，议题才被接受。而强制力 p 意味着当支持者的数目 $L\geqslant mN$ 时，议题必须被接受，同时每一个业主必须为之支付其所分摊的费用 r。

由于决定规则不仅存在于物业管理服务项目的议题决定之前，也存在于投资者的物业投资决策之前，故投资者个人在进行物业投资决策时，不仅要考虑后期物业服务对投资的影响，而且也会考虑物业服务投票规则对物业投资的影响。

图 11-4 描述了投票规则、物业投资决策、投票和物业服务之间的时序关系。

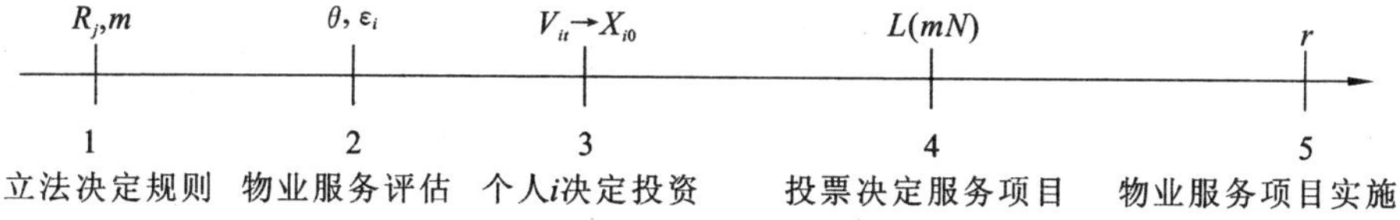

图 11-4　规则、投资、投票和物业服务的时间序列

图 11-4 表明，个人投资决策（第 3 阶段）基于投票规则 R_j 和 m（第 1 阶段）和对未来物业服务价值评估（第 2 阶段）之上。在个人投资成为业主集体一员之后，业主集体将通过投票方式决定将要实施的物业服务项目（第 4 阶段）。当 $L\geqslant mN$ 时，接受并实施所讨论的物业服务项目，业主负担物业服务费用 r（第 5 阶段）。

就物业投资者 i 而言，投资与否的简单判别准则是：$V_{it}\geqslant V_{i0}$。V_{it} 是拟投资物业的未来价值，V_{i0} 是物业购买时的价值。假定 V_{i0} 等于 i 对物业的投资 X_{i0}，该准则可简单表述为：

$$V_{it} \geqslant X_{i0} \tag{11-36}$$

许多因素都将影响物业未来的价值 V_{it}。除了 X_{i0} 直接影响 V_{it} 外，是否实施以及如何实施物业服务，也将影响物业未来价值，还有其他因素也会对物业未来价值产生影响。

给出业主 i 投资 X_{i0} 所获的物业未来价值 V_{it} 的模型为：

$$V_{it} = V(X_{i0}, \varepsilon_i) + \theta_i \tag{11-37}$$

式（11-37）中 θ_i 表示物业服务对 i 所有物业的价值贡献，因 θ_i 中包括了物业服务收益和物业服务成本，故可能产生负面影响。ε_i 表示影响物业价值的其他因素。

物业服务的价值贡献 θ_i 等于物业服务项目实施的收益 R 与物业服务项目实施的成本 C 之差。影响 R_i 和 C_i 的因素有：市场因素 s、业主差异性 d、投票规则 R_j 和 m 或 m_p、强制力 p 以及交易成本 T_i。则物业服务的价值贡献量为：

$$\theta_i = R_i - C_i = \theta_i\,[s, d, R_j, m(m_p), p, T_i] \tag{11-38}$$

将式（11-37）和式（11-38）代入式（11-36）中，可得个人投资者 i 的投资准则：

$$V(X_{i0}, \varepsilon_i) + \theta_i\,[s, d, R_j, m(m_p), p, T_i] \geqslant X_{i0} \tag{11-39}$$

对于 I 整体而言，投资准则是：

$$\int_i (V_{it} - X_{i0}) d_i = \int_i [V(X_{i0}, \varepsilon_i) + \theta_i[s, d, R_j, m(m_p), p, T_i] - X_{i0}] d_i \geqslant 0$$

$$\text{即：} \int_i [V(X_{i0}, \varepsilon_i)] d_i + \theta - X \geqslant 0 \tag{11-40}$$

式（11-40）中 θ 为所有业主的物业服务价值，X 为所有业主的总投资。严格意义上讲，业主集体决定是物业服务实施的前提。没有业主集体的决定，后续的物业服务实施程序不能进行。因此，投票规则 R_j 和 m（m_p）将先于 s 和 p 对物业服务的贡献值 θ_i 产生影响。在此先考虑投票决定规则水平取特殊值时 θ_i 的变化及其对投资的影响。

当 m（m_p）$=1$ 时，物业服务的每项决定都必须经过每一个业主的同意方可作出。只要有一个业主不同意，物业服务就不能实施，物业服务项目也不能被供给。此时，p 支持了这种状态，s 未能对 θ_i 产生影响，决定规则 m 使物业服务收入 R 为零，物业服务价值贡献量 θ_i 为零或为负。当所有业主都意识到不可能达成一致同意要求时，他们就不会为达成一致同意而支付任何成本。此时，每一个业主和业主集体所得到的物业服务价值贡献量相等，即 $\theta_i=\theta=0$。如果有业主 i 为此付出了成本，则他所有的物业服务价值贡献量 θ_i 为负，业主集体所得的物业服务价值贡献量 θ 也为负。也可以认为，当物业服务交易成本 T（$T=0$）不存在时，物业服务的价值贡献 θ 为零；当物业服务交易成本 $T>0$ 时，物业服务的价值贡献 θ 为 $-T$。出现这种情形的可能性（或概率）大小，在很大程度上取决于业主的异质性。业主之间的差异性 d 越大，上述情形出现的可能性（概率）越大。

对单个投资者 i 而言，如果 $V(X_{i0}, \varepsilon_i) \leqslant X_{i0}$，那么，由式（11-39）可知，投资者 i 在 $m(m_p)=1$ 时不会投资 X_{i0}。

就整体而言，如果 $\int_i [V(X_{i0}, \varepsilon_i)]\, d_i - X \leqslant 0$，在 $m(m_p)=1$ 时，投资准则式（11-40）的要求不能满足，总投资会减少。

当 $m(m_p)\to 0$ 时，每一个业主的建议就可以被接受并被实施。如果 p 规定每一个物业服务建议的项目实施将由全体业主分摊费用，那么，会有许许多多的物业服务建议项目需要实施，甚至有许多只有单个人或少数人受益的项目需要实施。

假定市场有效，即 s 的影响为定值时，$m(m_p)\to 0$ 意味着业主间的沟通成本很低，但项目构思和实施的总成本却很高，每一个业主将要分摊的费用将大幅提升。当不能对未来的邻居会提多少建议以及提什么建议做合理预期的情况下，潜在投资者的一个预感是物业服务费用可能太高，另一个预感是对未来的服务项目的决定拥有强权。这两个预感对投资的激励是反向的。前者对投资产生负面影响，而后者对投资产生正面激励。此时，业主会意识到如果不能不断地提出有益于自家的物业服务项目建议，就意味着自己的强权未发挥作用，而同时必须为他人所拥有的强权支付费用，甚至有可能是很高的费用。因此，业主将不断地构思有利于自己的项目建议并积极实施这个建议。这样一来，作为交易成本之一的构思成本快速上升，交易成本 T_i 随之大幅提高[①]。一个业主不仅要承担很高的交易成本，要分摊自己所主张的物业服务项目的费用，而且要不断分摊由其他业主所提出的物业服务项目的实施费用。业主之间差异性 d 越大，每个业主所分摊的费用会越高。投资者将承担难以估量的物业服务成本。不等式（11-39）和式（11-40）均难以满足。另一方面，该情形下投资者也面

① 此处为特例。一般情况下，交易成本会随着交易者间沟通成本的降低而减小。

临很高的物业服务风险。除了风险偏好者（或对强权有特别偏好、对占他人便宜有特别信心者）外，一般投资者会减少对这类物业的投资。

由决定规则水平的特殊值分析表明，决定规则在两种极端情形下的取值，通过影响物业服务的收益和成本包括交易成本，对物业管理的贡献值产生了负面影响，进而对物业投资产生了负面激励。

11.5.2 投票权分配规则对物业投资的影响

投票权分配规则是投票规则中的一个基础性规则（Manne，1964）。常见的分配规则有一人一票制 R_1 和每单位面积一票制 R_2。一人一票制是指一个业主分配一张选票的选票分配制度。业主是指凡在小区内购买了一个单元的投资者或一份房屋购买合同的签署者①。每单位面积一票制是指按物业的单位面积分配选票的情形。

一般认为，一人一票制将不利于吸引投资，而按面积分配选票的制度将有利于吸引投资。因为在一人一票制情形下，无论投资多少，只要投资购买了一套单元住房就拥有了相同的投票权，所以，不存在投资激励。而在按面积分配选票情形下，投资越大，购买的面积越多，拥有的投票权重就越高，故存在投资激励。

实际上，在项目性质、费用分摊、业主特征和决定规则等影响下，投票权分配规则与投资激励之间关系有更多的表现形式。

先考虑业主投资或面积存在差异，并按面积分摊费用，采用 R_1 的情形。

假定业主集体有两类人组成：一类是投资多者 E，他们要么是购买了更多面积的物业，要么是购买了更高价值的物业，其人数占业主集体中人数的比例为 K_e；另一类是投资少者 F，他们要么是投资了小面积的物业，要么是投资了低价值的物业，其人数占业主集体中人数的比例为 $1-K_e$。在投票决定规则为 m 时，E 和 F 中赞成建议的人数分别是 w_e 和 w_f，故接受建议需满足的条件是：

$$(w_e+w_f)/N\geqslant m \tag{11-41}$$

假定存在一个倡导者，他（她）将邀请 E 和 F 中部分成员形成一个大于或等于 mN 的决策联盟 M 来控制 I 集体的决定。如果邀请成员需要花费成本的话，那么，倡导者会比较邀请 E 和 F 内成员的成本并且只会邀请满足 m 的最小人

① 参见上海市房屋土地资源管理局《关于贯彻实施〈中华人民共和国物权法〉做好本市物业管理有关工作若干意见的通知》。

数。如果邀请一个集团成员比另一个集团成员有更高的收益或更低的费用分摊，那么，产生更高的收益或更低的费用分摊的集团成员将被邀请。

显然，在采用按面积分摊费用（或按价值分摊费用）的情况下，如果 E 和 F 内成员的收益和邀请成本都相同，邀请 F 中成员将更有吸引力（可以让面积大者分摊更多费用）。

当 $m<1-K_e$ 时，邀请者将不需要 E 内的任何一个成员。此时，E 内成员缺少投资激励。

当 $m>1-k_e$ 时，邀请者将邀请所有投资少的成员，并邀请部分投资多的成员。此时，作为一个投资少者是理性的。无论如何，F 中成员都会被邀请，故 F 中成员没有投资激励。尽管有部分投资多的 E 中成员会被邀请，甚或倡导者会提出邀请补偿，但只要投资多者人数高于被邀请人数即 $m<1$，就存在进入竞争，竞争的结果是被邀请的投资多者的补偿额不断降低。因此，投资多者依然没有投资激励。

上述分析意味着在一人一票规则下，无论 m 大小如何，物业投资的激励都不存在。该结论与一般性结论相同，即在一人一票制情形下，对投资者而言，缺乏投资激励。

接下来考察业主投资或面积存在差异，并按面积分摊费用，采用 R_2 的情形。

因为业主集体的投资总额为：$P=K_eNX_e+(1-K_e)NX_f$，可认为其对应的总建筑面积为 M_s，故存在：投资多者每人所购面积均值为 X_eM_s/P，投资少者每人所购面积均值为 X_fM_s/P（假定单方售价相同）。故按面积计量的投票决定规则是：

$$(W_eX_eM_s/P+W_fX_fM_s/P)/M_s=(W_eX_e+w_fX_f)/P\geqslant m_p \quad (11\text{-}42)$$

在邀请每一位投资者成本相同的情况下，被邀请的成员数越小，邀请的总成本越低。因此，该情形下邀请者将邀请投资多的业主作为联盟 M 的成员，以节约总邀请成本。

不妨假定由投资多者所组成的多数联盟 M 会做出有利于投资多者的决定。当某住宅小区内只存在大面积单元和小面积单元两种单元形式时，如果 $m_p<K_eNX_e/P$，倡导者将只会在大面积单元的投资者中选择联盟 M 中成员。为进入联盟 M 并获得有利的管理结果，投资者将投资更大的面积单元，而没有人愿意投资于小面积单元，故小面积单元的投资激励为负。如果 $m_p>K_eNX_e/P$，意味着每一位大面积单元的投资者都将进入 M 联盟，同时有部分小面积单元的投资者也将进入联盟。对大面积单元的投资者而言，维系大面积单元投资者身份便可以进入联盟M并获得有利的管理结果，故他们没有选择更大的面积单元进行投资的激励。对小面积单元的投资者而言，此时有可能进入联盟M并获部分补偿，但仍然不能与大面积单元投资者均享管理收益。原因在于小面积单元投资者在进入联盟时也存在竞争。因此，小面积单元的投资激励依然存在问题。即：

当$m_p < K_e N X_e / P$时，E中成员将通过投入竞争进入联盟，F中没有成员进入联盟，故E中成员存在投资激励（即更大面积单元的投资会增加），而F中成员具有负面投资激励（即小面积单元的投资激励为负）。

当$m_p > K_e N X_e / P$时，E中成员都能进入联盟，F中部分成员进入联盟，故E中成员缺乏投资激励（即更大面积单元的投资无激励），而F中成员依然缺乏投资激励（即小面积单元投资激励少）。

结果表明，在业主投资或面积存在差异并按面积分摊费用前提下，按面积分配选票的制度仅在$m_p < K_e N X_e / P$时对部分大面积投资者存在投资激励，而其他情况下并不形成投资激励，甚至产生负面投资激励。因此，很难肯定在R_2情形下一定会出现整体的投资激励。

在业主投资或面积存在差异并按面积分摊费用前提下，当$m_p < K_e N X_e / P$时，如果存在E中成员的投资激励小于F中成员投资的负面激励，那么，采用R_1和R_2都不会产生整体的投资激励。该结果意味着，在存在投资多（或面积大）和投资少（或面积小）两个利益集团（两类面积单元）时，无论采用哪一种（两种之间的）投票权分配规则，也无论投票决定规则m取何值，都不会对物业投资产生正面激励。

11.5.3 双重计票规则对物业投资的激励

双重计票规则是指既要求按业主人数计票同时也要求按物业面积计票的规则。该规则要求在按业主人数分配投票权的同时必须按业主所有的建筑面积分配投票权。

结合式（11-41）和式（11-42），可得双重计票规则需要满足的条件：

$$(W_e + w_e) / N \geqslant m \qquad (11\text{-}43)$$

$$(W_e X_e + w_f X_f) / P \geqslant m_p$$

由$(W_e + w_f) / N = m$和$(W_e X_e + w_f X_f) / P = m_p$可得：

$$W_e = (m N X_f - m_p P) / (X_f - X_e) \qquad (11\text{-}44)$$

$$W_f = (m_pP - mNX_e) / (X_f - X_e) \tag{11-45}$$

因为 $W_e > 0$，$W_f > 0$，而 $(X_f - X_e) < 0$，故必须存在：

$(mNX_f - m_pP) < 0$ 和 $(m_pP - mNX_e) < 0$，即：

$$mNX_f < m_pP < mNX_e \quad \rightarrow \quad NX_f / P < m_p / m < NX_e / P \tag{11-46}$$

由于 $NX_f / P < 1$，$NX_f / P > 1$，故：取 $m_p / m = 1$，可使式 (11-46) 式成立。

结论表明：当 $m_p = m$ 时，在双重计票规则的强制下，进入联盟 M 的投资多者人数 W_e 和投资少者人数 W_f 均大于零。

再考察投资多者和投资少者进入联盟的比例相同时，m_p 和 m 的关系。

当 $W_e / K_eN = W_f / (1 - K_e) N$ 时，由 (11－44) 和 (11－45) 可得：

$$(mNX_f - m_pP) / (X_f - X_e) K_e = (m_pP - mNX_e) / (X_f - X_e)(1 - K_e)$$

$$\rightarrow \quad m [NX_f (1 - K_e) + NX_eK_e] = m_pP$$

$$\rightarrow \quad m = m_p \tag{11-47}$$

该结论表明，在双重计票规则的强制下，如果取 $m = m_p$，投资多者和投资少者都有同等比例进入联盟 M 的机会。因此，采用双重计票规则并取 $m = m_p$，会对投资少者和投资多者产生同样比例的投资激励。

2007 年新修订的《物业管理条例》规定，物业管理相关事项的决定，至少经专有部分占建筑物总面积过半数的业主且占总人数过半数的业主同意，即 $m = m_p = 1/2$。专项维修资金使用和续筹方案的决定，应当经专有部分占建筑物总面积 2/3 以上的业主且占总人数 2/3 以上的业主同意，即 $m = m_p = 2/3$。

该规定采用了基于业主所有建筑面积和业主人数之上的双重计票规则，并取 $m = m_p$。因此，该规定将对物业投资产生正面激励。

到目前为止，投票规则优化所要达到的状态还没有统一。布坎南等 (Buchanan et al, 1962) 所认为的状态是指能最大限度地降低少数人所承担损失和决定做出成本的状态。而哈尔斯塔 (Harstad, 2005) 认为，优化的投票决定规则 m 将随着项目价值的增加和集体强制力的加强而增加，并随着后期差异性的增大而降低。本章分析了投票过程中业主的权益分布或财富转移问题与投票规则之间的关系，讨论了选票分配规则、投票决定规则与决策成本之间的关系。

本章主要结论如下：

(1) 在业主利用投票方式进行物业服务项目决策时，业主之间会出现财富转移问题，形成了业主权益重分布。通过转移支付和提高决定规则水平 m 都能有效抑制业主间的财富转移问题。然而，大多数物业服务项目的财富转移问题要依靠投票决定规则进行抑制。

(2) 理论上讲，当不同的选票分配规则对应着不同的选票数时，不同的选票分配规则会有不同的决议形成成本以及讨价还价成本。实际运作中，按面积分配选票和按业主数分配选票所对应的选票数完全相等，不同的选票分配规则的决议形成成本几乎无差异。选择按业主数和面积数的双重计票规则与仅按业主数的计票规则在讨价还价成本上也几乎无差异。

(3) 投票决定规则的提高在一定范围内提升了业主间的讨价还价成本。当超出了这个范围后，讨价还价成本为零。业主集体规模在一定限度内增大时，业主间的讨价还价成本会升高。当业主集体规模超过一定限度后，业主间的讨价还价成本又趋于零。

(4) 业主间讨价还价成本为零，并不意味着相应的投票规则一定最优，而大多数情况下则意味着投票规则不能在集体决策中发挥作用。为使投票方式能作为业主集体决策的一种方式，在采用一致同意规则时必须存在另外的政策强制，集体规模也必须受到限制。

(5) 在不同的物业管理服务区域内，针对不同的业主、不同的物业服务项目有区别地选择投票决定规则是合适的。统一的投票规则有可能在某些状态下失效，或存在很高的讨价还价成本。

(6) 当业主间无异质性特征时，物业服务内容和服务标准将依靠市场进行选择，与投票规则无关。当业主间存在异质性特征时，不同的差异要素对投票规则提出了不同的要求。业主的物业面积（或投资）、物业特征和偏好上的差异，分别引起了物业服务净收益不同的变化，不同水平的投票决定规则将被用来协调业主整体、联盟和个人收益之间的关系。

(7) 当物业服务项目的性质和费用分摊方式不同时，投票规则与物业投资激励之间的关系还会随着业主间的差异性而发生变化。而在业主特征、投票决定规则不同时，投票规则与物业投资激励之间的关系会随着服务项目性质和费用分摊方式的不同也有所不同。

第 12 章　物业管理市场化的权益关系协调机制

在物业服务过程中，主要的权益相关者有开发商、物业公司、购房者或业主及其组织和居民委员会等。政府的相关部门介入其中，通过相关的制度进行协调。本章主要探讨开发商与业主的权益关系协调机制，业主间的权益关系协调机制，集体服务内容、标准和价格的确立机制，业主组织与物业公司的招投标制度，业主委员会与居民委员会之间关系的协调机制，以及小区物业管理与社区管理的整合机制。

12.1　开发商和业主的权益关系协调

现行制度安排下，一旦购房者决定购买开发商的房屋，他个人就已经同意接受了开发商主导的物业服务[①]。当单个的购房者逐渐形成购房者集体，最终形成业主集体以后，是否同意接受开发商主导的物业服务就成了一个集体决策问题。业主集体决策的方式是投票。投票决策的依据是投票规则，业主集体用投票方式决定是否同意接受开发商的物业服务的依据是业主投票规则。

作为制度安排的业主投票规则，对业主能否同意开发商主导的物业服务产生制度性影响。当制度规定每一个购房者必须接受开发商拟定的临时业主公约时，相当于规定了对开发商主导的物业服务的一致同意规则，业主个人和集体

---

① 购房者在购房时，除了与开发商签订房屋销售合同以外，还与开发商签订了临时管理公约。临时管理公约明确规定了在一定期限内业主必须接受开发商选定的物业公司及其服务并为之付费。

在这个阶段必须同意接受开发商主导的物业服务。《物业管理条例》中规定的业主投票规则，包括按“专有部分面积”和“业主人数”分配投票权重的双重计算规则以及决定物业服务事项的“简单多数”和“超多数”的决定规则，为业主不同意开发商主导物业服务等议题给出了一个“通过”标准。

购房者个人在投资阶段同意接受开发商主导的物业服务，并不意味着同意接受开发商主导的实际供给的物业服务。当业主在实际供给的物业服务中净收益为负时，业主不会同意接受开发商实际供给的物业服务。在单个（或少数）业主不能用投票决策方式改变开发商主导的物业服务格局情形下，单个业主会以私人方式包括拒交物业服务费的方式改变自身的负收益状态，同时表示不接受开发商主导的物业实际服务。

开发商可以改变业主的负收益态度。在物业服务收益不变时，如果开发商采取措施降低业主的履约成本或物业服务费用，业主的净收益就会提高。改变业主负收益状态的另一种方式，是业主集体利用投票方式否决开发商主导的物业实际服务。

12.1.1 投票规则与决策过程

当某人在某住宅小区购买了一套住房后，他不仅是该住房的所有者，也是该小区物业的共同所有者，同时享有对小区共有物业实施共同管理的权利。

自立法决定投票规则以后，购房者的购房和物业服务的决策行为受投票规则约束。投票规则作为购房者购房和业主物业服务决策的前置条件，对购房者的投资决策和管理服务决策直接产生影响。

图 12-1 给出了投票规则与物业投资和服务决策之间的关系。

> ①立法给出投票规则→②开发商给出临时管理公约（原称：临时业主公约）→③购房者作投资决策→④业主接受物业，同时接受开发商主导的物业服务→⑤成立业主大会筹委会→⑥成立业主大会进行集体决策→⑦实施业主集体选择的物业服务

图 12-1 投票规则和物业投资、服务决策过程关系示意图

由图 12-1 可见，自给出投票规则到业主自主选择并实施物业服务历经①至⑦七个程序。而投票规则对后续程序②至⑦都产生影响。购房者决定购房（程序③）之前，存在两个程序①和②，即投票规则和临时管理公约已经

给出。程序①和②构成了购房者投资决策的约束条件。购房者决定购房，意味着他接受了投票规则和临时管理公约。按临时管理公约约定，购房者在接受房屋的同时，必须接受开发商选定的物业公司的物业服务，进入开发商主导的物业服务阶段，即程序④。一定期限以后，方可进入程序⑤，成立业主大会筹委会。之后，业主集体方可利用投票规则、通过业主大会（程序⑥）自主决定物业管理服务相关事宜，包括决定业主大会议事规则、业主管理规约（原称：业主公约）、业主委员会成员、物业管理服务内容和服务标准以及物业管理其他重大事项和续聘或者重新选聘物业服务企业等，进入物业服务的业主集体决策与实施阶段（程序⑦）。

投票规则对程序⑥的影响是关注的焦点。如果投票规则 m 取值过高，从程序⑤启动的业主集体的新议题在程序⑥中难以通过，那么，管理服务将维系原状态，即从程序⑥直接返回程序④。如果投票规则 m 取值过低，从程序⑤启动的业主集体的新议题在程序⑥中容易通过，决策进入程序⑦，即实施业主集体选择的物业服务。问题是我们期望维系在程序④还是程序⑦？即同意还是不同意接受开发商主导的物业服务？一般认为，开发商和其聘用的物业公司期望维系在程序④，而业主和地方政府期望维系在程序⑦。实际上，问题的答案要取决于参与各方在物业服务过程中实际的成本和收益的大小及分布，包括交易成本的大小及分布。

12.1.2 购房阶段的一致同意

对购房者而言，面临的第一个物业管理服务的决策项目是：是否接受开发商给出的临时管理公约？这是在购房者购房行动前必须做出的决策。如果购房者不接受临时公约，物业投资和物业服务的决策行为同时中止。只有在购房者接受了临时公约、投资购买了住房以后，伴随着开发商的交房过程，决策过程进入程序④，业主开始接受开发商主导的物业实际服务。

由于每一个业主在购房时都与开发商签署了临时管理公约，故可认为业主集体共同签署了这个公约。稍有不同的是，在业主集体之外存在一个倡导者——开发商，它不仅代替业主集体准备了议题，并且说服全体业主都同意了这个议题。如果把看开发商看作业主集体聘请的一位成员，该成员为业主集体草拟了议题并说服所有业主接受了这个议题，那么，该议题决策过程就完全属于业主集体的内部决策过程。因此，当所有业主都先后在开发商拟定的临时业主公约上签字后，相当于全体业主在临时业主公约的通过上采用了一致同意的决定规则。简单说，每一位业主都同意接受了开发商所拟定的物业服务，包括其聘请的服务公司、服务内容、服务标准和服务价格等。

在投票者之间取得一致同意的一个必要条件是：该议题在给某人带来正的净收益的同时也给其他人带来正的净收益（Barzel et al，1990）。对每一位购房者而言，同意接受临时管理公约的一个经济原因就在于对物业服务净收益的良好预期。形成良好预期的原因有三：其一，物业管理服务对物业的价值贡献为正。其二，开发商在物业公司选择上有专业视野。其三，即使开发商所选物业公司的服务不如意，其服务时间也有限。当每一位购房者都对物业服务净收益给出正的预期后，巴则尔等给出的一致同意的必要条件就已经满足。

另一个影响一致同意规则的因素是达成一致同意的成本。在满足一致同意必要条件的前提下，每一个购房者与开发商之间就临时管理公约的协商成本和签约成本都很低①，业主之间就临时管理公约的协商成本等于零。当立法规定购房者在购买物业时必须同时与开发商签署临时管理公约时，虽然购房者的签署行为已成为一种政策强制，但购房者对立法的信任会使临时管理公约的签约成本进一步降低。此时，一致同意规则成为立法规定的、开发商主导的、全体业主的共同选择。

12.1.3 合约履行阶段的权益纠纷

业主在投资阶段一致同意接受开发商指定的物业服务，并不意味着对开发商在合约履行阶段实际提供的物业服务也一致接受。事实上，购房者在投资阶段对物业管理服务的良好预期，或开发商在合约中的各项承诺将在程序④中接受实践检验。单个业主开始从物业服务的实际感受中评估物业投资的价值和负担物业费的效用。

当业主实际享用的物业服务与期望有差异，或实际提供的物业服务与合约规定不符时，业主与物业公司之间就会出现争执甚至矛盾。而在出现物业

---

① 由于民众对政府存在良好的公正期待，当政府相关管理部门给出了《临时管理公约》样本后，即使开发商做过修改，购房者大多不会对此进行讨价还价，故存在很低的协商成本。而购房者与开发商签署房屋买卖合约的同时，也签署了临时业主公约，故签约成本很低。

质量问题以及开发商售后服务不及时等直接有关开发商行为问题时，业主也会对物业公司表示不满。因为在业主发现物业质量问题以后，只能向开发商指定的物业公司反映并通过物业公司接受开发商的反馈意见。在物业公司通过开发商预约承建商，最终由承建商到现场解决问题，期间会存在许多物业公司不能控制的变数。可能出现时间拖延、问题未能完全解决、服务者态度不友善等，都有可能形成业主对物业公司的不满。目前，大多数小区的业主对此阶段的物业服务满意度不高。2007 年中国消费者协会发布了《12 城市商品住房消费者满意度调查报告》显示，消费者对于商品房物业管理各方面的总体满意度指数为 70.92，其中物业管理费收费标准和收费透明度的满意度指数水平较低（刘羊旸，2007）。

实际上，业主对物业公司服务的不满意只是问题的表象。业主与物业公司之间的矛盾和纠纷，在很大程度上是开发商和业主之间所签署的合约包括房屋买卖合同、临时管理公约等执行过程中所遇到问题的现实表现。如果物业公司及时联系了开发商并积极配合，引导承建商为业主解决物业质量问题，那么，物业公司便不会成为业主不满意的对象。即使业主不满意物业公司的物业服务甚或某物业服务人员的言行，开发商也负有合约责任。因为物业公司是由开发商选定，程序④是单个业主与开发商之间合约的延续阶段，其中所有的矛盾和纠纷都是业主与开发商之间有关合约执行过程中所遇到的问题。

如果开发商积极面对程序④中的问题，真实履行其在程序④中的责任和义务，直接与业主沟通，程序④中的矛盾和纠纷或许会减少，而合约履行的成本或许会降低。然而，实际运作中物业公司的积极介入和开发商的全盘退出，提高了单个业主与开发商之间的合同履行成本。当业主遇到房屋质量和物业服务相关问题时，他已经很难直接与其签署了合约的开发商进行沟通。当业主与开发商联系时，大多数开发商会将与其所售房屋相关的事务推给物业公司。而大多数的物业公司仅仅是受聘于开发商向业主提供物业服务的企业，并不是开发商的完全代理机构。当业主与物业公司就合约问题进行交涉时，物业公司并不能及时给出明确答复，物业公司将业主的问题转交开发商。只有在开发商给出了的明确答复以后，物业公司才会给业主转达开发商的答复意见。业主与开发商之间就合约执行问题进行沟通的程序如图 12-2 所示。

业主→物业公司→开发商→物业公司→业主

图 12-2 业主与开发商沟通程序图

图 12-2 表明，当业主要与开发商就合约履行中的问题进行沟通时要历经四个环节，比业主与开发商的直接沟通过程多了三个环节。假定某个问题 j 每个环节的实施成本相同，其值为 t_j，则通过物业公司沟通过程的成本是直接沟通过程成本的四倍，即 $4t_j$。如果业主对开发商的答复有不明或持有异议，上述沟通程序再次启动并开始新一轮运行。新一轮运行的成本沟通成本与第一轮沟通成本相同，第一轮和第二轮沟通的成本是直接沟通过程成本的八倍，即 $8t_j$。如此往复，通过物业公司沟通过程的成本大幅上升。假定一个问题 j 要通过物业公司与开发商交涉 n 次，$n \geqslant 1$，则该问题沟通的总成本为：$T_j = 4nt_j$。如果在程序④中业主 i 有 M 个问题要与开发商沟通，则 i 与开发商之间的沟通总成本为：

$$T_{ij} = \sum_{j=1}^{M} 4nc_j \tag{12-1}$$

式（12-1）中 T_{ij} 为 i 与开发商之间的沟通总成本。

如果业主 i 所得的物业服务收益为 R_i，负担的物业费用为 F_i，则业主 i 在程序④中所得的物业服务净收益为：

$$N_i = R_i - F_i - T_{ij} = R_i - F_i - k\sum_{j=1}^{M} 4nt_j \tag{12-2}$$

式（12-2）中 N_i 表示业主 i 在程序④中所得的物业服务净收益，k 为业主 i 所承担的沟通成本的比例系数，$0<k<1$。

对于业主 i，必须存在 $N_i \geqslant 0$。由（11-2）可知，必须存在：

$$C_{ij} < R_i - F_i \tag{12-3}$$

式（12-3）式表明，只有当业主 i 在程序④中的沟通成本小于物业服务收益与物业费之差时，业主才有正的净收益。当物业服务收益和物业服务费为定值时，如果 $T_{ij} > R_i - F_i$，则业主 i 有负的净收益。

在与开发商沟通困难的情形下，即 T_{ij} 不变时，对业主 i 来说，改变负收益状态的一个最直接的办法是拒交物业服务费 F_i。当 $F_i = 0$ 时，只要 T_{ij} 小于或等于 R_i，业主 i 就有正的净收益。

当然，拒交物业费并不能从根本上解决负收益问题。当物业公司与业主之间就物业费拒交事宜进行交涉甚至上法庭时，物业公司和业主要负担更多的合同履行成本，业主为此负担的成本与 T_{ij} 之和很可能大于 R_i。此时，即使业主 i 不用缴纳物业服务费，其所得净收益依然为负。

在开发商主导的物业服务阶段，具有负收益的业主将反对执行一致同意的临时管理公约。如果业主的净收益均为负，一致同意的临时管理公约在程序④中将变成一致反对的管理公约。因此，在开发商缺位的情况下，投资决策阶段③对程序④的一致同意会在程序④的实施过程中被负收益业主的行为所否决。

12.1.4 权益关系协调：开发商的市场化方法

本质上讲，开发商主导的物业服务阶段就是业主与开发商之间合约的履行阶段。当业主认为合约没有被开发商所履行时，开发商积极主动地与业主直接沟通会降低业主的履约成本。而开发商在利益上做一些让步包括对物业费补贴或全免等将会直接影响并有可能改变业主的负收益状态。因此，开发商的市场化行为对开发商主导的物业服务的维系将产生直接影响。

当开发商与业主之间存在直接沟通时，T_{ij} 降至 T_{ij0}：

$$T_{ij0} = \sum_{j=1}^{M} t_j \tag{12-4}$$

由式（12-1）—式（12-4）式可得：

$$T_{i0} = \sum_{j=1}^{M} (4nt_j - t_j) \tag{12-5}$$

式（12-5）中 T_{i0} 为 i 业主与开发商直接沟通所减少的沟通成本值。

业主净收益 N_{i1} 为：

$$N_{i1} = R_i - F_i - k\sum_{j=1}^{M} t_j \tag{12-6}$$

由式（12-6）—式（12-2）得：

$$N_{i2} = N_{ia} - N_i = k\sum_{j=1}^{M} (4nc_j - c_j) \tag{12-7}$$

式（12-7）式中 N_{i2} 为开发商与业主直接沟通时业主的净收益增量。

开发商在房屋保修期内免收物业服务费的承诺曾被认为是“不可思议”的承诺。原因在于：开发商的承诺侵犯了业主的物业管理权。实际上，我们不妨认为该承诺仅仅是市场交易主体之一的开发商所提出的一项交易条件。

开发商之所以给出这个承诺，说明开发商很清楚该承诺对他的经济意义。而对业主而言，在开发商免收物业费时，其所得净收益 N'_i 为：

$$N'_i = R_i - T_{ij} \tag{12-8}$$

由式（12-8）—式（12-2）得净收益增量 N'_{i2} 为：

$$N'_{i2} = F_i \tag{12-9}$$

式（12-9）表明，当承诺进入合约并在程序④中实施时，业主 i 的净收益增加，增加值为 F_i。

显然，开发商免收业主的物业费并不意味着不用向物业公司支付物业服务费。在开发商主导的物业服务阶段，免收物业费意味着无需业主向开发商所聘请的物业公司付费，而由开发商直接向物业公司付费。当开发商直接向其聘请的物业公司进行支付时，房屋交易关系和物业服务交易关系分离，物业服务作为产品售后服务的一种形式由开发商向房屋购买者供给。开发商与业主直接沟通局面此时也会出现，沟通成本 T 的减低或许还可以期待。

实际运作中，有不少开发商指定其下属物业公司在开发商主导的物业服务阶段向业主提供物业服务并向物业公司提供经济补贴。当开发商对物业公司进行经济补贴或授权物业公司直接处理业主有关合约问题时，业主的沟通成本和物业服务费用会降低，业主的净收益提高，业主对开发商主导的物业实际服务的支持率也相对提高。

12.1.5 投票规则给出的制度协调

投票规则将给出程序④问题的制度化解决方法。无论业主是一致同意，还是一致反对开发商主导的物业服务，开发商主导的先期物业服务都会在一定的时间内结束，单个业主同时作为共有物业的共同所有者，必须集体承担物业服务的供给责任，物业服务进入业主集体选择的后期物业服务阶段。

第一次业主大会将作为开发商主导的物业服务结束和业主主导的物业服务开始的分界线，而投票决定规则将在这个分界线上决定着物业服务能否脱离开发商主导的先期物业服务而进入业主集体选择的后期物业服务阶段。

第一次业主大会通常由地方政府或居民委员会、开发商、物业公司和少数业主一起筹备，并成立筹备委员会。由开发商聘请的物业公司负责具体实施。一般情况下，筹备委员会或委托物业公司（或开发商）在会前要拟好需要业主集体决定的决策文本，其内容包括业主大会议事规则、业主管理公约、业主委员会成员构成、物业服务内容、服务标准，以及物业管理的其他重大事项等。业主在第一次业主大会上对上述内容进行投票表决，决定后期物业服务相关事宜。

如果筹备委员会或物业公司认真准备了文本草案，并在会前一定期限内发放给业主以征询业主意见，再依照大多数业主的建议完善决策文本，那么，在第一次业主大会上采用超多数决定规则或许能够通过[①]。然而，需要考虑四个方面：一是先期物业服务的满意度如何；二是参与第一次业主大会的业主人数是否有较高比例；三是业主的参与意愿如何；四是业主之间是否存在良好的沟通渠道。

当全体业主对开发商主导的物业服务都不满意，期望尽快结束由开发商主导的物业服务程序时，业主集体会在几乎一致同意的状态下同意形成业主自己的组织并自主选聘物业服务公司。当全体业主对开发商主导的物业服务都满意，他们也会一致同意成立业主大会或其他业主组织并通过业主组织续聘正在提供满意服务的物业服务公司。在业主意愿高度一致时，即使取超多数或更高水平的投票决定规则，在理论上也有可能通过。原因在于业主意愿的一致性降低了业主间就决策议题讨价还价的成本。

如果业主对先期物业服务的满意度介于完全满意与完全不满意之间，则意味着业主间意愿不统一。有部分业主倾向于结束开发商主导的物业服务状态，也有部分业主持反对意见，甚或还有部分业主持无所谓态度。统一具有不同意见业主的意见要花费成本，甚至是很高的成本。当要求业主一致同意即采用 m（m_p）$=1$ 的决定规则时，除了要做反对者的工作以外，还要做中间者的工作。只要存在一个业主不同意，前期工作的所有成本将沉没，议题将无法通过。因此，采用一致同意规则面临很高的成本沉没风险，并有可能失去可利用的机会（一种资源）。从本质上看，投票规则是资源的产权安排，一致同意规则是一种极端的资源产权安排。当存在共有产权的资源，而该资源必须在共有者一致同意方可利用时，其结果很可能是谁也不能利用该资源。海勒（Heller，1998）称这种现象是“对称公地（anticommon）悲剧”，布坎南（Buchanan et al，2000）则称其为“公地悲剧”（Hardin，1968）的“对称性悲剧”。投票决定规则水平 m 或 m_p 越高，悲剧出现的可能性就

① 之所以强调超多数规则在于它能减少财富转移（Buchanan，1962）。

越大。

业主入住率直接影响着参加第一次业主大会的人数以及决定规则的取值水平 m。假定取 $m=0.5$。当小区业主的入住率 λ 不到50%时①，即使入住的全体业主都参与投票并一致同意另聘物业公司，依然不能满足 $m=0.5$ 的底线要求。要达到 $m=0.5$ 的底线要求，入住业主需要与未入住业主联系，邀请他们参与投票。假定邀请一个未入住业主所增加的组织成本为 t，则在入住率为 λ 情形下达到 m 底线要求的需增加的成本为：

$$C=N\ (m-\lambda)\ t \tag{12-10}$$

入住业主的参与意愿也影响着业主集体的组织成本。当业主参与业主集体行动的意愿不强甚或存在“搭便车”想法时，业主的组织成本增大。目前，小区业主的集体行动意识普遍不强，参与意识差（张皎，2008），“多一事不如少一事”的传统观影响了业主的参与意愿，也阻碍了业主间的信息交流。很少有业主会认真研读物业公司或筹委会拟好的决策文本，并提出修改或完善意见。大多数业主仅靠会场的个人感觉和熟悉的邻居间的少量信息交流作投票抉择。另一方面，就物业管理的信息和知识（包括物业管理实施过程中可能出现的各种情况的知识）而言，业主所有的部分远远少于物业公司所有部分。如果物业公司利用信息和知识优势，在决定文本中暗设有利于物业公司的格局，或直接摆设有利于物业公司的博弈格局，对于信息和知识相对缺乏的业主来说，也不易在短期内看清其中寓意。知识和信息的缺乏进一步降低了业主的参与意愿。在入住业主参与意愿低时，业主集体行动的成本很高。

分析第一次业主大会的组织者和参与者的心态对选用决定规则水平 m 或许是有益的。介入成立小区业主大会的地方政府成员不会希望业主花很长时间去讨论决策文本以至会议迟迟不能结束，更不希望业主与物业公司之间因决策文本条款的分歧而在会间出现争执。居民委员会和政府相关部门成员希望各方在友好协商的氛围中尽快完成这项工作。对开发商来说，解决物业管理问题的最明智和最容易的方法是使业主自己承担管理责任（Reichman，1976）。因此，开发商希望尽快通过相关议题以解除自己的责任。物业公司则希望通过议题以便于其后期的工作。按常理，业主应该不希望业主大会匆

---

① 宁波新城区管委会（2008）新近调查结果显示，2006年后交付的住宅小区入住率为41.4%。我们新近的调查表明，武汉市江夏、盘龙等新城区入住率平均为46.7%，小于50%。

忙结束。但业主甚至是多数业主，在第一次业主大会召开的这个时期，并没有很高的热情投入到会议议题中，他们也希望会议早些结束以尽快忙于自己的个人事务。参与各方的共同意愿，使第一次业主大会大多以“走过场”的方式快速结束。而作为能否接受各项议题的决定规则水平 m（m_p）对会议能否尽快结束将产生影响。由于业主对议题讨论的投入热情低，业主对议题的看法将主要依据自己的主观感觉，因此，业主对议题投票结果的集中度不会高。当 m（m_p）取高值时，议题难获通过。只有 m（m_p）取低值，议题通过的可能性才高，会议才会尽快结束。

在业主组织成本高的情况下，降低决定规则 m（m_p）水平是现实选择。修改后的物业管理条例（2008）虽然提高了业主第一次选聘物业公司时决定规则水平 m，将 $m=0.25$ 提高到了 $m=0.5$[①]，但仍然属于中位规则，即简单多数规则。泰勒（Taylor，1969）表明，给出一组投票者，每一个投票者以相同的概率独立表达支持某潜在的未来建议，简单多数规则是唯一的能减少社会福利自利化功能的规则。柯蒂斯（Curtis，1972）的研究表明，不考虑投票者的不确定性以及相互依靠与否，简单多数投票规则唯一最小化了失望的投票者的期望值。在业主平均入住率达 50%时，通过地方政府的有效组织，普遍倾向于自主选聘物业公司的业主会投赞成票，$m=0.5$ 的规则能以较低的成本满足。在业主入住率升高的情况下，满足 $m=0.5$ 规则会更容易一些。当 m 提高，达到 m 的最低要求就会困难，开发商主导的物业管理现状就难以改变。对于急需改变现状的决定而言，取 m 为低值的决定规则水平是合适的。值得注意的是，较低的投票决定规则水平虽然有利于改变开发商主导的物业服务状态，当不一定对应着最优的投票决定规则水平。丹尼和艾亚尔（Danny et al，2005）认为，在公寓类建设项目管理制度中，也许没有一个单一的、能吸引所有潜在消费者的投票规则。哈尔斯塔（Harstad，2005）认为，全面优化投票规则要考虑得者向失者的转移支付。在没有转移支付情形下，无论采取多高的决定规则，项目的选择总是有效的，但依靠特定决定规则的投入激励却没有被优化。进一步认为，决定规则水平的选择，不仅要考虑项目选择的有效性，还要考虑激励问题、外部性内部化问题，以及政治系统的其他方面，如集体强制力等，并且应该考虑通过政策许可的方式使之随价值和异质性的不同而有所变化。

---

① $m=0.25$ 和 $m=0.5$ 是通过与会人数和条例规定的决定规则水平综合计算得出的。

开发商和业主之间的关系，本质上是一种权益关系。业主依据物业价值最大化原则考虑是否接受开发商主导的物业管理服务，开发商依据开发效益最大化原则决定是否主导或继续主导物业管理服务。因此，既有可能存在购房阶段的购房者对一致同意规则的接受，也有可能出现合约履行阶段业主对购房阶段一致同意规则的否定，还有可能出现开发商对物业费进行补贴或全免的市场化行为。

由于存在业主异质性，如业主所有的物业类别及位置的差异、业主偏好差异等，业主对物业服务的价值判断并不一致。给出业主投票规则以协调业主的集体行动是必要的。但不同的投票规则包括投票权分配规则和决定规则水平，会导致不同的业主集体行动成本。业主个人和开发商都会估算这个成本及相应的自有收益，并借此决定自己的行为。较高的决定规则水平对应着较高的组织成本，一致同意规则水平对应着极高的组织成本，并有可能引发“公地悲剧”的“对称性悲剧”。

在存在很高的组织成本情况下，降低投票决定规则水平 m（m_p）是一种现实的选择。较低的投票规则水平有利于改变已存在的状态。当小区入住率较低，开发商主导的物业服务较差时，较低的投票决定规则水平将有利于选择新的物业服务企业以改变原有的服务格局。

然而，较低的投票决定规则水平会增大业主间财富转移的可能性，并有可能增加业主物业服务的实际投入成本。总体上看，业主投票规则的选择要兼顾效率和公平。实际操作中，业主投票规则的选择受到了业主异质性、决策内容、服务项目性质和制度环境等众多因素的影响。对不同阶段、不同内容的物业服务决策议题，采用不同的投票规则或许是合适的。当政策法规仅规定业主组织的形成规则时，业主集体将通过业主组织自主决定物业服务的具体事务，其中的事务性投票规则或许会多元化。

12.2 业主间的权益关系协调

由于业主大会不是股份公司，也不同于政府机构，因此，它的决策系统不可能像股份公司那样严格按投票数决定，也不可能像政府机构那样实行民主集中制。巴泽尔和萨斯（Barzel et al，1990）指出，在股份公司中，回报与投票权、股份是一致的，HOAs 中的投票因为模糊地分配了产权未能完成这样一个清晰的分割工作，HOAs 处于私人公司与政府之间。在台湾，由民主和公司特征混合的公寓管理法所形成的HOAs，更像一个公共实体而不像一个公司。基于共有但又无法明确区分产权之上的业主协会，或许是一个特别的组织。它可能被市场所创建，而不是它创造了分配共有物品的市场。麦卡勒姆（MacCallum，2002）观察到HOAs问题源于HOAs治理的政治性质，他认为仅有多用户共享的租金模型（例如在销品茂、活动屋、散步道或酒店）能解决这些问题。在那里，土地所有者是唯一的，个人单元的租赁给出了一个市场价格信号，集体资源的成本和收益相等，租者可以自由地移入或移出（因为存在很低的移动成本）。但是，HOAs做不到这一点。它们创造了一个俱乐部和集体所有制，并卷入了集体决定之中。它们容许市场通过定义一个成员关系发展俱乐部物品，强行付费，并排除其他未付费者。在这些集体组织中，组织决定仍必须由非市场机制（投票）做出。另外，当业主不满意HOAs的程序时，由于业主不是租户，他们不容易使用退出选择(McKenzie，2003a)。高的后期移出成本意味着居民处于HOAs要挟风险中，就像市民被单个政府治理锁定一样。因此，业主集体行动需要一些特别的规则。

12.2.1 单个业主在业主集体中的权重

小区内的每一个业主都是小区业主集体的一员，但每个业主在集体决策过程中占有怎样的权重是形成业主集体要明确的问题。我们通常将业主集体权重的分配建立在业主所拥有的物业产权之上。然而，选择不同的反映产权的指标（以下简称：产权指标）作为集体权重分配的要素，会产生不同的结果，要么是侵害了产权，要么是加大了成本，甚或其他？

我们以套数和建筑面积两个具体的产权指标来说明。以住宅套数作为业主集体权重的分配要素时，住宅区内的每一套单元房便具有一个权利份额①。当小区由N套单元房构成时，总权利份额数为N，每一套单元房所占的权重为$1/N$。以建筑面积作为业主集体权重的分配要素时，如果总建

① 《物业管理条例》规定业主在首次业主大会会议上的投票权，根据业主拥有物业的建筑面积、住宅套数等因素确定。具体办法由省、自治区、直辖市制定。北京市规定：产权人投票实行住宅房屋每一单元房一票；非住宅房屋每3000 m^2一票，不足3000 m^2的，每一产权证一票。在已确定物业管理区域的，原开发建设单位在住宅尚未售完之前，其住宅所拥有的产权份额超过全部住宅物业20%的，召开产权人（代表）大会时，其投票权及实际投票额按20%的份额计算，超过部分不再予以计算。

筑面积为 S，每一个业主 i 所拥有的建筑面积为 S_i，那么，i 业主拥有的集体权重为 S_i/S。这两个要素都是基于业主的物业产权而设置的，前者相对笼统，而后者相对细化。虽然后者较前者更能准确地反映业主所拥有的物业产权的状态，但实际操作中前者却比后者要方便得多。当采用投票方式决策时，如果按房屋套数计票或按单位建筑面积计票，前者只需涉票 N 张，而后者要涉票 S 张。当户均建筑面积为 100 m^2，则 $S=100N$，户均投票数为 100 张。因此，以面积作为分配要素，并且以每平方米一票进行计量时，操作会很麻烦。一个改进的方法是再规定一个单位票数与面积的对应值，如每 50 m^2 一票。这时，总票数为每平方米一票时的 1/50。当户均建筑面积为 100 m^2，其票数是以套数计票的两倍。

一般认为，以住房套数作为权重分配依据，侵害了大面积套房业主的权利，而以面积为依据又加大了业主的投票决策成本。折中的办法是以面积为依据并以一定的面积（如上述 50 m^2 或其他大于 1 m^2 小于小区内套房最小面积）为一个计量单位来计算业主在集体决策中的权重。

其实，问题并不如此简单。我们这里需要解决的问题不是如何清晰或准确界定业主物业产权问题，而是要思考业主集体决策的内容与反映业主物业产权的哪一个指标更为相关。因为业主集体决策内容不同，可能对应着业主物业产权的不同指标。当决策所涉内容仅仅与业主或家庭户数相关时，在每户一套住房的情况下，以住房套数为权重分配指标是合适的，因为同时具备权益相关性和决策经济性。以物业集体服务内容为例，安全防卫服务对小区内每一个家庭都具有同等重要性，当每个家庭拥有小区内一套住房时，以住房套数作为安全防卫事务决策的权重分配单位便具有这两个特性。仔细分析还可以看到，物业共用设施设备维护、房屋管理、保洁服务、绿化养护管理等对每个家庭都具有同等重要性，而它们与住房套内面积的关联性并不强。因此，以套数作为它们内容决策的权重分配指标也是合适的。当建筑物的整体维护与建筑物内的建筑面积相关时，以建筑面积作为这项服务内容决策的权重分配指标又是合适的。也就是说，如果集体服务的内容与每户或每套住房相关联，而与每套住房建筑面积无关或很少相关时，在每户一套住房的情况下，每户或每套住房拥有一个集体决策的权重分配单位，具有权益相关性和决策经济性。如果集体服务的内容与每户或每套的建筑面积相关联，以每户或每套住房的建筑面积作为集体决策的权重分配单位，也具有权益相关性。

然而，权责对等性是形成集体决策所必须具备的另一个关键特性，也是公平的要求。当每户或每套住房拥有一个集体决策的权重分配单位时，以每户或每套住房作为相关服务内容的费用分摊单位才具有权责对等性。明确地说，这时的物业集体服务费用分摊的指标是住房套数而不是它的建筑面积。如果以每户或每套住房作为决策权重的分配单位，同时以套内住房建筑面积作为责任分摊单位，就出现了权责不对等问题。从权责对等角度看，如果按建筑面积分摊物业服务费用，那么以面积为相应的决策权重的分配指标才是合适的。或许，这就是目前以套内建筑面积作为分配集体权重的依据。

问题出在责、权、利不一致上面。如果服务内容是以每户接受的，则以每户或每套住房作为一个集体权重的分配单位（或集体事务的决策单位），同时作为其费用分摊的一个单位，才具有责、权、利的一致性。如果每户业主拥有了一个集体决策的权重份额，并以每户的方式接受了某项服务内容，但以每户所有的建筑面积来分摊费用，就出现了责、权、利不一致。现在小区物业服务费用的分摊几乎都是按房屋建筑面积分摊，把房屋建筑面积作为了业主接受物业服务多少的衡量指标，忽视了物业服务的某些内容与家庭或住房套数间的更密切的关系，从而引发了物业服务市场中的责、权、利不一致以及业主间权益关系的不和谐。就目前的物业集体服务而言，它与每套住房或每个家庭的关联度，要远高于与每套住房建筑面积的关联度，甚至它与每个家庭人口数的关联度，也要高于与每套建筑面积的关联度。

有人会说，当物业管理服务具有保值增值功能的时候，大面积套房业主在拥有了更多的建筑面积后而获得了更大增值量，因此，按每平方米建筑面积负担物业服务费是合适的。实际上，单方物业增值的多少虽然与物业管理服务有关联，但这种关联是所有拥有物业的业主所共有的。而物业增值总量的多少，则与前期投资大小更相关。物业周边环境的改善和社会经济发展，对物业增值有更大作用。

12.2.2 费用分摊、收益分布与投票规则选择

在业主集体决策过程中，单个业主在业主集体中的权重体现在业主拥有的选票份额上。在物业服务过程中，服务项目的费用分摊和收益分布往往出现偏差。通过投票方式作决定，本质上就是允许集体内的一部分人（通常是

多数联盟）来消除这个偏差同时得到集体内另一部分人（通常是少数联盟）的财富。巴泽尔和萨斯（Barzel et al，1990）认为，投票方式虽然避免了伴随市场交易的道德风险和机会主义，但同时承担着财富转移成本和决策成本。人们期望通过投票规则选择来降低财富转移成本和决策成本(Buchanan et al，1962；Danny et al，2005)。

当投票决定规则水平越来越高，几乎接近于一致同意时，极少数人所承担的损失降低了，财富转移问题被有效抑制。在一致同意情况下，因为没有他人的同意便没有一个投票人能将成本强加到其他人身上，故外部成本（即财富转移量）为零（Buchanan et al，1962)。换言之，当决定规则水平取小值时，则有可能导致较大的财富转移。

泰勒（Taylor，1969）认为，对一组投票者而言，如果每一个投票者以相同的概率独立表达支持某潜在的未来建议，那么，简单多数规则是唯一的能减少社会福利自利化功能的规则。柯蒂斯（Curtis，1972）的研究表明，不考虑投票者的不确定性以及相互依靠与否，简单多数投票规则唯一最小化了失望的投票者的期望值。根据艾利克逊（Ellickson，1982）以及巴泽尔和萨斯（Barzel et al，1990）的证据，异质（同类的）选民需要一个超级多数(少数）投票规则。言下之意是，对于存在异质性的业主集体，需要一个高水平的投票决定规则。

德哥期特（De Geest，1992）通过考察五个欧洲国家的公寓式建筑管理发现，在许多不同内容的决策方面采用了不同的投票规则。例如，当涉及具有价值重分配的物业价值提升方面的决定，要求获得一致同意。而有关现有物业的维护决定，则只需要简单多数投票同意即可。丹尼和艾亚尔（Danny et al，2005）的研究表明，在公寓类建设项目管理制度中，也许没有一个单一的、能吸引所有潜在消费者的投票规则。哈尔斯塔（Harstad，2005）认为，全面优化投票规则要考虑得者向失者的转移支付。因为在没有转移支付情形下，无论采取多高的决定规则，项目的选择总是有效的，但依靠特定的决定规则的投入激励却没有被优化。

对具有异质性的业主而言，物业服务项目的收益分布难以计量，而费用分摊方式更受到众多质疑。既然投票规则选择有利于减少收益分布与费用分摊的偏差，理清物业服务收益分布、费用分摊和投票规则之间关系对合理选择业主的投票规则、协调业主的权益关系便至关重要。

(1) 费用分摊与选票分配采用不同指标

当物业服务费用分摊和选票分配采用不同指标时，业主间的财富转移问题很可能出现。

假定：物业管理区域内的业主按其专有建筑面积大小分为两个联盟，面积大者联盟和面积小者联盟。面积大者联盟的成员数为 $m'N$，面积小者联盟的成员数为 $(1-m')N$，m' 为面积大者联盟人数占业主集体人数 N 的比例。面积大者联盟中每位业主人均建筑面积为 X_b，总建筑面积为 $m'NX_b$；面积小者联盟中每位业主人均建筑面积为 X_s，总建筑面积为 $(1-m')NX_s$。主导物业服务项目议题决策的联盟将选择有利于该联盟的物业服务项目，或有较高的收益或有较低的费用分摊。

① 按业主数分摊费用，按面积分配选票

情形 1：当选票按面积分配、投票决定规则水平 $m'X_s/[m'X_b+(1-m')X_s]<m_p\leqslant m'X_b/[m'X_b+(1-m')X_s]$ 时，面积大者联盟主导物业服务项目，他们会利用投票过程接受对大面积业主有利的物业服务项目议题，而拒绝有利于小面积业主的服务项目议题。设物业服务项目议题 s 使大面积业主人均获益 E_b，使小面积业主人均获益 E_s，则存在：$E_b>E_s$。当按业主数分摊项目费用时，所有业主均摊了项目费用 C，每位业主分摊的费用为 C/N。

从总体看，该服务项目单位收益所需要的费用为：

$$C_1=C/\{N[m'E_b+(1-m')E_s]\} \tag{12-11}$$

则面积小者联盟中的每一个业主 i 被征用的财富 Q_{1i} 为：

$$\begin{aligned}Q_{1i}[i\in(1-m')N]&=C/N-C_1E_s\\&=Cm'(E_b-E_s)/\{N[m'E_b+(1-m')E_s]\}\end{aligned} \tag{12-12}$$

面积小者联盟向面积大者联盟转移的财富量 Q_1 为：

$$\begin{aligned}Q_1&=\sum Q_{1i}[i\in(1-m')N]\\&=(1-m')Cm'(E_b-E_s)/[m'E_b+(1-m')E_s]\end{aligned} \tag{12-13}$$

由式 (12-13) 可知，当 $m'\neq0$、$m'\neq1$ 时，因为 $E_b>Es$，故存在 $Q_1>0$，即情形 1 中存在面积小者联盟向面积大者联盟的财富转移问题。

$m'=0$ 或 $m'=1$ 意味着业主集体中只有一个联盟：面积小者联盟或面积大者联盟，此时 $Q_1=0$，不存在财富转移问题。

情形 2：当选票按面积分配、投票决定规则水平 $m_p > m' X_b / [m' X_b + (1-m') X_s]$ 时，面积大者联盟和面积小者联盟共同主导物业服务项目。假定面积小者联盟中每一个业主都不接受任何 $E_b > E_s$ 的服务项目议题，而面积大者联盟更不会接受 $E_b < E_s$ 的项目议题，故两个联盟共同接受的议题将是 $E_b = E_s$ 的议题。

将 $E_b = E_s$ 代入式（12-11）和式（12-12），可得：Q_{1i} $[i \in (1-m') N]$ $=0$，$Q_1 = 0$。

该结果表明，在按面积分配选票、按业主数分摊费用时，如果投票决定规则水平 $m_p > m' X_b / [m' X_b + (1-m') X_s]$，业主间不存在财富转移问题。

情形 1 和 2 的综合结果表明，在按业主数分摊费用、按面积分配选票时，如果小面积联盟所有的建筑面积数小于大面积联盟所有的面积数，选用较高的投票决定规则水平即 $m_p > m' X_b / [m' X_b + (1-m') X_s]$，能有效抑制业主间的财富转移问题。而能有效抑制业主间的财富转移问题的投票决定规则水平的具体取值取决于大面积联盟所有的面积数 $m' N X_b$。

② 按面积分摊费用，按业主分配选票

情形 3：当选票按业主分配、投票决定规则 $m' < m \leq 1-m'$ 时，面积小者联盟将主导物业服务项目，他们会利用投票过程接受对小面积业主有利的物业服务项目议题，拒绝有利于大面积业主的服务项目议题。即存在：$E_s > E_b$。当按面积分摊费用时，面积大者分摊的费用为 kX_b，面积小者分摊的费用为 kX_s，k 为费用分摊系数，则有 $kX_b > kX_s$。

面积小者对面积大者的财富征用量（或称投资大者的财富损失量）Q_2 为：

$$Q_2 = m' N [(E_s X_b - E_b X_s)(1-m')] / [m' X_b + (1-m') X_s] \quad (12\text{-}14)$$

由（12-14）式可知，当 $m' \neq 0$，$m' \neq 1$ 时，因为 $E_s > E_b$，$X_b > X_s > 1$，故存在 $E_s X_b > E_b X_s$ 和 $Q_2 > 0$，即情形 3 中存在面积大者联盟向面积小者联盟的财富转移问题。

与情形 1 相同，$m' = 0$ 或 $m' = 1$ 意味着业主集体中只有一个联盟——面积小者联盟或面积大者联盟，此时 $Q_2 = 0$，不存在财富转移问题。

情形 4：当选票按业主分配、投票决定规则 $m > 1-m'$ 时，面积小者联盟和面积大者联盟将同时主导物业服务项目。假定面积大者联盟中每一个业

主都不接受任何 $E_b/(kX_b<E_s/(kX_s)$ 的服务项目议题，而面积小者联盟更不会接受 $E_b/(kX_b)>E_s/(kX_s)$ 的项目议题，故两个联盟共同接受的议题将是 $E_b/(kX_b)=E_s/(kX_s)$ 的议题。

将 $E_b/(kX_b)=E_s/(kX_s)$ 代入（12-4）式，可得：$Q_2=0$。

情形 4 表明，在选票按业主分配、费用按面积分摊时，如果投票决定规则水平 $m>1-m'$，业主间不存在财富转移问题。

情形 3 和 4 的综合结果表明，在选票按业主分配、费用按面积分摊时，如果小面积联盟的业主数大于大面积联盟的业主数，选用较高的投票决定规则水平即 $m>1-m'$，能有效抑制业主间的财富转移问题。而能有效抑制业主间的财富转移问题的投票决定规则水平的具体取值取决于小面积联盟所有的业主数 $(1-m')N$。

(2) 费用分摊与选票分配采用相同指标

在费用分摊和选票分配采用同一指标或业主专有面积或业主人数时，业主的收益分布状态与财富转移问题相关联。当费用分摊和选票分配选择同一指标时，如果项目收益也严格按这个指标均匀分布，那么，财富转移问题不存在。如果项目收益未按费用分摊或选票分配的同一指标分布，财富转移问题仍有可能存在。

① 项目收益按费用分摊和选票分配的同一指标分布

情形 5：以业主数作为同一指标。此时，每一位业主有一张选票（按业主数分配选票），项目的收益按业主均匀分布，即每个业主都得到相同的收益 $R_i>0$，业主所分摊的费用 C_i 也相同，即按业主数均摊费用 C/N。

项目总收益与成本比率为：$r_z=NR_i/C$ （12-15）

个人收益与成本比率为：$r_i=R_i/(C/N)=NR_i/C$ （12-16）

比较式（12-15）和式（12-16），存在 $r_i=r_z>0$，即每一个业主个人的收益成本比率相等且与整体的收益成本比率相同。因此，财富转移问题不存在。

情形 5 容易被业主一致接受。正如巴泽尔（1990）所言，如果大多数未来的议题给所有业主带来相同的收益，一致性同意规则容易实施。

情形 6：以面积数作为同一指标。此时，每单位面积有一张选票，项目收益按业主所有的建筑面积均匀分布，按业主所有的面积数均摊费用。

在情形 6 下，虽然拥有不同建筑面积的业主有不同的收益，但也支付了不同的费用。对每一个业主而言，无论其拥有面积大小，收益与成本之比相同。因此，财富转移问题也不存在。

情形 5 和 6 下，因为不存在财富转移问题，项目议题容易被业主一致同意，业主投票结果能满足较高的决定规则水平 m 要求。

② 项目收益未按费用分摊和选票分配的同一指标分布

情形 7：按业主数分配选票和分摊费用，收益按面积分布。

在情形 7 中，面积大者联盟中每一个业主有更多收益。当 $(1-m') < m \leqslant m'$ 时，面积大者联盟将主导物业服务项目，情形 7 议题被接受。存在：$E_b > E_s$。

情形 7 的结果与情形 1 相同。面积小者联盟向面积大者联盟的财富转移量 Q_3 为：

$$Q_3 = (1-m')Cm'(E_b - E_s) / [m'E_b + (1-m')E_s] \quad (11\text{-}17)$$

当 $m > m'$ 时，面积大者联盟和面积小者联盟共同主导物业服务项目。由于面积小者在情形 7 下只能得到更少的收益 $E_s < E_b$，面积小者会一致反对接受情形 7，故情形 7 不被接受。此时，财富转移问题不存在，所有业主在情形 7 中的正收益也随之消失。

情形 7 给出了效率与公平的背离解。当投票决定规则水平小于等于 m' 时，具有效率解，而当投票决定规则水平大于 m' 时，仅具有公平解。

情形 8：按面积数分配选票和分摊费用，收益按业主数分布。

情形 8 相当于每个业主有相同的收益，而不同面积的业主有不同的费用分摊和不同的选票权重分配。即存在：$E_b = E_s = E_i$，大面积业主支付的费用为 kX_b，小面积业主支付的费用为 kX_s。

当 $m'X_b / [m'X_b + (1-m')X_s] < m_p \leqslant (1-m')X_s / [m'X_b + (1-m')X_s]$ 时，由式（12-14）可知：

面积小者对面积大者的财富征用量（或称投资大者的财富损失量）Q_4 为：

$$Q_4 = m'NE_i[(X_b - X_s)(1-m')] / [m'X_b + (1-m')X_s] \quad (12\text{-}18)$$

当 $m_p > (1-m')X_s / [m'X_b + (1-m')X_s]$ 时，面积大者联盟和面积小者联盟共同主导物业服务项目。由于面积大者在情形 8 下只能得到更多的费用分摊，面积大者会一致反对接受情形 8，故情形 8 不被接受。此时，财富转移问题不存在，所有业主在情形 8 中的正收益也随之消失。

与情形 7 类似，情形 8 也给出了效率与公平的背离解。当投票决定规则

水平小于等于 $(1-m')X_s/[m'X_b+(1-m')X_s]$ 时，具有效率解，而当投票决定规则水平大于 $(1-m')X_s/[m'X_b+(1-m')X_s]$ 时，仅具有公平解。

12.2.3 综合与拓展

情形 1～8 考察了在业主间存在面积差异时，服务项目收益分布、费用分摊方式、投票规则与业主间财富转移的关系。表 12-1 汇总了上述结果。

表 12-1 服务项目收益分布、费用分摊方式、投票规则与业主间财富转移量的关系

情形	按面积分摊费用	按业主数分摊费用	收益按面积分布	收益按业主数分布	选票按面积分配	选票按业主数分配	投票规则水平(≤)	投票规则水平(>)	财富转移量
1		Y	Y		Y		$m'X_b/[m'X_b+(1-m')X_s]$	$m'X_s/[m'X_b+(1-m')X_s]$	$Q_1>0$
2		Y	Y		Y			$m'X_b/[m'X_b+(1-m')X_s]$	0
3	Y		Y			Y	$1-m'$	m'	$Q_2>0$
4	Y		Y			Y		$1-m'$	0
5		Y		Y		Y	1		0
6	Y		Y		Y		1		0
7		Y	Y			Y	m'	m'	$Q_3>0$;0
8	Y			Y	Y		$(1-m')X_s/[m'X_b+(1-m')X_s]$	$(1-m')X_s/[m'X_b+(1-m')X_s]$	$Q_4>0$;0

注:表中“Y”表示“是”。

由表 12-1 可见,在情形 5 和 6 下业主间的财富转移量为零。基于此,业主间对此类议题的讨价还价成本低,投票的决定成本相对较低。与此情形对应的任意水平的投票决定规则,按布坎南等的观点,都属于最优规则。实际上,此时的服务项目费用分摊和收益分布没有出现偏差,而达到了高度统一。

在情形 1 中,采用了按面积分配选票的方式。当面积大者联盟或面积小者联盟在投票决定规则水平下能够主导物业服务项目决策时,他们都会赞成有利于增加各自联盟收益的议题。此时，物业服务收益按面积分布。情形 1 仅给出了面积大者联盟主导的投票决定规则水平 $(1-m')X_s/[m'X_b+(1-m')X_s]<m_p\leqslant m'X_b/[m'X_b+(1-m')X_s]$，从而出现面积大者联盟征用面积小者联盟财富的情形。这里暗含了一个假定：小面积联盟所拥有的面积数小于大面积联盟所拥有的面积数。如果情况相反，当 $m'X_b/[m'X_b+(1-m')X_s]<m_p\leqslant(1-m')X_s/[m'X_b+(1-m')X_s]$ 时，面积小者联盟将征用面积大者联盟的财富[①]，此情形记为情形 1-1。情形 1 和情形 1-1 的结果表明，当按业主数分摊费用时，如果按面积分配选票，决定规则水平取 $(1-m')X_s/[m'X_b+(1-m')X_s]<m_p\leqslant m'X_s/[m'X_b+(1-m')X_s]$ 或 $m'X_b/[m'X_b+(1-m')X_s]<m_p\leqslant(1-m')X_s/[m'X_b+(1-m')X_s]$，财富转移都会存在。因此，情形 1 和情形 1-1 中的投票规则包括选票分配规则和投票决定规则水平组合均偏离了优化的投票规则状态。

与情形 1 相比，情形 2 提高了投票决定规则水平 m_p，$m_p>m'X_b/[m'X_b+(1-m')X_s]$。随着投票规则水平的改变，所接受的服务议题的收益分布也发生了改变。投资少者不会接受按面积分布的服务议题，能接受的议题的收益分布只能按业主数分布。情形 2 的收益分布与情形 5 相同。对于情形1-1，如果取 $m_p>(1-m')X_s/[m'X_b+(1-m')X_s]$，可得到与情形 2 相同效果的情形 2-1。

由情形 1、情形 1-1 和情形 2、情形 2-1 可知，当业主集体内仅存在两个面积联盟时，有效的投票决定规则水平的最低值为面积总数大的联盟的面积数与总面积数之比，即 $m_p>1/2$。当 $m_p\leqslant m'X_b/[m'X_b+(1-m')X_s]$ 与 $m_p\leqslant(1-m')X_s/[m'X_b+(1-m')X_s]$ 同时存在时，即 $m_p<1/2$ 时，两个联盟对同一议题的两种不同意见都能达到决定规则水平要求，无法做出决策。如果 $X_b=X_s$，$m_p=1/2$ 的投票决定规则水平也无法做出决策。

因此，在按业主数分摊费用，按面积分配选票时，较高的决定规则水平将有利于业主决定作出和抑制业主间的财富转移问题。

---

① 当 $m'NX_b>(1-m')NX_s$ 时，存在 $(1-m')X_s/[m'X_b+(1-m')X_s]<m_p\leqslant m'X_b/[m'X_b+(1-m')X_s]$，出现面积大者联盟征用面积小者联盟财富的情形。当 $m'NX_b<(1-m')NX_s$ 时，存在 $m'X_b/[m'X_b+(1-m')X_s]<m_p\leqslant(1-m')X_s/[m'X_b+(1-m')X_s]$，面积小者联盟将征用面积大者联盟的财富。财富转移发生与否，取决于决定规则水平。

在情形 3 中，采用了按业主数分配选票的方式。当面积小者联盟在投票决定规则水平下能够主导物业服务项目决策时，他们赞成了有利于增加小面积业主收益的议题。物业服务收益按面积分布。情形 3 表明，当 $m'<m\leqslant 1-m'$时，小面积业主在服务收益和费用分摊两方面都征用了大面积业主的财富。

情形 4 采用了 $m'>1-m'$的投票规则水平，两个面积联盟博弈的结果是接收按投入分配收益（$E_b/kX_b=E_s/kX_s$）的物业服务议题，其结果与情形 6 相同。

情形 7 和情形 1 的费用分摊方案相同，选票分配方案不同。当 $(1-m')<m\leqslant m'$时，结果与情形 1 相同，即面积大者联盟征用了面积小者的财富。当 $m>m'$时，情形 7 不被接受。

情形 8 和情形 3 都采用了按面积分摊费用和选票，但收益分布指标不同。当 $m'X_b/[m'X_b+(1-m')X_s]<m_p\leqslant(1-m')X_s/[m'X_b+(1-m')X_s]$时，发生了面积大者向面积小者的财富转移，财富转移量 $Q_4<Q_2$。

由于物业管理服务收益很多难以用金钱衡量、物业服务的费用分摊和收益经常偏差，因此，在对不同性质的物业服务项目议题进行决策时，采用完全一致的投票规则包括同一个投票规则水平对投票过程中所伴随的成本处置是无益的。正如巴泽尔所言，在提供非金钱利益的投票组织中，保持投票规则一致性很是艰难（Barzel et al，1990）。

业主个人的经济利益（收益与费用分摊）和相应的选票数的差异越大，财富被侵蚀的可能性就越大。当业主个人的经济利益和相应的选票数趋于一致时，业主间的财富转移问题不存在。在决定规则水平确定以后，如果项目收益未按费用分摊和选票分配的同一指标分布，那么，小区内大面积单元（或小面积单元）占总面积的比例将对决策结果是否存在财富转移产生直接影响。

当项目收益按费用分摊和选票分配的同一指标分布时，少数人所承担的损失为零，决定作出的成本很低。因此，无论采用多大的决定规则水平 m，选票分配规则和决定规则都满足布坎南和图洛克的最优规则。

只有在项目收益未按费用分摊和选票分配的同一指标分布时，财富转移问题才会出现。当 m 取小值（低于 0.5）时，决策成本或许不高，但少数人承担的总损失会很高。因此，m 取小值的决定规则不是最优规则。而当 m 取大值时，虽然少数人所承担的总损失会减小，并且在一致同意时少数人所承担的总损失为零，但在一定范围内讨价还价的成本会上升。超出一定范围后，便不能形成任何新的决议。此时的决定规则也不是最优规则。

小区内物业服务项目收益的分配可能是业主数、居民人数及其特征的函数，也可能是各业主所拥有物业的价值或面积的异质性的函数（Barzel et al, 1990)。本文从业主面积异质性角度分析，认为小区规划过程中可适当考虑适应后企业主投票规则，尽量减少财富转移的小区内大小单元面积的分布。当小区内面积分布格局已定时，选票分配规则和投票决定规则将决定着小区业主的利益分布格局。笔者趋向于建议采用与业主个人经济利益成比例的原则分配选票，其暗含的意思是：在存在不同面积分布的小区里，运用统一的投票规则会出现不同的利益分配格局。要有效避免财富转移问题并使项目实施有效率，在具有不同面积分布的小区里，选用不同的选票分配规则和决定规则或许是必要的。

12.2.4 费用分摊的产权模型

从理论上讲，物业集体服务费分摊问题应在业主达成物业集体服务供给的共识以前就必须解决。如果该问题未解决，业主集体就没有资金保障来进行物业集体服务的供给，也就不会出现物业集体服务的市场竞争和交易，更不会有物业公司在没有资金保障的情形下主动提供物业服务[①]。现实中由开发商选择物业公司的做法改变了这种局面。先期介入的物业公司直接向业主按建筑面积分摊物业服务费用。如果将物业服务费的分摊权还给业主，由业主集体商议分摊方案，业主委员会按业主集体决议的分摊方案收取物业服务费，物业公司就无需每月向每一个业主收取物业服务费了，物业服务市场交易关系也就理顺了。

无论是物业公司的现行分摊法，还是业主的集体商议法，如何做到效率与公平兼顾确实是个难题。现行的按每户建筑面积分摊物业费的做法，缺乏物业服务内容与建筑面积关联性依据，也引发了后期业主集体决策权分配的困难[②]。按业主人数或按户或按套分摊法，虽然较好地处理了物业服务内容

---

① 当然，现实情况并非如此。现实中，在业主集体并没有就服务费用的分摊问题进行协商并就此给出承诺时，开发商选择的物业公司便已经进驻并开始提供服务，并在单个业主入住时就强行与之签订了按其房屋建筑面积分摊服务费包括服务价格的协议。这是后续物业服务收费难和物业管理纠纷多的一个原因。

② 本章第一部分分析了该问题。尽管物业公司已经先期介入，但后期业主集体的权利还要形成，最终出现由业主选择物业公司格局。

与接受者之间的关联性，在物业费收取和计量上更方便，但依然涉及公平问题。这两种做法，在公平性方面似乎都有待进一步思考。当业主对不同类别的集体服务产品的实际接受或者拥有量不均衡时，按面积或按套计费都会遇到公平问题。一个典型的例子是电梯的使用、维护与管理费用的分摊。低层住户与高层住户在乘梯的距离上有差距，一楼住户几乎不使用电梯。如果电梯的使用、维护与管理费用由大楼内各层业主按其住房建筑面积均摊或按套均摊，显然有失公平。

接下来，我们从物业集体服务的产权分布角度来分析物业费的分摊问题。我们将物业集体服务看作一组权利束——集体服务权利束，每一个单项集体服务看作是其中的一个独立的权利。每一个独立的权利被同时售与了多个业主，每一个业主对同一项服务的独立权利的接受程度可能一致，也可能不一致。

当每一个业主对同一项服务的独立权利的接受程度一致时，该项独立权利 R_i 的收费 P_i 在业主间均摊。此时存在：

$$T_{iy}=P_i/N \tag{12-19}$$

式（12-19）式中 T_{iy} 为业主 y 均摊的集体服务的第 i 项服务权利的费用，N 为住房总套数（或业主总户数），P_i 为 R_i 项服务的总费用。

当每一个业主对同一项服务的独立权利的接受程度不一致时，以各业主对独立权利的实际接受程度为依据进行费用分摊。以服务产品的实际接受程度为基准的单项集体服务费分摊的理论模型是：

$$T_{iy}=P_i\times K_{iy}\div K_i \tag{12-20}$$

T_{iy}：业主 y 分摊的集体服务的第 R_i 项服务的费用；

K_{iy}：业主 y 实际享用或接受的集体服务的第 R_i 项服务的权利的量度；

K_i：集体服务的第 R_i 项服务被所有业主所享用或接受的权利的总量度，其值为所有 K_{iy} 之和；

P_i：集体服务的第 R_i 项服务的收费额。

就物业管理集体服务费用分摊而言，实现理论模型的完全实践性操作是困难的，因为存在很高的产权界定成本。但从公平的角度出发，依据产权理论导向，本着“集体主义”的精神，就不同类别的物业管理服务采取灵活多样的收费方式是可行的。

对某些集体服务而言，直接独立计量 $K_{iy.}$ 和 K_i 在应用上有难度。按我们不妨将（12-20）中 $K_{iy.}\div K_i$ 看作一个整体 T，依据集体服务的具体内容及其性质去寻找该集体服务产品的产权分配要素。在居住物业小区中，可以用于物业管理集体服务产品产权分配的要素有建筑面积、户数、楼层数和常住人口数等，如建筑物维护费，可按面积分摊；协助维护公共秩序费，按户或按人口分摊；电梯的维护与管理费，按所处楼层分摊；每户常住人口数量可以作为保洁服务等费用分摊的度量指标。

分别以市场理论和产权理论为依托的物业管理公司集体服务的收费模型和业主集体服务费的分摊模型，从理论上清晰了物业管理集体服务的交易机理，可作为物业管理集体服务收费的理论依据。

在单项集体服务费用分摊理论模型的基础上，计算出业主 y 应支付的物业管理集体服务费用总额。计算式为：

$$T_y = \sum_{i=1}^{m} T_{iy} \tag{12-21}$$

式（12-21）中 m 为集体服务的种类数。

各业主支付的物业管理集体服务费用总额为：

$$T = \sum_{j=1}^{n} T_y \tag{12-22}$$

式（12-22）中 n 为业主（用户）户数。由各业主支付的物业管理集体服务费用总额 T 等于物业管理公司向全体业主收取的集体服务费用总额为 P，在数量上存在 $T=P$。

12.3 物业服务的内容、标准和价格确立

《普通住宅小区物业管理服务等级标准》（试行）对物业服务内容给出了指导性意见，分别由基本要求、房屋管理、共用设施设备维修养护、协助维护公共秩序、保洁服务、绿化养护管理等六项（分别记为 R_i，$i=1, 2, \cdots, 6$）主要内容组成。不同小区的业主可以在其基础上进行选择、细化或补充，以形成小区业主集体共同需要的物业集体服务项目。这个过程相对简单①，但内容取舍要依据业主集体意愿统一规则②。

---

① 比如说，可以首先由业主委员会收集、细化和整理出物业集体服务的内容清单草案，再交由业主进行选择或补充，或交由业主大会讨论，最后由业主委员会汇集选择结果。

② 业主委员会汇集业主选择结果后，依据业主集体意愿统一规则（如 80%以上业主的选择作为业主集体共同意愿）确立物业集体服务的内容。

物业集体服务的质量标准是一个相对复杂的问题。一个简单的处理办法还是以《普通住宅小区物业管理服务等级标准》（试行）为依据，因为此标准根据普通住宅小区物业服务需求的不同情况，由高到低设定为一级、二级、三级三个服务等级，级别越高，表示物业服务标准越高。在不同小区里，业主在充分考虑所在住宅小区的建设标准、配套设施设备、服务功能及自身的居住消费能力等因素后，可依据此标准的约定选择相应的服务等级，也可自行设立更多的服务等级。当然，服务等级的最终确立，也是在全体业主进行了各自服务等级选择后，依照业主集体意愿统一规则确立服务等级。

一般认为，在等级约定以后，就可以通过市场确定该等级所对应的物业管理服务的价格。事实上，如果没有该等级上各种服务内容的实现程度的进一步约定，合同依然是不完全合同，收费纠纷还会随之而来。比如说，当物业管理公司就等级中的某项或多项服务内容的服务实现程度没有达到等级约定时，怎么办？如果仍要业主按等级标准（不完全合同）约定的价格交费，显然有失市场公平，业主也不会愿意。

可以设想引入物业服务的弹性价格机制。在物业服务合同中，有关服务与价格关系的条款，除了要约定物业管理服务内容、等级及其相应的价格以外，服务等级的实现程度和与之相应的价格变化机制不可或缺。这就要求在选定等级的基础上建立一个等级实现程度的评价体系，以如实反映物业集体服务的实际质量。现假定以百分制来反应各分项服务（R_i）内容的实现程度，并给出以各分项服务内容的质量评分结果为依据的服务质量实现程度的衡量标准，见表 12-2。

表 12-2　物业管理集体服务分项质量实现程度标准

R_i 分值	R_i 质量实现程度标准
60～70	$X-3d$
71～80	$X-2d$
81～90	$X-d$
91～100	X

表 12-2 中 R_i 分值在 91～100 区间时，与等级标准相一致，等级服务的

实现程度为100%，记为X。低于该区间时，表明服务质量未达等级标准，等级服务的实现程度小于100%。分值越低，等级服务的实现程度越低。60分以下为不合格。

不同的质量标准对应不同的取费标准。现假定正常标准X下的取费为p，随着服务质量实现程度标准发生单位d的下降，p的取值下降D。R_i的不同质量实现程度标准对应的价格标准P_i见表12-3。

表12-3 物业管理集体服务R_i分项与质量对应的价格标准

R_i分值	R_i质量标准	价格标准P_i
60～70	$x-3d$	$p-3D$
71～80	$x-2d$	$p-2D$
81～90	$x-d$	$p-D$
91～100	X	p

表12-3给出了物业管理单项服务的质量标准与价格之间的对应关系，体现了服务质量与服务价格的关联性。

如果业主集体在物业集体服务内容、标准和弹性价格机制上达成了共识，那么，他们就可以将物业管理单项服务的质量水准与价格之间的对应关系作为一个先决条件，通过市场选择物业服务生产者。通过市场竞争（招投标）方式，不仅可以有效地选择物业服务公司，而且能够确定表12-3中的p和D值。

具体操作程序是：(1) 业主集体代表如业主委员会汇集业主在物业集体服务内容、标准和服务质量与价格关系上的共识性要求，并以其作为先决条件，在招标时公布。(2) 投标物业服务公司j（$j=1, 2, \cdots, n$；n为投标公司总数），依据竞标小区的管理规模、管理服务的共识性要求和自身的条件等，给出各单项服务R_i的报价构成要素p_j和D_j。(3) 招标（业主）委员会通过开标与评标会议在n个公司中确定中标物业服务公司K，并由中标物业服务公司的报价P_K和D_K确定与各单项服务R_i的质量标准（已定）所对应的费用构成要素p和D。(4) 商谈、签订物业服务生产协议。其中要明确服务生产费用即物业费的支付方式。因为总服务费的最终确定要依据实际生产的服务质量，故不会在服务生产前一次性将全部服务费都支付给物业公司。一种可能的支付方式是：先期支付 80%（按完全符合质量标准价格），在业主组织年终评议后按实际质量标准结清。(5) 业主按协议先期支付部分物业费，物业公司生产物业服务。

各分项集体服务的实际服务质量等级评定以后，该分项服务的取费额 P_i 由表 12-3 中右栏 P_i 的计算式直接算出。物业服务公司向全体业主收取的集体服务费用总额为 P：

$$P = \sum_{i=1}^{n} P_i \qquad (12\text{-}23)$$

式 (12-23) 中 n 为集体服务的总类别数，P_i 为分项服务的取费额，P 也为物业集体服务的生产总价。

物业费用的合理分摊保证了公平，而引入物业服务弹性价格机制和招投标机制保证了物业服务的质量和价格相符，具有效率特征。在这种情况下，业主的交费意愿会增强，物业服务收费难问题有望缓解。结合业主委员会的收费授权，相信市场会有效解决物业服务收费难问题。

12.4 建立物业服务交易的招投标制度

在业主组织形成以后，业主组织作为物业服务的需求方在物业服务市场中选择物业公司。由于物业服务需求的集体属性，必须存在更加科学合理的制度，以保障交易的公平、公开和公正。笔者建议广泛引入物业服务招投标制度，以规范物业服务交易。相关管理部门可借鉴成熟的建筑工程或设备招投标办法，拟定“城市物业管理服务招投标管理办法”。主要包括招标工作小组的组建、招投标程序、评标办法等内容。

12.4.1 物业管理服务招投标工作程序

在业主委员会作为业主代表组建招标工作小组后，建议按表 12-4 列出的物业管理服务招投标工作程序进行物业管理服务招投标工作。

表 12-4　物业管理服务招投标工作程序

时间	工作内容	责任方
发标日 3～5 天前	准备并提供业主大会的招标授权文件，在物业管理服务招标机构办理招标申请	业主委员会
	编写招标公告/邀请函，经审核后发布/发放	业主委员会
	办理报名手续，对投标人进行资格预审，并向招标管理机构通报报名及预审情况	业主委员会
	编写并印制招标文件①	业主委员会
开标日 7～14 天前（1～2 周）	各投标人领取招标文件	业主委员会
	向招标管理机构通报发标情况	业主委员会
	将投标文件中需答疑的内容汇总递交招标人——业主委员会	投标人
	对投标人所提问题进行答疑，并将答疑内容发给所有投标人（或现场答疑）	业主委员会主导，开发商、工程设计、监理和前期物业管理单位参与
开标日前 3～5 天	拟订开评标文件（包括开评标程序、具体做法以及评标标准等）	业主委员会
开标日前 1～3 天	确定开评标文件及评标小组②成员，并报招标管理机构审核认可	业主委员会
	开标会前准备工作：准备开评标所需的各种表格和物品、布置开标会场、确定评标地点等	业主委员会

① 招标文件的主要内容有：（1）招标人及招标项目简介，包括招标人名称、地址、联系方式、项目基本情况、物业管理用房的配备情况等；（2）物业管理服务内容及要求，包括服务内容服务标准等；（3）对投标人及投标书的要求，包括投标人的资格、投标书的格式、主要内容等；（4）评标标准和评标方法；（5）招标活动方案，包括招标组织机构、开标时间及地点等；（6）物业服务合同的签订说明；（7）其他事项的说明及法律法规规定的其他内容。

② 评标小组由业主代表和物业管理方面的专家组成。一般情况下，业主代表以外的物业管理方面的专家不得少于成员总数的三分之二，成员为 5 人以上单数。

续表

时间	工作内容	责任方
开标日	投递投标文件，召开开标会	业主委员会、(招)评标小组、居民委员会代表等
开标日及其后1～2天	(招)评标小组评标，推荐中标候选人，并编写评标报告，提交业主委员会	(招)评标小组
	编制考察计划，组织有关人员考察各中标候选人，并编写考察报告	业主委员会组织，(招)评标小组成员参加
	确定中标人	业主委员会或(招)评标小组
	经招标管理机构认可，发中标通知书，并通知其他未中标者	业主委员会
	磋商、签订合同	业主委员会
	汇总招标资料及文件，存档	业主委员会

12.4.2 评标办法和运作要点

目前常用的评标办法是综合评估法，它将投标评审分为投标企业资信、技术、商务、现场答辩等四部分进行评审，采取百分制的方法将四个部分评审评分加权求和①，按总评分从高到低顺序确定中标候选人。在物业管理服务招投标过程中，企业资信、技术、商务、现场答辩等四部分有它们特定的内容。资信部分主要涉及投标人的资质等级、管理现状和业绩、项目主要管理人员业绩、从物业管理信用体系中获得的有关情况等有关企业的信息。技术部分主要包括物业服务内容和标准的技术支持、人员配备、物业管理机构运作方法、管理制度与措施等，该部分反映了物业公司的运营思路和管理特

① 一般情况下，企业资信、技术、商务和现场答辩等四部分的分值分别为20、30、30和20，总分值为100。

色。商务部分主要表明在一定的物业服务内容和标准下的物业服务费、特约服务费和其他委托代理服务费用。现场答辩是指在评标过程中由招标人组织、投标企业的投标答辩人出席作答的过程。物业管理服务的评标成员依据各公司的标书和现场答辩或实地考察结果给出各部分的分值，加总各部分的分值，形成各评委的给分总值。加权平均每位评委对同一个公司的给分总值，得到该公司的投标总得分。依据总分值从高到低的取舍原则，得分最高者中标。如果与得分最高者未能如期达成协议，则得分次高者将作为替补。

综合评估法运作要点如下：

(1) 中标候选人推荐原则

推荐能够最大限度地满足招标文件中规定的各项综合评价标准的投标人作为中标候选人。在综合评分法中，按分值高低排序得出中标候选人（分值最高者为第一中标人，依次为第二、第三中标人）。若第一中标人弃标，则由第二中标人补上；若第二中标人弃标，则由第三中标人补上；若第三中标人弃标，则须重新招标。

(2) 使各投标文件具有可比性

在对各个评审因素进行量化时，应当将量化指标建立在同一基础或同一标准上，使各投标文件具有可比性。评标中需量化的因素及其权重应当在招标文件中明确规定。

(3) 衡量各投标满足招标要求的程度

综合评估法采用将技术指标折算为货币或者综合评分的方法，分别对技术部分和商务部分进行量化评审，然后将每一投标文件两部分的量化结果，按照招标文件明确规定的计权方法进行加权，算出每一投标的综合评估价或者综合评估分，并确定中标候选人名单。

(4) 综合评估比较表

运用综合评估法完成评标后，评标委员会应当拟订一份综合评估比较表，连同书面的评标报告提交给招标人。综合评估比较表应当载明投标人的投标报价、所作的任何修正、对商务偏差的调整、对技术偏差的调整、对各评审因素的评估和对每个投标的最终评审结果。

(5)“备选标”的评审

招标文件允许投标人投“备选标”的，评标委员会可以对中标人的“备选标”进行评审，并决定是否采纳。不符合中标条件的投标人的“备选标”不予考虑。

(6) 划分有多个单项合同的招标项目的评审

对于此类招标项目，招标文件允许投标人为获得整个项目合同而提出优惠条件，评标委员会可以对投标人提出的优惠条件进行审查，并决定是否将招标项目作为一个整体合同授予中标人。整体合同中标人的投标应当是最有利于招标人的投标。另外，在评标过程中召开现场答辩会的，应当事先在招标文件中说明，并注明所占的评分比重。

除了综合评分法以外，还可采用最低投标价法和法律法规规定的其他方法。采用经评审的最低投标价法时，评标委员会将推荐满足下述条件的投标人为中标候选人：①能够满足招标文件的实质性要求。即中标人的投标应当符合招标文件规定的技术要求和标准。②经评审的投标价最低。评标委员会应当根据招标文件规定的评标价格调整方法，对所有投标人的投标报价以及投标文件的商务部分做必要的调整，确定每个投标文件的经评审的投标价，对技术标无须进行价格折算。经评审的最低投标价法一般适用于具有通用技术性能标准的招标项目，或者是招标人对技术性能没有特殊要求的招标项目。采用经评审的最低投标价法评审完成后，评标委员会应当填制标价比较表、编写书面的评标报告，提交给招标人定标。标价比较表应载明投标人的投标报价、对商务偏差的价格调整和说明、经评审的最终投标价。

12.4.3 评标工作阶段和工作内容

表 12-5 给出了评标工作阶段和各阶段的工作内容。

表 12-5 评标工作阶段和主要工作内容

阶段	工作内容
准备阶段	(1) 认真研究招标文件，熟悉招标文件中的以下内容： ①招标的目标； ②招标项目的范围和性质； ③招标文件中规定的主要技术要求、标准和商务条款； ④招标文件规定的评标标准、评标方法和在评标过程中考虑的相关因素。 (2) 招标人向评标委员会提供评标所需的重要信息和数据。 (3) 编制评标需用的表格，主要有：标价比较表或综合评估比较表。

续表

阶段	工作内容
初步评审	(1) 投标文件排序。 按照投标报价的高低或者按招标文件规定的其他方法对投标文件进行排序。 (2) 剔除废标。下列情况作废标处理： ①以他人的名义投标、串通投标或其他弄虚作假方式谋取中标的投标； ②以低于必要成本的报价竞标并未能给出合理解释的竞标； ③投标人资格条件不符合国家规定或招标文件要求的投标； ④拒不按照要求对投标文件进行澄清、说明或补正的； ⑤未在实质上响应招标文件的投标（即存在重大偏差的投标）。 (3) 评标委员会应当根据招标文件，审查并逐项列出投标文件的全部投标偏差，并将其分为重大偏差和细微偏差两类。 属于重大偏差的有： ①没有按照招标文件要求提供投标担保或者所提供的投标担保有瑕疵； ②投标文件没有投标人授权代表的签字和加盖公章； ③明显不符合技术规范、技术标准的要求； ④投标文件载明的物业服务方式、内容、标准等不符合招标文件的要求； ⑤投标文件附有招标人不能接受的条件； ⑥不符合招标文件中规定的其他实质性要求。 存在重大误差的投标文件，属于非响应性投标。 属于细微偏差的有： ①偏差不影响投标文件的有效性； ②评标委员会允许投标人在评标结束前予以补正的偏差。
详细评审	(1) 技术评估。 确认和比较投标人完成本项目的技术能力，以及他们的实施方案的可靠性。 技术评估的主要内容如下： ①方案的可行性。包括对本服务项目的供给方式、管理方法、人员配备等方面的评审，特别是对该项目的重点和难点问题的处理方法进行可行性论证； ②计划的可靠性。审查各项计划是否满足招标人的要求，并且是否科学合理、切实可行，同时还要审查保证实现计划的措施是否合理和适当等； ③质量保证。审查投标文件中提出的质量控制和管理措施，包括管理人员的配备、素质和制度；

续表

阶段	工作内容
详细评审	④分包商的技术能力和经验。如果投标人拟在中标后将中标项目的部分专业工作分包给他人完成，应当在投标文件中载明。应审查拟分包的专业工作必须是非主体、非关键性工作，审查分包人应当具备的资格条件，完成相应工作的能力和经验； ⑤对于投标文件中按照招标文件规定提交的建议方案做出技术评审。如果招标文件中规定可以提交建议方案，则应对投标文件中的建议方案的技术可靠性与优缺点进行评估，并与原招标方案进行对比分析。 （2）商务评估 商务评估的目的是从成本、财务和经验分析等方面评审投标报价的准确性、合理性、经济效益和风险等，比较不同的投标所产生的不同后果。商务评估在评标工作中通常占有重要地位。主要内容如下： ①审查全部报价数据计算的正确性。通过对投标报价数据全面审核，看其是否有计算上或累计上的错误，如果有则按“投标者须知”中的规定改正和处理； ②分析报价构成的合理性。通过分析报价中的费用组成和费用标准判断报价是否合理。用标底与投标书中的报价进行对比分析，对差异较大之处找出原因，并评定是否合理； ③分析前期工作费用提高的幅度。虽然投标人为了解决前期工作中资金流通的困难，可以采用不平衡报价法投标，但不允许有严重的不平衡报价。过大地提高前期工作费用的支付要求，会影响到项目的资金筹措计划。 （3）综合评审 综合评审是在以上工作的基础上，根据事先拟定好的评标原则、评价指标和评标办法，对筛选出来的若干个具有实质性响应的招标文件综合评价与比较，最后选定中标人。中标人的投标应当符合下列条件之一： ①能最大限度地满足招标文件中规定的各项综合评价标准； ②能满足招标文件各项要求，并且投标价格最低，但是投标价格低于成本的除外。
评标报告	基本情况和数据表、评标委员会成员名单、开标记录、符合要求的投标一览表、废标情况说明、评标标准、评标方法或者评标因素一览表、投标价格或者评分比较一览表、经评审的投标人排序、推荐的中标候选人名单（评标委员会推荐的中标候选人应当限定在1～3人，并标明排列顺序），签订合同前要处理的事宜，以及澄清、说明、补正事项纪要（包括：①对评标结论有异议的评标委员会成员，可以以书面方式阐述其不同意见和理由；②评标委员会成员拒绝在评标报告上签字，且不陈述其不同意见和理由的，视为同意评标结论）。

采用综合评估法进行评标时，可按表 12-6 的评标具体内容及分值安排进行评分。

表 12-6　物业管理综合评分法评分表

评估内容	具体内容	分值安排	得分
企业资信（20 分）	①企业资质等级 ②经察看并予书面记载的物业管理现状和业绩 ③项目主要管理人员业绩 ④物业管理企业信用	3 5 6 6	
技术（30 分）	①物业服务计划 ②管理人员配备 ③机构运作方法 ④服务流程 ⑤质量保证措施 ⑥管理制度 ⑦文明服务措施 ⑧项目收支预算	3 3 3 3 5 5 4 4	
商务（30 分）	①物业服务费 ②特约服务费 ③其他委托代理服务费用	16 8 6	
现场答辩（20 分）	①清晰度 ①可信度	10 10	

12.5　业主委员会与居民委员会的关系协调

业主委员会是基于业主的物业产权和相关经济利益之上的城市住宅小区内的业主自治组织（处于自治的操作层面），居民委员会是我国城市社区居民群众的自治组织。两者之间虽有不同，但存在众多的交叉和叠合。要在两者间形成互动或构建合适的权益协调性的制度安排，宜先梳理两者间的关系。

12.5.1　不同点

第一，设立的条件和范围不同。居民委员会设立的条件是要有一定数量的城市居民聚居，“一般在100户至700户的范围内”，由“所在地的街道办事处或者乡、镇人民政府提出，报区、县人民政府决定”①。业主委员会设立的条件相对简单，只需要满足业主大会会议召开的条件，经业主大会选举业主委员会成员即可产生。在“考虑共用设施设备、建筑物规模、社区建设等因素”② 的基础上，一定的物业管理区域为业主委员会的辖区范围。

第二，委员的来源不同。居民委员会委员由居民会议选举产生，居民会议是由享有选举权的居民或每户派代表或每个居民小组选举的代表③共同召开的会议。业主委员会委员由业主大会选举产生，业主大会是只能由业主参与的会议。居民和业主会议分别产生了居民委员会委员和业主委员会委员。在居民和业主容易区分的情形下，两个委员会委员的产生过程的不同是显而易见的。

第三，权利来源不同。居民委员会作为基层群众性自治组织，其自治权来自宪法。④ 在《中华人民共和国宪法》中将自治权分为民族区域自治和基层群众自治，居民委员会就是基层群众性自治组织之一。业主委员会作为业主公共事务的管理协调和自治机构，其自治权来自物权。物权决定了业主的权利，进而决定了业主委员会成员和业主委员会的权利。

第四，工作责任和职能不同。《中华人民共和国城市居民委员会组织法》规定，居民委员会向居民会议负责并报告工作。该规定所明确的居民委员会和居民大会的关系，类似于《中国共产党章程》中有关党的委员会与党员代表大会之间的关系。居民委员会的法定职能是：①进行法律政策宣传、对居民进行履行义务和爱护公共财产的教育和开展精神文明建设活动；②办理居民的公共事务和公益事业；③维护居民合法权益、向政府或派出机关反映居民意见要求和提出建议；④调解民间纠纷；⑤协助维护社会治安；⑥协助政府或派出机关做好公共卫生、计划生育、优抚救济和青少年教育；⑦开展社

---

① 参见《中华人民共和国城市居民委员会组织法》第六条规定。

② 参见《物业管理条例》(2007年8月26日《国务院关于修改〈物业管理条例〉的决定》修订)，第十一条、第十二条。

③ 其中“居民”是指100—700户中有选举权的人；“居民户代表”是指由每户中多个有选举权的人推举一名代表参加；“居民小组代表”是指若干居民户组成居民小组，然后由居民小组选出2—3人为该小组代表，通常情况是一个居民楼为一个居民小组。

④ 参见《中华人民共和国宪法》第一百一十一条。

区服务内容等。这些职能不仅仅只有自治职能，还包括了行政、社会和自治等三方面事务。业主委员会是“业主大会的执行机构”，《物业管理条例》规定，业主委员会执行业主大会的决定事项，履行下列职责：①召集业主大会会议，报告物业管理的实施情况；②代表业主与业主大会选聘的物业服务企业签订物业服务合同；③及时了解业主、物业使用人的意见和建议，监督和协助物业服务企业履行物业服务合同；④监督管理公约的实施；⑤业主大会赋予的其他职责。业主委员会的职责几乎全部来自业主大会的授权，具有完全自治属性。比较两者的工作职责可以发现，居民委员会事务包括了基层政府工作的所有方面，而业委会的工作主要围绕着业主自治事务展开。

第五，投票权分配依据不同。同一居民委员会辖区的居民形成了居民集体，而同一个物业管理区域的业主形成了业主集体。作为两个自治性的居民和业主集体，它们集体事务的决策大多采用了投票决策方式，如投票选举居民委员会或业主委员会的主任、副主任和委员。然而，投票权的分配依据并不相同。在居民集体中，每一个居民都具有相同权重的选票。但在业主集体里，并不是每一个业主都有相同权重的选票。一个业主的投票权权重，既取决于业主本身，又取决于他所拥有的房屋的建筑面积。居民的投票权的分配依据仅取决于居民身份。①

第六，起源不同。虽然居民委员会和业主委员会都是民众的自治组织，但它们分别属于行政主导型和市场自发型的组织。在20世纪50年代（中国计划经济时期），居民委员会就已建立。地方政府不仅是居民委员会的倡导者、组织者，而且为它的组织运行提供了行政事业编制和持续的经费支持。居民委员会已成为一种自上而下的，由政府主导和扶持的自治型组织。业主委员会是住房制度市场化改革的产物，是住房作为私人商品进行交易的结果。在住房作为一种商品交易的过程中，为了更好地发挥交易物的功能和提升其价值，交易中的一方或双方有意识地给出了组建业主委员会的建议并且组织实施。

---

① 只要是当地居民，无论所居或所有的房屋面积大小，他们都拥有相同的投票权权重。《中华人民共和国城市居民委员会组织法》（1989年12月26日第七届全国人民代表大会常务委员会第十一次会议通过）第八条规定：年满十八周岁的本居住地区居民，不分民族、种族、性别、职业、家庭出身、宗教信仰、教育程度、财产状况、居住期限，都有选举权和被选举权；但是，按照法律被剥夺政治权利的人除外。

还有一些值得注意的区别有：①居民委员会可以采取少数服从多数的原则决定问题，但业主委员会只能执行业主大会的决定，不能自行决定问题；②居民委员会可以兴办有关的服务事业，但业主委员会未被授权；③居民委员会的办公用房由当地人民政府统筹解决，而业主委员会的办公用房则由业主自行解决；④居民委员会的工作经费和来源，居民委员会成员的生活补贴费的范围、标准和来源，由不设区的市、市辖区的人民政府或者上级人民政府规定并拨付，经居民会议同意，可以从居民委员会的经济收入中给予适当补助。而业主委员会的工作经费、成员的生活补贴等，到目前为止，并没有相关规定予以明确。大多数业主委员会成员在开展义务工作。

12.5.2 交叉点或叠合面

虽然我们还可以列举居民委员会和业主委员会之间更多的差别，但我们真正关心的是它们之间太多的交叉或重叠，包括差别中所蕴含的交叉和叠合。正是这些交叉和叠合，罗织了它们之间难以认清和理顺的复杂关系。从理论上讲，居民委员会管理居民事务，业主委员会管理业主事务，两者并行不悖。问题是，居民事务与物业管理事务之间存在交叉或重叠。由于交叉或叠合的存在，居民委员会和业主委员会之间已出现“剪不断、理还乱”的关系，两者间的冲突也由此产生。

第一，居民和业主的交叉与叠合。在业主是当地居民的情况下，一个人会同时拥有业主和居民两种身份，居民与业主合而为一。实际生活中，一个居住区（或社区）里的业主有可能不是该区的居民，而居民也有可能不是业主。在一个家庭里，业主通常只有一个，而居民可能多于一个。[①] 如果所有的业主及其家庭成员都是居住地的居民而没有其他人是该地的居民，那么，业主集合 Y 是居民集合 J 的子集，即 $Y \subset J$。实际上，除了部分业主及其家庭成员以外，常有其他的居住者（如借居者、租住者等）作为该区的居民而存在，而有些业主则不是该区的居民。比如说，一个外地的置业者，在购买住房以后将其所有的住房租给他人居住，则该投资者是业主而不是该区居

---

① 比如说，丈夫是业主，而丈夫、妻子可能都是当地居民；如果家里还有父母和成年子女，那么，家庭中的居民数会更多。当然，如果一个家庭中以不同家庭成员的名义购买了多套住房，则该家庭中的便有多个业主。

民，而租房者有可能是该区居民。[1] 此时，业主集合 Y 便不是居民集合 J 的子集，而是具有交集的两个不同的集合。其交集为：$J\cap Y=\{x \mid x\in J$ 且 $x\in Y\}$。

作为一个常用词，居民的概念似乎是不言自明的。《现代汉语词典》（1996 年修订本）将居民定义为“固定住在某一地方的人”。这个定义仅以居住状态为依据，并没有考虑居住者的“身份”——国籍或户籍。在计划经济时期，大多数人会固定住在某一个地方，并且其户籍也会落在这个地方。由于户籍的“身份”特征，人们通常会通过户籍去核实一个人的住处。《城市居民委员会组织条例》第三条规定：居民委员会应当按照居民的居住情况并且参照公安户籍段的管辖区域设立。该规定暗含着某居住地的居民必须是在某地居住并且户籍是在某地的公民。如果某人租住此地，但其户籍不在此地，那么该人不能被认为是此地居民。于是，定义居民有两个条件：一是固定的居住地；二是户籍。新近的《中华人民共和国城市居民委员会组织法》第八条规定：年满十八周岁的本居住地区居民，不分民族、种族、性别、职业、家庭出身、宗教信仰、教育程度、财产状况、居住期限，都有选举权和被选举权。该规定尽管列举了一系列无需考虑的条件，但并没有明确是否需要“户籍”。在住房市场化情况下，无论你户籍在哪里，即便是他国公民，也可以购买商品住房，从而成为该房屋的业主。在依户籍定义居民时，如果某人的户籍并不在其所购房屋的所在地，即便他们是该地的业主或居住在这里，他们也不是该地的居民。当然，如果某购房者仍生活在其购房前的户籍所在地，在他将其在他处现购的房屋租与他人居住时，该业主仅仅是新购房屋的业主，而不是新购房屋所在地的居民。可以说，居民和业主在概念上、实存上的差别和叠合[2]，是居民委员会和业主委员会之间关系模糊的本源之一。居民和业主在概念和实存上的差异和叠合，引发了居民委员会和业主委

---

[1] 按现行规定和大多数人的理解，业主指的是房屋产权证上所表明的所有权人和购房合同中的买受人。因此，即便在一个家庭内部，除了产权证上登记的产权人或合同买受人是业主以外，其他成员也不是业主，但他们可能是城市居民。与此同时，也存在少部分业主不是物业所在地居民的情况，因为他们可能居住在另外的社区。

[2] 完全吻合的状态意味着“所有的居民都是业主，同时所有的业主都是居民”，换言之，除了业主之外，该居住地没有其他的居住者。就一个三口之家的业主家庭而言，业主只有一位，而居民至少有两位；当小孩年满十八周岁后，该家庭便有三位居民，一位业主。

员会之间存在着“剪不断，理还乱”的错位与叠合共存关系。

第二，社区与住宅小区的交叉与叠合。社区是一个地理概念，也是一个行政概念，更多地具有行政区划的意味。社区对应着居民委员会这个组织，居民委员会是社区居民的组织。住宅小区是一个纯地理概念，它对应着业主委员会这个组织，业主委员会是住宅小区内业主的组织。从地理区域上看，在一般情况下，社区涵盖了住宅小区。换言之，一个社区有一个或一个以上的住宅小区所组成。在大型住宅区里，也存在住宅区涵盖社区的情形，即一个大型住宅区里可能设有几个社区。社区与住宅区在地理区域上的相互涵盖，表明住宅区和社区存在着交叉或叠合。地理位置上的交叉和叠合会引发居民委员会和业主委员会职能的交叉和重叠。

第三，事务上的交叉与叠合。居民和业主的叠合以及社区与住宅区的叠合，势必引发管理实务上的交叉和叠合。在住宅小区的管理事务上，有关物业的维护与管理问题属于物业管理事务，而小区内的行为规范或治理则难以被认定为是居民事务还是物业管理事务。为了居民的共同利益和自我治理，居民会议要讨论并制定居民公约，并由居民委员会监督执行。① 为了业主的共同利益，业主大会要讨论并制定管理公约。管理公约对全体业主具有约束力。当一个人既是居民又是业主时，他必须同时遵守这两个公约。虽然居民委员会的相关法规没有给出居民公约的内容，但从各地已经存在的内容看②，至少在如下三个方面与业主公约的内容相同或相近。一是相邻关系约定；二是治安保卫约定；三是环境卫生约定。这些重叠的约定都给出了行为者的行为规范。但谁来监督行为者的行为呢？《中华人民共和国城市居民委员会组织法》第十五条规定，居民委员会具有对居民执行居民公约的监督权。然而，物业管理的相关法规包括《物业管理条例》并没有明确业主委员会或其他机构或人员具有对业主执行业主规约的监督权。实际运作中，业主委员会或者物业公司已经在主动或被动地行使这项权力。当业主委员会意识到业主的授权内含了对业主规约执行的监督权时，他们会主动行使这项权力。如果他们意识到没有得到授权或不知道是否被授权时，当有业主向他们反映另外的业主有违约行为，他们也不得不对违规行为进行劝阻或制止，否

① 见《中华人民共和国城市居民委员会组织法》第十五条。

② 本章后附有某社区的公民公约。

则，便有不作为的嫌疑。当然，也可以将业主的反映作为临时获得的一项来自业主的委托授权。在居民委员会和业主委员会都受理或有权制止和处置违约行为时，一个既是居民又是业主的个人的违约处置将由谁执行呢？一个既是业主又是居民的个人发现了该违约行为应向谁反映呢？事务上的交叉会引发这些问题，并有可能影响业主委员会和居民委员会之间的关系。

在一个社区或小区里，居民与业主虽有不同的属性，但同一个人往往会同时拥有这两种身份。当一个人既是居民又是业主时，居民和业主只有概念上的不同。作为业主和居民的个人会有效地自我协调业主和居民身份，他人或其他的组织没有必要去区分一个人的行为属业主行为还是属公民行为。在利益完全一致的情况下，居民和业主之间的合作是毋庸置疑的，而为了处置同一类人（合而为一）的共同利益而设立两个不同的机构似乎是多余的。对于不同的组织如居民委员会和业主委员会，当存在事务安排上的交叉时，极有可能引发权利冲突或卸责行为。如果事务的实施有利于组织者的利益，那么，权利冲突会出现。对于“出力不讨好”的事务，则可能出现推诿现象，事后卸责也是常见的事。

12.5.3 冲突与制度协调

交叉和叠合意味着合作，也可能蕴含着冲突。当人们合作时，交叉或叠合是一种客观存在。而当人们不愿合作时，客观存在的交叉和叠合又会引发冲突。

人们期待制度能够有效地协调客观存在的交叉或叠合所引致的冲突。《物业管理条例》第十四条规定：“业主委员会应积极配合相关居民委员会依法履行自治管理职责，支持居民委员会开展工作，并接受其指导和监督。住宅小区的业主大会、业主委员会作出的决定，应当告知相关的居民委员会，并认真听取居民委员会的建议。”[①] 该规定的内容有三个层级。一是常识性的“配合执法”要求。业主委员会应积极配合、支持相关居民委员会（意指与业主委员会具有交叉和叠合的居民委员会）依法履行自治工作。二是接受

---

① 有关居民委员会和业主委员会关系的相关规定，目前多出现在与物业管理相关的法规文件中。除了《物业管理条例》给出了上述关系外，各地的物业管理细则大多也采用了同样的表述。近年来，有些省市已给出了居民委员会组织首次业主大会的规定。

"指导和监督"。在业主委员会对居民委员会工作的配合与支持过程中，业主委员会应接受居民委员会的"指导和监督"。三是要"告知"并"认真听取建议"。业主委员会应将其依法从事的本职工作[①]情况如集体决定的事项告知居民委员会，并认真听取他们的建议。

作为目前协调居民委员会与业主委员会关系的唯一政策法规，《物业管理条例》中的相关条款虽然没有明确提出由居民委员会直接、全面地领导业主委员会，但其中的内涵还是让人感到了居民委员会与业主委员会之间的上下级关系，或"不对等"关系。就"配合与支持"层级而言，既然业主委员会要配合并支持居民委员会依法开展工作，那么，作为一个对等的安排，居民委员会也应该配合并支持业主委员会依法开展工作。《物业管理条例》虽明确了业主委员会对居民委员会的配合和支持，但并没有提及居民委员会对业主委员会依法开展工作的配合与支持。如果说"配合与支持"中体现了更多的"平等"意味，那么，"指导与监督"中则更多地体现了上下级关系。在第二个层级里，业主委员会应接受居民委员会的指导和监督。由于接受指导和监督的内容并不清晰[②]，现实中"被指导和监督"的范围有可能被放大。实际上，即便是"业主委员会对居民委员会工作的配合与支持"这件事，"指导"是必要的，"监督"便已经多余了。如果接受指导和监督的内容包括"业主委员会依法行使的本职工作"，那么，居民委员会就成为业主委员会十足的"上级"了。第三个层级似乎否定了这种极端情形，仅要求业主委员会将其依法从事的本职工作[③]告知居民委员会，并认真听取他们的建议，而不是在"本职工作"方面接受"指导和监督"。

我们不难看出《物业管理条例》的一项制度期望，即通过构建一种隐含的"层级制"或上下级关系去理顺业主委员会和居民委员会之间关系，以协调或避免他们工作中已经存在或可能存在的冲突和矛盾。问题是，这种隐含的上下级关系，既不能被业主委员会所接受，也不能被居民委员会所接受。业主委员会与居民委员会之间的工作冲突在所难免。

① 请注意，该工作并不是"配合和支持居民委员会依法开展工作"的工作。

② 前面假定被指导和监督的内容仅限于对居民委员会依法履行职责的配合和支持方面。

③ 请注意，该工作并不是"配合和支持居民委员会依法开展工作"的工作。

12.5.4 谁领导谁？

居民委员会是否拥有对业主委员会的领导权呢？我们不妨从更宽泛的历史与制度视角来考察这个问题。

(1) 业主委员会和居民委员会设立的先后次序

总体看来，居民委员会的设立时间要早于业主委员会的设立时间。我国城市居民委员会在20世纪50年代开始建立，几乎与新中国具有同样长的历史。城市居民早已熟悉了这个组织，基层政府一直在支持并借助它们开展各项政府工作。比较而言，业主委员会是一个新事物，它是20世纪80年代改革开放以后实施住房制度改革的产物。在居民委员会先于业主委员会存在的情况下，希望居民委员会协助组建业主委员会并给出相关工作建议似乎是情理之中的事。不少省市的相关法规规定了居民委员会应担当组建业主委员会的任务。《北京市住宅区业主大会和业主委员会指导规则》（自2009年1月1日起试行）规定，社区居民委员会负责首次业主大会会议的筹备工作。社区居民委员会人员担任筹备组召集人，负责组织业主代表、开发建设单位、社区居民委员会、派出所等单位代表组建首次业主大会会议筹备组。《郑州市物业管理条例》(2008年3月1日起实施）规定，首次业主大会的筹备组组长由居民委员会代表担任。《天津市业主大会和业主委员会活动规则》(2008年12月）规定，居民委员会应协助街道办事处、乡镇人民政府做好业主大会成立和业主委员会的换届选举工作。值得注意的是，在一个新开发区里，居民委员会不一定先于业主委员会而成立。假定某城市规划中的一个新社区涵盖有两个或更多的住宅小区。当其中的一个住宅小区建成并投入使用后，该小区就有可能由业主自发或开发商引导下召开了首次业主大会，并成立了业主委员会。而在另一个住宅小区尚未建成的情况下，涵盖该小区的社区居民委员会的设立不一定会提上议事日程。于是，已建成小区的业主委员会就有可能先于将涵盖该小区的社区居民委员会而成立。《北京市住宅区业主大会和业主委员会指导规则》已经注意到了这个问题，对未成立社区居民委员会的社区，规则规定由街道办事处、乡镇政府指派工作人员担任首次业主大会的筹备组召集人。如果按设立时间的先后次序安排领导权的话，大多数人会倾向于由居民委员会领导业主委员会，当然，也会有例外。

(2) 已有的制度安排

有关居民委员会和业主委员会的法规制度具有三个层级：一是宪法层级；二是法律层级；三是政策规定。

① 从《中华人民共和国宪法》到《中华人民共和国城市居民委员会组织法》

《中华人民共和国宪法》第一百一十一条给出了居民委员会的属性定位："城市和农村按居民居住地区设立的居民委员会或者村民委员会是基层群众性自治组织。"现代宪政已将公民自治作为了一项基本人权，从而使其成为现代宪政的一个核心内容。居民自治可以设计成一级自治的基层政府，也可以设计成非政府的群众性自治组织（翟校义，2008)。《中华人民共和国宪法》已经将居民委员会定位于非政府的基层群众性自治组织。这个定位明确了居民委员会的两个组织特征：一是非政府性，二是自治性。这个非政府性的自治组织与政府之间是一种什么关系呢？宪法并没有给出答案，而将这个问题留给了相关的法律。[①]《中华人民共和国宪法》第一百一十一条同时明确了居民委员会的民主产生方式、职能机构和基本职能："居民委员会、村民委员会的主任、副主任和委员由居民选举……居民委员会、村民委员会设人民调解、治安保卫、公共卫生等委员，办理本居住地区的公共事务和公益事业，调解民间纠纷，协助维护社会治安，并且向人民政府反映群众的意见、要求和提出建议。"从宪法确认的居民委员会职能机构及其职能上看，居民委员会除了协助"自上而下"的社会治安事务以外，其主要工作是"自下而上"地反映群众呼声。

《中华人民共和国城市居民委员会组织法》（1989 年 12 月 26 日主席令第 21 号公布）在明确居民委员会自治属性的同时，明确了该组织与政府之间的关系。该法第二条规定："居民委员会是居民自我管理、自我教育、自我服务的基层群众性自治组织。不设区的市、市辖区的人民政府或者它的派出机关对居民委员会的工作给予指导、支持和帮助。居民委员会协助不设区的市、市辖区的人民政府或者它的派出机关开展工作。"该规定明确了政府与居民委员会之间的"指导与被指导"、"支持与被支持"和"帮助与被帮助"的关系。该组织法中另给出了具体的帮助办法："居民委员会的工作经

---

① 《中华人民共和国宪法》第一百一十一条规定：居民委员会、村民委员会同基层政权的相互关系由法律规定。

费和来源，居民委员会成员的生活补贴费的范围、标准和来源，由不设区的市、市辖区的人民政府或者上级人民政府规定并拨付；……居民委员会的办公用房，由当地人民政府统筹解决。”① 值得注意的是，该法第二条已经拓展了居民委员会的职责范围。居民委员会不仅要协助社会治安事务，而且要协助不设区的市、市辖区的人民政府或者它的派出机关开展各项工作，甚或包括市、市辖区的人民政府有关部门安排的工作。② 这样一来，“自上而下”的居民委员会的工作内容便一下子多了起来，而宪法中规定的“自下而上”的群众呼声反映工作的比重就降了下来。当居民委员会忙于政府或政府有关部门安排的工作时，它俨然成了一级政府办事机构，而政府对它的指导、支持和帮助也就演变成了组织科学中的直线制管理了。

② 从《中华人民共和国物权法》到《物业管理条例》

《中华人民共和国物权法》(2007 年 3 月 16 日第十届全国人民代表大会第五次会议通过，自 2007 年 10 月 1 日起施行）提及了业主、业主大会和业主委员会的关系，以及业主大会的设立和业主委员会的选举与地方政府的关系。如《中华人民共和国物权法》第七十五条规定：“业主可以设立业主大会，选举业主委员会。地方人民政府有关部门应当对设立业主大会和选举业主委员会给予指导和协助。”由该条款的第一部分可见，物权法对业主是否设立业主大会以及是否选举业主委员会给出了一种宽容的、两可的态度，即可以设立业主大会、选举业主委员会，也没有要求一定要设立业主大会、选举业主委员会。而该条款的第二部分，则明确指出了地方政府有关部门有责任或有义务指导和协助设立业主大会和选举业主委员会。综合该条款中这两方面的内容可以断定，政府相关部门的指导和协助工作是建立在业主意欲设立业主大会、选举业主委员会基础上的。与组织法中所规定的政府与居民委员会间的关系不同，物权法中所规定的政府与业主委员会之间的关系仅限于业主委员会设立时的指导和协助，并没有包括业主委员会工作中的指导和协助。为避免过多的政府行政干预（或许是)，《中华人民共和国物权法》第七

---

① 见《中华人民共和国城市居民委员会组织法》第十七条。

② 《中华人民共和国城市居民委员会组织法》第二十条规定：市、市辖区的人民政府有关部门，需要居民委员会或者它的下属委员会协助进行的工作，应当经市、市辖区的人民政府或者它的派出机关同意并统一安排。市、市辖区的人民政府的有关部门，可以对居民委员会有关的下属委员会进行业务指导。

十八条进一步规定：“业主大会或者业主委员会的决定，对业主具有约束力。业主大会或者业主委员会作出的决定侵害业主合法权益的，受侵害的业主可以请求人民法院予以撤销。”该条款将业主间的权益纠纷或冲突的处理权界定给了人民法院，而不是政府或相关管理部门。物权法中有关业主权益的相关规定充分显示了物权法对基于“物权”的权利人选择的尊重，体现了对产权实施保护的法律意图，并给出了政府对产权实施保护的正当路径。

《物业管理条例》是由国务院制定的规范物业管理事务的一项政策法规。该条例制定于 2003 年，随着 2007 年《中华人民共和国物权法》的出台，于 2007 年进行了修订。修订后的《物业管理条例》第十条规定：“同一个物业管理区域内的业主，应当在物业所在地的区、县人民政府房地产行政主管部门或者街道办事处、乡镇人民政府的指导下成立业主大会，并选举产生业主委员会。但是，只有一个业主的，或者业主人数较少且经全体业主一致同意，决定不成立业主大会的，由业主共同履行业主大会、业主委员会职责。”与《中华人民共和国物权法》第七十五条比较，该条款不仅保留了地方政府的指导权，而且明确了业主应成立业主大会，并选举业主委员会的责任。除非只有一个业主或者业主人数较少且经全体业主一致同意，否则就应成立业主大会并选举业主委员会。于是，在物权法中，业主尚可以自由选择的行为变成了必须选择的行为。除了强调业主必须选择设立业主大会、选举业主委员会以外，《物业管理条例》在政府或相关管理部门和业主或业主组织（业主大会、业主委员会）之间引入了居民委员会。于是，业主自治过程与地方政府、地方居民自治组织都被联系了起来。《物业管理条例》给出了业主或业主组织（业主大会、业主委员会）与居民委员会之间的三层级关系。在“指导和监督”层级里，由于指导与监督的内容不明确，很多人包括很多业主和居民以及业主和居民委员会的成员都认为，业主委员会的一切事务都应接受居民委员会的指导和监督，从而出现了居民委员会和业主委员会之间的上下级关系。在中央政府层面上，除了国务院出台《物业管理条例》(2003) 以外，建设部（现在的住房和城乡建设部）作为主管部门在《物业管理条例》出台之后，于 2003 年 6 月 26 日制定并颁布了《业主大会规程》（建住房〔2003〕131 号）。该规程第五条指出，“业主筹备成立业主大会的，应当在物业所在地的区、县人民政府房地产行政主管部门和街道办事处（乡镇人民政府）的指导下，由业主代表、建设单位（包括公有住房出售单位）组成业主大会筹备组（以下简称筹备组），负责业主大会筹备工作。”该条款重申了《物业管理条例》中关于物业所在地的区、县人民政府房地产行政主管部门和街道办事处（乡镇人民政府）的指导权，给出了明确的业主大会筹备组的人员构成。在业主委员会与居民委员会的关系表述上，《业主大会规程》和《物业管理条例》中的表述完全一致，没有任何新内容。2007 年新修订的《物业管理条例》依然维系了 2003 年版《物业管理条例》中所给出的业主委员会与居民委员会的关系。

③ 地方政策法规：由协助转向依靠

进入新世纪以来，随着城市管理体制的改革，更多的政府工作进入了社区居民委员会。如 2002 年社保 8 项服务进社区；2003 年失业人员就业再就业需要社区登记推荐；2004 年社区承担了企业退休人员的管理任务……结婚证、准生证、失业、退休登记等，几乎每个政府职能部门的工作内容，在社区都要有对口工作人员专门负责。居民养老、民事调解、治安管理、青少年德育、计划生育等，都成了社区居民委员会的工作。不少地方政府想当然地将居民委员会列入了首次业主大会和选举业主委员会的筹备名单中。[①] 北京市特别突出了居民委员会在业主大会筹备工作中的地位，规定“在物业所在地街道办事处、乡镇政府的指导下，社区居民委员会负责首次业主大会会议的筹备工作。社区居民委员会人员担任筹备组召集人（未成立社区居民委员会的，由街道办事处、乡镇政府指派工作人员担任），负责组织业主代表、开发建设单位、社区居民委员会、派出所等单位代表组建首次业主大会会议筹备组（以下简称筹备组）。”[②] 在小区物业管理方面，北京市政府对居民委员会的依赖有一定的历史渊源。早在 1995 年，当现今的“业主委员会”尚被命名为“物业管理委员会”[③] 的时候，北京市政府就出台了《北京市居住小区物业管理办法》，其中规定：“居住小区已交付使用并且入住率达到

---

① 见《北京市住宅区业主大会和业主委员会指导规则》（2008）、《天津市业主大会和业主委员会活动规则》（2008）和《郑州市物业管理条例》（2008）等。请注意，《物业管理条例》和《业主大会规程》中虽然给出了居民委员会对业主工作的指导意见，但没有明确甚或可以说没有考虑让居民委员会进入业主大会筹备组。《业主大会规程》第五条指出：“由业主代表、建设单位（包括公有住房出售单位）组成业主大会筹备组（以下简称筹备组），负责业主大会筹备工作。”

② 见《北京市住宅区业主大会和业主委员会指导规则》（2008）第十三条。

③ 解释两个委员会的异同。

50%以上时，应当在该居住小区开发建设单位、居住小区所在地的区、县房屋土地管理机关指导下建立物业管理委员会。”“物业管理委员会由居住小区内房地产产权人和使用人的代表及居民委员会的代表组成。”该规定将业主(产权人)、使用人和居民委员会置于同一权利平台，使居民委员会和物业使用人也有权利进入物业管理委员会。① 在《物权法》颁布以后，虽然居民委员会不再进入业主委员会，但许多地方性政策法规都安排它们进行首次业主大会设立以及业主委员会选举的组织工作。居民委员会自业主组织筹备之日起就介入了业主集体的组织与指导工作中，从而在源头上就确立了居民委员会和业主委员会之间的“领导与被领导”②、“监督与被监督”的关系。这种关系，既体现在业主委员会的设立上，也反映在业主委员会的具体工作中。从现有的地方性政策法规看，无论居民委员会和业主委员会设立的先后关系如何，业主委员会都不可以去筹备居民委员会；但只要存在居民委员会，它至少就应派人员去筹备首次业主大会并选举第一届业主委员会。从表面上看，这些政策将组建业主组织作为居民委员会的一项责任（大多数规定中使用了“应”)，实际上它给了居民委员会一项新的权利。通过地方性政策规定，地方政府转移了中央政府给予他们的责任和相应权利，居民委员会成为地方政府的指导责任和管理权利的承担者，从而成了地方政府实施群众工作的依靠。

地方政府对居民委员会的依赖，可以给出不同的解释。从大的方面看，这是我们党的群众路线③所要求的。我们的政府是党领导下的人民政府，它的行动是为了人民，同时要依靠人民。密切联系群众，放手发动群众，依靠群众，是我们党一贯倡导的行动原则。地方政府依靠居民委员会开展工作，是优良传统的一种现代体现，是一件非常好的事情。这种解释是一种非常传统，且不乏浪漫的正面解释。从自利角度看，地方政府官员知道与普通民众打交道很辛苦，也没有寻租机会，于是，政府或政府相关部门都把这样的事务竞相交由居民委员会处理，让他们承担责任，而自己落个清闲，从而慢慢

① 在《物权法》颁布以后，这个规定已被修改，具体可见《北京市住宅区业主大会和业主委员会指导规则》(2008)。

② 从严格的词面意义看，“指导”不同于“领导”，但其中暗含的“领导”意味是不言而喻的。在我国，尤其在官场，“领导”都是暗含的，“仆人”和“服务者”实际上就是“领导者”。

③ 党的群众路线是：“一切为了群众，一切依靠群众，从群众中来，到群众中去。”

形成了政府对居民委员会的依赖，依靠居民委员会工作成了政府的一种习惯（翟校义，2008）。显然，这是一种负面的解释。到底是哪种情况，或许只有那些政府官员能讲清楚。然而，地方政府和居民委员会之间的“密切”关系，不仅模糊了普通民众对居民委员会性质的认识，也误导了一些地方官员。有些地方官员认为居民委员会就是一级政府，一个最接近民众的、最基层的政府。居民委员会一直接受政府财政补贴，从事着基层政府交办的各项工作。一个“拿政府钱、办政府事”的机构，不是政府机构而是什么呢？大多数居民委员会委员认为自己是政府工作人员，普通民众也认为他们是政府工作人员，双方都认为居民委员会是代表政府在协调民间纠纷。于是，居民自治组织——居民委员会便成了地方政府各项群众工作的“抓手”。这种现象在小区公共事务管理领域尤为突出。北京市政府在一些地方立法[①]中直接授权居民委员会处理一些公共事务，市政府相关管理部门发文要求基层政府积极依靠社区居民委员会开展工作。[②] 济南市明确规定，居（村）民委员会应当配合政府有关部门做好养犬管理工作，依法调解因养犬引起的邻里纠纷。居（村）民委员会或者业主委员会还可以就本居住区养犬管理的有关事项依法制定居（村）民公约并监督执行。[③] 武汉市则规定，养犬个人应当向公安机关提交与住宅所在地居（村）民委员会或者业主委员会签订的养犬义务保证书。

（3）领导权

居民委员会对业主委员会的领导权，不是宪法和法律所赋予的，而是政府政策含糊规定的结果。从理论和法理关系上看，居民委员会和业主委员会是并列关系，或平行关系；而政府政策含糊的规定却使人们认为居民委员会具有对业主委员会的领导权。

① 理论上和组建中的平行关系

从理论上讲，居民委员会是居民的自治组织，业主委员会是业主的自治组织，它们是两个互不相干、相互平等的两个民间自治组织，它们各自处理

① 见《北京市养犬管理规定》（2003）第二十条规定。

② 见北京市建设委员会《关于我市 2004 年物业管理委员会转换为业主委员会工作有关问题的通知》。

③ 见《济南市养犬管理规定》（2006）第五条规定。

各自的事务，不存在谁领导谁问题。当然，这两个组织都必须依法行为。在这个过程中，政府或政府相关管理部门对这两个组织的工作都具有指导和监管的责任。

《中华人民共和国宪法》和《中华人民共和国城市居民委员会组织法》确定了居民委员会设立的合法性，《物权法》确立了业主委员会成立的合法性，并分别明确了地方政府在居民委员会、业主委员会组建过程中的指导责任。我国宪法规定，居民委员会的设立、撤销、规模调整，由不设区的市、市辖区的人民政府决定[①]。《中华人民共和国城市居民委员会组织法》规定，居民委员会主任、副主任和委员，由本居住地区全体有选举权的居民或者由每户[②]派代表选举产生。地方政府对居民选举工作进行指导。关于业主自愿选举业主委员会事宜，《物权法》规定："地方人民政府有关部门应当对设立业主大会和选举业主委员会给予指导和协助。"以宪法为总纲的居民委员会组织法和《物权法》，分别界定了居民委员会和业主委员会的自治属性和地方政府在其组建过程中的指导和协助责任。由于它们的属性相同，政府在组建过程中的指导和协助方式也应一样，因此，他们的组建过程具有平行关系，见图 12-3。

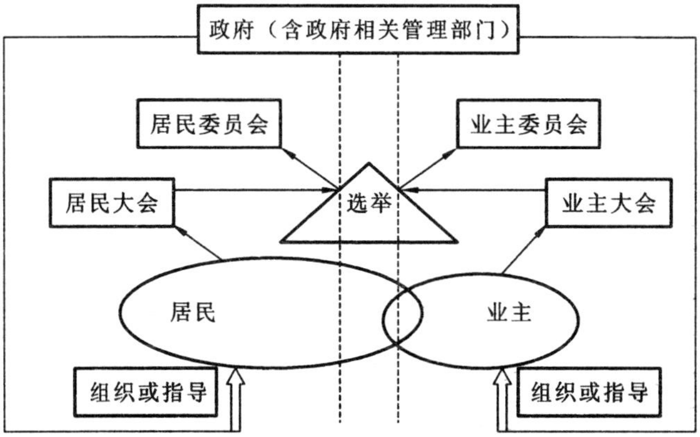

图 12-3　居民委员会和业主委员会的法理关系框架

① 见《中华人民共和国城市居民委员会组织法》第六条规定。

② 依据《中华人民共和国城市居民委员会组织法》第六条规定，居民委员会根据居民居住状况，按照便于居民自治的原则，一般在一百户至七百户的范围内设立。

图 12-3 表明，无论是居民委员会，还是业主委员会，在组建过程中都经历了相同的程序：地方政府组织或指导——召开大会（居民大会、业主大会）——进行大会选举——选出委员会成员包括主任或副主任委员——委员会（居民、业主）成立。在图 12-3 中，该程序具有明显对称性，它意味着制度安排对自治属性的民间组织的成立给予了同样的政策“待遇”。如果两个自治性组织由不同的人员组成并且具有完全分离的职能和管理事务，那么，他们之间不会发生工作冲突，更不会出现“谁领导谁”的问题。允许民众自愿合作，成立他们自己的组织，不仅是社会民主的表现，也是人类社会发展的内在要求。管理当局一般都不会违背民意以及社会发展规律，不允许他们自发合作，包括自发成立有利于获取更多利益或保护他们利益的组织。而为了社会正义和公平，政府需要正确引导和规范民众的自发行为。于是，在政府指导下组建民众自治组织是合理的。当宪法和普通法律确认了这样的组建程序以后，按程序组建是合法的。居民委员会和业主委员会，作为两个不同的民间自治主体，受到同样的制度支持和约束也具有合理性。

② 政府赋予了居民委员会领导权

虽然现行法律没有赋予居民委员会对业主委员会的领导权，但国务院颁布的《物业管理条例》[①] 则暗含了居民委员会与业主委员会之间的“领导与被领导”关系，有些地方政府借此授予了居民委员会领导权。

地方性法规几乎完全照搬了《物业管理条例》中的有关居民委员会与业主委员会关系的条款。不少地方进一步明确了业主大会筹备过程中居民委员会的介入程序，有些地方直接授权居民委员会筹备业主大会。相对于中央政府颁布的《物业管理条例》，地方政府的相关文件则补充了居民委员会在业主大会、业主委员会组建过程中的直接控制权。于是，按照中央政府和地方政府有关物业管理文件的规定，居民委员会具备了自业主组织组建到运作全过程的指导权、知情权、建议权和监督权等领导权利。

---

① 《物业管理条例》第十四条规定：“住宅小区的业主大会会议，应当同时告知相关的居民委员会。”第二十条进一步规定：“业主大会、业主委员会应当配合公安机关，与居民委员会相互协作，共同做好维护物业管理区域内的社会治安等相关工作。在物业管理区域内，业主大会、业主委员会应当积极配合相关居民委员会依法履行自治管理职责，支持居民委员会开展工作，并接受其指导和监督。住宅小区的业主大会、业主委员会作出的决定，应当告知相关的居民委员会，并认真听取居民委员会的建议。”

12.5.5 未来走向与政策建议

研究者已普遍认识到了协调居民委员会和业主委员会之间关系的重要性，提出了相关的对策。主要包括有业主委员会取代居民委员会，将业主委员会纳入居民委员会之中，将居民委员会与业主委员会合二为一，居民委员会与业主委员会二者间形成竞争关系，或由居民委员会暂时代行业主委员会的职能等等。实际上，不论是公共部门还是私人部门，没有一个个体行动者能够拥有解决综合、动态、多样性问题所需的全部知识与信息，也没有一个个体行动者有足够的知识和能力去应用有效的工具。在现行体制下，无论是居民委员会，还是业主委员会，都无法拥有独立解决所有物业管理与服务问题的能力。基于居民委员会与业主委员会的属性[①]以及其他方面的不同，本书主张建立一种在合适的制度或政策维系下的政府、居民委员会和业主委员会的合作机制。

在确立以社区自治为基本价值取向的基础上，将居民委员会与社区内其他自治资源结合起来，组成社区自治合作系统。在这个系统中，居民委员会负责社区公益性事务，业主委员会主理与物业财产有关的事务。在以物业为中心的事务中，居民委员会只有协调权，业主委员会拥有最终决策权。而在社区公益性事务中，业主委员会只有建议权，居民委员会拥有最终决策权。如果居民委员会决定实施的社区公益性事务影响了业主的权益，包括基于物业的权益，业主委员会有权向基层政府反映或通过法院、仲裁机构进行维权。通过制度明晰了居民委员会和业主委员会的权利以后，居民委员会和业主委员会之间的争执容易达成共识或通过第三方解决。居民委员会与业主委员会作为社区内最为重要的两个群众组织，共同构成自治合作管理系统核心，在制度和第三方的协调下，形成合作互动关系，进而构筑良性的合作型社区治理架构。

具体的制度与政策建议如下：

(1) 对称安排两个自治组织的权利

作为业主自治的业主委员会和作为居民自治的居民委员会，它们是两个

---

① 居民委员会属居民的组织，业主委员会属业主的组织，前者建立在居民的社会事务参与权之上，而后者建立在业主的财产权之上，就像不同土壤中生长出的两种不同的植物。

相互平等的基层社区自治机构，不存在上下级关系或“谁领导谁”问题，因此，不能要求一方服从另一方，而应对称地安排两者的权利。作为协调权益关系的《物权法》，应进一步明确业主委员会和居民委员会之间的对等权利架构，做出均衡的或对称性的权利安排，以体现社会公平性。在《物权法》给出了对称性的权利安排后，《物业管理条例》中也不应再出现“接受居民委员会指导和监督”等模糊条款。即便为了强调相互间的配合，在政策制定上也应合理安排两者的权利并尽可能地对等，以避免地方政府或其相关管理部门通过细节控制将其演变成了“行政前置程序”。业主的自治权利和居民的自治权利要得到尊重，而且是同等程度的尊重。如果政府部门的工作人员或其他的政策制定者设身处地想一想，或将自己作为一名物业财产拥有者进行深思，相信他们会接受这样的观点。虽然我们的政府工作人员习惯了依靠组织，习惯了讲究层级，但并不能否认平等，尤其是对两个具有平等关系的社会团体而言。总之，在居民委员会和业主委员会关系的制度设计上，首先是《物权法》，其次是作为级别最高的政府文件《物业管理条例》，一定要体现公平，保证居民委员会和业主委员会的权利对称、地位平等，从而防止地方政府在政策细节的运作中附加不当条件。

(2) 以尊重权利为前提设计相关政策和措施

政策是操作层面上运用最多的制度，也是具有地方特色、由地方政府决定实施的制度，它因此具有更深、更广的个体权益影响力。当代中国正处于从温饱社会向小康型社会转型时期，民众的民主意识和权利意识在不断增强，人们对于权利的认识及其重视程度也在不断提升。在这种情势下，直接影响民众权益的政府政策会成为民众关注的焦点。如果政策没有体现民意，或有损民众权益，民众抵制情绪甚或行为便不可避免地产生，民众与政府关系会因此而紧张。政府要尊重民众的权利。无论是居民自治的权利，还是业主自治的权利，政府都要充分并且平等地尊重。尊重权利不仅仅是一种意识，更重要的是，要有使这种权利具备实现的保障机制和措施。民众的活动是在各种政策规范中开展的，是在生活中感受政策的良好保障机制和得力的措施是好的政策得以实施的关键。

(3) 科学安排政策制定和实施过程

政策的制定和实施过程直接决定着政策的最终结果，而这个结果往往并不是一开始所期望的结果。自中央到地方各级政府，同一项活动的政策虽然在原则上不会有大的改变，但在具体细节上或在上一级未明确的具体操作中，会出现政策演化与扩展现象。在这个过程中，每一次的演进或扩展看似都没有背离上一级政策，但经过几次政策的演化和扩展，加上几个行政环节的运作，实际实施的政策最终背离了原初的政策原则，也背离了相关法规的精神，甚至损害了民众权益。有学者称之为“细节性政策异化”现象。解决这个问题的关键，就是在每个政策演化或扩展环节上都要依法行政、遵循法的精神，并时刻以维护民众权益为目标及时完善或改正相关政策措施。在业主委员会和居民委员会的关系处理上，各级政府首先要以《物权法》的权益保护精神为指引，以确实保障民众合法权益为目标，科学制定相关的政策措施。一个有效的、公正的、保护民众权利的政策，不仅需要在原则上体现合法权益的保障态势，而且必须在具体的运作安排中给出明确的办法、措施，以斩断某些部门、某些组织，尤其是与政府利益相关的组织或部门，通过损害业主利益获取寻租机会的利益链条。这不仅是政府反腐败的需要，也是实现业主自治的需要。

(4) 建立基层自治组织间关系处理机制

实际上，基层自治组织间的关系并没有想象中的复杂。无论是居民还是业主，或他们的组织，相互间的礼让、尊重是普遍存在的。问题在于，当一方要凌驾于另一方之上时，矛盾开始出现。而一方之所以想凌驾于另一方之上，多半是由于得到了基层政府或政府派出机关的支持。长期以来，基层政府或政府派出机关已习惯了与居民自治组织的合作，进而对居民活动进行治理。不少基层政府的工作人员至今仍没有将业主作为一个新兴的权益群体，而是将他们视为“拥有了一些财产”的居民。在这种认识下，由居民委员会管理业主委员会的活动，便理所当然了。当居民委员会意识到业主委员会会挑战他们来自基层政府或政府派出机关长期以来所支持并形成的权威时，居民委员会的行动也就可以想见了。居民委员会阻止成立一个对自身权威或“潜在利益”有威胁的业主自治组织是再正常不过的事情了。解决这个问题的关键有以下几个方面。一是政府将居民委员会真正变成居民的自治组织，把居民委员会从行政体制的约束下独立出来，还原其自治属性。居民委员会主要负责收集社情民情、开展社区服务、调解居民纠纷等。政府采取购买服务的办法，通过项目管理和契约管理方式，由社区工作站承接政府下沉的一些事务性和操作性的工作。二是政府平等对待居民委员会和业主委员会这两个自治组织，甚或可以设计一种合作和公平竞争的机制，有效协调居民委员会与业主委员会的关系。具体而言，有关部门应尽快组织对居民委员会组织法进行修改和完善，从法律上进一步明确基层社区组织的性质、功能和建设的目标，各地要尽快对业主大会和业主委员会的性质和法律地位做出规定。通过相关规定，业主大会及其执行机构业主委员会可以向民政部门申请登记并成为公益性社团法人。平等定位业主委员会和居民委员会，不仅是我国公民社会发展的需要，也是解决社区物业管理服务市场诸多问题的需要。三是要明确界定社区各组织的职能范围。居民委员会与业主委员会的职能范围界定是双方构建良性关系的基础。社区管理中属于物业管理的内容可以逐步由业主委员会通过合同委托物业管理公司管理，而居民委员会则集中于社区居民事务管理与协调上，并发挥主导作用。在社区工作站体制下，“居站分设”是实现社区自治、理顺社区组织关系的前提。要制定法规严格规定居民委员会、社区工作站各自的职责范围，慎防将居民委员会再次变为社区工作站的再派出机构。四是构建社区组织间的协调机制。只有构建好制度化的社区组织协调机制，居民委员会与业主委员会才能增强合作，社区体制改革才有可能成功。在构建制度化的社区组织协调机制时，要注意政府在社区治理中的职能定位。政府是协调者、裁判，而不能作为经济活动的直接参与者。

(5) 建立社区自治组织与政府沟通的均衡机制

目前，社区各组织与政府之间的沟通极不平衡，其中居民委员会与政府的沟通频繁，而业主、业主委员会、物业管理公司与政府的沟通相对欠缺。地方政府出于政治控制的需要和保证政府下达的各项任务的完成，需要居民委员会的配合，甚至需要居民委员会开展具体工作，居民委员会和政府之间的频繁沟通在所难免。问题是，业主可能是当地居民，也可能不是当地居民，但他们的正当权益同样需要当地政府的保障。尤其在居民委员会和业主委员会发生权益冲突时，政府仅仅依靠与居民委员会的沟通是不够的，也可能是片面的，政府需要与业主委员会进行同等程度的沟通，并认真听取他们的意见。维护业主的权益或居民的权益，虽然不能完全等同于政府的工作目标，但确实包含在其中。当民众的合法权益不能得到保障时，社会和政治的稳定必然会受到影响。而对民众而言，社会和政治稳定虽然也符合居民的利益，但毕竟不等于他们的具体利益，故难以要求民众放弃他们的具体权益。

尤其在政府有某些特殊权益介入其中时，更难以让民众放弃自身的具体权益。不可否认的是，改革开放以来，随着社会利益关系的重大变化，基层政府的有些单位产生了自己的特殊利益。这种情况下，即便政府没有特殊利益，业主也会认为政府考虑问题的角度有偏差，从而使得政府在社区事务上的努力得不到业主的认同。特别是当来自业主自身的动力一旦发展起来，就会形成自治与行政权力的博弈。政府应高度重视这一问题，尽量保持与社区各组织之间的平衡关系，促进社区各组织均衡发展。

(6) 建立业主委员会成立协助机制

在新建的商品住宅小区里，由于一个小区内的业主人数多，相互不熟悉，第一次形成自己的组织——业主大会或业主委员会会遇到困难。一方面，在短时间内难以出现大家共同认可的召集者，业主组织不能很快建立。另一方面，在获得大家认同的过程中，组织者需要投入大量的时间、精力，甚或金钱，参与组织者的积极性受到严重影响。第三方面，组织过程需要耗费大量的成本。上述三方面原因，在客观上制约了业主组织的成立。为解决业主自我组建业主组织难问题，建议建立基层政府和开发商的协助机制。鉴于政府的公共服务供给职能，可以将“召集并指导成立新建小区业主大会和委员会”作为基层政府城市街道办事处的一项工作职责。在新建小区业主入住以后的一定时间（首位业主入住时间或三个月，或半年，最长不能超过一年）内，街道办事处应主动或根据业主的要求，发起组织业主大会筹备组，选举产生业主委员会。街道办事处具有协调参会各方配合筹备组开展工作的权力和责任。对开发商而言，在小区业主大会或业主委员会成立以前，他们仍是小区业主共有财产的管理主体和责任主体，物业管理公司只是服务主体。为了卸去业主共有财产的管理责任，开发商应承担协助组建业主组织的责任。目前，大多数城市已经给出了“由开发商承担业主大会组织费用”的规定，从而明确了开发商的经济责任。实际操作中，由于成立业主组织是在开发商交房以后的事，开发商并不是都很爽快地及时为业主大会的组织支付经费。既然政策规定开发商具有这个经济责任，不妨在商品房竣工验收阶段由基层政府预收这笔费用，该费用可称为“小区业主共有财产管理责任金”。当然，除了缴纳共有财产责任金，在业主组织组建过程中，开发商应履行将小区业主共有财产及全部图纸、材料、文件等按监管审查程序全数移交政府有关部门和业主的义务。

(7) 完善业主委员会的运行机制

业主委员会作为业主大会的执行机构，在依法对其进行监督的同时，应明确业主委员会除对小区公共事务进行管理外，兼有对全体业主共有财产进行保值、增值的责任。无论是公共事务管理，还是共有财产的保值增值运作，业主委员会成员的时间和精力投入都必不可少。而这种投入是其他业主所没有的，也是全体业主获得管理和保值增值收益所必须承担的成本。因此，由全体受益业主包括业主委员会成员共同负担这个成本是公平合理的。换言之，在倡导业主委员会所取得的成果由全体业主分享的同时，按照市场原则给予小区业主委员会成员以公平合理的报酬是必需的。建立由全体业主承担的业主委员会成员的报酬制度，将有效保证业主委员会工作的可持续发展。

(8) 建立物业纠纷及时调解机制

面对不断出现的物业纠纷，建立及时的调解机制至关重要。目前，北京已全面推行物业纠纷调解委员会制度。上海徐汇区也成立了房地物业纠纷人民调解委员会。武汉市民政部门出台了社区事务听证会制度，保障居民、业主依法对社区事务进行监督管理。北京市政府的相关信息表明，“一个下至上千家居民委员会，上达各区县政府的物业纠纷解决网络正在建立之中，通过已经建成的部分调解‘网点’，上百起物业纠纷未经任何司法程序就已被消化”。物业纠纷的及时调解，不仅在一定程度上有效解决了业主或居民面临的物业纠纷问题，而且有效降低了物业纠纷的诉讼成本。当然，从长期看，更有效的调解还需要更专业的调解人才和调解成本的合理分担。目前，纠纷调解员大多为居民委员会成员或兼职律师。有些居民委员会成员缺乏物业专业知识和法律知识，且所有的调解行为均为免费，基层政府几乎承担了所有的调解组织工作。要进一步提高调解的效率并保证调解工作能够持续发展，明确建立由基层政府组织的、社会人士自愿参与的、用于调节物业纠纷的专业化调解机构或许是必要的。

12.6 小区物业管理与社区管理的整合机制

当前，我国正处于从经济体制改革到政治体制改革，从传统型社会向现代型社会转变的过渡时期。社会结构正发生着深刻变化，以往纵向单一的链式社会结构逐渐演变为纵横交错的网络型结构。在这种网络型社会结构形成过程中，原先政府行政一体化的领域之外，逐渐发育和发展了新的市场经济领域以及更为广泛复杂的社会生活领域。可以说，目前我国社会成员的自主性明显加强，社会结构、社会功能、人们的生活方式和社会需求、社会组织间的相互关系都日益趋于多元化。在此背景下，城市的社会生活和管理体制都发生了深刻变化，与城市居民生活密切相关社会微观层面的管理主要有两个方面：一方面伴随传统的单位办社会的功能日渐淡化，城市居民正在从“单位人”转化为“社会人”，为了体现一定地域内城市居民的自治和自管，体现“大社会、小政府”的现代社会运作的基本特征，国家在城市掀起以一定居住地域范围为基本单位的社区建设运动。随着城市社区建设与管理的推广，社区委员会①作为社区建设的基本组织，其功能得到了强化和激活。另一方面是传统的住房制度下租住公房的城市居民，也逐步成为拥有住宅所有权的业主，由于业主的分散性和住宅产权的多元化（住宅的个人所有、共有、公有）而引起的对物业进行专业化、社会化服务的需求，同时又适应了政府对整个社会资产（特别是固定资产）既达到良性运作又不增加政府财政负担的社会化、专业化服务的要求，市场上出现适应多方面需求的物业管理②行业。随着新型物业管理行业的逐渐形成及完善，业主委员会和物业服务公司正日益成为城市社区的基本组织之一。对此，近年来国内不少学者对城市社会微观层面的管理进行深入地研究，主要可以分为两类，一类主要从政治学和社会学角度对城市社区的组织体系、管理模式等问题进行研究（费孝通，2002；何艳玲，蔡禾，2005；陈伟东，2004；陆凡，武文杰，2006）；另一类主要从经济学角度对物业管理领域存在的问题进行探讨（步延胜，徐建中，2006；林凤祥，2003；丁军，2006；陈伟东等，2008）。但在实际城市生活中，社区管理与物业管理在时间上、空间上是同时运行的，但是又在参与主体、运行体系、运行目的上各不相同的两种管理。因此，要想构建和谐社区，达到和谐社会的根本目标，就必须对这两种管理方式进行探讨。

---

① 这里所说的社区委员会是在城市社区建设运动中为了体现社区自治对原来的街道办事处和居民委员会进行的重组后的新称谓，所以社区委员会实际包括原街道办事处和居民委员会。

② 本书所涉及的物业管理沿袭了先前的、实际生活工作中的称谓，等同于《物权法》中的物业服务。

第13章　主要结论和有待研究的问题

13.1　主要结论

(1) 通过实地调研，作者给出了业主和物业公司普遍反映和最期望解决的问题序列，分析了这些问题所涉及的主要相关者及其可能的诱因。调查结果显示，在住宅小区中普遍存在“社区文化活动少”问题。不仅业主注意到了这个问题，物业公司也注意到了这个问题。但他们对问题的原因解释并不相同。业主认为物业公司很少组织这项活动，而物业公司则认为业主很难被组织起来。有意思的是，普遍存在的问题并不是业主，也不是物业公司最期望解决的问题。业主最期望解决的问题分别是：①业主组织及其作用；②物业服务内容和标准；③公共部位的产权归属；④房屋质量问题。物业公司最为关切的问题是：①物业收费问题；②权益协调问题；③活动组织问题；④员工收入问题。这些问题涉及的相关者包括业主、开发商、物业公司和政府相关部门或居民委员会等。基于相对模糊产权安排之上的行为外部性以及合作和业主集体行动的潜在困难，从而导致城市物业管理问题。

(2) 以物业管理相关交易为研究对象，作者考察了交易过程中所引发的物业产权和相关权益的分布状态，包括政府与开发商之间的交易、开发商与购房者（业主）之间的交易、开发商与物业公司之间的交易、物业公司与业主之间的交易以及业主之间的交易等。结果表明，在物业管理相关的主要交易（如土地交易以及开发商与购房者的交易）中，存在着产权未清晰界定现象或不完全产权状态。如土地地下权、空间权和续期权安排，专有权边界的产权安排，共有权安排等，都有待进一步清晰。

(3) 基于产权和外部性的关系分析，本书认为产权尤其是未清晰界定的产权在行使过程中会产生外部性，进而引发物业管理相关者之间的冲突或纠纷。进一步认为，通过政府，或通过市场，都有可能解决外部性问题。但在具体问题的处理上，政府干预和市场方式可能分别对应着不同的效率和公平。无论是通过政府的直接干预，还是通过市场交易，只要解决了外部性问题，新的产权格局就出现了。产权与外部性之间的演进格局，随着时间的推移，或许永无休止。

(4) 要抑制或消除物业产权行使过程中的外部性问题导致的物业服务纠纷，必须首先清晰物业相关交易中的产权。本书给出了具体的产权安排建议，形成了《物权法》框架下的较为完整的物业产权安排体系，包括政府与开发商之间的产权安排、开发商与购房者（业主）之间的产权安排、开发商与物业公司之间的权属安排、物业公司与业主之间的权属安排、业主相互间的权属安排、政府与物业公司之间的权属安排、政府与业主和业主组织之间的权属安排等，完善了土地的地下权、空间权和续期权安排。重点界定了购房者专有部分边界的产权、同一栋建筑物内的业主专有权和共有权、依附于建筑物的空间权、会所的产权、小区内业主的共有产权，以及车库或车位的产权等。通过对专有部分边界属性的分析，分别将它们安排为业主专有、两个或多个业主共有等产权形式；建议将会所、专设车库或车位的初始产权安排给开发商，而将人防日常的使用和维护权安排给业主。在政府与开发商之间的许可证交易中，建议改变以行政事业管理收费替代外部性补偿的做法，使许可证的价格或收费标准尽量体现行为外部性的大小和行政管理强度的大小。本书所给出的物业产权安排，为组建小规模的业主初级行动团体提供了可能。

(5) 通过考察物业管理过程中主要相关者，如业主、开发商、物业公司、政府相关管理部门或居民委员会等个体或组织间的合作状态，本书认为目前合作的整体状况并不理想，但也存在特例。以武汉百步亭社区的管理为案例，本书探讨了促进物业管理主要利益相关者间合作的机制和制度安排。在对合作成本作简要分析的基础上，认为地方政府与业主合作供给物业服务是一种可期待的有效选择，当物业税收取之后，这种选择具有公平性。传统文化和道德规范无疑有益于人们之间的合作，但更深入的分析仍有待进行。党政进社区、企业家居民化和决策民主化等协作生产的制度安排和激励机制，有效地促进着物业服务相关者之间的合作。在一个小区里，业主与业主之间的合作关系属于同一个业主集体内部的关系，更多地涉及了集体行动问题。

(6) 对业主集体行动的认识。对业主而言，传统习俗和生活环境塑造了其性格与行为特征。业主特征和其经济计量的结果共同影响着业主集体行动。业主可能会因“多一事不如少一事”的想法而不参与集体行动，也可能会因“搭便车”的心理而不参与集体行动。比较而言，“多一事不如少一事”比“搭便车”或“占便宜”更能解释许多业主的不参与行为。就业主集体而言，存在规模经济问题。一个居住区的规模越大，购房时购房者得到的实惠可能越多，但后期业主间达成一致意见的成本越高，业主集体实施共同管理的成本越高，业主集体行动的难度也就越大。因此，笔者建议以“栋”为单位组建业主初级行动团体，处理部分物业管理相关事务。笔者发现，开发商替业主做决定的机制(即“1人决策”机制) 有可能最大化大多数业主的总收益，尤其是那些知名的开发商。从开发商、物业公司和业主组织的发展历程及其相互之间关系演变的分析中，我们可以看到，开发商和物业公司在业主组织的形成中做出了“贡献”，并且大多以主导者的身份介入了业主组织的组建过程。他们的介入是理性计算的结果，是市场引导的一种自发行为。为了更加有效且公平地组织业主集体行动，进一步的制度设计是必要的，尤其是考虑到人的自利属性和他们参与公共事务的被动态度对制度效果的可能影响。现有的制度设计未能充分体现这一认识，在鼓励业主自愿介入方面存在不足。一个理想的格局是：业主委员会能有效地处理好业主之间的关系，从而有效地代表业主集体。在这种格局下，业主委员会好似一个参与物业服务市场化交易的个体——物业服务的单个买主。显然，形成这种格局，也需要相关的制度安排和有效的激励机制。

(7) 业主组织与相关制度安排。业主组织是业主集体行动的保障机构，而业主组织能否有效运作涉及一系列的制度安排。笔者考察了业主组织的相关制度安排，并从效率与公平的角度，给出了完善业主组织及其运作的制度建议，包括业主的制度确认、首次业主大会的制度安排和业主委员会的职权安排等。由此可以认为，由居民委员会组建业主组织是较好的选择；而在一定的制度约束下，由开发商主导业主组织的筹备工作会更好。在业主与业主委员会成员之间的关系处理上，没有信任便不能维系其间的关系，但仅有信任也是不够的。信任是维持关系的必要条件，而不是充分条件。需要进一步思考的问题是，被信任者是否会长期满足于信任者的信任而无需其他的实际利益（如金钱、礼品、帮忙办事等)？我们建议，通过观念改变和制度创新，在业主集体内部（相当于股份公司内部）建立类似于企业管理团队激励机制的业主委员会的激励机制。

(8) 业主间的权益关系与投票规则选择。投票作为共有资源管理的一种方式，在许多共有资源的利用决策中普遍存在。然而，投票作为集体决策或行动的一种方式，又直接影响着集体中每一位成员的权益，业主之间会出现财富转移问题，从而形成业主权益的重分布。通过转移支付和提高决定规则水平都能有效抑制业主间的财富转移问题。然而，大多数物业服务项目的财富转移问题要依靠投票决定规则进行抑制。本书考察了物业服务费用按面积和按业主数分摊方式下投票过程中业主的财富转移问题与投票规则之间的关系，以及选票分配规则、投票决定规则水平与决策成本之间的关系。结果表明，提高投票决定规则水平有效抑制了业主间的财富转移，但仅在一定的区间内提高了投票决策成本。按面积计票和按业主数计票的决议形成成本，在理论上有较大差距，而在实际操作中几乎相同。当采用一致同意规则时，业主间的财富转移成本和决策成本有可能同时为零。投票决定规则的提高在一定范围内提升了业主间的讨价还价成本。当超出这个范围后，讨价还价成本又为零。业主集体规模在一定限度内增大时，业主间的讨价还价成本会升高。当业主集体规模超过一定限度后，业主间的讨价还价成本也趋于零。当物业服务项目的性质和费用分摊方式不同时，投票规则与物业投资激励之间的关系还会随着业主间的差异性而发生变化。而在业主特征、投票决定规则不同时，投票规则与物业投资激励之间的关系，会随着服务项目性质和费用分摊方式的不同也有所不同。

(9) 物业管理市场化的协调机制。以市场化为导向，建立开发商、物业公司与业主之间的权益关系协调机制、业主与业主之间的权益关系协调机制、业主委员会与居民委员会之间的协调机制和小区物业管理与社区管理间的整合机制等。

我们认为，开发商和业主之间的关系，本质上是一种权益关系。业主依据物业价值最大化原则考虑是否接受开发商主导的物业管理服务，开发商依据开发效益最大化原则决定是否主导或继续主导物业管理服务。因此，既有可能存在购房阶段的购房者对一致同意规则的接受，也有可能出现合约履行阶段业主对购房阶段一致同意规则的否定，还有可能出现开发商对物业费进行补贴或全免的市场化行为。

在业主与物业公司之间，建议引入物业服务弹性价格机制和物业服务招投标机制，同时给出了弹性价格的确立办法和物业服务招投标的具体办法。在物业服务合同中，有关服务与价格关系的条款，除了要约定物业管理服务内容、等级及其相应的价格以外，服务等级的实现程度和与之相应的价格变化机制不可或缺。这就要求在选定服务等级的基础上建立一个等级实现程度的评价体系，以如实反映物业集体服务的实际质量。

为解决物业服务收费难问题，我们给出了四项具体建议：一是按物业服务的实际接受程度分摊费用（公平）；二是引入物业服务弹性价格机制（公平）；三是通过招投标机制确定物业服务价格（效率）；四是授予业主委员会物业服务收费权，以清晰单个业主、业主委员会和物业公司之间的交易关系或交易的产权（效率）。解决了物业服务收费难问题，物业公司员工的收入也有望得到改善。当然，税收的优惠，以及物业公司对于服务质量的保证和形象的提升，也有助于改善物业公司的收入。

由于存在业主异质性，如业主所有的物业类别及位置的差异、业主偏好差异等，业主对物业服务的价值判断并不一致，给出业主投票规则以协调业主的集体行动是必要的，但不同的投票规则包括投票权分配规则和决定规则水平，会导致不同的业主集体行动成本。本书建议采用与业主个人经济利益成比例的原则分配选票，其暗含的意思是：在存在不同面积分布的小区里，运用统一的投票规则会出现不同的利益分配格局。为有效避免财富转移问题并使项目实施有效率，在具有不同面积分布的小区里，选用不同的选票分配规则和决定规则是必要的。

对于居民委员会与业主委员会之间的关系处理，本书主张建立一种在合适的制度或政策维系下的政府、居民委员会和业主委员会的合作机制。在确立以社区自治为基本价值取向的基础上，将居民委员会与社区内其他自治资源结合起来，组成社区自治合作系统。在这个系统中，居民委员会负责社区公益性事务，业主委员会主理与物业财产有关的事务。在以物业为中心的事务中，居民委员会只有协调权，业主委员会拥有最终决策权。在社区公益性事务中，业主委员会只有建议权，居民委员会拥有最终决策权。如果居民委员会决定实施的社区公益性事务影响了业主的权益，包括基于物业的权益，业主委员会有权向基层政府反映或通过法院、仲裁机构进行维权。通过制度明晰了居民委员会和业主委员会的权利以后，居民委员会和业主委员会之间的争执容易达成共识或通过第三方裁决。

通过对社区管理与物业管理两种体系的结构特征与参与主体面临困境的分

析，我们提出了通过重塑社区委员会、业主委员会和物业管理公司的角色定位，以实现有效整合社区管理与物业管理新模式的构想。

13.2 有待研究的问题

(1) 基于物业产权的相关理论研究。基于物业产权的考察，本书在外部性的理解（包括概念、计量和连锁反应）、产权与外部性的关系上，虽有些许贡献，但更多的只是提出了问题，更进一步的理论完善，还有待更多的理论分析和物业产权实证研究的继续。

(2) 物业产权、政府信用和市场发展的关系。在物业产权并没有被明确界定的情况下，房地产交易或市场为什么还会如此繁荣？这是一个颇具中国特色的经济问题。更进一步的分析可能会涉及物业产权、政府信用和市场发展的关系。

(3) 传统文化和道德规范对合作和业主集体行动的影响。虽然物业管理问题是与物业相关的问题，但更多的是人的行为所造成的问题。有效地协调相关者之间的关系，不仅要依靠市场，或依靠政府，或依靠制度和相关的机制安排，更高层次的，或更理想的境界是依靠行为人的自我约束。因为利用市场是有成本的，利用政府、机制或制度调解也有成本，有时是很高的成本。如果个人能够按“己所不欲，勿施于人”的传统观念和道德规范去自我约束、自我规范，协调的成本将大为降低，公平也可以想见。传统观念和道德规范无疑有益于人们之间的关系协调（包括权益关系协调）和合作，但更深入的分析还有待更多专业人士的合作。

(4) 中国特色的合作与业主集体行动问题。影响合作与集体行动的因素很多，各方面的专家学者如经济学家奥尔森和社会学家杰姆斯·科勒曼等提出了各自的看法，但全面阐述合作与集体行动的权威理论尚未出现。我们相信，随着中国经济和社会的发展，在多学科专家合作研究的情况下，通过更深入、更全面的住宅小区实地调研工作，创建中国特色的、具有国际影响力的合作和业主集体行动理论，是可以期待的事。

参考文献

中文部分：

[1] 阿罗. 2000. 社会选择：个性与多准则 [M]. 钱晓敏，孟岳良，译. 北京：首都经济贸易大学出版社.

[2] 阿马蒂亚·森. 2000. 伦理学与经济学 [M]. 王宇，王文玉，译. 北京：商务印书馆.

[3] 阿马蒂亚·森. 2002. 以自由看待发展 [M]. 任赜，于真，译. 北京：中国人民大学出版社.

[4] 罗伯特·阿克塞尔罗德. 2007. 合作的进化 [M]. 吴坚中，译. 上海：上海人民出版社.

[5] 罗伯特·阿克塞尔罗德. 2008. 合作的复杂性：基于参与者竞争与合作的模型 [M]. 吴坚中，译. 上海：上海人民出版社.

[6] 埃莉诺·奥斯特罗姆，拉里·施罗得，苏珊·温. 2000. 制度激励与可持续发展 [M]. 毛寿龙，译. 上海：上海三联书店.

[7] 曼瑟尔·奥尔森. 1995. 集体行动的逻辑 [M]. 陈郁，郭宇峰，李崇新，译. 上海：上海三联书店.

[8] 巴泽尔 Y. 1997. 产权的经济分析 [M]. 费方域，段毅才，译. 上海：上海三联书店.

[9] 步延胜，徐建中. 2006. 物业管理组织体系中的经济学分析 [J]. 建筑经济 (5)：85-88.

[10] 曹振良，等. 2003. 房地产经济学通论 [M]. 北京：北京大学出版社.

[11] 成思危. 1999. 中国城镇住房制度改革的系统分析 [M] //成思危. 中国城镇住房制度改革——目标模式与实施难点. 北京：民主与建设出版社.

[12] 陈伟东. 2004. “社区自治”概念的缺陷与修正 [J]. 广东社会科学 (2)：127-130.

[13] 陈伟东，等. 2008. 我国老城区物业服务的模式选择 [J]. 江汉论坛 (12)：124-127.

[14] 陈玉珍. 2007. 物业管理与业主自治：物业管理业主委员会资格探析 [J]. 社会主义研究 (3)：92-95.

[15] 陈晓莹. 2006. 委员吴名高专访：谁应该为业主委员会立法 [EB/OL]. [2006-03-21]. http：//www. dayoo. com/.

[16] 丹尼尔 W 布罗姆利. 1996. 经济利益与经济制度 [M]. 陈郁，郭宇峰，汪春，译. 上海：上海三联书店.

[17] 道金斯. 2012. 自私的基因 [M]. 卢允中，张岱云，陈复加，等，译. 北京：中信出版社.

[18] 丁军. 2006. 北京市物业管理现存问题及解决途径 [J]. 城市问题 (1)：80-93.

[19] 丁一汇. 2002. 气候变化的影响：正面与负面 [N]. 文汇报 07-21.

[20] 费孝通. 2002. 居民自治：中国城市社区建设的新目标 [J]. 江海学刊 (3)：15-18.

[21] 冯兰蔺. 2008. 上海业主委员会成员有望拿到工资 [N]. 新闻晚报 06-25.

[22] 弗朗斯·德·瓦尔. 2007. 猿和人类是如此相似 [J]. 胡飞飞，等，译. 书摘 (10)：105-109.

[23] 冯·哈耶克. 2001. 哈耶克论文集 [M]. 邓正来，译. 北京：首都经济贸易大学出版社.

[24] 霍布斯. 1985. 利维坦 [M]. 黎思复，黎廷弼，译. 北京：商务印书馆.

[25] 何艳玲，蔡禾. 2005. 中国城市基层自治组织的“内卷化”及其成因 [J]. 中山大学学报 (5)：104-109.

[26] 亨利·罗伯特. 2008. 罗伯特议事规则 [M]. 第10版. 袁天鹏，孙涤，译. 上海：格致出版社.

[27] 郭树清. 2009. 住房分配货币化的风险与抉择 [J]. 经济研究 (9): 16-24.

[28] 郭莹. 2008. 八成小区没有成立业委会. 现存多数处境艰难 [N]. 京华时报 01-23.

[29] 黄安永. 2002. 现代房地产物业管理 [M]. 南京: 东南大学出版社.

[30] 黄安心. 2003. 物业管理实务 [M]. 广州: 广东省高等教育出版社.

[31] 科斯. 哈特, 斯蒂格利茨, 等. 1999. 契约经济学 [M]. 李风圣, 译. 北京: 经济科学出版社.

[32] 科斯 R, 阿尔钦 A, 诺斯 D. 1994. 财产权利与制度变迁 [M]. 刘守英, 译. 上海: 上海三联书店.

[33] 康芒斯. 1962. 制度经济学 [M]. 于树生, 译. 北京: 商务印书馆中译本.

[34] 厉以宁, 吴易风, 李链. 1984. 西方福利经济学述评 [M]. 北京: 商务印书馆.

[35] 梁慧星. 2000. 中国物权法草案建议稿 [M]. 北京: 社会科学文献出版社.

[36] 林凤祥. 2003. 城市社区物业管理公共产品的生产 [J]. 福建论坛: 经济社会版 (1) 10-13.

[37] 林维峰. 2000. 公共机构的制度设计与协作生产 [M] //迈克尔·麦金尼斯. 多中心治道与发展. 上海: 上海三联书店: 379-416.

[38] 林毅夫. 2000. 再论制度、技术与中国农业发展 [M]. 北京: 北京大学出版社.

[39] 刘丹, 高飞, 张燕. 2005. 对我国现行业主委员会制度的初探 [J]. 重庆建筑大学学报 (10): 137-141.

[40] 刘洪玉. 1995. 房地产开发经营与管理 [M]. 北京: 中国物价出版社.

[41] 刘圣欢. 2002. 物业管理属性、供给与收费原则 [J]. 经济理论与经济管理 (1): 49-54.

[42] 刘羊旸. 2007. 中消协发布 12 城市商品住房消费者满意度调查结果. [EB/OL]. [2007-07-03] http: //www. xinhuanet. com.

[43] 罗必良. 2005. 新制度经济学 [M]. 山西: 山西经济出版社.

[44] 罗伯特·考特，托马斯·尤伦. 1999. 法和经济学 [M]. 张军，等，译. 上海：上海三联书店.

[45] 卢梭. 2003. 社会契约论 [M]. 何兆武，译. 北京：商务印书馆.

[46] 卢现祥. 2004. 新制度经济学 [M]. 武汉：武汉大学出版社.

[47] 陆凡，武文杰. 2006. 城市社区管理模式创新的理论思考 [J]. 城市发展研究 (6)：22-30.

[48] 中共中央马克思恩格斯列宁斯大林著作编译局. 1995. 马克思恩格斯选集 [M]. 北京：人民出版社.

[49] 麻晓芳，王承翼，毕俊. 2006. 论业主委员会建设中存在的问题及对策 [J]. 经济师 (6)：47-49.

[50] 伯纳德·曼德维尔. 2002. 蜜蜂的寓言——私人的恶德公众的利益 [M]. 肖聿，译. 北京：中国社会科学出版社.

[51] 尼古拉思·巴尔，大卫·怀恩斯. 2000. 福利经济学前沿问题 [M]. 贺小波，王艺，译. 北京：中国税务出版社.

[52] 道格拉斯 C 诺思. 2008. 制度、制度变迁与经济绩效 [M]. 杭行，译. 格致出版社.

[53] 宁波新城区管委会. 2008. 关于新城区住宅入住率情况的调研 [EB/OL]. [2008-05-05] http://xcq.nbyz.gov.cn/News.

[54] 彭德琳. 2002. 新制度经济学 [M]. 武汉：湖北人民出版社.

[55] 彭浩祥. 1996. 香港物业管理的发展历程 [J]. 北京房地产 (3).

[56] 保罗·萨缪尔森，威廉·诺德豪斯. 2004. 经济学 [M]. 萧琛，译. 北京：人民邮电出版社.

[57] 沈杰. 2008. 物业管理行业当前面临的形势与对策 [J]. 城市开发 (8)：76-77.

[58] 乔 B 史蒂文斯. 1999. 集体选择经济学 [M]. 杨晓维，等，译. 上海：上海三联书店.

[59] 思拉恩·埃格特森. 1996. 新制度经济学 [M]. 吴经邦，等，译. 北京：商务印书馆.

[60] 宋如萍，等. 2002. 英国房地产物业管理现状及对我们的启示 [J]. 北京物价 (12).

[61] 陶婷芳，等. 2002. 国际物业管理透视与借鉴 [J]. 城市管理 (4).

[62] 王世联. 1999. 物业管理 [M]. 北京：中国经济出版社.

[63] 王育琨. 1991. 论我国城镇住房制度改革 [J]. 经济研究 (11)：75-80.

[64] 王亦君. 2007. 北京全面推行物业纠纷调解委员会制度 [N]. 中国青年报 06-15.

[65] 翁国强. 2003. 美国物业管理的主要特点及其楼宇星级管理模式 [J]. 中国物业管理 (2).

[66] 谢家瑾. 2008. 正确认识行业面临的新形势促进物业管理又好又快发展 [EB/OL]. [2008-05-21] http://www. sojiji. com.

[67] 谢贤程. 1993. 香港房地产市场 [M]. 香港：商务印书馆.

[68] 徐雷. 1998. 对城镇居民住房制度改革的经济学思考 [J]. 东岳论丛 (2)：36-39.

[69] 亚当·斯密. 1997. 国民财富的性质和原因的研究 [M]. 郭大力，王亚南，译. 北京：商务印书馆.

[70] 亚里士多德. 1965. 政治论 [M]. 吴寿彭，译. 北京：商务印书馆.

[71] 杨小凯，张永生. 2000. 新兴古典经济学和超边际分析 [M]. 北京：中国人民大学出版社.

[72] 杨小凯，黄有光. 1999. 专业化与经济组织----一种新兴古典微观经济学框架 [M]. 北京：经济科学出版社.

[73] 詹姆斯 A 道，史迪夫 H 汉科，阿兰 A 瓦尔特斯. 2000. 发展经济学的革命 [M]. 黄祖辉，蒋文华，译. 上海：上海三联书店.

[74] 张五常. 2000. 经济解释 [M]. 易宪容，张卫东，译. 商务印书馆.

[75] 张皎. 2008. 关于完善住宅物业管理体制的建议 [EB/OL]. [2008-03-12] http：//www. china. com. cn.

[76] 中国社会科学院财贸所“中国住房制度改革研究”课题组. 1997. 关于深化城镇住房制度改革的总体设想 [J]. 财贸经济 (12)：3-7.

[77] 中国社会科学院财贸所，美国公共管理研究所. 1996. 中国城镇住宅制度改革 [M]. 北京：经济管理出版社.

[78] 周树基. 2005. 美国物业产权制度与物业管理 [M]. 北京：北京大学出版社.

[79] 邹益华. 2001. 海外物业管理 [M]. 南京：东南大学出版社.

[80] 邹顺康. 2002. 论中国传统文化的特征 [J]. 西南师范大学学报 (2).

[81] OECD. 1996. 环境管理中的经济手段 [M]. 北京：中国环境科学出版社.

英文部分：

[82] ABRAMS, BURTON, SCHMITZ M D. 1978. The Crowding-Out Effect of Governmental Transfers on Private Charitable Contributions [J]. Public Choice, 33: 29-39.

[83] AGHION, PHILIPPE, BOLTON P. 2003. Incomplete Social Contracts [J]. Journal of the European Economic Association1 (1): 38-67.

[84] AKERLOF G. 1980. A Theory of Social Customs of which Unemployment May be One Consequence [J]. Quarterly Journal of Economics94: 749-775.

[85] ALCHAIN A A. 1950. Uncertainty, Evolution and Economic Theory [J]. J. of Political Economy, 58 (3): 211-221.

[86] ALCHAIN A A. 1965a. Some Economics of Property Rights [J]. Politico, 30: 816-829.

[87] ALCHAIN A A. 1965b. The Basis of Some Recent Advances in the Theory of Management of the Firm [J]. Ind. Econ (14): 30-41.

[88] ALCHAIN A A. 1969. Information Cost, Pricing and Resource Unemployment [J]. Western Wcon. J. (7): 109-128.

[89] ALCHIAN, DEMSETZ. 1972. Production, information and economic organization [J]. American Economic Review 62 (5).

[90] ALEXANDER J C. 1987. Sociological theory since 1945 [M]. Berkeley: Berkeley University of Press.

[91] ALLMAN W F. 1984. Nice guys finish first [J]. Science: 24-32.

[92] ALLEN, DOUGLAS W. 2002. The Rhino's Horn: Incomplete Property Rights and the Optimal Value of an Asset [J]. Journal of Legal Studies 31 (2): 339-58.

[93] ANDREONI J. 1988. Why free ride? Strategies and learning in public goods experiments [J]. Journal of Public Economics, 37: 291-304.

[94] ANDREONI J. 1989. Giving with impure altruism: applications to

charity and ricardian equivalence [J]. Journal of Political Economy, 97 (6): 1447-1458.

[95] ANDREONI J. 1990. Impure altruism and donations to public goods: A theory of warm-glow giving [J]. Economic Journal, 100: 464-477

[96] ANDREW C, BARRY N. 1988. On 64%-Majority rule [J]. Econometrica, 56 (4): 787-814.

[97] ANTONIO N, MATTEO R, ALESSANDRA M. 2007. Towards a Theory of Incomplete Property Rights [D]. American Law & Economics Association Annual Meetings.

[98] ARROW K. 1951. Social Choice and Individual Values [M]. Second Edition. New York: John Wiley.

[99] ARROW S K. 1951. Alternative Approaches to the Theory of Choice in Risk-Taking Situations [J]. Econometrica, XIX: 404-437.

[100] ARROW K J, GERARD, DEBREU. 1955. Existence of an Equilibrium for a Competitive Economy [J]. Econometrica, 22: 265-90.

[101] ARROW K J, GERARD, DEBREU. 1969. The organization of economic activity: issues pertinent to the choice market versus non-market allocation [M]. //Joint Economic Committee. The Analysis and Evaluation of Public Expenditure: the PBB System, Vol. 1, US Washington DC: Government Printing Office, 59-73.

[102] AXELROD, ROBERT. 1970. Conflict of Interest: A Theory of Divergent Goals with Application to Politics [M] . Chicago: Markham.

[103] AYRES I, LEVITT S D. 1998. Measuring Positive Externalities from Unobservable Victim Precaution: An Empirical Analysis [J]. The Quarterly Journal of Economics, 113: 43-77.

[104] BADGER W W. 1972. Political Individualism, Positional Preferences and Optimal Decision-Rules [M]. //Niemi, Weisberg, es al. Probability Methods for Collective Decision Making. Ohio: Charles E. Merrill Publishing Company.

[105] BALAND, JEAN-MARIE, PLATTEAU. 1996. Halting Degradation of Natural Resources: Is There a Role for Rural Communities [M].

Oxford: Clarendon Press.

[106] BALL L. 1987. Externalities from Contract Length [J]. The American Economic Review, 77: 615-629.

[107] BARBERA S, JACKSON M O. 2004. Choosing How to Choose: Self-Stable Majority Rules and Constitutions [J]. The Quarterly Journal of Economics, 119 (3): 1011-1048.

[108] BARTON S E, SILVERMAN C J. 1987. Common Interest Homeowners' Associations Management Study [M]. Sacramento: California Department of Real Estate.

[109] BARZEL Y. 1997. Economic Analysis of Property Rights [M]. New York: Cambridge University.

[110] BARZEL Y, SASS T R. 1990. The allocation of resources by voting [J]. The Quarterly Journal of Economics, 105: 745-771.

[111] BAUMOL W. 1964. External Economies and Second order Optimality Conditions [J]. Amer. Econ. Rev, 54: 358-372.

[112] BERGSTROM, TED, BLUME, et al. 1986. On the Private Provision of Public Goods [J]. Journal of public Economics, 29: 25-49.

[113] BERRY, JEFFREY M. 1989. The Interest Group Society [M]. 2nd ed. Glenview, III: Scott, Foresman.

[114] BLACK D. 1948a. On the Rationale Group Decision-Making [J]. Journal of Political Economy, 56 (1) : 23-34.

[115] BLACK D. 1948b. The Decisions of a Committee using a Special Majority [J]. Econometrica, 16 (3): 245-261.

[116] BORGERS, TILMIAN, RAJIV S. 1997. Learning Through Reinforcement and Replicator Dynamics [J]. Journal of Economic Theory, 77 (1): 1-14

[117] BOWLES, SAMUEL. 1998. Endogenous Preferences: The Cultural Consequences of Markets and Other Economic Institutions [J]. Journal of Economic Literature (3): 75-111.

[118] BOYD, ROBERT, PETER J R. 1985. Culture and the Evolution way Process [M]. Chicago: University of Chicago Press.

[119] Bromley D W. 1998. Resource and Enviromental Economics: Knowledge, Discipline, and Problems, Agricultural and rural areas approaching the twenty first century: Challenges for agricultural economics [M]. 208-230.

[120] BROMLEY, ENVIRONMENT D W, ECONOMY. 1991. Property Rights and Public Policy [M]. Oxford UK /Cambridge USA: Blackwell.

[121] BROWN, DAVID L, JOHN M W. 1980. New Directions in Urban-Rural Migration [M]. New York: Academic Press.

[122] BUCHANAN J M. 1965. An Economic Theory of Clubs [J]. Economica, 32: 1-14.

[123] BUCHANAN J M, STUBBLEBINE W C. 1962. Externality [J]. Economica, 29 (116): 371-384.

[124] BUCHANAN J M, TULLOCK G. 1962. The Calculus of Consent [M]. Ann Arbor: University of Michigan Press.

[125] BUCHANAN J W, TULLOCK G. 1965. Public and Private Interaction under Reciprocal Externality [M] //MARGOLIS J, ed al. The Public Economy of Urban Communities: 52-73.

[126] BUCHANAN J M, YOON Y J. 2000. Symmetric tragedies commons and anticommons [J]. Journal of Law & Economics, 13 (3): 1-13.

[127] CALABRESI, GUIDO. 1968. Transaction Costs, Resource Allocation, and Liability Rules. A Comment [J]. Journal of Law and Economics (11): 67-73.

[128] CAPLIN A S, NALEBUFF B J. 1988. On 64% Majority Rule [J]. Econometrica, 56 (4): 787-814.

[129] CHAN Y L P. 2002. Public participation in the management of private residential estates in Hong Kong: an economic analysis [D]. Hong Kong: University of Hong Kong.

[130] CHARLES M T. 1956. A Pure Theory of Local Expenditures [J]. The Journal of Political Economy, 64: 416.

[131] CHEN S C Y, WEBSTER C J. 2005. Homeowners associations, collective action and the costs of private governance [J]. Housing Studies, 20: 205-220.

[132] CHENG S Y. 2002. Service charge will be based on the different levels of benefits [N]. Minsang News, 26 February.

[133] CHEUNG S. 1970. The Structure of a Contract and the Theory of a Non-Exclusive Resource [J]. Journal of Law and Economics, 13: 49-70.

[134] CHEUNG S. 1983. The Contractual Nature of the Firm [J]. Journal of Law and Economics, 26: 1-21.

[135] CHIN H S. 2002. Can public funds invest in the Stock Market [N]. United Daily News, 1, December.

[136] COASE R. 1937. The Nature of the Firm [J]. Economica, 4 (16): 386-405.

[137] COASE R. 1959. The Federal Communications Commission [J]. Journal of Law and Economics, 2: 1-40.

[138] COASE R. 1960. The Problem of Social Cost [J]. Journal of Law and Economics, 3: 1-44.

[139] COELHO D. 2005. Maximin choice of voting rules for committees [J]. Economics Governance, 6 (2): 159-175.

[140] COLEMAN J S. 1988. Social capital in the creation of human capital [J]. American Journal of Sociology, 94: 95-120.

[141] COMMONS J R. 1924. Legal Foundations of Capitalism [M]. Transaction Publishers.

[142] CONDORCET, MARQUISD E. 1976. Essay on the Application of Mathematics to the Theory of Decision Making [M] // Condorcet. Selected Writings, es al. by K. Baker. Indianapolis: Bobbs-Merrill.

[143] CURTIS R B. 1972. Decision-Rules and Collective Values in Constitutional Choice [M] // NIEMI, WEISBERG, es al. Probability Models of Collective Decision Making. Ohio: Pub: Charles E. Merrill Publishing Company.

[144] DAHLMAN C. 1979. The problem of externality [J]. Journal of law and economics, 22 (1): 141-162.

[145] DANNY, EYAL, 2005. Can Co-Owners Agree to Disagree? A Theoretical Examination of Voting Rules in Co-Ownerships [J]. The Journal of

Real Estate Finance and Economics, 31 (2) 207-223.

[146] DASGUPTA P, MASKIN E. 1998. On the Robustness of Majority Rule, Mimeo: Faculty of Economics [D]. Cambridge: University of Cambridge.

[147] DAVIS O A, WHINSTON A. 1962. Externalities, Welfare and the Theory of Games [J]. Journal of Political Economics, 70: 241-262.

[148] DAWES, ROBYN M, JOHN M O, et al. 1986. Organizing Groups for Collective Action [J]. American Political Science Review, 80: 1171-1185.

[149] DE GEEST G. 1992. The Provision of Public Goods in Apartment Buildings [J]. International Review of Law and Economics, 12 (3): 299-315.

[150] DEMSETZ H. 1967. Toward a Theory of Property Rights [J]. American Economic Review, 57: 347-59.

[151] DEMSETZ H. 1971. Theoretical Efficiency in Pollution Control: Comment on Comments [J]. Western Econ. J. 9: 444-446.

[152] DEMSETZ H. 1998. Property Rights, Property Rights, the New Palgrave Dictionary of Economics and the Law, 144-55.

[153] DEMSETZ H. 2002. Toward a Theory of Property Rights II: The Competition between Private and Collective Ownership [J]. The Journal of Legal Studies, 31: 653-672.

[154] DENNIS W C, GLENN C L. 1990. The Limitations of Pigouvian Taxes as a Long-Run Remedy for Externalities [J]. The Quarterly Journal of Economics, 95 (3): 559-566.

[155] DRAZEN. 1990. Threshold Externalities in Economic Development [J]. Quarterly Journal of Economics, 105: 501-526.

[156] ELLICKSON R C. 1982. Cities and Homeowners Associations [J]. University of Pennsylvania Law Review, 130 (6): 1519-1580.

[157] FEENY, DAVID, FIKRET B. 1990. The Tragedy of the Commons: Twenty-Two Years Later [J]. Human Ecology, 18 (1): 1-19.

[158] FEHR, ERNST, KLAUS S. 1999. A Theory of Fairness, Competition, and Cooperation [J]. Quarterly Journal of Economics, 114 (3): 817-868.

[159] FOLDVARY E F. 1994. Public Goods and Private Communities [M]. London: Edward Elgar.

[160] FREEMAN, DAVID M. 1990. Designing local irrigation for linking water demand with supply [C] //SAMPATH R K, ROBERT A Y, es al. Social, Economic, and Institutional Issues in Third World Irrigation Management. Boulder, CO: Westview Press: 111-141.

[161] FROHLICH N. 1975. Thomas Hunt, Joe Oppenheimer, R. Harrison Wagner, Individual Contributions for Collective Goods: Alternative Models [J]. The Journal of Conflict Resolution, 19 (2): 310-329.

[162] FROHLICH N F, OPPENHEIMER J A. 1970. I Get by with a Little Help from my Friends [J] . World Politics, 23 (1): 104-120.

[163] FURUBOTN E, PEJOVICH S. 1974. The Economics of Property Rights [J]. Cambridge Mass: Ballinger Publishing Company.

[164] GAMSON W A. 1990. The Strategy of Social Protest [M] . 2 Sub edition. Belmont: Wadsworth Publishing Company.

[165] GOMES A. 2005. Multilateral Contracting with Externalities [J]. Econometrica, 63 (4): 1329-1350.

[166] GORDON H S. 1954. The Economics of a Common Property Resource: The Fishery [J]. Journal 0f Political Economy, 62: 124-142.

[167] GRANOVETTER M. 1978. Threshold Models of Collective Behavior [J]. The American Journal of Sociology, 83 (6): 1420-1443.

[168] GREENWALD B C, STIGLITZ J E. 1986. Externalities in Economies with Imperfect Information and Incomplete Markets [J]. The Quarterly Journal of Economics, 101: 229-264.

[169] GROSSMAN, SANFORD J, HART O D. 1986. The Costs and Benefits of Ownership: A Theory of Vertical and Lateral Integration [J]. Journal of Political Economy, 94: 691-719.

[170] GUO Y K. 1999. A Proposal of Modifications of Condominium Management Law [M]. Taipei: CPA.

[171] GUTH, WERNER, HARTMUT K. 1998. The Indirect Evolutionary Approach: Bridging the Gap between Rationality and Adaptation [J]. Rationality and Society, 10 (3): 377-399.

[172] HANSMANN, HENRY B. 1986. The Role of Nonprofit Enterprise//

SUSAN R, et al. The Economics of Nonprofit Institution [M]. New York: Oxford University Press: 57-84.

[173] HARDIN G. 1968. The tragedy of the commons [J]. Science, 162: 1243-1248.

[174] HARDIN, RUSSELL. 1971. Collective Action as an Agreeable "n-Prisoners" Dilemma [J]. Behavioral Science, 16: 472-481.

[175] HARDIN, RUSSELL. 1982. Collection Action [M]. Baltimore: Johns Hopkins University Press.

[176] HARSTAD B. 2005. Majority Rules and Incentives [J]. The Quarterly Journal of Economics, November, 120 (4): 1535-1568

[177] HART O, MOORE J. 1990. Property Rights and the Nature of the Firm [J]. Journal of Political Economy, 98: 1119-1158.

[178] HECKATHORN D D. 1988. Collective Sanctions and the Creation of Prisoner's Dilemma Norms [J]. The American Journal of Sociology, 94 (3): 535-562.

[179] HECKATHORN D D. 1990. Collective Sanctions and Compliance Norms: A Formal Theory of Group-Mediated Social Control [J]. American Sociological Review, 55 (3): 366-384.

[180] HECKATHORN D D. 1991. Extensions of the Prisoner's Dilemma Paradigm: The Altruist's Dilemma and Group Solidarity [J]. Sociological Theory, 9 (1): 34-52.

[181] HEIKKILA E. 1996. Are municipalities Tieboutian clubs [J]. Regional Science and Urban Economics, 26: 203-226.

[182] HELLER, MICHAEL A. 1998. The Tragedy of the Anticommons: Property in the Transition from Marx to Markets [J]. Harvard Law Review, 111: 621-88.

[183] HICKS, JOHN. 1939. The Foundations of Welfare Economics [J]. Economic Journal, 49 (196): 696-712.

[184] HOCHMAN, HAROLD M, JAMES D R. 1969. Pareto Optimal Redistribution [J]. American Economic Review, 59: 542-557.

[185] HOHFELD W N. 1913. Some Foundamental Legal Conceptions as

Applied in Judicial Reasoning [J]. Yale Law Journal, 23: 16.

[186] HOVI J, FOSS P. 1995. The collective action problem and some of its solutions [M] //FOSS P, et al.. Economic Approaches to Organizations and Institutions. Aldershot: Dartmouth Publishing Company.

[187] JEHIE P, MOLDOVAUN B. 1995a. Negative Externalities May Cause Delay in Negotiation [J]. Econometrica, 63 (6): 1321-1335.

[188] JEHIE P, MOLDOVAUN B. 1995b. Cyclical Delay in Bargaining with Externalities [J]. Review of Economic Studies, 62 (213): 619-637.

[189] KALDOR N. 1939. Welfare propositions of economics and interpersonal comparisons of utility [J]. Economic Journal. 49 (195): 549-552.

[190] KAHNEMAN, DANIEL, AMOS T. 1979. Prospect Theory [J]. Econometrica, 47: 263-291.

[191] KIESLING H J. 1968. Potential Costs of Alternative Decision-Making Rules [J]. Public Choice, 4 (1): 49-58.

[192] KISER, LARRY, ELINOR O. 1982. The Three Worlds of Action: A Methodological Synthesis of Institutional Approaches [M] //Elinor Ostrom, Strategies of Political Inquiry, Beverly Hills. CA: Sage Publications: 179-222.

[193] KNIGHT F H. 1924. Some Fallacies in the Interpretation of Social Cost [J]. Quarterly Journal of Economic, 38: 582-606.

[194] LIBECAP, GARY D. 2003. Contracting for Property Rights [M]. Princeton, N. J.: Princeton University Press.

[195] LIBECAP. 2004. The Effect of Transaction Costs in the Definition and Exchange of Property Rights, E. Colombatto, The Elgar Companion to the Economics of Property Rights, Cheltenham, U. K. and Northampton [J], Mass: Elgar, 589-608.

[196] LACHMANN, LUDWIG M. 1978. Capital and Its Structure [M]. Kansas City: Sheed Andrews & McMeel.

[197] LAI L W C, CHAN P Y L. 2004. The formation of owners' corporations in Hong Kong's private housing estates: A probit evaluation of Mancur Olson's group theory [J]. Property Management, 22 (1): 55-68.

[198] LICHBACH M I. 1996. The cooperator's dilemma [M]. Ann

Arbor: University of Michigan Press.

[199] LITTLEWOOD W. 1999. Defining and Developing Autonomy in East Asia Context [J]. Applied Linguistics, 20 (1): 71-94.

[200] LOGAN J, BIAN F. 1999. Housing inequality in Urban China in the 1990s [J]. International Journal of Urban and Regional Development, 23: 7-25.

[201] LUECK D, MICELI T J, POLINSKY A. M, et al. 2005. Property Law, Handbook of Law and Economics [M]. Amsterdam: Elsevier.

[202] MACCALLUM S H. 2002. The case for land lease versus subdivision [J] //BEITO D T, GORDON P, ABARROK A T. The Voluntary City. Ann Arbor: University of Michigan Press.

[203] MACY, MICHAEL W. 1989. Walking Out of Social Traps: A Stochastic Learning Model for Prisoner's Dilemma [J]. Rationality and Society, 1: 197-219.

[204] MACY, MICHAEL W. 1990. Learning Theory and the Logic of Critical Mass [J]. American Sociological Review, 55 (6): 809-826.

[205] MACY, MICHAEL W. 1991a. Chains of Cooperation: Threshold Effects in Collective Action [J]. American Sociological Review, 56 (6): 730-747.

[206] MACY, MICHAEL W. 1991b. Learning to Cooperate: Stochastic and Tacit Collusion in Social Exchange [J]. The American Journal of Sociology, 97 (3): 808-843.

[207] MANNE, HENRY G. 1964. Some Theoretical Aspects of Share Voting. An Essay in Honor of Adolf A. Berle [J]. Columbia Law Review, 64 (8): 1427-1445.

[208] MARGOLIS. SELFISHNESS, ALTRUISM, et al. 1982. A theory of social choice [M]. Cambridge: U. K. Cambridge University Press.

[209] MARWELL, GERALD, PAMELA E. OLIVER, et al. 1994. Social Networks and Collective Action: A Theory of Critical Mass. III [J]. American Journal of Sociology (3) 1988: 502-534.

[210] MATTHEW R C O. 1986. The Economics of Institutions and the Sources of Growth [J]. Economic Journal, 96: 903-910.

[211] MCCABE, KEVIN A, STEPHEN J R, et al. 1996. Game Theory and Reciprocity in Some Extensive Form Experimental Games [J]. Proceedings of the National Academy of Sciences, 93: 421-428.

[212] MCKENZIE E. 2003a. Common-interest housing in the communities of tomorrow [J]. Housing Policy Debate, 14: 203-234.

[213] MCKENZIE E. 2003b. Private gated communities in the American urban fabric, Conference of Gated Communities: Building Social Division or Safer Communities? [M]. UK: Glasgow.

[214] MCKENZIE, LIONEL W. 1981. The Classical Theorem on Existence of Competitive Equilibrium [J]. Econometrica, 49: 819-841.

[215] MEADE J M. 1952. External Economics and Diseconomics in a Competitive Situation [J]. The Economic Journal, 62: 54-67.

[216] MICHAEL C, JENSEN, et al. 1994. The Nature of Man [J]. Journal of Applied Corporate Finance, 7 (2): 4-19.

[217] MILGROM, PAUL, JOHN ROBERTS. 1992. Economics, Organization and Management. Englewood Cliffs [M]. N. J.: Prentice Hall.

[218] MISHAN E. 1965. Reflections on Recent Developments in the Concept of External Effects [J]. Canadian Journal of Economics & Political Science, 31: 3-34.

[219] MITCHELL, ROBERT CAMERON. 1979. National Environmental Lobbies and the Apparent Illogical of Collective Action [M] //CLIFFORD S R, et al. Collective Decision Making Baltimore: Johns Hopkins University Press: 87-121.

[220] MOE, TERRY M. 1980. The Organization of Interests [M]. Chicago: University of Chicago Press.

[221] MONTGOMERY, MICHAEL R, RICHARD BEAN. 1999. Market Failure, Government Failure, and the Private Supply of Public Goods: The Case of Climate-Controlled Walkway Networks [J]. Public Choice. June (3/4): 403-437.

[222] MUSGRAVE, RICHARD. 1969. Provision For Public Goods [M] //JULIUS MARGOLIS, HENRI GUITTON. Public Economics. New York: St. Martin's Press: 124-144.

[223] NASH J F. 1950. Equilibrium Points in n-Person Games [J]. Proceedings of the National Academy of Sciences of the United States of America, 36 (1): 48-49.

[224] NAYLOR R. 1990. A Social Custom Model of Collective Actions [J]. European Journal of Political Economy, 6: 201-216.

[225] NITZAN, SHMUEL, URIEL PROCACCIA. 1986. Optimal Voting Procedures for Profit Maximizing Firms [J]. Public Choice, 51 (2): 191-208.

[226] NORTH D. 1987. Institutions, Transaction Costs and Economic Growth [J]. Economic Inquiry, 25: 419-428.

[227] NORTH D. 1990. Institutions, Institutional Change and Economic Performance [M]. New York: Cambridge University Press.

[228] OLSON M. 1965. The Logic of Collective Action [M]. Cambridge: Harvard University Press.

[229] OLSON M. 1982. The Rise and Decline of Nations [M] . New Haven: Yale University Press.

[230] OLSON M. 2000. Power and Prosperity [M] . New York: Basic Books.

[231] OLIVER P E. 1993. Formal Models of Collective Action [J]. Annual Review of Sociology, 19 : 271-300 .

[232] OLIVER P E. 1980. Rewards and Punishments as Selective Incentives for Collective Action: Theoretical Investigation [J]. The American Journal of Sociology, 85 (6): 1356-1375.

[233] OLIVER P E. 1984. If You Don't Do It, Nobody Else Will: Active and Token Contributors to Local Collective Action [J]. American Sociological Review, 49 (5): 601-610.

[234] OLIVER P E, MARWELL G. 1988. The Paradox of Group Size in Collective Action: A Theory of the Critical Mass. II [J]. American Sociological Review, 53 (1): 1-8.

[235] OLIVER P E, MARWELL G. 1993. A Theory of Critical Mass I. Interdependence, Group Heterogeneity, and the Production of Collective Action [M]. New York: Cambridge University Press.

[236] OLIVER P E. 1993. Formal Models of Collective Action [J].

Annual Review of Sociology, 19: 271-300.

[237] OPP K D. 1986. Soft Incentives and Collective Action: Participation in the Anti-Nuclear Movement [J]. British Journal of Political Science, 16 (1): 87-112.

[238] OPP K D. 1988. Grievances and Participation in Social Movements [J]. American Sociological Review, 53 (6): 853-864.

[239] OSTROM E. 1992. Crafting Institutions for Self-Governing Irrigation Systems [M]. San Francisco: Institute For Contemporary Studies Press.

[240] OSTROM E. 2000. Collective Action and the Evolution of Social Norms [J]. The Journal of Economic Perspectives, 14 (3): 137-158.

[241] OSTROM E. 1990. Governing the Commons: The Evolution of Institutions for Collective Action [M]. New York: Cambridge University Press.

[242] PARKS, et al. 1982. Coproduction of Public Services [M] // RICHARD C, RICH et al. Analyzing Urban-Service Distributions, Lexington, MA: Lexington Books.

[243] PENNINGTON M. 2000. Planning and the Political Market [M]. London: Athlone Press.

[244] PIGOU A C. 1960. The Economics of Welfare [M]. 4th ed. New York, NY: Macmillan and Co. ,. Ltd.

[245] RABIN, MATTHEW. 1993. Incorporating Fairness into Game Theory and Economics [J]. American Economic Review, 83: 1281-1302.

[246] REICHMAN U. 1976. Residential Private Governments: An Introductory Survey [J]. University of Chicago Law Review, 43 (2): 253-306.

[247] ROBERT H F. 2005. Positional Externalities Cause Large and Preventable Welfare Losses [J]. The American Economic Review, 95 (2): 137-141.

[248] ROSEN K, ROSS M. 2000. Increasing home ownership in Urban China: Notes on the affordability [J]. Housing Studies (15): 77-88.

[249] ROUSSEAU J J. 1762. Du Contrat Social, Ou Principes du Droit Politique [M]. Paris: Garnier-Flammarion.

[250] RUNGE C F. 1984. Institutions and the Free Rider: The Assurance Problem in Collective Action [J]. The Journal of Politics, 46: 154-181.

[251] RYAN A, PROPERTY J, EATWELL M, et al. 1998. The New Palgrave: A Dictionary of Economics [M]. New York: The MacMillan Press Limited.

[252] SANDLER, TODD, JOHN T T. 1980. The Economic Theory of Clubs: An Evaluative Survey [J]. Journal of Economic Literature, 18: 1481-1521.

[253] SCHOFIELD, NORMAN, ANARCHY. 1985. Altruism and Cooperation [J]. Social Choice and Welfare, 2: 207-219.

[254] SCITOVSKY T. 1954. Two Concepts of External Economies [J]. Journal of Political Economics, 62: 43-51.

[255] SCHELLING T. 1978. Micromotives and macrobehavior [M]. New York: W. W. Norton.

[256] SCHOFIELD. 1985. Norman, Anarchy, Altruism and Cooperation [J]. Social Choice and Welfare (2): 207-219.

[257] SEGAL I. 1999. Contracting with Externalities [J]. The Quarterly Journal of Economics, 114 (2): 337-388.

[258] SELTEN, REINHARD. 1991. Evolution, Learning, and Economic Behavior [J]. Games and Economic Behavior, 3 (1): 3-24.

[259] SHAVELL S. 2004. Foundations of Economic Analysis of Law [M]. Cambridge. Mass: Belknap Press of Harvard University Press.

[260] SHIU W D. 2011. Huge public fund with few sanctions [N]. China Times, 2001-04-07.

[261] SIMON H A. 1955. A Behavioral Model of Rational Choice [J]. The Quarterly Journal of Economics, 69 (1): 99-118.

[262] SIMON H A. 1959. Theories of Decision-Making in Economics and Behavioral Science [J]. The American Economic Review, 49 (3): 253-83.

[263] SMITH V. 1969. On Models of Commercial Fishing [J]. J. Polit. Econ., 77 (2): 181-198.

[264] SMITH V, KERRY. 1985. A Theoretical Analysis of the Green Lobby [J]. American Political Science Review, 79: 132-147.

[265] SOSNOWSKA H. 2002. Self-Stability for Weighted Voting Games [D]. Mimeo: Warsaw School of Economics.

[266] STECKEL R H. 1990. Poverty and Prosperity: A longitudinal Study

of Wealth Accumulation [J]. Review of Economics and Statistics (2): 1850-1860.

[267] STEVENS J B. 1993. The Economics of Collective Choice [M]. London: Westview.

[268] STEVENS J B. 1980. The Demand for Public Goods as a factor in the Nonmetropolitan Migration Turnaround [M] // DAVID L B, JOHN M W, et al. New Directions in Urban-Rural Migration. New York: Academic Press: 115-135.

[269] STIGLER G. 1966. The Theory of Price [M]. New York: Macmillan Publishing co., Inc.

[270] SUGDEN, ROBERT. 1984. Reciprocity: The Supply of Public Goods through Voluntary Contributions [J]. Economic Journal, Royal Economic Society, 94 (376): 772-787.

[271] TANG S Y. 1992. Institutions and Collective Action: Self-Governance in Irrigation [M]. Francisco: Institute For Contemporary Studies Press.

[272] TAYLOR M. 1969. Proof of a Theorem on Majority Rule [J]. Behavioral Science, 14 (3): 228-231.

[273] TAYLOR M. 1982. Community, Anarchy, and Liberty [M]. New York : Cambridge University Press.

[274] TAYLOR, MICHAEL. 1987. The Possibility of Cooperation [M]. New York: Cambridge University Press.

[275] THOMAS D C. 1971. Externalities, Property Rights, and Transactions Costs: An Empirical Study [J]. Journal of Law and Economics, 14 (2): 451-464.

[276] VERNON L S. 1969. On Models of Commercial Fishing [J]. Journal of Political Economy, 77: 181.

[277] TIEBOUT, C M. 1956. A Pure Theory of Local Expenditures [J]. Journal of Political Economy, 64: 416-424.

[278] TULLOCK G. 1989. The Economics of Special Privilege and Rent Seeking [M]. London: Kluwer Academic Press.

[279] TULLOCK G. 1993. Rent Seeking [M]. London: Edward Elgar.

[280] WAKAYAMA T. 2002. Endogenous Choice of Voting Rules with Abstention [D]. Mimeo: Osaka University.

[281] WEBSTER C J. 2002. Property rights and the public realm: gates, green belts, and Gemeinschaft [J]. Environment and Planning B, 29: 397-412.

[282] WEBSTER C J. 2003. The nature of the neighbourhood [J]. Urban Studies, 40: 2591-2612.

[283] WEBSTER C J, LAI L W C. 2003. Property Rights, Planning and Market: Managing Spontaneous Cities [M]. Cheltenham: Edward Elgar.

[284] WEISBROD B A. 1988. The Nonprofit Economy [M]. Cambridge: Harvard University Press.

[285] WILLIAMSON O E. 1975. Markets and Hierarchies [M]. New York: The Free Press.

[286] WILLIAMSON O E. 1979. Transaction-Cost Economics: The Governance of Contractual Relations [J]. Journal of Law and Economics, 22 (2): 233-261.

[287] WILLIAMSON O E. 1985. The Economic Institutions of Capitalism: Firms, Markets [M]. Relational Contracting. New York: The Free Press.

[288] WILSON E O. 1975. Sociobiology: The New Synthesis [M]. Harvard University Press.

[289] HUANG Y, WILLIAM A V, CLARK. 2002. Housing Tenure Choices in Transitional Urban China: A Multilevel Analysis [J]. Urban Studies, 39 (1): 7-32.

[290] ZECKHAUSE R. 1973. Voting Systems, Honest Preferences and Pareto Optimality [J]. American Political Science Review, 67 (3): 934-946.

[291] ZODROW, GEORGE, et al. 1983. Local Provision of Public Services: The Tiebout Model After Twenty-Five Years [M]. New York: Academic Press.

附表 1 物业管理问题调查表

附表 1-1 物业管理现状与业主意见调查表（请在您的选择项后打“√”）

1）您居住的小区是何种类型？

A	高档商品住宅小区	
B	普通商品房住宅小区	
C	经济适用房住宅小区	

2）小区是否成立了业主委员会？

A	已成立	
B	未成立	
C	不清楚	

3）小区物业管理存在的问题有哪些？

A	物业管理人员素质不高	
B	物业管理人员服务态度不好	
C	物业服务不及时	
D	环境卫生状况不好	
E	设备设施维修不力（供水供电等设备运行不好，电梯的运行和维护不力）	
F	小区安全保障不力	
G	小区绿化管理不到位	
H	社区文化服务少	
I	物业公司服务内容不清	
J	物业管理收费偏高	
K	物业公司财务不透明	
L	维修基金挪用严重	
M	小区公共收益被物业公司占用	

N	房屋质量不好	
O	环境建设不理想	
P	设备设施质量不高	
Q	小区规划随意变更	
R	小区公共部位（如道路、车位等归属不清）	
S	开发商保修承诺不兑现	
T	部分业主损害或影响其他业主利益	
U	业主委员会代表工作积极性不高、未能积极维护业主利益	
V	地方政府相关部门（如街道办事处、居民委员会、房地产管理部门等）协调不及时、不得力	
W	地方政府相关部门（如街道办事处、居民委员会、房地产管理部门等）很少提供帮助	
X	其他问题（请简要填写）	

4）您认为采用哪种管理方式最为合适？

A	业主自己组织人员（包括部分业主）进行管理	
B	委托物业管理公司管理	
C	分别委托环卫、保安、房屋维护等专业公司实施管理	
D	业主和其他公司一起实施物业管理	

5）您认为应如何选择物业公司？

A	通过招标的方式	
B	协商的方式	
C	政府帮助解决	
D	不清楚	

6）您对本小区的物业管理满意度如何？

A	很满意 （服务态度好，环境卫生好，安全保障好，设施设备维护好，问题处理及时，质价相符，社区文化活动丰富，其他）	
B	较满意 （服务态度较好，环境卫生较好，安全保障较好，设备设施维护较好，问题处理较及时，质价较相符，社区文化活动较丰富，其他）	
C	不满意 （服务态度方面，环境卫生方面，安全保障方面，设施设备维护方面，问题处理及时否方面，质价方面，社区文化活动方面，其他）	
D	很不满意 （服务态度方面，环境卫生方面，安全保障方面，设施设备维护方面，问题处理不及时，质价方面，其他）	

7）当您与物业公司发生冲突时，您向哪个机构求助？

A	业主代表或业主委员会	
B	居民委员会	
C	街道办事处	
D	房地产管理部门	
E	开发商	
F	不清楚	

8）当您的物业及相关权益受侵害时，您希望采取的解决方式是？

A	诉讼	
B	双方协商	
C	政府出面解决	
D	其他方式	

谢谢合作！

年　　月　　日

附表 1-2　物业公司调查表（请在您的选择项后打“√”）

1）贵公司的规模？

A	少于50人	
B	50～100人	
C	多于100人（大概人数_________）	

2）贵公司的起源？

A	由房地产开发商投资设立	
B	由原房管部门转制	
C	其他单位或个人投资设立	
D	其他	

3）贵公司在物业管理中遇到的问题有哪些？

A	业主随意拖欠物业管理费	
B	业主对服务要求高	
C	业主装修影响其他业主权益并引发安全隐患	
D	业主私自使用住宅共用部位	
E	业主经营影响其他业主正常生活	
F	在协调部分业主损害或影响他人权益过程中遇困难	
G	与业主组织或代表沟通困难	
H	物业使用过程中的投诉多	
I	社区文化活动组织困难	
J	专业管理人员不足	
K	地方政府相关部门（如街道办事处、居民委员会、房地产管理部门等）很少参与协调	
L	行业主管部门指导不力	
M	行业主管部门管理太多	
N	维修基金使用手续繁杂	
O	开发商物业遗留问题多	

P	开发商物业管理用房不到位	
Q	开发商物业管理启动资金不到位	
R	水电及其他代收费工作难做	
S	其他问题	

4）您认为采用哪种管理方式最为合适？

A	业主自己组织一些人员（包括部分业主）进行管理	
B	委托物业管理公司管理	
C	分别委托环卫、保安、房屋维护等专业公司实施管理	
D	业主和其他公司一起实施物业管理	

5）在管理过程中能很好配合物业公司工作的单位和部门有哪些？

A	业主组织或业主代表	
B	居民委员会	
C	街道办事处	
D	房地产管理部门	
E	开发商	
F	自来水公司	
G	煤气公司	
H	电力公司	
I	其他专业公司（如环卫、清洁公司、保安公司等）	

6）贵公司对搞好物业管理工作的建议（请您简要填写）

开发商方面：

政府方面：

业主方面：

物业公司方面：

年　　月　　日

附表 1-3 关键问题的业主意见表

1）您认为贵小区物业管理中存在的问题有：（请在您的选择后打“√”，并请您按问题的严重性程度排出次序，最严重或您认为最需解决的问题为 1，依次为 2，3，4，5，6……）

物业管理人员服务态度不好
物业收费标准高
物业服务质价不符
物业公司服务内容不清
物业服务不及时
环境卫生效果不好
设备设施维护不力（供水供电等公用设备的运行不好，电梯的运行和维护不力）
小区安全保障不佳
小区公共收益被物业公司私自占有
物业公司财务不透明
维修基金挪用严重
社区文化服务少

房屋质量问题
环境建设不理想
设备设施质量不高
小区规划随意变更
小区公共部位（如道路、车位等）的归属不清
开发商承诺包括保修承诺不兑现

部分业主损害或影响了其他业主利益
业主组织或代表工作积极性不高、未能积极维护业主权利

地方政府相关部门（如街道办事处、居民委员会、房地产管理部门等）协调不及时
地方政府相关部门（如街道办事处、居民委员会、房地产管理部门等）协调不得力
地方政府相关部门（如街道办事处、居民委员会、房地产管理部门等）帮助很少
其他问题

2）您认为采用哪种管理模式最为合适？（请在您的选择后打“√”）

业主集体出资

①业主自己组织一些人员（包括部分业主）进行管理

②委托物业管理公司管理

③分别委托环卫、保安、房屋维护等专业公司实施管理

④业主和其他公司一起实施的物业管理

地方政府和业主共同出资

①业主自己组织一些人员（包括部分业主）进行管理

②委托物业管理公司实施管理

③分别委托环卫、保安、房屋维护等专业公司实施管理

④地方政府、业主和公司一起实施物业管理

其他模式

年　　月　　日

附表1-4　关键问题的物业公司意见表

1）贵公司在物业管理中遇到的问题有：（请在您的选择后打“√”，并请您按问题的严重性程度排出次序，最严重或贵公司最需解决的问题为1，依次为2，3，4，5，6，7，8……）

业主随意拖欠物业管理费

业主对服务要求高

业主装修影响其他业主权益并引发安全隐患

业主私自使用住宅共用部位

业主经营影响他人正常生活

在协调部分业主损害或影响他人权益过程中遇困难

与业主组织或代表沟通困难

物业使用过程中的投诉多

社区文化活动组织困难

专业管理人员不足

地方政府相关部门（如街道办事处、居民委员会、房地产管理部门等）参与协调少

行业主管部门指导不力

行业主管部门管理太多

维修基金使用手续繁杂

开发商物业遗留问题多

开发商物业管理用房不到位

开发商物业管理启动资金不到位

水电及其他代收费工作难做

收入低

其他问题

2）您认为采用哪种管理模式更为合适？（请在您的选择后打“√”）

业主集体出资

①业主自行管理

②委托物业管理公司实施管理

③分别委托环卫、保安、房屋维护等专业公司实施管理

④业主参与由其他公司实施的物业管理

地方政府和业主共同出资

①业主自行管理

②委托物业管理公司实施管理

③分别委托环卫、保安、房屋维护等专业公司实施管理

④地方政府和业主参与由其他公司实施的物业管理

其他模式

年　　月　　日